पेरेंटिंग विद प्रेजेंस की प्रशस्तियां

"यह एकदम ऐसी सटीक सलाह व सहायता देने वाली किताब है जिसकी एक पेरेंट के रूप में आपको वाकई ज़रूरत है। अनुभव के आधार पर लिखी, बुद्धिमत्तापूर्ण और व्यावहारिक, यह किताब पेरेंट्स को एक नई सोच के साथ खुद को व अपने बच्चों को सहृदयता, सजगता और प्रेम की ओर प्रवृत्त करने में सहायता करती है।"

— जैक कॉर्नफ़ील्ड, *ए पाथ विद हार्ट* के लेखक
और ट्रडी गुडमैन, पीएचडी, इनसाइट एलए के संस्थापक

"छः साल से मैं हज़ारों पेरेंट्स का मार्गदर्शन करता आया हूं और इस दौरान मैं उन्हें केवल एक ही किताब पढ़ने की सलाह देता आया हूं: *पेरेंटिंग विदआउट पॉवर स्ट्रगल*। अब आखिर मेरे पास एक और ऐसी किताब *पेरेंटिंग विद प्रेजेंस* आ गई है जिसे पढ़ने के लिए मैं उनसे पुरज़ोर सिफ़ारिश करूंगा। सूज़न स्टिफ़लमैन पर मेरा हृदय, मेरा परिवार और मेरा समाज भरोसा करता है क्योंकि उन्हें इस बात का बोध है कि पेरेंटिंग केवल एक काम नहीं है बल्कि यह एक आध्यात्मिक आचरण है — एक ऐसा मार्ग है जो हित-कल्याण की ओर, सत्य की ओर, तथा ईश्वर की ओर ले जाने वाला है। वह जानती हैं कि जो कुछ मेरे घर में हर दिन होता है वह कष्टकारी है मगर मनोहारी है, कठिन है मगर पुण्यकारी है। वह यह बखूबी समझती हैं कि जब हम बच्चों को बड़ा कर रहे होते हैं तब उनके साथ, दरअसल, हम भी बड़े हो रहे होते हैं। इस किताब में सूज़न केवल एक विशेषज्ञ की तरह ही नहीं बल्कि एक मार्गदर्शक, एक सलाहकार, एक मित्र और एक हितचिंतक की तरह पेरेंट्स के साथ चलती दिखाई देती हैं। यह किताब बालिगों को स्वस्थ होने में मदद करेगी ताकि वे अपने बालकों को पाल सकें जिन्हें कि उनसे बस कुछ ही कम स्वस्थ होने की आवश्यकता है।"

— गलेनॉन डोयले मैल्टन, न्यूयार्क टाइम्स बैस्ट सैलर
कैरी ऑन, वॉरियर की लेखिका और
नॉन प्रॉफिट टुगैदर राइज़िंग की अध्यक्ष व
ऑनलाइन कम्यूनिटी momastery.com की संस्थापिका

''*पेरैंटिंग विद प्रेजैंस* हमें बड़े प्रेम से लेकिन बड़ी प्रबलता से यह याद दिलाती है कि हमारी अपनी ही सजगता, हमारा अपना ही शांत भाव और तनाव पैदा करने वाले हालात में भी उत्तेजित प्रतिक्रिया करने के बजाय समझदारी से सहज व्यवहार करने की हमारी काबलियत – ये ही बच्चों को पालने के वे बुनियादी तरीके हैं जिनसे कि बच्चे तन से भी स्वस्थ बनेंगे और मन से भी। अधिक महत्व इस बात का है कि हम पेरैंट कैसे हैं, न कि इस बात का कि वे बच्चे कैसे हैं। और यदि हम खुद को सही रखने पर ध्यान दें तो हम तनावपूर्ण हालात को पैदा करने वाली नकारात्मक ऊर्जा के बहाव को बाहर का रास्ता दिखा सकते हैं। यह बहुत महत्व रखता है।''

– टिम रॉयन, ओहियो से अमेरिकी प्रतिनिधि
और *ए माइंडफुल नेशन* के लेखक

''अपने स्पष्ट, प्रबुद्ध, विचारपूर्ण और कविता जैसे लेखन में, सूज़न स्टिफ़लमैन हमें बताती हैं कि बच्चे व पेरैंट्स के नाजुक रिश्ते की खुशियां और परेशानियां किस तरह से दोनों के ही परस्पर विकास, कल्याण और जुड़ाव के विकसित होने की ज़मीन बन सकते हैं। हमारी धरती का भविष्य निर्धारित करने वाले ये बच्चे ही तो हैं और सूज़न इसी नई पीढ़ी को अधिक कल्याणकारी तथा मानवीय बनाने और संसार में जुड़ाव पैदा करने वाले अग्रदूत बनाने का आधार प्रस्तुत कर रही हैं और जिसकी शुरुआत हमें अपने आप से ही करनी है। इतनी सशक्त किताब लिखने के लिए मैं सूज़न की बहुत आभारी हूं।''

– एलेनिस मोरिसेट, गायिका/गीतकार एवं सामाजिक कार्यकर्ता

''यह कौन जानता था कि बराबर के कमरे में रो रहा बच्चा या टीनेजर दरअसल हमारा आध्यात्मिक गुरू ही है। यह किसने सोचा था कि झुंझलाहट पैदा करने देने वाला क्रोध का विस्फोट और पारा चढ़ा देने वाला बर्ताव, कभी हमें अधिक सजग, आध्यात्मिक स्वभाव, असरदार और, विशेष रूप से, आनंददायी पेरैंटिंग की ओर भी ले जा सकता है? सूज़न स्टिफ़लमैन की एकदम नए दृष्टिकोण वाली, गहराई से पढ़ने योग्य यह गाइड हमें इस बात का संपूर्ण ज्ञान देती है कि अपने बच्चों को – और खुद को भी – कैसे पाला जाए ताकि वे और हम कैसे अधिक सजग, सहृदय, और सुशांत इंसान बन सकें।''

– कैथी ऐल्डन, क्रिएटिव विजन्स फ़ाउंडेशन की
संस्थापिका तथा अध्यक्ष

''मैंने यह किताब अपनी मां के यहां से चुरा ली थी और फिर इसे जैसे पूरा ही निगल गई! एक ऐसी कमाल की किताब है जिसे सभी पेरैंट्स के लिए पढ़ना अनिवार्य कर दिया जाना चाहिए। मेरा यह सपना सच हो इसका इंतज़ार मैं नहीं कर सकती, इसलिए अपने हर जानने वाले को मैं इसे पढ़ने को देती रहती हूं।''

– ऐमी ऐल्डन टर्टिलटॉब,
क्रिएटिव विज़न्स फ़ाउंडेशन की सह-संस्थापिका तथा उपाध्यक्ष

''अधिक सजगता के साथ पेरैंटिंग करना सिखाने वाली, व्यवहारिक व प्रज्ञापूर्ण इस गाइड में एक सह-अनुभूति आपके साथ चलती है। आप उस प्रेम को महसूस कर सकते हैं जो सूज़न स्टिफ़लमैन उन परिवारों के साथ रखती हैं जिनका वे उपचार कर रही होती हैं और उनके उस विश्वास को भी महसूस कर सकते हैं जो वह हम सब में रखती हैं कि बच्चों को बड़ा करने के दौरान हमें मिलने वाली खुशियों और चुनौतियों से गुज़रते हुए हम भी बड़े होते जायेंगे। यह किताब बड़े ही खूबसूरत और बहुआयामी अंदाज़ में यह बताती है कि बच्चे हमसे सबसे ज़्यादा क्या चाहते हैं, और यह ऐसे अभ्यास करना भी सिखाती है जो इन क्षमताओं को विकसित करने और प्रयोग करने में मदद करते हैं – हमारे बच्चों के लिए भी और खुद हमारे लिए भी।''

– मायला एंड जॉन कोबट-ज़िन,
ऐव्रीडे ब्लेसिंग्स: द इनर वर्क ऑफ़ माइंडफ़ुल पेरैंटिंग के लेखक

''मैंने मुद्दत के बाद ऐसी किताब देखी है जो पेरैंटिंग की बेहतरीन किताबों में से एक है। बड़ी स्पष्टता, गर्मजोशी, और बुद्धिमत्ता के साथ, सूज़न स्टिफ़लमैन आध्यात्मिक रूपांतरण की दुनिया और पेरैंटिंग की ज़मीनी हक़ीक़त के बीच सेतु बनाने का काम करती है। *पेरैंटिंग विद प्रेज़ेंस* ऐसे व्यावहारिक ज्ञान से भरी हुई है जो पेरैंट्स को स्वस्थ होने और आनंदित होने के मार्ग पर चलने के लिए प्रेरित करती है। मैं इसे पढ़ने की ज़बरदस्त सिफ़ारिश करती हूं।''

– ऐलिशा गोल्डस्टीन, पीएचडी,
अनकवरिंग हैप्पीनेस: ओवरकमिंग डिप्रैशन विद माइंडफ़ुलनैस एंड सैल्फ़-कम्पैशन की लेखिका

''एक मां होने के नाते, *पेरैंटिंग विद प्रेज़ैंस* में दिए गए अंर्तज्ञान और अभ्यासों से मुझे जबरदस्त प्रेरणा मिली है। सूज़न स्टिफ़लमैंन ने बड़ी बारीकी से पेरैंटिंग के उन पहलुओं पर से परदा उठाया है जिन्हें पेरैंटिंग विशेषज्ञ अनदेखा करते आए हैं – मन की भीतरी तहों में छुपा हुआ डर, अपराध-भाव, और शर्म, जो कि पेरैंटिंग के उन पहलुओं में पूरी तरह उपस्थित रहने, प्रेज़ैंट रहने की हमारी क्षमता को पंगु बना देते हैं जिन्हें हम सबसे अधिक चुनौतीपूर्ण समझते हैं। हम सभी के लिए यह किताब किसी खूबसूरत उपहार से कम नहीं है। नए पेरैंट्स को, और पुरानों को भी, मैं यह किताब भेंट में देती रहूंगी।''

– कैथरीन वुडवार्ड थॉमस, *कॉन्श्यस अनकपलिंग* की लेखिका

''उन सभी के लिए यह एक प्रबुद्ध मार्गदर्शी किताब है जो अपने बच्चों को सहृदय, खुशमिज़ाज, और लचीले स्वभाव वाला बनाते हुए पालने के साथ-साथ अपने खुद के बचपन की आधा-अधूरी कुंठाओं को भी खोलना और विगलित कर देना चाहते हैं। *पेरैंटिंग विद प्रेजैंस* में लालन-पालन संबंधी प्रज्ञा को असल ज़िंदगी के उदाहरणों के साथ बड़ी ही समझबूझ से पिरोया गया है। यह किताब सचमुच एक नगीना है।''

– मार्सी शिमॉफ़, *हैप्पी फ़ॉर नो रीज़न* की लेखिका

''*पेरैंटिंग विद प्रेजैंस* ऐसे किसी भी पेरैंट के लिए एक बहुमूल्य मार्गदर्शी किताब है जो बच्चों को इस तरह पालना चाहता हो कि वे यह समझें कि एक सचमुच सफल जीवन जीने का अर्थ क्या होता है। अपने व्यवहारिक तरीकों को निजी अनुभव की दास्तानों के साथ सम्मिलित करते हुए, सूज़न स्टिफ़लमैन यह दिखाती हैं कि घनिष्ठ और प्रेमपूर्ण पारिवारिक संबंध किस तरह बनाए जाएं और बताती हैं कि बच्चों का लालन-पालन करना किस तरह से आपका रूपांतरण कर देने वाला और एक उपलब्धि जैसा काम हो सकता है।''

ऐरियाना हफ़िंग्टन, *थ्राइव* की लेखिका

"*पेरैंटिंग विद प्रेजैंस* में सुप्रसिद्ध विशेषज्ञा सूज़न स्टिफ़लमैन बच्चों के लालन-पालन करने का अनूठा और अद्वितीय तरीका पेश करती हैं जिसमें समझदारी और सहृदयता का सम्मिश्रण है। इस कमाल की किताब में वह जिस दृष्टिकोण को वह हमें दिखा रही हैं, वह पूरी तरह व्यवहारिक है और हम पेरैंट्स को अपने बच्चों के साथ वास्तविक प्रेम व सहृदयता के संबंध बनाने के लिए एक मज़बूत आधार तैयार करने में वह मदद करता है, और साथ ही हमारे कुछ सर्वोत्तम गुणों को बाहर प्रकट होने देता है – हमारी उपस्थिति, हमारी प्रेज़ैंस, हर्ष-आनंद, समझ, और हितचिंतक होना।"

– थप्टेन जिंपा, *ए फ़ियरलैस हार्ट* के लेखक
तथा दलाई लामा के प्रमुख अनुवादक

"*पेरैंटिंग विद प्रेजैंस* पढ़ते हुए मैं अपने आप से लगातार यही कहती रही, 'काश *मेरे* माता-पिता ने यह किताब पढ़ी होती!' पेरैंटिंग पर, आख़िर, एक किताब ऐसी आई तो जो हमारे 'आंतरिक बच्चे' के *सभी* पहलुओं पर चर्चा करती है और हम में से हर एक के लिए ऐसा मार्गदर्शन प्रदान करती है जो न केवल हमें शिक्षित करती है बल्कि बच्चों व पेरैंट्स दोनों का ही रूपांतरण, विकास और पालन-पोषण करती है।"

– जैनेट ब्रे ऐटवुड, बैस्ट सैलर *द पैशन टैस्टः द ऐफ़र्टलैस पाथ टू डिसकवरिंग यॉर लाइफ़ परपज़* की लेखिका

"*पेरैंटिंग विद प्रेजैंस* में जिस मूल रहस्य को उद्‌घाटित किया गया है वह यह है कि बच्चों के साथ परस्पर व्यवहार में सबसे अधिक प्रभाव डालने वाला एकमात्र तरीका है – आपका वहीं होना, आपका उनके साथ प्रेज़ैंट रहना। इस प्रेज़ैंस में दोनों चीज़ें शामिल रहती हैं, सहारा देना और निर्माण करना, ये हों तो बच्चे फलते-फूलते हैं, उन्नति करते हैं; और ये न हों तो उन्हें अव्यवस्था, और अस्त-व्यस्तता अनुभव होती है, और तब पेरैंटिंग एक दुस्वप्न बन कर रह जाती है। इस किताब में उद्‌घाटित किया गया दूसरा रहस्य यह है कि पेरैंटिंग तो दरअसल पेरैंट्स के बड़े होने की प्रक्रिया है, और उसमें आपका बच्चा आपका बेहतरीन टीचर सिद्ध होता है। इन दोनों रहस्यों को समझ लेने से हम ऐसी पेरैंटिंग करने से बच जाते हैं जो बिना कुछ निर्माण करते हुए पालन-पोषण करती है और बिना पालन-पोषण करते

हुए आकार दे रही होती है। यह किताब पेरैंटिंग प्रक्रिया के बारे में एक ऐसी नई सजगता जगाती है जो हमारी संस्कृति के स्वास्थ्य को बेहतर करती है। सभी वर्तमान पेरैंट्स के लिए, तथा भावी पेरैंट्स के लिए भी, आवश्यक रूप से पठनीय।''

— हार्विले हैन्ड्रिक्स, पीएचडी, तथा हेलेन लाकेली हंट, पीएचडी, *गिविंग द लव दैट हील्सः ए गाइड फ़ॉर पेरैंट्स* के लेखक

सजग लालन-पालन

बच्चों को सचेत, आत्मविश्वासी और सहृदय
बनाने के अभ्यास

सूज़न स्टिफ़लमैन, एम एफ़ टी

एक्हार्ट टॉल्ल
द्वारा लिखित प्रस्तावना

अनुवाद

अचलेश चंद्र शर्मा

एक्हार्ट टॉल्ल संस्करण

YogiImpressions®

YogiImpressions®
Yogi Impressions Books Pvt. Ltd.
1711, Centre 1, World Trade Centre,
Cuffe Parade, Mumbai 400 005, India.
Website: www.yogiimpressions.com

an
eckhart
tolle
edition   An Eckhart Tolle Edition
www.eckharttolle.com

Text design by Tona Pearce Myers

Originally published in the United States by
New World Library, April 2015

First India printing: June 2015
First Hindi Edition: March 2017
ISBN 978-93-82742-56-2

समर्पित

उन बच्चों को जिन्हें हम पाल रहे हैं
और जो हमारे दिल में रहते हैं।
आओ बाहर चल कर बिना डरे खेलें,
नाचें और आगे बढ़ें।

विषय-सूची

अनुवादक की ओर से

पहाड़ी रास्तों पर यात्रा करते समय आपने देखा होगा कि वाहन चालकों को सावधान करने के लिए कई जगहों पर, विशेष रूप से मोड़ों पर, कोई संदेश लिख दिया जाता है, जैसे कि 'सावधानी हटी और दुर्घटना घटी', इत्यादि। ऋषिकेश-उत्तरकाशी मार्ग पर नरेंद्रनगर के निकट एक यू-टर्न पर लिखे एक संदेश पर मेरी नज़र पड़ी जो कुछ आलंकारिक शब्दों में था — Be gentle on curves। मन ही मन में, संदेश व उसकी शैली की तारीफ़ किए बिना न रह सका। लेकिन, एक अनुवादक का दिमाग होने के कारण मन में यह बात भी उठ आई कि इसे हिंदी में क्या लिखेंगे। और यहीं से समस्या खड़ी हो गयी। इसमें लिखे *जैंटिल* शब्द के लिए कोई उपयुक्त हिंदी शब्द नहीं मिल रहा था — सज्जन, शिष्ट, भद्र, सौम्य, भला मानुस, शरीफ़ इत्यादि में से कोई भी शब्द यहां सही नहीं बैठ रहा था। सारे रास्ते बेचैनी रही और घर पहुंच कर सबसे पहले मैंने शब्दकोश टटोले लेकिन कामयाबी नहीं मिली। तब मैंने अंगेज़ी की डिक्शनरी में इस शब्द के मूल में जाना चाहा तो पाया कि अंग्रेज़ी में भी *जैंटिल* शब्द का ऐसा कोई अर्थ नहीं है जो यहां सही बैठ रहा हो; लेकिन फिर भी यह शब्द उस संदेश में अपना वह अर्थ दे रहा है जो कि लिखने वाला कहना चाह रहा है। ख़ैर, स्वांतः सुखाय ही सही, मैंने उसका अनुवाद किया — मोड़ों पर संभल कर चलें। अब, इस *संभलने* में वह अर्थ पूरी तरह आ गया था जो कि संदेश लिखने वाला देना चाह रहा था, हालांकि *जैंटिल* शब्द का सीधा-सीधा अर्थ यह नहीं है, किंतु परोक्ष रूप से यह इसलिए सही है कि *जैंटिल* व्यक्ति संभल कर चलता है, यानी किसी से भी टकराए जाने से बचता हुआ चलता है।

कुछ ऐसी ही समस्या तब सामने आई जब इस किताब का – *Parenting with Presence* का – नाम हिंदी में लिखने की बात आई। खोज की तो एक आश्चर्यजनक बात सामने आई कि अंग्रेज़ी में पेरैंटिंग कोई शब्द ही नहीं है, किसी भी डिक्शनरी में – मैरियम वैब्स्टर डिक्शनरी, रीडर्स डाइजेस्ट डिक्शनरी, ऑक्सफ़ोर्ड डिक्शनरी, किसी में भी नहीं, और इसलिए चैम्बर्स की अंग्रेज़ी-हिंदी डिक्शनरी में भी न यह शब्द है और न ही इसका कोई अर्थ उपलब्ध है। इन सभी में *पेरैंट* के साथ केवल *पेरैंटल* व *पेरैंटहुड* शब्द तो हैं, लेकिन *पेरैंटिंग* नहीं है। संभव है कि सुविधा के लिए बोलचाल की भाषा में कभी किसी ने *पेरैंट* (संज्ञा) से इसकी क्रिया *पेरैंटिंग* बना लिया होगा और फिर लोगों द्वारा इसे बोला जाने लगा, लेकिन किसी डिक्शनरी ने इसे बाक़ायदा स्थान नहीं दिया है। हिंदी में *पेरैंटिंग* के लिए जो शब्द हैं वे हैं लालन-पालन करना, पालन-पोषण करना; और उर्दू में हैं परवरिश करना। लेकिन कोई एकल शब्द उपलब्ध नहीं है, या कहें कि अंग्रेज़ी वालों की तरह हिंदी वालों ने ऐसा कोई एकल शब्द गढ़ा नहीं है जैसा कि वहां *पेरैंटिंग* गढ़ लिया गया है। इसलिए मैंने किताब के नाम में तो *पेरैंटिंग* के लिए लालन-पालन शब्द ले लिए हैं लेकिन किताब के अंदर भाषा प्रवाह बनाए रखने के लिए *पेरैंटिंग* को मैंने हिंदी में पेरैंटिंग रखने का निर्णय लिया है, क्योंकि बात को सीधे-सरल तरीके से, और बोधगम्य तरीके से रखना ही अनुवाद का प्रयोजन होता है।

अब आता है दूसरा शब्द – Presence। इसके साथ वही बात हुई जो ऊपर लिखे किस्से में *जैंटिल* शब्द के साथ हुई थी। जिस अर्थ में इस शब्द का प्रयोग इस किताब में किया गया है – जैसा कि इसे पढ़ते हुए आप स्वयं देखेंगे – उस अर्थ में यह शब्द न तो अंग्रेज़ी की डिक्शनरियों में है और न ही हिंदी के शब्दकोशों में। इस किताब में *प्रेज़ैंस* का मतलब शारीरिक रूप से उपस्थित रहने, विद्यमान रहने, मौजूद रहने तक ही सीमित नहीं हैं, बल्कि, अत्यंत गहरे व महत्वपूर्ण ढंग से, यह मानसिक व हार्दिक रूप से सजग रहने तक जाता है। आपका बच्चा जब आपका कहना नहीं मानता है तब आपका पारा चढ़ जाता है और आप उस पर चीखने-चिल्लाने लगते हैं और कभी-कभी उसके नाजुक से गाल पर अपने सख़्त हाथ से थप्पड़ भी जड़ देते हैं, तब, निश्चित रूप से, आप शारीरिक रूप से वहां *प्रेज़ैंट*, उपस्थित, विद्यमान और मौजूद होते हुए भी मानसिक व हार्दिक रूप से *प्रेज़ैंट* नहीं रहते है, क्योंकि अगर होते तो चीखने-चिल्लाने और थप्पड़ जड देने के बजाय आप यह देखते कि वह ऐसा कर क्यों रहा है, और यह भी कि इस बात पर मुझे गुस्सा क्यों आ रहा है, कारण कहां है, आप में है या बच्चे में है? यानी, अगर आप ऐसा

देखते तो आप केवल शारीरिक रूप से *प्रेज़ैंट* नहीं होते बल्कि मनोवैज्ञानिक रूप से 'सजग' भी होते। और, यही सजगता इस किताब का मूलमंत्र है। इस किताब में लिखी गई अपनी प्रस्तावना में एक्हार्ट टॉल्ल ने स्वयं भी इसकी यही परिभाषा दी है:

When there is no awareness (other names for it are mindfulness and presence), you relate to your child, as well to everybody else, through the conditioning of your mind.

और इस तरह Parenting with Presence का हिंदी नामकरण हुआ 'सजग लालन-पालन'।

यहां मैं एक बात और स्पष्ट कर देना आवश्यक समझता हूं और वह यह कि ऐसा नहीं है कि हिंदी में ही शब्दों का अभाव है, बल्कि वास्तविकता यह है किसी भी एक भाषा से दूसरी भाषा में अनुवाद करते समय ऐसी दुविधा आती ही है, कई बार ऐसा होता है कि हिंदी से अंग्रेज़ी में अनुवाद करते समय भी किसी हिंदी शब्द के लिए अंग्रेज़ी में उचित शब्द नहीं मिल पाते हैं, जैसे सुहाग, ससुराल, चाचा, ताऊ, मामा आदि रिश्तों के लिए अंग्रेज़ी में कोई शब्द नहीं हैं, यह सूची काफ़ी लंबी है लेकिन यह यहां का विषय नहीं है। मैं एक उदाहरण देकर अपनी बात समाप्त करता हूं – हिंदी में एक वाक्य है 'कल दो होते हैं, एक बीता हुआ कल और एक आने वाला कल', इस साधारण से वाक्य का अंग्रेज़ी में अनुवाद किया ही नहीं जा सकता।

अस्तु, इस गंभीर और महत्वपूर्ण किताब को यथासंभव सरल-सुबोध करने का प्रयास मैंने किया है, अर्थ का अनर्थ न हो जाए इसके लिए कई जगहों पर हिंदी के शब्द के साथ-साथ अंग्रेज़ी के शब्द को भी यथावत दोहरा दिया है, ताकि आप उसके मूल भावार्थ को समझ सकें। फिर भी, जैसा कि कहा जाता है कि अनुवाद में सुधार की गुंजाइश हमेशा बनी रहती है, यदि आप कोई ठोस सुझाव देना चाहें तो आपका स्वागत है ताकि इसके आगामी संस्करण को और बेहतर बनाया जा सके।

– अचलेश चंद्र शर्मा
9719592021

प्रस्तावना

किसी को अगर कार चलानी है तो कार चलाने का लाइसेंस लेने के लिए उसे लिखित परीक्षा और प्रैक्टिकल टैस्ट दोनों में पास होना पड़ेगा, ताकि वह खुद के लिए भी और दूसरों के लिए भी कोई ख़तरा न बन जाए। किसी बिल्कुल छोटे-मोटे जॉब की बात को छोड़ दें तो बाकी हर जॉब के लिए कुछ योग्यताओं और क्षमताओं की आवश्यकता होती है, और कठिन कामों वाले जॉब के लिए तो वर्षों की बाक़ायदा ट्रेनिंग भी आवश्यक मानी जाती है। लेकिन, यह विडंबना ही है कि पेरैंटिंग जैसे सबसे अधिक चुनौती भरे और जीवन के आधारभूत काम के लिए न तो कोई ट्रेनिंग आवश्यक मानी जाती है और न ही कोई योग्यता।

"पेरैंटहुड – यानी माता-पिता बनना और उसकी ज़िम्मेदारी निभाना – एक ऐसा सबसे बड़ा और एकमात्र क्षेत्र है जिसमें अनाड़ी और नौसीखिए लोगों की भरमार है।" – यह कहना है लेखक आल्विन टॉफ्लर का। पेरैंटिंग की जानकारी या शिक्षण-प्रशिक्षण का अभाव ही उन कारणों में से एक है कि अधिकांश पेरैंट्स जीवन भर इसमें बस जूझते रहते हैं – हालांकि यह मुख्य कारण नहीं है, जैसा कि हम आगे देखेंगे। ज़रूरी नहीं है कि ये माता-पिता बच्चे के शरीर की और सामान की आवश्यकताओं को पूरा करने में विफल रहते हों, बल्कि हो सकता है कि वे अपने बच्चे को सचमुच प्रेम करते हों और उनके लिए जो भी करना उन्हें ठीक लगता हो वही वे करना चाहते हों। लेकिन फिर भी उनका बच्चा लगभग रोज़ाना ही जिन चुनौतियों और परेशानियों को उनके सामने खड़ा कर दिया करता है, उनसे निपटने के लिए किसी समाधान का कोई सिरा उनके हाथ में नहीं आ पाता है, और न ही वे

यह जानते हैं कि बच्चे की बढ़ती हुई भावनात्मक, मनोवैज्ञानिक तथा आत्मिक आवश्यकताओं के साथ वे क्या करें।

हालांकि बीते ज़माने में पेरैंटिंग हद से ज़्यादा हुकूमत वाली रही है, लेकिन आज के ज़माने में अधिकतर पेरैंट्स बच्चे को स्पष्ट रूप से ऐसा मार्गदर्शन करने में असमर्थ रहते हैं जिसकी उसे आवश्यकता भी होती है और चाहना भी। अक्सर, घर के वातावरण में ढाँचे की कमी रहती है कि जैसे कि घर कोई बिना राडार का ऐसा जहाज है जिसे उसका कैप्टेन छोड़ कर चला गया है और समुद्र में वह दिशाहीन दशा में इधर-उधर भटकता हुआ तैर रहा है। सूज़न स्टिफ़लमैन के सटीक शब्दों में पेरैंट्स यह बात स्पष्ट रूप से देख व समझ ही नहीं पाते हैं कि – बच्चों को आवश्यकता इस बात की होती है कि पेरैंट्स उस घर रूपी ''जहाज के कैप्टेन'' बनें, लेकिन ये शब्द ऐसा बिल्कुल नहीं कह रहें हैं कि बीते ज़माने का हुकूमत वाला तौर-तरीका वापस लाया जाए। बल्कि, ये शब्द तो एक ऐसा संतुलन तलाशने की बात कह रहे हैं जो कि हद से ज़्यादा बंधन तथा कोई बंधन नहीं जैसी चरम स्थितियों के बीच बनाया जाए।

लेकिन, परिवारों में बच्चे को पालने में होने वाली गड़बड़ियों का गंभीर कारण पेरैंट्स को इसकी जानकारी या शिक्षण-प्रशिक्षण का न होना नहीं है, बल्कि, दरअसल, इसका प्रमुख करण है पेरैंट्स में सजगता का अभाव होना। सजग पेरैंट्स के बिना सजग पेरैंटिंग भी नहीं हो सकती! सजग पेरैंट्स तो अपने सामान्य दैनिक जीवन में भी सजगता का एक समुचित स्तर बनाए रखने की योग्यता रखते हैं, भले ही उनसे यदाकदा कभी कोई भूल-चूक हो जाती हो। जब सजगता (इस सजगता के अन्य नाम हैं *चैतन्यता* और *उपस्थित/प्रेज़ैंट रहना*) नहीं रहती है तब आप अपने बच्चे से, और अन्य लोगों से भी, अपने संस्कारग्रस्त मन के जरिए ही मिलते हैं, यानी उन तमाम मानसिक/भावनात्मक प्रतिक्रियाओं के बंधे-बंधाए ढर्रों, विश्वासों और अवचेतन में बसी हुई उन मान्यताओं का चश्मा लगा कर मिलते हैं जो कि आप बचपन से ही अपने माता-पिता से और अपने सांस्कृतिक परिवेश से ग्रहण करते आए हैं।

इनमें से अनेक ढर्रे तो न जाने कब से, असंख्य पीढ़ियों से होते हुए हम तक पहुंचे हैं। लेकिन, जब आप सजग रहते हैं, या *प्रेज़ैंट* रहते हैं – मुझे यह शब्द बेहतर लगता है – तब दरअसल आप खुद के भी मनोवैज्ञानिक, भावनात्मक और व्यवहार करने के अपने ढर्रों के प्रति सजग हो जाते हैं। तब अपने बच्चे के साथ क्रिया-प्रतिक्रिया करते समय केवल पुराने ढर्रों पर अंधे होकर चलने के बजाय आपके सामने यह चुनने के विकल्प रहते हैं कि

उसके साथ कैसा व्यवहार किया जाना उचित होगा। साथ ही, और सबसे महत्वपूर्ण भी, यह बात है कि ऐसा करने से आप पुराने ढर्रों को अपने बच्चों को, रिले-रेस की तरह, सौंप नहीं रहे होते हैं।

सजग न रहने पर, प्रेज़ेंस में न रहने पर, आप अपने बच्चे को अपने विचारग्रस्त दिलोदिमाग के चश्मे से देख रहे होते हैं न कि अपनी आत्मा की दृष्टि से। अगर आप सारे सही काम *कर* भी रहे हों तो भी बच्चे के साथ आपके संबंधों में सबसे महत्वपूर्ण तत्व का अभाव ही रहेगा यानी उन कामों में आत्मा का न होना, आध्यात्मिकता का न होना तो रहेगा ही। इसका अर्थ यह हुआ कि कहीं गहरे में रहने वाला जुड़ाव आपके उन कामों में नहीं होगा।

अपने सहजबोध या अपनी अंतर्प्रज्ञा से, बच्चा यह भांप ही लेगा कि आपके और उसके बीच एक आवश्यक और अहम कड़ी ग़ायब है, और वह यह कि आप पूरी तरह उसके साथ *प्रेज़ेंट* रहने के बजाय, सचमुच उसके संग-साथ में रहने के बजाय, बस अपने ही दिमाग़ में, अपने ही विचारों में रहा करते हैं। इससे, अनजाने में ही, बच्चा यह मान बैठता है, या यह महसूस करने लगता है कि कोई महत्वपूर्ण चीज़ उसे देने में आप कोताही कर रहे हैं। इससे बच्चे में बेबात का गुस्सा व रोष उठने लगता है जो कि तरह-तरह से प्रकट होता रहता है, या वह आक्रोश उसकी किशोर अवस्था में आने तक उसके भीतर दबा-ढका रहता है, पर ज़िंदा रहता है।

बच्चे और पेरैंट्स के बीच की यह खाई अभी भी बनी हुई है लेकिन फिर भी एक बदलाव आया है। ऐसे पेरैंट्स की संख्या अब बढ़ती जा रही है जो सजग हैं जो अपने संस्कारग्रस्त दिलोदिमाग के पार और परे जाने की क्षमता रखते हैं और अपने बच्चे के साथ कहीं गहरा आत्मिक जुड़ाव रखते हैं।

इस तरह, गड़बड़वाली या असजगता वाली पेरैंटिंग के दो कारण होते हैं। एक तो है बच्चे के लालन-पालन से संबंधित उस जानकारी का, उस ज्ञान का अभाव होना जो कि बाबा आदम के ज़माने वाले व हद से ज़्यादा हुकूमत वाले नज़रिए और आधुनिक दृष्टिकोण के बीच विवेकपूर्ण संतुलन बनाए रखने का काम करता है। और दूसरा है, और आधारभूत रूप से बहुत महत्वपूर्ण है, पेरैंट्स के स्तर पर सजगता का, चैतन्यता का, *प्रेज़ेंस* का अभाव होना।

हालांकि ऐसी बहुत सी किताबें हैं जो उन पेरैंट्स को कुछ व्यावहारिक ज्ञान देने में मदद करती हैं जो कि पढ़ने का शौक रखते हैं, लेकिन अभी भी अधिकतर किताबों में पेरैंट्स में इस सजगता के अभाव के विषय को नहीं छुआ गया है और न ही इस संबंध में कोई मार्गदर्शन ही किया गया है कि पेरैंटिंग में सामने आने वाली रोज़मर्रा की चुनौतियों को किस तरह खुद में सजगता

जगाने के लिए एक माध्यम की तरह प्रयोग किया जाए। सूज़न स्टिफ़लमैन की यह किताब इन दोनो ही स्तरों पर पाठकों की मदद करने वाली है जिन्हें हम करना और (*प्रेज़ेंट*) रहना कह सकते हैं। वह हमें 'करने' (या बौद्धों के शब्दों में 'सम्यक कर्म') के लिए विवेकपूर्ण ज्ञान और व्यावहारिक समाधान की सलाह देती हैं और वह भी जीवन के आधारभूत स्तरों की उपेक्षा न करते हुए।

यह किताब पेरैंट्स को यह दर्शाती है कि पेरैंटिंग को वे किस तरह से एक आध्यात्मिक अभ्यास में रूपांतरित कर सकते हैं। बच्चे हमें जो चुनौतियां देते हैं, यह किताब उन चुनौतियों को एक ऐसे दर्पण में बदल देती है जो आपको अपने ही अवचेतन में बसे ढर्रों के प्रति सजग होने में मदद करता है। और, उनके प्रति सजग हो जाने से ही तो आप उनके पार और परे जाना आरंभ कर सकते हैं।

लेखक पीटर डी व्रीज़ लिखते हैं, "संतान के होने से पहले उसके लिए पर्याप्त परिपक्वता हम में से किस के पास होती है? विवाह का मूल्य व महत्व इस बात में नहीं है कि बालिग लोग बच्चे पैदा करें बल्कि इस बात में है कि बच्चे बालिग तैयार करें।" हम चाहे विवाहित दंपति हों या अकेले पेरैंट हों, बच्चे हमें अधिक परिपक्व इंसान बनाने में निश्चित रूप से मदद करेंगे। जी हां, बच्चे ही हमें बालिग बनाते हैं लेकिन उससे भी अच्छी बात यह है कि सूज़न स्टिफ़लमैन की यह अनोखी और अद्वितीय किताब हमें यह भी दिखाती है कि हमारे बच्चे हमें *सजग और चैतन्य* बालिग कैसे बना सकते हैं।

— एक्हार्ट टॉल्ल
द पॉवर ऑफ़ नाऊ और *ए न्यू अर्थ* के लेखक

भूमिका

अपनी नौकरी में अनीता एक प्रभावशाली व्यक्ति थी। स्वास्थ्य संबंधी एक छोटी सी पत्रिका की संपादक के रूप में, वह सारे काम बड़े ही कारगर ढंग से, अच्छी तरह से और चुटकियों में करा लिया करती थी। हालांकि उसका स्टाफ़ कभी-कभी खुद के रोम-रोम को उसके नियंत्रण में कसा हुआ महसूस करता था लेकिन फिर भी वातावरण को रुचिकर बनाए रखने के लिए वह आगे बढ़ कर कई काम किया करती थी और उदार मन से कई सुविधाएं दिया करती थी जैसे काम पर आने-जाने के समय को लचीला बना देना, पीछे वाले कमरे में स्टाफ़ के लिए बढ़िया स्नैक्स रखना। लेकिन अनीता ने अपने जीवन को कुछ ऐसे ढर्रे से बांध लिया था जिसे रचनात्मक तो नहीं ही कहा जा सकता। हर सुबह, दिन की तैयारी शुरू करने से पहले वह ध्यान पर प्रवचन सुनती थी और बच्चे होने से पहले वह और उसका पति इब्राहिम, जब भी संभव हो, योग-शिविर में जाने के लिए कृतसंकल्प रहा करते थे।

इब्राहिम घर से ही एक छोटी सी इंटरनेट मार्केटिंग कंपनी चलाता था। वह अपनी रचनात्मक बुद्धि और समय पर काम करने और करवाने जैसी ख्याति पर आधारित अपनी सफलता के आधार को बढ़ाता हुआ मज़े से जी रहा था।

अनीता और इब्राहिम तब बहुत रोमांचित व पुलकित हो उठे थे जब उनके घर में बेटे का जन्म हुआ जिसे उन्होंने प्यार से चंदर कहना शुरू किया। उस समय उन्होंने यह संकल्प लिया कि जिस तरह के परिवार और परिवेश

में वे खुद पले-बढ़े थे, अपना परिवार वे उससे भिन्न तरह का बनायेंगे। अनीता के मामले में इस बात का अर्थ यह था कि वह अपने इस परिवार में मेलजोल का और जुड़ाव का वातावरण बनायेगी जो कि उसके अपने उस परिवार में नहीं था जिसमें कि वह जन्मी और पली-बढ़ी थी; उसकी मां को शराब पीने की आदत थी, और पति द्वारा वह बड़ी कष्टप्रद अवस्था में अलग कर दी गई थी और कहा जाए तो अनीता और उसकी बहनें एक तरह से रामभरोसे छोड़ दी गई थीं। इब्राहिम के मामले में, उसके माता-पिता परिवार से जुड़े तो रहते थे लेकिन ज़रूरत से कुछ ज़्यादा ही। वे इब्राहिम और उसकी बहनों की गतिविधियों पर कड़ा नियंत्रण रखते थे, और उसके ही शब्दों में, उन्होंने इन बच्चों की आवाज़ छीन ली थी। अनीता और इब्राहिम, दोनों ही ने यह दृढ़ निश्चय कर लिया था कि वे अपने बच्चों को तवज्जो और आज़ादी की उस गंगा-यमुना से सींचते हुए पालेंगे जिसके लिए अपने बचपन में वे खुद प्यासे ही रहे थे।

चंदर जब बड़ा होने लगा तो अनीता और इब्राहिम उसे देख-देख कर निहाल हुआ करते थे लेकिन, बड़े होने के साथ-साथ ही चंदर बड़ा तुनकमिज़ाज होता जा रहा था, वह बहुत जल्दी खिन्न हो जाया करता था और उसे शांत करना बड़ा मुश्किल होता था। जब उसने चलना शुरू ही किया था तब भी अपनी किसी मनमाफ़िक बात के पूरा न होने पर वह बुरी तरह तंग करता था। उसके माता-पिता उसके प्रति सहृदय और अच्छी देखभाल करने वाले रहना चाहते थे इसलिए वे बालक चंदर को यह समझाने की पूरी कोशिश करते कि जो मांग वह कर रहा है वह पूरी क्यों नहीं की जा सकती है लेकिन इससे उसका मिज़ाज और ख़राब हो जाया करता था। और, इस बात से बड़ा उत्साहित होने के बावजूद कि वह 'बड़े बच्चों के स्कूल' जा रहा है, अपने प्रीस्कूल के नियमों के अनुसार चलने में वह अच्छा साबित नहीं हुआ था। कोई कहानी सुनते हुए शांत व स्थिर बैठना तो उसके लिए तो एक लगभग असंभव बात थी, और अपनी किसी इच्छा पर अपने कमज़ोर नियंत्रण का परिणाम यह होता था कि जब कभी भी वह किसी के पास कोई ऐसा खिलौना देखता जो उसे अच्छा लग रहा हो तो धक्का-मुक्की या छीना-झपटी करके उसे हासिल कर लेना ही वह अपना धर्म समझता था।

स्कूल में प्रवेश लेने के कुछ दिन बाद ही प्रीस्कूल के डायरेक्टर ने एक ऐसी घटना के बारे में अनीता और इब्राहिम को बुलावा भेजा था जिसमें चंदर ने एक बच्चे को बड़े ही ज़ोर से धक्का दे दिया था। यह मीटिंग तो

चंदर के अनुचित व्यवहार से जुड़ी समस्याओं के सिलसिले की पहली मीटिंग ही थी। जब वह कोई चार साल का रहा होगा तब परिवार में उसकी बहन के आ जाने पर उसके उपद्रव और भी बढ़ गए थे। उसके माता-पिता ने उसे समझने की बहुत कोशिशें कीं, लेकिन अपने इस बदमिज़ाज बेटे के साथ वे कैसा बर्ताव करें, इस बात के सिरे उनके हाथ में आ ही नहीं रहे थे – मिन्नतें करना, सौदेबाज़ी करना, धमकाना और उसकी मांगों को सही न ठहराना – साम, दाम दंड और भेद जैसी कोई भी नीति काम नहीं कर रही थी। चंदर किसी न किसी बात पर चीखता-चिल्लाता और सारे घर को हर समय सिर पर उठा लेता था। उसके माता-पिता को शायद ही ऐसा कोई दिन याद हो जो उन्होंने पेरैंट के रूप में शांतिपूर्वक बिताया हो। वे ''उस तरह'' के बच्चे के पेरैंट्स होने पर खुद बहुत परेशान और किसी हद तक शर्मिंदा रहा करते थे, और उनका हर दिन इस चिंता के साथ शुरू होता था कि उनका बिगड़ैल बेटा आज पता नहीं क्या नयी मुसीबत खड़ी करेगा।

अनीता और इब्राहिम का ऐसा मानना था कि बच्चे के व्यक्तिगत विकास के प्रति उनका लिया हुआ संकल्प किसी न किसी तरह बच्चों के लालन-पालन को मधुर व सरल बना देगा। आख़िर, बच्चों पर परिवेश का प्रभाव तो पड़ता ही है! प्रेम से परिपूर्ण घर और अच्छी देखभाल करने वाले माता-पिता – ये चीज़े परिवार को सामंजस्यपूर्ण तो बना ही देती हैं। लेकिन यहां ऐसी कोई बात नहीं हो रही थी। अनीता का प्रातःकालीन ध्यान अब अतीत की बात हो गया था। और हालांकि वह और इब्राहिम पूरी कोशिश करते थे कि ऐसा ना हो लेकिन एक दूसरे के ऊपर दोषारोपण करते हुए वे दोनों अक्सर बहस में उलझ ही जाया करते थे कि ''अगर तुमने *इस* बात पर चंदर के साथ *उस* तरह बर्ताव किया होता तो आज का यह हंगामा होने से बचाया जा सकता था।''

यह दंपति भी उन लोगों जैसे ही थे जैसे कि वे लोग जिन्हें मैं एक शिक्षक, पेरैंट-कोच और मनोचिकित्सक होने के नाते पिछले तीस बरसों से देखती आ रही हूं। पेरैंट्स खुद को भले ही व्यक्तित्व-विकास का एक पथ प्रदर्शक समझते हों या वे कोई हंगामा अथवा सत्ता-संघर्ष होने से बचते हुए बच्चों को बस शांति से पालना चाहते हों

पेरैंट्स खुद को भले ही व्यक्तित्व-विकास का एक पथ प्रदर्शक समझते हों या वे कोई हंगामा अथवा सत्ता-संघर्ष होने से बचते हुए बच्चों को बस शांति से पालना चाहते हों लेकिन बच्चे पालने की ज़मीनी हक़ीकत के साथ उनके सामने कोई न कोई कठिनाई तो सामने आ ही खड़ी होती है, ख़ास तौर पर तब जब बच्चों की ज़रूरतें या उनका मिज़ाज सिरदर्द साबित हो रहे हों।

लेकिन बच्चे पालने की ज़मीनी हक़ीकत के साथ उनके सामने कोई न कोई कठिनाई तो सामने आ ही खड़ी होती है, ख़ास तौर पर तब जब बच्चों की ज़रूरतें या उनका मिज़ाज एक सिरदर्द साबित हो रहे हों।

अगर हमारे बच्चे ऐसे हों भी जिन्हें कि पालना आसान हो तो भी हमें अपनी ज़रूरतों के मुकाबले उनकी ज़रूरतों को प्राथमिकता तो देनी ही पड़ती है, और वह भी 24 × 7 जाग कर काटी गई रातों से लेकर होमवर्क के महाभारत तक, हमें कोई न कोई नया गुण या नया हुनर या कोई विशेषता अपने अंदर डालनी और बढ़ानी पड़ती रहती है जैसे सहिष्णुता, दृढ़ता, और एक ही पिक्चर-बुक को बार-बार, बार-बार पढ़ते रहने की क्षमता। जो लोग खुद को अध्यात्म से जुड़ा हुआ माना करते हैं, वे भी यह स्वीकार करते हैं कि बच्चों के बीच रहते हुए कभी-कभी वे कैसा अनाध्यात्मिक महसूस करते हैं। जिन शब्दों के बोलने के बारे में वे कभी सोच भी नहीं सकते थे, वे शब्द उनके मुंह से अक्सर निकलने लगे थे – और वह भी ऊंची आवाज़ में – ऐसे शब्द जिनसे कुछ भी झलकता हो लेकिन प्रज्ञा और ज्ञान तो बिल्कुल नहीं।

लेकिन अनीता और इब्राहिम की तरह ही, हमारा सामना इस सच से तो हो ही जाता है कि जिस बच्चे को हम पाल रहे हैं, वह दरअसल हमें बहुत कुछ सिखा सकता है। और इसी बारे में है यह किताब।

हमारा सामना इस सच से तो हो ही जाता है कि जिस बच्चे को हम पाल रहे हैं, वह दरअसल हमें बहुत कुछ सिखा सकता है।

अनीता और इब्राहिम को हम एक बार फिर लेकर आगे के एक अध्याय में आयेंगे और देखेंगे कि चंदर के द्वारा दी गई चुनौतियों ने किस तरह उनके लिए एक स्वस्थ पेरेंटिंग के अनुभवों का मार्ग प्रशस्त कर दिया था और वह मार्ग किस तरह से उन दोनों के लिए अपने-अपने बचपन के ज़ख्मों को भरने के अवसर प्रदान करने वाला भी सिद्ध हुआ। अभी तो मैं आपको अपनी कहानी से रूबरू कराना चाहती हूं।

पेरेंटिंग के पथ पर मेरी यात्रा

जब मैं पंद्रह साल की थी और अमेरिका के कंसास शहर में रहती थी, तब मेरा भाई कॉलेज की पढ़ाई करने के लिए बाहर चला गया था और मेरे लिए एक नोट लिख कर छोड़ गया था जिसमें मुझसे कहा गया था मैं एक किताब अवश्य पढ़ूं – परमहंस योगानंद द्वारा लिखित *ऑटोबाईग्राफ़ी ऑफ़ ए योगी,* और वह उस किताब को मेरे कमरे में रख भी गया था।

वह किताब मेरे सैट पर दो साल तक यूं ही रखी रही, और फिर एक दिन मैंने उसे उठा ही लिया और तब मैंने अपने आप को उस किताब में गहरे और गहरे उतरते पाया। एक भारतीय द्वारा की गई दिव्यता की खोज की उसकी यात्रा से मैं अभिभूत हो गई थी।

इस असाधारण किताब ने मेरे अंदर कुछ ऐसा जागरण कर दिया कि मैं उसे उसके आखिरी पृष्ठ तक पढ़ती ही चली गई। फिर मैंने अपनी साइकिल उठाई और प्रेरी विलेज के शॉपिंग सैंटर तक पैडल चलाती हुई पहुंच गई। वहां मैंने अपने साथ ले जाए गए मुट्ठी भर सिक्के दिए और कैलीफ़ोर्निया में स्थित योगानंद फ़ाउंडेशन के हैडक्वार्टर को फ़ोन लगा दिया, और कहा, "मैं ईश्वर को जानना चाहती हूं।"

लगभग एक साल तक मैं योगानंद परंपरा के अनुसार ध्यान लगाती रही जो कि उस विधि पर आधारित थी जो 'सैल्फ़-रियलाइज़ेशन फ़ैलोशिप' द्वारा डाक से मुझे भेजी गई थी। मैंने योगासन करने शुरू किए और ध्यान की अन्य विधियां भी अपनाती रही। जो भी विधि मुझे अधिक भाती थी उसमें मैं गहरे तक उतरने की कोशिश करती थी और मेरे हृदय व आत्मा को बल देने वाली अन्य विधियों में भी मैं घूमा करती थी। अपने दैनिक ध्यान से मिलने वाली शांति पर मैं इतना निर्भर रहने लगी थी कि अगर किसी सुबह को मैं ध्यान नहीं लगा पाती थी तो मैं तब तक बेचैन रहती थी जब तक कि थोड़ा समय निकाल कर उसे मैं कर नहीं लेती थी।

अठारह साल बाद मेरा बच्चा हुआ। पारिवारिक ज़िम्मेदारियों के चलते, गृहस्थ के अनिवार्य काम-धंधों के बीच संतुलन बैठाने में, हर सुबह को नियमित रूप से किया जाने वाले मेरे अपने कार्यकलाप कहीं किनारे लग गए। जब कभी भी मैं अपने "आध्यात्मिक विकास" के बारे में कड़ा रुख अपनाती, तो उसकी परिणति झुंझलाहट और तनावग्रस्त हो जाने में ही होती थी। मुझे जानना यह था कि जीवन के पलों को *झेलने* के बजाय उनका *आनंद* कैसे लिया जाए, हर बात में – जैसे, डाइपर बदलना, कोई कहानी पढ़ कर सुनाना या बच्चे के खेल का तूफ़ानी दौर पूरा हो जाने के बाद सफ़ाई का अभियान चलाना, वगैरह, वगैरह।

मुझे जानना यह था कि जीवन के पलों को झेलने के बजाय उनका आनंद कैसे लिया जाए, हर बात में – जैसे, डाइपर बदलना, कोई कहानी पढ़ कर सुनाना, या बच्चे के खेल का तूफ़ानी दौर पूरा हो जाने के बाद सफ़ाई का अभियान चलाना, वगैरह, वगैरह।

एक दिन मैं रसोई में थी और अपने बेटे के लिए ग्रिल्ड-चीज़ सैंडविच बना रही थी। जब मैं चूल्हे के पास खड़ी हुई चीज़ के

पिघलने का इंतज़ार कर रही थी तो अनायास ही उस पल जो हो रहा था मैं उसकी एक व्यापक चैतन्यता में चली गई। उधर, दूसरे कमरे में, एक चमत्कार के रूप में कोई मौजूद था, कोई ऐसा जो मुझे अपने दिल की धड़कनों से भी अधिक प्रिय था, और मैं अपने प्यार को एक सैंडविच के रूप में उसे प्रस्तुत करने जा रही थी। यह सोच कर ही मैं कृतज्ञता से भर उठी थी कि जो कुछ मैं महसूस कर रही हूं वह कहीं कोई दूर-दराज़ में होने वाली अनुभूति नहीं है; बल्कि अगर मैं चाहूं तो अपने दिन के हर काम को इसी तरह के मुक्त हृदय के साथ करते हुए इसे और भी अंतरंगता के साथ जी सकती हूं।

तब से, बच्चे को पालना मेरे जीवन को रूपांतरित कर देने वाले महानतम अनुभव के रूप में बदल गया। जब भी संभव होता था – हालांकि शुरू में कम ही होता था, लेकिन बच्चे के बड़े होने के साथ-साथ अधिक संभव होने लगा था – तभी मैं ध्यान के लिए बैठ जाया करती। निस्संदेह, मेरे ''मैं'' का अपना असर कभी-कभी उभर कर आ जाता था लेकिन अपने भीतर के शांत और आह्लाद भाव के कुएं के जल का पान करना अपार आनंद देने वाला होता था। लेकिन यह भी मैं अच्छी तरह समझ गई थी कि सुबह को मैं चाहे जो भी अनिवार्य कार्य पूरे करूं, किंतु आध्यात्मिक रूप से जीने का अर्थ होता है अपने प्रत्यक्ष जीवन में अपनी चेतना को यथासंभव उपस्थित रखते हुए, प्रेज़ैंट रखते हुए जीना।

इस किताब में, दिन-प्रतिदिन की पेरैंटिंग द्वारा खुद को अधिक शांति व आह्लाद देने वाली तथा आपका व्यक्तिगत रूपांतरण कर देने वाली आपकी अपनी यात्रा का शुभारंभ करने के लिए मैं आपको आमंत्रित करती हूं। इसमें आप बच्चों के लालन-पालन में आने वाले वास्तविक तूफ़ानी उतार-चढ़ावों में से अपने जहाज को अधिक सजगता व चैतन्यता के साथ सुरक्षित निकाल लेने की अनेक विधियां खोज पायेगे और यह भी सीख पायेंगे कि उस आवेश, आवेग और उद्विग्नता पर कैसे काबू पाया जाए जो कि आपके संतुलन को बिगाड़ देते हैं और कभी-कभी तो उसका अपहरण ही कर लेते हैं। और, इस किताब में आपको अपने घर में आध्यात्मिकता लाने के तौर-तरीकों को खोजने के लिए भी आमंत्रित किया जायेगा – भले ही इसके प्रति आपका धार्मिक भाव से झुकाव न हो या आपके बच्चे ऐसे हों जो आध्यात्मिकता को एक फालतू चीज़ मानते हों।

सारी किताब में मैं ऐसे गुणों का बयान करती रहूंगी जो, कि आपके बच्चे को एक ऐसे बालिग के रूप में रूपांतरित कर देंगे जो सजग हो, चैतन्य हो, आत्मविश्वासी हो और सहृदय व देखभाल करने वाला हो। अंत में, आप

सीखेंगे अपने बच्चे के साथ विद्यमान रहते हुए, यानी प्रेज़ैंट रहते हुए, उसका लालन-पालन करने विधियां; और खिन्नता, क्रोध और डर में प्रतिक्रिया करने के बजाय, नम्रता व लचीलेपन के साथ और सही-ग़लत में से सही का चुनाव करते हुए जो सही है उसे करने या कहने की विधियां।

अपने बच्चों के साथ जब हमारा संबंध हमारे दिल और पूरी सजगता, पूरी *प्रेज़ैंस* द्वारा सिंचित होता है तब वे किसी मार्गदर्शन या सहारे के लिए अपने दोस्तों की तरफ़ जाने के बजाय हमारी ही तरफ आने को अधिक उत्सुक रहते हैं। इसके अलावा, जो बच्चे महसूस करते हैं कि वे जैसे भी हैं उन्हें पसंद किया जा रहा है, तवज्जो दी जा रही है और प्यार-दुलार किया जा रहा है, तो वे अपने पेरैंट्स के कहे को मानने और उस पर चलने के लिए अधिक प्रेरित रहते हैं; क्योंकि यह मानव स्वभाव है कि हम उनके साथ अधिक सहयोग करते हैं जो कि हमारे साथ अधिक मज़बूती से जुड़े रहते हैं।

चाहे आप आध्यात्मिकता के एक उत्सुक पथिक हों या केवल अधिक सजगता के साथ अपने बच्चों को पालना चाहने वाले हों, अधिक सजगता, अधिक *प्रेज़ैंस* के साथ उनका लालन-पालन करने से अधिक प्रेम के, अधिक सीखने के और अधिक हर्ष के वे अवसर आपके सामने आते चले जायेंगे जो कि पेरैंटिंग करने के आपके साहस का उपहार होंगे।

इस यात्रा में आपका स्वागत है! आइए शुरुआत करें।

अब आपकी बारी है

ऊपर लिखा हुआ यह शीर्षक पूरी किताब में कई जगह मिलेगा, इसे पढ़ते समय कृपया आप www.susanstiffelman.com/PWPexrtras पर जाएं जहां मैं आपको इस अभ्यास को करने के बारे में बताऊंगी।

पेरैंट्स के साथ मैं जब भी कोचिंग सेशन करती हूं, तो उसकी शुरुआत मैं उनसे यह कहते हुए करती हूं कि वे कल्पना करें कि सेशन पूरा होने तक उनका फ़ोन हैंग-अप हो गया है और वे यह महसूस करें कि साथ में बिताया हुआ यह समय कितना अच्छा बीता। मैं उनसे यह विचार करने का भी आग्रह करती हूं कि यह सेशन सच कैसे साबित होगा। "क्या आप अब इसलिए बेहतर महसूस करेंगे क्योंकि समस्या से निपटने के लिए आपके पास अब बाक़ायदा एक तरीका है या शायद इसलिए कि अब आपको यह बात स्पष्ट हो गई है कि अपने बच्चे के साथ किसी ख़ास मुद्दे पर कौन सी बात आग में घी का काम करती है? या क्या आप यह कल्पना करते हैं कि आपको अब राहत इसलिए महसूस हो रही है क्योंकि चीज़ों को बदलने में यह मानने के बजाय कि सब कुछ एक ही बार में बदलना होगा अब आप छोटे-छोटे कदम लेते हुए धीरे-धीरे बदलाव लाना चाहने लगे हैं? शायद अब आप खुद को अधिक माफ़ कर पा रहे हैं या यह बात बेहतर ढंग से समझ पा रहे हैं कि बच्चों की बातें आपको भड़काती क्यों रही हैं और यह भी कि तब खुद को शांत कैसे रख जाए जब चीज़े उलझ रही हों।"

मैंने देखा है कि इस अभ्यास के करने से मेरे क्लाइंट्स को यह बात स्पष्ट होने में मदद मिलती है कि साथ-साथ किए जा रहे इस काम द्वारा वे किस तरह का बदलाव खुद में लाना चाहते हैं।

मैं चाहती हूं कि कुछ वैसा ही आग्रह मुझे आप से भी करने दें। कुछ पल ठहर जाएं – अपनी आंखें बंद कर लें और अपना हाथ अपने हृदय पर रख लें – और कल्पना करें कि आप यह किताब बंद कर रहे हैं, मन में एक खुशी और उमंग महसूस कर रहे हैं क्योंकि आपने पूरी किताब पढ़ ली है। देखें कि एक पेरैंट के रूप में आप सबसे ज़्यादा किस स्थिति से जूझते रहे हैं जो कि इसे पढ़ लेने के बाद शायद सुधर जाए? वह अच्छा क्या है जिसे आप बेहतर बनाना चाहते हैं? आप क्या बदलाव लाना चाह रहे हैं?

जैसा आदर्श-पेरैंटिंग-जीवन आप चाहते हैं उसके होने के प्रति सजग हो जाएं। अपने बच्चे के साथ अधिक प्रेमपूर्ण और स्वस्थ संबंधों की तस्वीर मन में बनाएं और उनमें अपनी भी। एक स्पष्ट इरादा या एक वांछित परिणाम

तय कर देने से आप देखेंगे कि इस किताब में दी गई सामग्री के प्रयोग से आप बहुत कुछ हासिल कर सकते हैं ख़ास तौर से तब जब कि आप ऐसी बातों को अपनी डायरी में लिखते चले जाएं जिन्हें कि आप अक्सर फिर से देखना चाहते हों।

अपनी डायरी को आप यह देखने के लिए भी प्रयोग करें कि आपके पेरैंटिंग जीवने में क्या चल रहा है और कहां आप विस्तार करना चाहते हैं, कहां विकास करना चाहते हैं और कहां अपने बच्चे के साथ, खुद के साथ और अपने सहभागी पेरैंट – यानी पति या पत्नी – के साथ अपने संबंधों में रूपांतरण करना चाहते हैं।

अध्याय 1

आपका बैस्ट टीचर तो आपके साथ ही रह रहा है

पेरैंटिंग एक ऐसा आईना है जिसमें हम अपना अच्छा और
सबसे खराब रूप बहुत नज़दीक से देख रहे होते हैं।
ये हमारे जीवन के सबसे अच्छे पल होते हैं
और सबसे अधिक डरा देने वाले भी।

– मायला तथा जॉन कबट-ज़िन

भारत में उन्हें गृहस्थ योगी कहा जाता है – ये वे स्त्री-पुरुष होते हैं जो किसी गुफ़ा या आश्रम में जा कर रहने के बजाय परिवार में ही रहते हुए अपने आध्यात्मिक पथ पर दृढ़ निश्चय के साथ आगे बढ़ा करते हैं। अपने घर और कार्यस्थल पर होने वाले अनुभवों के जरिये ये अपना विकास करने का रास्ता बनाते हैं, और अपने दिन-प्रतिदिन के जीवन में आने वाली चुनौतियों को स्वीकार करते हुए खुद को बदलने की राह को चुनते हैं।

कई लोगों का मानना है कि रोज़ाना ध्यान लगाने व कुछ दिन मनन-चिंतन के लिए कहीं एकांत में चले जाने और किसी प्रबुद्ध गुरु की बातों को मन में बिठाने से ही हमारे अंदर आध्यात्मिकता पैदा होती और पनपती है। लेकिन हमेशा ही जिनसे कुछ न कुछ सीखने की आप आशा कर सकते हैं ऐसे महानतम गुरुओं में से एक तो आपके घर ही में आपके साथ रह रहा है – भले ही कभी वह आपका मूड ख़राब करने वाला बटन दबा देता हो या कभी आपके सब्र का इम्तहान लेता हो।

हमेशा ही जिनसे कुछ न कुछ सीखने की आप आशा कर सकते हैं ऐसे महानतम गुरुओं में से एक तो आपके घर ही में आपके साथ रह रहा है – भले ही कभी वह आपका मूड ख़राब करने वाला बटन दबा देता हो या कभी आपके सब्र का इम्तहान लेता हो।

पेरैंटिंग में, घटनाएं बड़े वास्तविक रूप में और बड़ी तेज़ी से घटित होती हैं। यह समझना कि जब आपका बच्चा नए सोफ़े पर शर्बत या जूस गिरा दे

तब आप क्या करें, या तब आप अपनी प्रतिक्रिया को कैसे काबू में रखें अथवा जब किसी से मिलने के लिए जाते समय लंबी ड्राइव में बच्चे गाड़ी में लगातार एक दूसरे को तंग करते, चिढ़ाते और लड़ते-झगड़ते हुए चल रहे हों – यह काम व्यक्तित्व-विकास के लिए किए जाने वाले 'एडवांस कोर्स' के बराबर के महत्व का ही है। ऐसे में क्या आप खुद को 'जो है' से अलग कर लेते हैं या उसके साथ बने रहते हुए 'जो है' के साथ रहने की अपनी क्षमता को और मज़बूत बनाते हैं। ऐसे में क्या आप भड़क उठते हैं या समझदारी के साथ पेश आते हैं?

सच्ची आध्यात्मिकता किसी पहाड़ की ऊंची गुफ़ा में जाकर बैठ जाने पर नहीं मिलती। वह तो घर में ही विद्यमान रहा करती है – बच्चे की बहती नाक को पोंछने में, उसके प्रिय खेल को – उसकी ज़िद पर – बारम्बार खेलते रहने में, या रात को दो बजे पेट दर्द से बेचैन बच्चे को गोद में लेकर हिलाते-डुलाते और सहलाते रहने में। यह वैसे ही है जैसे कि बुद्ध बराबर वाले कमरे में रो रहा है, तब आप उसे कैसे संभालेंगे उस पर आपका आध्यात्मिक विकास निर्भर है।

यह वैसे ही है जैसे कि बुद्ध बराबर वाले कमरे में रो रहा है, तब आप उसे कैसे संभालेंगे उस पर आपका आध्यात्मिक विकास निर्भर है।

टीचर या अध्यापक क्या होता है?

बहुत से लोग अपने बेटे या बेटी को अपने एक ऐसे आध्यात्मिक टीचर के रूप में अवतरित होने की कल्पना पर मुग्ध रहते हैं जो हमारी आत्मा और हृदय को रूपांतरित कर सकता है। लेकिन अपने बच्चे को अपना एक टीचर मानने का विचार भले ही आपको एक लय जैसा लुभावना और ज्ञान जैसी गंभीर बात लगता हो किंतु किसी *विचार* को स्वीकार करने और *वास्तविकता* को अंगीकार करने में अंतर होता है।

हमारे बच्चे हमारे अंदर उस प्रेम को वाक़ई जगा सकते हैं जिसकी हमने कल्पना भी नहीं की होती है। लेकिन वे हमारे उस प्रबल तत्व को भी प्रकाश में ला सकते हैं जो कि हमारे स्वभाव को प्रकट करता है जैसे हमारी अधीरता और हमारी असहिष्णुता। इस बात पर हमें शर्म भी आती है और हम पराजित भी महसूस करते हैं।

संतुलन बनाए रखना ही वर्तमान पल को जीने का सही तरीका है लेकिन संतुलित बने रहने की हमारी योग्यता और क्षमता की जितनी परीक्षा पेरैंटिंग लेती है उतनी कोई नहीं। बच्चों को पालना कैसा भी हो लेकिन शांतिपूर्ण तो

नहीं होता – बच्चों का आपस में होते रहना वाला झगड़ा-टंटा, होमवर्क का झंझट, और वीडियो गेम्स पर होने वाली तू-तू मैं-मैं – ये सब गृहस्थ जीवन में होने वाले रोज़ाना के तमाशे हैं। बड़े-बड़े विचारपूर्ण सिद्धांत भी, इन बच्चों के साथ रहने की रोजमर्रा की वास्तविकता से टकरा ही जाते हैं। यहां तक कि किसी भी हाल में प्रेमपूर्ण और शांत रहने का व्रत ले लेने वाले परिपक्व ध्यानी व्यक्ति या योगिनी महिला को भी अक्सर चीखते, चिल्लाते, धमकाते, लालच देते या सज़ा देते हुए देखा जा सकता है।

ऐसा कहा जाता है कि अगर शिक्षार्थी सीखने को तैयार हो तो शिक्षक खुद आ पहुंचता है। मेरा लंबा अनुभव बताता है कि यह बात बिल्कुल सच है क्योंकि जब-जब मैं बौद्धिक रूप से, मनोवैज्ञानिक रूप से या आध्यात्मिक रूप से अपने दायरे को व्यापक करने के लिए उत्सुक व उद्यत हुई हूं तब-तब कोई न कोई अवसर इस तरह से मेरे सामने स्वयं आ उपस्थित हुआ है जैसे वह दैवी रूप से चुन कर मेरे लिए भेजा गया हो ताकि मैं विस्तार पा सकूं, विकास कर सकूं और सीख सकूं। फिर भी, मैं खुद तो हमेशा ही विस्तार करना, विकास करना और सीखना नहीं चाहती रही हूं लेकिन, इस न चाहने पर भी मुझे ऐसा कुछ ऐसा लगा जैसे बिना मेरी इच्छा के ही मेरा नाम किसी ऐसी कक्षा में लिखवा दिया गया हो जिसमें मेरी रत्ती भर भी रुचि नहीं है।

जहां तक पेरैंटिंग की बात है तो ऐसा लगता है कि बच्चे जो 'कोर्स' हमें पढ़ाते हैं उसके लिए स्वेच्छा से हमने अपनी सहमति भले ही न दी हो किंतु इस पेरैंटिंग के द्वारा हम जबरन ही सही लेकिन बहुत बड़ी मात्रा में अपना ज्ञानवर्धन होता हुआ पाते हैं – हालांकि यह कोई 'आमंत्रित' या 'अवसर प्रदान किया गया' जैसी स्थिति नहीं होती। इस बारे में, मेरा मानना है कि हमारे बच्चे हमारे सबसे बड़े गुरु बन *सकते हैं*। भले ही बच्चे के होने के पीछे हमारा इरादा यह न रहा हो कि इसके जरिए हम बचपन से चले आ रहे अपने मन के ज़ख्मों को भर सकेंगे या अपना एक बेहतर संस्करण बन सकेंगे लेकिन वास्तव में ऐसे अवसर – और ऐसे अन्य हज़ारों अवसर – हमारे बच्चे के जन्म के साथ ही जन्म ले लेते हैं।

ठुमक-ठुमक कर चलता हमारा बच्चा जब फुटपाथ के बाजू में लगे हर फूल को सूंघने के लिए रुकना चाह रहा हो तब हो सकता है कि हमारा आमना-सामना अपनी ही अधीरता से हो जाए। हो सकता है कि हमें अपनी तेज़ी पर ब्रेक लगाना सिखाया जा रहा हो या जब हमारा किसी बच्चा डरावने सपनों के कारण रात को जाग जाता हो तब हम खुद को जगाए रखने के

लिए धैर्य रखना सीख जाएं और यह भी सीख जाएं कि लगातार कई रातें जागते हुए काट देने के बावजूद हममें दयालुता, सौम्यता व प्रेम सचमुच बना रह सकता है।

इतने ही महत्व वाले होते हैं वे तौर-तरीके जिनमें हमारे बच्चे हमारे अधूरे छोड़ दिये कामों में मददगार होते हैं। अपने बच्चे को अपना होमवर्क करने में टालमटोल करते देख कर हम अपनी भी इस ख़राब आदत को पहचान सकते हैं, और अगर चाहें तो इस बात के प्रति सावधान हो सकते हैं, कि खुद हम भी ऐसे कामों को टालते रहने के कसूरवार हैं जिन्हें करना हमें अच्छा नहीं लगता है। या जब हमारा तुनकमिज़ाज बच्चा हंगामा खड़ा कर रहा हो क्योंकि उसकी मर्जी के खिलाफ़ कुछ हो गया है, तब भी हमें ऐसा लग सकता है जैसे हम आईना देख रहे हैं। तब हम उन बीते पलों के हंगामे को – शायद आज सुबह के ही हंगामे को – फिर से होता देख रहे होते हैं जो हमने तब किया था जब कोई काम हमारी मर्जी के खिलाफ़ हो गया था।

कभी-कभी तो, जो पाठ हम अपने बच्चों से सीखते हैं वे बड़े ही भले और मधुर होते हैं; हमारे ये नन्हें-मुन्ने प्रेम और खुशी का आदान-प्रदान करने की हमारी क्षमता को उस हद तक बढ़ा देते हैं जिसकी हमने कभी कल्पना भी नहीं की होती है। लेकिन अक्सर, हमारे बच्चे का मिज़ाज हमारे दिलोदिमाग को जैसे एक चुनौती दे रहा होता है। अपने बच्चों की जगह, तब हम अपनी ज़रूरतों को रख कर देख सकते हैं – यह महसूस कर सकते हैं कि जब हम अपने बच्चों पर ऐसा व्यवहार न करने के लिए ज़ोर न डाल पा रहे हों जो कि हमारे डर और चिंता को दूर करने वाला हो, तब हम सुबह से रात तक जैसे एक युद्ध सा लड़ रहे होते हैं। और फिर, हर दिन के आख़िर में थकान से चूर होकर हम बिस्तर पर धड़ाम से गिर जाते हैं – इस फ़िक्र के साथ कि कल जागने पर हमें इस तमाशे में से फिर से गुजरना होगा।

चुनौती देने वाले लोगों को अपने विकास के लिए एक आवश्यकता के रूप में देखने के लिए मैं एक तरीका यह अपनाती हूं कि मैं दोनों के लिए ही यह कल्पना करती हूं कि जैसे हम दो ऐसी आत्माएं हैं जिनका अभी जन्म नहीं हुआ है – जैसे हम दोनों ही आत्माएं अभी किसी देह से आबद्ध नहीं हुई हैं और इसलिए एक दूसरे के प्रति केवल विशुद्ध और असीम प्रेम अनुभव कर रही हैं। (यह केवल एक कल्पना है, इससे लाभान्वित होने के लिए आवश्यक नहीं है कि आप पुनर्जन्म में विश्वास करें ही। कुछ पल के लिए मेरे साथ बस यह खेल खेलिए और देखिए कि क्या यह कारगर होता है?)

हमारा हर बच्चा हमें हमारे दिलोदिमाग के अंधियारे और मलिन कोनों से रूबरू करा देता है और ऐसी परिस्थितियां पैदा कर देता है जो हमें ऐसे ज्ञान की प्राप्ति करा सकें जो कि हमें अपने पुराने ढर्रे से मुक्त करा दें और हमारे जीवन को अधिक व्यापक तथा संपूर्ण बना दें।

मैं कल्पना करती हूं कि हम दोनों आत्माएं बात कर रही हैं (देह बंधन से मुक्त रहने वाली आत्माएं जिस भी तरह बात करती हों!) और हममें विचार-विमर्श यह हो रहा होता है कि अपने आने वाले जीवन में हम सीखना क्या चाहती हैं। ''मैं धैर्य रखना सीखना चाहती हूं'', हम में से एक कहती है। तब दूसरी कहती है, ''लेकिन मैं तो प्रेम और तवज्जो पाने की अपनी क्षमता को गहरा करना चाहती हूं। कैसा रहेगा कि मैं तो तुम्हारे अपंग शिशु के रूप में जन्म लूं, फिर मैं तो भरपूर प्यार पाना सीखूं और तुम धैर्य रखना सीखो?'' ''चलो, बात पक्की हुई!'' और इस तरह शुरू होता है हमारा समझौता जिसे लैक्चरार व अंतःप्रज्ञावादी कैरोलीन मायस *पवित्र करार* कहा करते हैं। ऐसा समझौता हम कुछ ऐसे ख़ास लोगों के साथ करते हैं जो हमारे जीवन में ऐसी सुनिश्चित परिस्थितियों के सूत्रधार बन कर आते हैं जो हमें उन कामों को करने में मदद देते हैं जिनके लिए हमने जन्म धारण किया है।

हमारा हर बच्चा हमें हमारे दिलोदिमाग के अंधियारे और मलिन कोनों से रूबरू करा देता है और ऐसी परिस्थितियां पैदा कर देता है जो हमें ऐसे ज्ञान की प्राप्ति करा सकें जो कि हमें अपने पुराने ढर्रे से मुक्त करा दें और हमारे जीवन को अधिक व्यापक तथा संपूर्ण बना दें। एक पेरैंट और उसकी बेटी के बीच की ऐसी ही प्रेरक कहानी यहां प्रस्तुत है –

एक बार अनुरोध कीजिये तो सही

कियारा की दो बेटियां थीं, चौदह साल की इला और सोलह साल की ईशा। ''अपनी दोनों बेटियों के साथ मेरी ज़िंदगी की गाड़ी अच्छी तरह चल रही है – हममें बहुत घनिष्ठता है। लेकिन, सच कहूं तो ईशा थोड़ी फूहड़ है। वह अपना तौलिया बाथरूम के फ़र्श पर गिरा छोड़ देती है, अपने कमरे में कपड़े बिखरे हुए छोड़ देती है, और जब तक उसे कहा न जाए, वह कभी अपने जूठे बर्तन साफ़ नहीं करती है। उसके इस व्यवहार से मुझे *वाक़ई* खीज होती है। इस बारे में हम दोनों के बीच कई बार बात भी हुई है लेकिन जब तक मैं टोका-टाकी न करूं तब तक वह सफ़ाई का ध्यान ही नहीं रखती है।''

कियारा ने अपनी बात जारी रखते हुए कहा, ''कल की ही बात है। मैंने उसे बड़े प्यार से कहा कि आज मेहमान खाने पर आने वाले हैं। उनके आने से पहले वह अपने कमरे को ज़रा ठीक-ठाक कर ले। जब मैं यह बात उससे कह रही थी तब वह मुझे शून्य भाव से देखती रही और फिर अपनी आंखें घुमाते हुए बोली, 'मॉम – वे लोग तो मेरे कमरे में झांकने के लिए भी नहीं आयेंगे! शाँत रहो! जब कोई हमारे घर आता है तब आप कुछ ज़्यादा ही तनाव में आ जाती हैं।' मेरे तन-बदन में जैसे आग गई थी! मैं उसके लिए कितना कुछ करती हूं! और वह मेरा इतना सा कहना नहीं मान सकती?''

मैं सुनती रही, और फिर मैंने कियारा से पूछा, ''जब तुम अपने पेरैंट्स से अपनी कोई इच्छा या जरूरत बताया करती थीं तब वे किस प्रकार जवाब देते थे? क्या वे तुम्हारी बात सुनते थे और तुम्हारे अनुरोध को सही बताते थे या वे उसे सुना-अनसुना कर दिया करते थे?''

एक व्यंगात्मक स्वर के साथ वह तुरंत बोली, ''ज़रूरत? मुझे तो अपनी ज़रूरत बताने की इजाज़त ही नहीं थी। हमारे परिवार में ऐसा होता ही नहीं था। अगर कभी मैं अपनी मां या पिता से यह कह भी देती थी कि जो काम करने के लिए वे मुझसे कह रहे हैं वह करना मैं नहीं चाहती तो वे मुझे ऐसे देखते थे जैसे में कोई पागल हूं और फिर वे मुझे स्वार्थी और मतलबी तक कह देते थे। बहुत छोटी उम्र में ही मेरे मन में यह बात बैठ गई थी कि इनसे तो कभी कुछ मांगना ही बेकार है। और तभी से अपने सभी संबंधों में मैं तटस्थ भाव रखने लगी। यहां तक कि अपने वैवाहिक संबंधों में भी मैं ऐसे ही रही।''

मैंने कियारा से कहा कि मैं एक उदाहरण देना चाहती हूं, ''बच्चों के मनोरंजन पार्कों में तुमने उन्हें बंपर कार चलाते हुए तो देखा ही होगा न? मैंने जो वहां देखा है वह यह है कि कुछ बच्चे तो अपनी उस छोटी सी कार में बैठ जाते हैं और बस बैठे ही रहते हैं। उन्होंने पहले कभी किसी ऑटोमोबाइल का स्टीयरिंग व्हील चलाया नहीं होता है और न ही एक्सीलेटर को पैर से दबा कर उसे चलाने की कोई समझ उनमें होती है। इस तरह, ट्रैक के बीच में वे कार में बस बैठे ही रहते हैं और वहां के बाकी बेलगाम ड्राइवरों द्वारा मारी जा रही टक्करों को झेलते रहते हैं।

''अब, इसके उलट दूसरे बच्चों का उदाहरण लो। ये वे बच्चे होते हैं जो कि एक्सीलेटर को बिल्कुल नीचे तक दबा देते हैं। नतीजा यह होता है कि जिस भी दिशा में वे अपना स्टीयरिंग घुमाते हैं उधर ही वे तुरंत किसी न किसी से टकरा जाते हैं। इन दोनों ही मामलों में, ये ड्राइवर बच्चे जानते ही नहीं हैं कि सही तरह से एक्सीलेटर कैसे दबाया जाए। इसलिए या तो

वे आगे बढ़ ही नहीं पाते हैं या फिर पूरी स्पीड से बेतहाशा दौड़ जाते हैं।''

मैंने खुलासा किया कि बहुत से लोग तो ऐसे होते हैं कि जो अपनी पसंद और ज़रूरत को समझ भी नहीं सकते हैं उसके लिए संघर्ष किया करते हैं। ''लेकिन हममें से कुछ ऐसे भी हैं जो कुछ न करते हुए बस चुपचाप इंतज़ार करते रहते हैं; कुछ भी मांगते नहीं हैं और खुद को अनदेखा व महत्वहीन महसूस करने लगते हैं लेकिन नाराज़ रहते हैं।''

''मैं भी ऐसी ही हूं,'' वह बोली, ''मेरे जीवन की भी यही कहानी है – बचपन से लेकर शादी होने और उसके बाद तलाक़ होने तक यही मेरी कहानी है। मैंने बहुत पहले से यह लगने लगा था कि जो मैं चाहती हूं उसे मांगने से मैं अपने आसपास के लोगों को नाराज़ व परेशान ही करूंगी।''

''लेकिन और लोग जो चाहते हैं, वे तो दनदनाते हुए उसकी मांग करते हैं,'' मैंने जवाब दिया, ''वे अपने आसपास वालों पर अपनी धाक जमा लेते हैं, और इस बात की परवाह किए बिना ही कि वे कितनी बुरी तरह अपनों को दूर कर रहे हैं, अपनी बात मनवाने पर अड़े ही रहते हैं।

''इसलिए,'' मैंने कहा, ''क्या तुम अपनी बेटी के साथ की इस स्थिति को एक बिल्कुल अलग नज़रिए से भी देखना चाहोगी? क्या तुम उसे एक ऐसी टीचर की तरह देख सकती हो जो तुम्हें एक ऐसा काम करने को दे रही है जो कि एक ख़ास तरह का है? तब हो सकता है कि तुम यह बात सीखने के लिए तैयार हो जाओ कि जो तुम चाहती हो उसे एक ऐसे ढंग से मांगा जाए जिसमें यह समझ झलकती हो कि तुम्हारी मांग भी उतनी ही सही व तर्कसंगत है जितनी की दूसरों की?''

कियारा कुछ पल चुप रही, और जब वह सौम्य स्वर में बोली तो लग रहा था जैसे उसके मन की कड़वाहट पूरी तरह धुल चुकी थी, ''सही कहा आपने। यही वह समय है कि जो मुझे चाहिए उसे मैं कहना सीखूं।''

मैंने कहा, ''इस बात पर ध्यान देना कि तुम्हारे बच्चे का व्यवहार तुम्हें भड़का क्यों देता है। ऐसा करना तुम्हें एक लंबे अरसे से चली आ रही इस परेशानी से खुद को राहत देने का एक मौका देगा और एक अधिक स्वस्थ सोच वाले व्यक्तित्व को विकसित करने में मदद करेगा।''

कियारा अपनी उस मनःस्थिति से अब उबर आई थी। अब हमारा मुद्दा उसकी बेटी की गड़बड़ी पर 'अटका' रहने के बजाय यह हो गया था कि एक छोटी लड़की के रूप में जो कियारा इस निष्कर्ष पर पहुंच गई थी कि उसकी इच्छाएं और आवश्यकताएं कोई महत्व नहीं रखती और जिन्हें उसने बहुत मुद्दतों पहले ही दफ़न कर दिया था, उस कियारा को उस दुख से

> *अपने अंदर से उन्हें लग जाता है कि कभी किसी पुराने संबंध से मिले हमारे घावों को भरना उनकी ज़िम्मेदारी नहीं है। इसलिए, अपने बच्चों के दुर्व्यवहार तब हमें सचमुच एक वरदान की तरह समझना चाहिए क्योंकि अपनी चोट को उन पर थोपने के बजाय अगर हम अपने अंदर झांकने को तैयार हो जाते हैं तो हम अपने उन भावुकता भरे विचारों से पार पा सकते हैं जो कि पूरे नहीं हो सके।*

निजात कैसे दिलाई जाए जो उसने तब पी लिया था। मैंने इस बात को समझने में उसकी मदद की कि जिस शिद्दत से वह ईशा पर सहयोग करने का दबाव डाल रही थी, दरअसल, वह उसकी खुद की अधूरी इच्छाओं व आवश्यकताओं को अपनी बेटी पर थोप कर उन्हें पूरा करने की तमन्ना का ही परिणाम थी।

मैंने उसे विस्तार से बताया कि हमारी समस्याओं का निवारण करना हमारे बच्चों का काम नहीं है। दरअसल, जब हम अपनी किसी ज़रूरत को पूरा कराने के लिए चिढ़चिढ़े होकर उन पर दबाव डालते हैं तब वे अड़ियल व जिद्दी हो जाते हैं। अपने अंदर से उन्हें लग जाता है कि कभी किसी पुराने संबंध से मिले हमारे घावों को भरना उनकी ज़िम्मेदारी नहीं है। इसलिए, अपने बच्चों के दुर्व्यवहार तब हमें सचमुच एक वरदान की तरह समझना चाहिए, क्योंकि अपनी चोट को उन पर थोपने के बजाय अगर हम अपने अंदर झांकने को तैयार हो जाते हैं तो हम अपने उन भावुकता भरे विचारों से पार पा सकते हैं जो कि पूरे नहीं हो सके।

मैंने कियारा को यह करने की हिम्मत बंधाई कि जब कभी भी उसे अपनी बेटी के अड़ियलपन का सामना करना पड़े तब उसके अपने मन में जज़्बात का जो भी ज्वार उठे उसके साथ वह केवल उपस्थित रहे। "किसी नतीजे पर पहुंचे बिना केवल सजग रहने का अभ्यास करो। जो भी भावनाएं उठें, उन्हें आने दो ताकि वे भी अपनी बात कह सकें — चाहे वे उदास हों या नाराज़ हों, भ्रमित हों या व्यग्र हों। और, शायद फिर से उदास हो जाती हों। इन भावनाओं में कुछ भी काट-छांट किए बिना या इनका दमन-शमन किए बिना, इन्हें अपने मन में से बस गुजरते रहने दो।

"अपने शरीर में उस जगह को पहचानने की कोशिश करो जहां तुम यह सब महसूस कर रही हो। क्या यह अनुभव भारी है? तीखा व तेज़ है? भ्रम-विभ्रम वाला है? इन भावनाओं को छोटा या बड़ा किए बिना, वे जैसी भी हैं उन्हें बस होने दें। प्रेमपूर्वक, अनुग्रहपूर्वक उन भावनाओं का नाम रखती जाओ। 'मेरे सीने में उदासी है। इसमें भारीपन, नीरसता और हताशा है। और अब इसमें क्रोध आ गया है — बहुत तीखा और कठोर। यह सब मेरे इस शरीर में हो रहा है।'

"अपने मस्तिष्क के बाएं तरफ़ के विवेकपूर्ण भाग द्वारा की जाने वाली अपनी परेशानी की व्याख्या को नज़रअंदाज़ करो। अपनी बेटी के बारे में, या किसी भी स्थिति के बारे में व्याख्या करने की इस ललक को रोको। केवल उस पर ध्यान दो जो कि तुम महसूस कर रही हो। धीरज रखो। ये भावनाएं गुज़र जायेंगी। तब तुम अच्छा-अच्छा महसूस करोगी। इस सब में से गुज़रना ही एकमात्र रास्ता है। यह एक ऐसी प्रक्रिया है जिसमें तुम उस आवाज़ के लिए दुखी होती हो जो तुम्हारे पास थी ही नहीं, उस हमदर्दी के लिए जो कि तुम्हें मिली ही नहीं और उस ठेस के लिए जो कि तुम्हें महत्वहीन समझे जाने के कारण पहुँची।"

यह एक बहुत गहरी प्रक्रिया थी – और है भी। यह कोई आसान और चुटकियों में होने वाली नहीं है। पुराने ज़ख्मों को भरने के लिए उन्हें खुली हवा चाहिए। जब आप इस प्रक्रिया में से गुज़रें तो मेरा आग्रह है कि आप अपने प्रति सौम्य रहें, धैर्यवान रहें, और तब भी आप ऐसे ही रहें जब आपका बच्चा आपके किसी पुराने ज़ख्म को हरा कर दे और आप उसके साथ बर्ताव करने का कोई नया तरीका अपनाने की कोशिश कर रहे हों। आप इस बदलाव से ज़ख्मोको भी ठीक कर सकते हैं और खुद को भी।

जब कियारा ने अपनी इस बात पर खुद को दुखी होने दिया कि वह अपनी इच्छाएं व्यक्त करने से डरती रही है, तब वह अपनी बेटी से अपनी बात कहने के वास्ते नए तरीके अपनाने के लिए तैयार हो गई। अपना सुना हुआ एक प्रसंग मैंने उसे सुनाया कि जब डायने सॉयर से उनके दीर्घ दाम्पत्य जीवन की सफलता के बारे में पूछा गया तो उनका जवाब था, "मैंने काफ़ी पहले ही यह बात सीख ली थी कि आलोचना करना या उलाहना देना, ये अनुरोध करने के वाक़ई घटिया तरीके हैं। इसलिए... सीधा-सीधा अनुरोध ही करो न!"

पारस्पिरिक व्यवहार के चार तरिके

दूसरों के साथ व्यवहार करने के मामले में, आम तौर पर हम चार में से किसी एक वर्ग में रखे जा सकते हैं। हम या तो निष्क्रिय व अप्रतिरोधी (पैसिव) होते हैं या आक्रामक (ऐग्रैसिव) होते हैं या अप्रतिरोधी-आक्रामक (पैसिव-ऐग्रैसिव) होते हैं या फिर हठ करने वाले आग्रही (एसर्टिव) होते हैं।

अप्रतिरोधी (पैसिव) स्वरूप में हम तब होते हैं जब हम उन भावनाओं को दबा देते हैं जिन्हें हम अपने अंदर उठता हुआ सचमुच महसूस कर रहे होते

हैं लेकिन दर्शाते ऐसा हैं जैसे सब कुछ ठीक-ठाक चल रहा है। अप्रतिरोधी स्वरूप में तब भी हम 'हां' ही कह दिया करते हैं जब कि हम 'ना' कहना चाह रहे होते हैं, हम दूसरों की ज़रूरतों को आगे करके अपनी ज़रूरतों को पीछे कर देते हैं, और किसी की ज़रा सी ऊंची आवाज़ से भी डर जाते हैं। अप्रतिरोधी माता-पिता अपने बच्चों के 'मूड ख़राब' होने से डरते हैं और हर हाल में उनकी नज़रों में अच्छा बना रहना चाहते हैं, इसलिए वे बच्चों की हर मांग के सामने झुक जाया करते हैं।

आक्रामक (ऐग्रैसिव) स्वरूप में हम तब होते हैं जब हम अपने बच्चों को धमकाते हैं और उन्हें हमारी मर्जी के अनुसार चलने के लिए डराते हैं। बाहरी तौर पर यह तरीका कारगर हो सकता है और उसकी बदतमीज़ी को रोकता नज़र आ सकता है, लेकिन हमें इस तरीके की भारी कीमत चुकानी पड़ती है। हमारे बच्चे हमसे दूरी बना लेते हैं क्योंकि तब हम उनके लिए भावनात्मक रूप से सुरक्षित नहीं रह जाते हैं।

अप्रतिरोधी-आक्रामक (पैसिव-ऐग्रसिव) माता-पिता अपने बच्चों को शर्म और अपराधबोध के जरिए नियंत्रित करते हैं। ऐसे माता-पिता ज़ाहिरा तौर पर तो आक्रामक नहीं लगते लेकिन उनके द्वारा बारीकी से बार-बार कराया जाने वाला अपराधबोध, और इसकी आड़ में चालाकी से अपना मतलब सिद्ध कर लेना, उनके बच्चों के स्वाभिमान को विकसित होने में बहुत ही नुकसान पहुंचाने वाला सिद्ध होता है। ऐसे बच्चे स्वाभाविक रूप से अपने माता-पिता के साथ तालमेल बिठाने के बजाय उनकी आवश्यकताओं और उनकी खुशी के लिए अपने आपको बहुत अधिक ज़िम्मेदार महसूस करने लगते हैं। अगर आप कहते हैं, "हमारे परिवार में तुम ही एक ऐसे बच्चे हो जिसे ढंग से मेज़ लगाना तक नहीं आता," तो आप अपने बच्चे को लज्जित और अपमानित कर रहे होते हैं। बिटिया से यह कहना, "स्कूल की तरफ़ से घूमने जाने की जो जिद तुमने पकड़ रखी है, उसके पैसे भरने के बारे में सोचते-सोचते मैं रात भर सो नहीं सका," उसे अपराधबोध से ग्रस्त कर देने के अलावा कुछ और नहीं करता। बच्चों के साथ बात करने के ये तरीके बहुत ही ख़राब और ख़तरनाक हैं।

हठी व आग्रही (ऐसर्टिव) हम तब होते हैं जब हम अपने बच्चों के जीवन के जहाज का कप्तान बन बैठते हैं। (अधिक विवरण अध्याय 2 में) इस स्वरूप में, हम अपने बच्चों के साथ समुचित सीमा रेखा बना कर चलते हैं। उन्हें उसी सीमा तक अपनी ज़रूरतों, इच्छाओं, भावनाओं और प्राथमिकताओं के अनुसार चलने की इजाज़त देते हैं जहां तक कि वे हमारी खुद की ज़रूरतों,

इच्छाओं, भावनाओं और प्राथमिकताओं को लांघती नहीं हैं। इस रूप में, हमें इस बात की कोई *आवश्यकता* नहीं लगती कि हमारे बच्चे हमें पसंद करें ही, न ही हम उनकी नाराज़गी की परवाह करते हैं, और ऐसा हम यह मानते हुए करते हैं कि यदि हम उनकी सभी समस्याओं का निवारण करते रहेंगे तो फिर उनमें अपनी समस्या से खुद उबरने की वास्तविक क्षमता को विकसित होने से हम रोक रहे होंगे। बच्चे तो बस इतना जानते हैं कि वे जैसे भी हैं उन्हें उनके उसी रूप में प्रेम किया जा रहा है – न कि इसलिए कि वे हमारे लिए क्या कर सकते हैं या इसलिए कि उनकी उपलब्धियों से हम दूसरों की नज़र में कितना उठ जायेंगे।

और, जब हम आग्रही होते हैं तब हम इस बात को पहचान सकते हैं कि हो सकता है कि हमारे बच्चे वह करना पसंद न करें जो कि हम उन्हें करने के लिए कह रहे हैं, लेकिन यह बात हम अपने ऊपर किसी शिकायत की तरह नहीं ढोते हैं और न ही उनकी इस असहमति पर हम कोई हंगामा ही खड़ा करते हैं। जैसा उनका मन हो उन्हें वैसा ही रहने देते हुए हम उनके मन में उतर कर उनकी मन:स्थिति को समझने की कोशिश तो करते हैं लेकिन उनसे असहमत होने की एक सीमा रेखा खींचने में हम कोई संकोच नहीं करते, भले ही वह उन्हें अच्छी न लगे।

> जब हम आग्रही होते हैं तब हम इस बात को पहचान सकते हैं कि हो सकता है कि हमारे बच्चे वह करना पसंद न करें जो कि हम उन्हें करने के लिए कह रहे हैं, लेकिन यह बात हम अपने ऊपर किसी शिकायत की तरह नहीं ढोते हैं और न ही उनकी इस असहमति पर हम कोई हंगामा ही खड़ा करते हैं।

कियारा के प्रति मेरा पहला काम यह था कि मैं उसके उस प्यारे से बचपन की पीड़ा पर ध्यान केंद्रित कराऊं जो उसने कभी जिया ही नहीं। यह एक जोखिम वाला काम था, लेकिन उसने ठान ली थी और वह अपने पुराने अहसासों में से बहादुरी के साथ गुजरती चली गई।

फिर हमने आग्रही होने का अभ्यास करना शुरू किया। चूंकि आग्रहीपन का अनुभव उसे ना के बराबर था – न तो बचपन में और न ही अपने दाम्पत्य जीवन में – इसलिए उसके लिए यह एक अनजान रास्ते में जाने जैसा था। लेकिन यह करने में हमने खिलवाड़ भी खूब किया; एक नाटकीय दृश्य बना कर हमने ऐसी भूमिकाएं अदा कीं जिसमें वह अपनी इच्छाओं को इस प्रकार से प्रकट कर सके जो कि आक्रामक न हो (एक्सीलेटर को बिल्कुल तली तक दबाने वाली न हो), अप्रतिरोधी न हो (बिना कुछ किए बस बैठी न रहे), या अप्रतिरोधी-आक्रामक भी न हो (लज्जित करने या अपराध बोध कराने का

सहारा न ले)। जब कियारा ने अपनी ज़रूरतों को कहने के लिए अपने आग्रही स्वर का इस्तेमाल किया तो उसे खुद को बड़ा अच्छा लगा।

इस भावनात्मक खेल-खिलवाड़ के परिणामस्वरूप कियारा के अनुरोध-आग्रहों में से तीखापन, चुभन और चिढ़चिढ़ाना ग़ायब होते चले गए, और इससे ईशा के लिए भी अपनी मां की बात मानना आसान होता गया। ईशा को यह एहसास दिलाते हुए कि कियारा मानती है कि यदि उसकी बेटी अपने कपड़े, अपने कमरे में इधर-उधर पड़े छोड़ भी देती है तो उस के लिए यह कोई बड़ा मुद्दा नहीं है। उसने अपनी बेटी के *साथ-साथ* चलने का अभ्यास शुरू किया (इसे मैं एक्ट 1 पेरैंटिंग कहती हूं)। ''चूंकि यह *तुम्हारा* कमरा है इसलिए तुम्हारा अधिकार है कि तुम इसे जैसा चाहो वैसा रखो।'' चूंकि ईशा को यह आभास होने लगा था कि उसकी मां उसको समझ रही है और उसे ग़लत नहीं ठहरा रही है इसलिए उसने मां के खिलाफ़ मोर्चा खोलना भी कम कर दिया था और उसकी बातों को वह अधिक ध्यान से सुनने लगी थी।

उसकी आग्रही मां अब कुछ यूं कहने लगी थी, ''मेरी बच्ची, जब मैं तुम्हारे कमरे में आती हूं तो तुम्हारे कपड़े उधर-उधर फैले पड़े देख कर मुझे अच्छा नहीं लगता। चूंकि उसका किराया देने वाली मैं ही हूं इसलिए मैं चाहती हूं कि तुम इसे साफ़-सुथरा रखने की कोशिश करो। रात को सोने से पहले अगर तुम अपनी चीज़ों को यथास्थान रख दोगी तो मुझे अच्छा लगेगा। और अगर तुम बाथरूम को ठीक-ठाक रखा करो, तौलिया वगैरह ठिकाने से रखा दिया करो, फिर तो क्या ही कहने!''

कियारा की समझ में अब आ गया था कि उसकी बेटी के साथ चल रहे इस इस मुद्दे में इतनी अधिक चिढ़चिढ़ाहट की तह में क्या छिपा हुआ है – या तो उसने एक्सीलेटर पर पैर रखा ही नहीं था (अप्रतिरोधी बने रहते हुए कुछ न कहना लेकिन अंदर-अंदर गुस्से और कुढ़न से भरे रहना), या फिर उसने एक्सीलेटर को तली तक दबा दिया था (गुस्सा और आलोचना करते हुए अपनी बेटी पर बरस पड़ना)।

अपनी बेटी को अब उसने एक ऐसी कमाल की टीचर के रूप में चुन लिया था जो कि उसे अपनी बात को कहने के लिए अपने स्वर में सम्मान का पुट लाने के काम में उसकी मदद कर रही थी। इसलिए, कियारा अब ईशा के साथ अधिक निकटता भी महसूस करने लगी थी। और, घर भी अधिक करीने से रहने लगा था!

अब आपकी बारी है

अपनी डायरी में अपने बच्चे का नाम लिखें। उसके नीचे उसकी कोई एक ऐसी बात लिखें जिसे झेलना आपके लिए ख़ास तौर पर परेशानी का कारण बन जाता हो – उसकी कोई ऐसी आदत या व्यवहार जिससे आप उखड़ जाते हों और जबरदस्त प्रतिक्रिया करते हों यानी कोई ऐसी बात जिस पर आप बुरी तरह भड़क उठते हों, जब कि उसी बात पर दूसरे लोग बस थोड़ा सा नाराज़ ही हुआ करते हों। अपने बारे में सच-सच देखें और लिखें, कोई जोड़-तोड़ न करें।

बच्चे की कुछ ऐसी आदतों के उदाहरण ये हैं: *अधीर, अस्त-व्यस्त, दबंग, आत्म-केंद्रित, तुनक मिजाज़, अड़ियल, ज़रूरत से ज़्यादा चौकस, अशिष्ट, नकारात्मक सोच वाला, छिछोरा, आक्रामक, संकोची, बचकाना, चुगलखोर, नखरीला, भड़काऊ, छोटी-छोटी बातों पर खिन्न हो जाने वाला, मुंहफट, अव्यवस्थित, रोगभ्रम की धारणा बना लेने वाला, स्नेहरहित, जिद्दी, अनुशासक, प्रशंसा न करने वाला, ज़रूरत से ज़्यादा तर्क-वितर्क करने वाला, सदा उदास रहने वाला, बहस करने वाला, प्रेरणा से परे रहने वाला, नाजुक, डरपोक, दुराग्रही, शिकायती, जल्दी मैदान छोड़ देने वाला, हमेशा रोने वाला, अति करने वाला, बेचैन, किसी भी बात पर ना बर्दाश्त न करने वाला, काम को टालते रहने वाला, काम को अधूरा छोड़ देने वाला* ।

अब इन में से जो बातें आप पर भी लागू होती हो उस पर ध्यान केंद्रित करते हुए नीचे लिखे सवालों का जवाब आराम से दीजिए क्योंकि कभी-कभी हम अपने बारे में जो स्वतः व्याख्या कर लिया करते हैं उसके अंदर सत्य को तलाश पाना कठिन हो जाता है।

- आपके अतीत में, किस व्यक्ति ने आपको यह याद दिलाया है कि आपके बच्चे के इस तरह के बर्ताव से उन्हें आपकी याद आ गई, यानी आप भी ऐसा ही किया करते थे? किसी पेरैंट ने या टीचर ने? बड़े भाई या छोटी बहन ने? पूर्व पति या पत्नी ने?
- जब इस व्यक्ति ने किसी ऐसे व्यवहार या आदतों का रहस्य खोला, तब आपकी प्रतिक्रिया क्या रही थी? क्या आप वहां से हट गए थे? क्या आप आक्रामक हो गए थे? क्या आप बहस करने पर उतारू हो गए थे? झल्ला उठे थे? छिप गए थे? रो पड़ थे? ऐसे में क्या आप अप्रतिरोधी या आक्रामक या अप्रतिरोधी-आक्रामक हो गए थे?

- उस व्यक्ति ने लालन-पालन संबंधी आपकी समस्याओं या शिकायतों पर कैसी प्रतिक्रिया की? क्या उसने आपकी चुनौतियों के लिए आपको ही दोषी ठहराया है? क्या उसने आपकी चिंता और व्यग्रता को खारिज कर दिया या उसे कोई महत्त्व ही नहीं दिया? उसने आपसे कह दिया कि तुम ज़रूरत से ज़्यादा प्रतिक्रिया कर रहे हो? क्या उसने बेकार की बातों के लिए आपको सज़ा दी? या, आपसे कहा कि अपनी समस्याओं का समाधान खुद ही ढूंढो? आपकी बात के लिए आपको ही अपराधी ठहराया? आपसे कहा कि *उसका* जीवन आपके जीवन से कहीं अधिक दुश्वार है? कोमल हृदय व भावुक होने के लिए आपको खरी-खरी सुनाई है?
- क्या आपका बच्चा कोई ऐसा अवांछित लक्षण दिखा रहा है जो कि याद दिलाता है कि ऐसा कुछ आप में भी तो है और उससे निपटना आपके लिए बड़ा मुश्किल हो रहा है? जो बात आपके बच्चे में आप स्वीकार नहीं कर पा रहे, क्या आप खुद भी वही करते नहीं आ रहे हैं? आपके मन में तब क्या भाव उभर कर आता है जब आप उन तरीकों की खोज करते हैं जिनसे आप व आपका बच्चा इन बातों को अभिव्यक्त करने की प्रवृत्ति पर मिल बैठ कर बात करते हैं?
- जब आपने शुरू–शुरू में यह अप्रिय व्यवहार या आदतें प्रकट की थीं, तब आपके अभिभावकों ने आपसे क्या बातचीत की थी? क्या उन्होंने आपको बुरा-भला कहा था, या आपको लज्जित किया था? क्या उन्होंने आपके अन्य भाई बहनों के साथ आपकी तुलना करते हुए उन्हें अच्छा बताया था? क्या आपको अकेले छोड़ दिया गया था या यह कहते हुए आपको आपके कमरे में भेज दिया गया था – "जाओ, ज़रा सोचो कि तुम इतने ख़राब कैसे हो गए हो?" क्या माता-पिता में से कोई आपको प्यार करने से परहेज़ करने लगा था? आपको ज़ोर-ज़ोर से डांटा गया था और धमकाया गया था? आपकी पिटाई की गई थी?
- अपने बच्चे में इस ख़ास लक्षण को देखने के फलस्वरूप आप कैसा दुख महसूस कर रहे हैं? आपका बच्चा जैसा भी है उससे व्यवहार करने के लिए आपसे किस विशिष्ट गुण की अपेक्षा की जा रही है? आप क्या सीख ले सकते हैं? क्या आपका बच्चा आपको अधिक धीरज, आत्म-सम्मान, आग्रहीपन व लचीलापन सीखने का सुअवसर प्रदान कर रहा है?

अपने बच्चे के व्यवहार की परतों में ग़ौर से देखने पर हमारे दिलोदिमाग में जो हलचल व दुविधा पैदा होती है वह कोई छोटी चीज़ नहीं है और उसे

हल्के से नहीं लिया जाना चाहिए। लेकिन, भावनाओं के बुलबुले यदि सतह पर आकर आपकी ही सोच को उद्वेलित कर देते हैं तो फिर आप अपने किसी विश्वसनीय मित्र या किसी प्रशिक्षित चिकित्सक की मदद लें।

कियारा की तरह, अगर आप भी अपने बच्चे को अपना गुरु बनाना पसंद करें और उससे होने वाले सुधार और बदलाव को स्वीकार व अंगीकार करने को तैयार हैं, फिर तो आपको मिलने वाले पुरस्कारों की गिनती करना मुश्किल हो जायेगा।

व्यावहारिक समाधान
वास्तविक जीवन में सजगता के साथ पेरैंटिंग

अपने बच्चे के रोने-झींकने की परेशान करने वाली आदत से मैं कैसे बाहर निकलू?

प्रश्नः अपनी चार साल की बच्ची के झींकते रहने की आदत से मैं पागल हो जाती हूं। मैं जानती हूं कि वह अभी छोटी है और अपनी इच्छाओं को हमेशा ही शब्दों में नहीं बता पाती है, लेकिन न जाने क्यों उसका झींकता हुआ स्वर मेरे दिमाग को भिन्ना देता है!

सुझावः ऐसा आपके साथ ही नहीं हो रहा है। बच्चे के रोने के स्वरमान में कुछ ऐसा होता ही है जिससे माता-पिता के दिमाग को भन्ना देता है। लेकिन उस पर चिढ़ कर कोई प्रतिक्रिया करने से तो समस्या और विकट हो जाती है।

अपनी बच्ची के झींकने को एक बिल्कुल तटस्थ भाव से देखने की कोशिश करें। जैसे, कोई बच्चा अगर अपनी पेंसिल या जूते से लगातार ठक-ठक, ठक-ठक कर रहा हो तो उसका ऐसा करना अपने आप में न तो अच्छा है और न ही ख़राब। बल्कि, हमारे द्वारा उसकी इस बात को परेशानी का सबब *मान लेना* ही उसे परेशानी का कारण बना देता है और फिर उसी बात से अधिकार-युद्ध शुरू हो जाता है। आप अगर बच्ची की किसी ऐसी हरकत को रोकना चाहती हैं जो कि आपको लगता है कि वह हरकत आपमें चिढ़चिढ़ाहट पैदा कर रही है तो जब तक कि आपका उसके साथ संबंध प्रगाढ़ नहीं है तब तक, बहुत संभव है, कि आपका रोकना-टोकना उसे वैसा ही करते रहने के लिए और भी उकसाने वाला साबित हो।

हो सकता है कि यह बात आपको कुछ-कुछ ज़ेन की बातों जैसी लगे, लेकिन अगर आप उसके स्वर को 'झींकने' का नाम देने के बजाय, या ऐसी *धारणा बना लेने* के बजाय, उस बच्ची पर ही ध्यान देना शुरू करें तो आप उससे कह सकेंगी, "मेरी प्यारी बच्ची, तुम बताओ तो सही कि तुम्हें क्या चाहिए, और जब तक तुम यह रोती आवाज़ बंद करके अपनी प्यारी-प्यारी आवाज़ में मुझे बता नहीं दोगी कि तुम्हें क्या चाहिए तब तक मैं इंतजार करती रहूंगी।" जब आप उसके 'झींकने'पर चिढ़चिढ़े होकर प्रतिक्रिया करना कम कर देती हैं तब आपकी बच्ची भी, अवश्य ही, अपनी बात को बड़े अच्छे ढंग से आपके सामने रखने की समझ विकसित करने लायक हो जाती है।

कहना न मानने वाली मेरी लड़की मुझे क्या सिखा रही है?

प्रश्नः अपनी ग्यारह साल की बेटी से जब भी मैं कोई काम करने के लिए कहती हूं तो वह या तो आंखें मटकाती है या मेरी नकल उतारती है। उसका यह बर्ताव मुझे अपमानजनक लगता है। ऐसी गुस्ताख़ लड़की को पालते-संभालते हुए मैं उससे भला क्या सीख सकती हूं?

सुझावः आपके पास कितना समय है? क्योंकि, कहना न मानने वाले अपने इन गुस्ताख़ बच्चों से हम जितना सीख सकते हैं उस पर तो कई किताबें लिखी जा सकती हैं। चलिए, इसकी शुरुआत हम इस बात से करते हैं कि *किसी भी बात को अपने दिल पर मत ले जाओ।*

आपकी बेटी के उम्र वाले बच्चों के लिए दरअसल एक ख़ास तरह के सकारात्मक *रोल मॉडल* का अभाव रहता है, जब कि ये बच्चे यह जानने-समझने की कोशिश में बुरी तरह लगे होते हैं कि किशोर अवस्था में कदम कैसे रखना है और माता-पिता की गोद से बाहर निकल कर स्वयं एक व्यक्तित्व के रूप में जीने की शुरुआत कैसे करनी है। दुर्भाग्य से, ये बच्चे ये तमाम हरकतें घर-घर में बड़े चाव से देखे जाने वाले उन अनेक टीवी सीरियलों से सीख रहे हैं जिनमें कि चिढ़चिढ़े और बड़बड़ाने वाले बच्चों को आंखें मटकाने और उल्टा-सीधा बोलने पर इनाम दिया जाता है और परिवार के सब लोग हंस-हंस कर उन्हें देख भी रहे होते हैं।

अपनी बेटी के आंखें मटकाने को इस बात से अधिक कुछ मत समझिए कि ऐसा करना उसका यह जताने का एक बेहूदा लेकिन शायद बेअसर तरीका है कि आप जो कुछ करने के लिए उसे कह रही हैं वह उसे करना नहीं चाहती और ऐसा करके वह यह भी भांपना चाहती है कि आप किस सीमा तक उसे छूट दे सकती हैं। उसकी यह बात अगर आप अपने दिल पर लेना छोड़ दें तो आप उससे सहज भाव से पूछ सकती हैं, "मेरी बच्ची, इस काम को तुम दोबारा करके क्यों नहीं देख लेतीं?" — लेकिन, ऐसा कहते हुए आपके स्वर में कटुता नहीं होनी चाहिए।

उपेक्षित होकर मैं क्या सिख रही हूं?

प्रश्नः मेरा एक 15 साल का बेटा है लेकिन वह मेरे प्रति ऐसे व्यवहार करता है जैसे कि मैं मौजूद ही नहीं हूं। वह घर में प्रवेश करता है और सीधा अपने कमरे में चला जाता है — मुझ से कुछ भी बोले बिना। वह आख़िर मुझे क्या सिखा रहा है?

सुझावः अफ़सोस कि कुछ लोगों के लिए बच्चों का लालन-पालन करना एक अत्याचार सहना जैसा हो सकता है, ख़ास तौर से उन लोगों के लिए जो कि खुद को अनदेखा, महत्वहीन या अप्रिय महसूस किए जाने पर पेरैंटिंग का अपना काम अधूरा ही छोड़ देते हैं। अच्छी ख़बर यह है कि इन अनुभवों को सजग होकर देखने पर हम न केवल बेहतर ढंग से पेरैंटिग करने की क्षमता हासिल कर सकते हैं बल्कि खुद के बचपन के अपने कुछ घावों को भर भी सकते हैं।

अपना ध्यान अपने बेटे को बदलने पर केंद्रित करने के बजाय आप जो कुछ अनुभव कर रही हैं उस अनुभव के *साथ बनी रहें, प्रेज़ेंट रहें*। आपमें यदि कोई शारीरिक प्रतिक्रिया हो रही है – जैसे तनाव, रोष, आक्रोश – तो उन भावनाओं के प्रति भी मित्रता व मृदुता का भाव रखें, बिना उन्हें बढ़ाए या घटाए। उनका नामकरण करती रहें – *लो, ये हुई मेरे पेट में जकड़न... जैसे पेट में कोई गांठ है जो कि कसती जा रही है*।

आपकी प्रतिक्रिया यदि अधिक भावनात्मक है तो आपकी भावनाएं जो कुछ भी उभार कर ला रही हैं, उनके साथ बनी रहें, प्रेज़ैंट रहें। *मुझमें उदासी आ रही है ... यह याद दिला रही है कि जब मैं मिडिल स्कूल में थी तब मैं जैसे किसी को दिख ही नहीं रही थी ... लंच के समय मेरे साथ के बच्चे जिस तरह मुझे अनदेखा किया करते थे, वह मुझे बहुत बुरा लगता था...*

अपने बच्चों के उदासीन बर्ताव से जैसी भावनाएं माता-पिता के मन में उठा करती हैं, उनके साथ जब वे अधिक से अधिक बने रहना शुरू कर देते हैं तब उनमें से हर किसी के मन में अपनी अलग ही तरह की अनुभूतियों का एक गुच्छा सा बन जाता है लेकिन उन सभी के लिए मेरा एक ही सुझाव है – बच्चे का मुद्दा उठाने से पहले खुद *आपके अंदर* जो कुछ हो रहा है उसके साथ शुरुआत करें। तब जाकर उस समस्या को आप किसी जहाज के कप्तान की तरह हाथ में ले सकेंगी – किसी मजबूरी की तरह नहीं।

अध्याय 2

बच्चों का पालन-पोषण करने से आप में भी परिपक्वता आती है

एक टूटे आदमी को ठीक करने के मुकाबले
बच्चों को मज़बूत बनाना अधिक आसान है

– फ्रैडरिक डगलस

कई साल पहले की बात है। मैं कार से अपने बेटे को स्कूल छोड़ने जा रही थी। एक अन्य बच्चे की मां भी अपने बच्चे को लेकर वहीं जा रही थी कि तभी उसे मधुमेह का दौरा पड़ गया। उसके ग्यारह साल के बेटे ने यह भांप लिया कि उसकी बेहोश मां उस कार को नियंत्रित नहीं कर पायेगी और इसलिए उसने अपनी सीट बैल्ट खोल ली और कार को दुर्घटना से बचाने के लिए स्टीयरिंग घुमाते हुए उसे संभालने की कोशिश करने लगा। लेकिन जब वह यह नहीं समझ पाया कि वह क्या करे तो उसने झटपट अपनी सीट बैल्ट वापस लगा ली। पल भर में ही उनकी कार ने चार कारों को टक्कर मार दी जिनमें मेरी कार भी शामिल थी। फिर, जैसे ही वह कार जाकर सड़क के बराबर में लगे रेलिंग से टकराई त्यों ही मां को होश आ गया। यह अच्छा हुआ कि इस दुर्घटना में शामिल ग्यारह जनों में से किसी को भी कोई गंभीर चोट नहीं आई थी।

बच्चे सवारी करने वाले किसी मुसाफ़िर की तरह ही होते हैं। किसी संकट में कार को ड्राइव करने या किसी जहाज को चलाने की उनमें क्षमता व योग्यता नहीं होती – और वे यह बात जानते भी हैं। लेकिन जब ड्राइवर की सीट पर कोई न हो तब उस पर बैठने की एक कोशिश करने की सहज ललक उनमें हुआ करती है। लेकिन वे उसका कार्यभार या जिम्मा लेना *नहीं चाहते।* वे यह जानते हैं कि वह तो कोई और ही होना चाहिए क्योंकि

वे यह बात अच्छी तरह समझते हैं कि उनका जीवन तभी सुरक्षित है जब स्टीयरिंग किसी सक्षम व्यक्ति के हाथों हो।

कैप्टेन, वकील, तानाशाह

अपनी किताब *पेरैंटिंग विदआउट पॉवर स्ट्रगल* में मैंने उन तीन तरीकों का वर्णन किया है जिनके द्वारा माता-पिता अपने बच्चों के साथ व्यवहार करते हैं: पूरे विश्वास के साथ और शांत रहते हुए अपने काम को निबाहते जाना, अपने अधिकार व शक्ति के लिए समझौते करके व्यवस्था करना या कमान अपने हाथ में रखने के लिए अपने बच्चों से भिड़ते रहना।

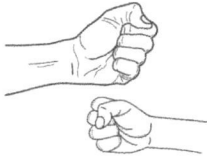

कैप्टेन – कमान माता-पिता के हाथो में

वकील – कमान किसी के भी हाथो में नहीं

तानाशाह – कमान बच्चों के हाथो में

जो माता-पिता शांत और आत्मविश्वास के भाव से कमान अपने हाथ में रखते हैं वे जहाज के कैप्टेन की तरह दो टूक मगर प्रेमपूर्ण व्यवहार करते हैं और अपने बच्चों की तरफ़ से हितकारी, कल्याणकारी निर्णय लेने में सक्षम होते हैं – भले ही उनके निर्णय बच्चों को न भाएं क्योंकि ऐसे निर्णयों के चलते उन्हें वह नहीं मिल सकता जो कि वे चाहते हैं। जब हम जहाज के कैप्टेन की भूमिका निबाहते हैं तब ज़िम्मेदारी वाला लचीला रुख अपनाते हैं। अपने खुद के लालन-पालन के दौरान विरासत में मिला *भड़क उठने* वाला व्यवहार करने के बजाय, तब हम बच्चे की किसी परेशानी के समय यह *चुनाव करते हैं* कि उसके साथ मिलजुल कर कैसे और क्या किया जाए।

जो माता-पिता शांत और आत्मविश्वास के भाव से कमान अपने हाथ में रखते हैं वे जहाज के कैप्टेन की तरह दो टूक मगर प्रेमपूर्ण व्यवहार करते हैं और अपने बच्चों की तरफ़ से हितकारी, कल्याणकारी निर्णय लेने में सक्षम होते हैं – भले ही उनके निर्णय बच्चों को न भाएं क्योंकि ऐसे निर्णयों के चलते उन्हें वह नहीं मिल सकता जो कि वे चाहते हैं।

यहां मैं एक छोटा सा उदाहरण दे रही हूं। आपकी तेरह साल की बेटी आपसे पूछती है कि क्या वह उस पार्टी में जा सकती है जहां कि उस पर निगहबानी व देखरेख के लिए केवल उसकी बड़ी बहन साथ होगी जिसके बारे में सब जानते हैं कि वह सही निर्णय नहीं ले पाती है।

मां: ''बेटी, मैं जानती हूं कि वहां जाने की तुम्हारी बड़ी इच्छा है, लेकिन मुझे नहीं लगता कि वहां जाना ठीक रहेगा।''

बेटी: ''नहीं मां, मैं वादा करती हूं कि कुछ गड़बड़ नहीं होगी।''

मां: ''हां, मेरी बच्ची, मैं जानती हूं कि तुम्हारा वहां जाने का बहुत मन है, लेकिन हो सकता है कि तुम्हें मेरी बात अच्छी न लगे किंतु मुझे यह ठीक नहीं लग रहा है।''

यहां मां *कैप्टेन* जैसा व्यवहार कर ही है – वह यह भी जता रही है कि वह बेटी की भावना समझ रही है, वह उसके साथ कोमल व्यवहार भी कर रही है लेकिन अपने निर्णय पर स्पष्ट है और उस पर जमी हुई भी है। इस बात पर निर्भर करते हुए कि आपकी बेटी आपका मन बदलने या उसे बहकाने की कितनी अभ्यस्त है, वह इस वार्तालाप को किसी और तरीके से घुमा कर आपको उसमें फंसाने का प्रयास कर सकती है।

लेकिन, जब माता-पिता अपने बच्चों के साथ झगड़ने में, अपना अधिकार सिद्ध करने की लड़ाई में और सौदेबाज़ी करने में लग जाते हैं तब ऐसे में कमान किसी के भी हाथ में नहीं रहती। इस ढंग को मैं 'दो वकील' की संज्ञा देती हूं। बच्चे माता-पिता पर आक्रामक हो जाते हैं, माता-पिता बच्चों पर आक्रामक हो जाते हैं, और संबंधों में तनाव और रोष भर जाता है। इसका एक उदाहरण देखिए:

लेकिन, जब माता-पिता अपने बच्चों के साथ झगड़ने में, अपना अधिकार सिद्ध करने की लड़ाई में और सौदेबाज़ी करने में लगे जाते हैं, तब ऐसे में कमान किसी के भी हाथ में नहीं रहती।

बेटी: ''मम्मी, आप तो मुझे बस दो साल की बच्ची समझती हैं। मुझ पर तो आपको भरोसा ही नहीं है।''

मां: ''तुम्हारी तो सारी इच्छाएं पूरी हो जानी चाहिएं, बस। वरना गुस्सा तो जैसे तुम्हारी नाक पर ही रखा होता है! चारु की बहन अभी नासमझ है, और मुझे भरोसा नहीं है कि वह तुम लोगों की ठीक से देखरेख कर पायेगी। वह तो खुद ही पार्टी में मस्त हो जायेगी! दरअसल, मैंने पिछले साल सुना था कि वह...'' मां अपने दृष्टिकोण को लेकर बहस कर रही होती है और बेटी अपने दृष्टिकोण को लेकर।

बेटी: ''उस बात में सच्चाई नहीं है। उस पर स्कूल के बाथरूम में स्मोकिंग करने का आरोप लगाया गया था लेकिन उसने कोई स्मोकिंग नहीं की थी! दूसरी लड़कियां जब वहां यह सब कर रही थीं तब इत्तफ़ाक से वह बस वहां थी!''

माता-पिता व बच्चों के बीच चलने वाले ऐसे वार्तालाप को लड़ाई-झगड़े, बहसबाज़ी और सौदेबाज़ी के रूप में पहचाना जा सकता है।

अंततः, बच्चा जब कमान अपने हाथ में ले लेता है तब माता-पिता अपना आपा खो देते हैं, और उन्हें एक डर भी सताने लगता है, ख़ास तौर पर इस बात का कि लोग कहेंगे कि वे अपने बच्चों को काबू में नहीं रख सके। इसलिए, वे अपना प्रभुत्व और नियंत्रण फिर से हासिल करने की कोशिश करते हैं और इसके लिए वे बच्चों को धमकी, डर, रिश्वत, अल्टीमेटम देने का प्रयोग करते हैं। यह ठीक वैसा ही जैसे कोई तानाशाह या अत्याचारी शासक – जिसके पास कोई अधिकृत अधिकार नहीं होते – वह भयभीत व आतंकित करके अपनी धाक व नियंणत्र जमाना चाहता है। मैं इसे *तानाशाह* वाला ढंग कहती हूं। इसका एक उदाहरण देखिए:

बेटी: ''आप यह सच क्यों नहीं स्वीकार कर लेतीं कि अब मैं आपकी गोद में खेलने वाली बच्ची नहीं रही हूं। आप जीवन को समझती क्यों नहीं हैं ताकि आप मेरे ऊपर ये बंधन लगाना बंद करें?''

कैप्टेन की शैली में बने रहने के लिए आवश्यक है कि हम सीमाओं को तय करने में सहज रहें ताकि हम सह्रदयता, स्पष्टता और आत्मविश्वास के साथ पेरैंटिंग कर सकें।

मां: ''बस, रहने दो। तुम्हारे लिए हम जितना करते हैं वह तो तुम्हें कभी दिखाई ही नहीं देता। तुम्हारा पेट भरने के लिए मैं कितना खटती रहती हूं लेकिन तुम्हारे मुंह से आभार के कभी दो शब्द भी फूटते। तुम बहुत घटिया हो!''

इन उदाहरणों में आप देख सकते हैं कि स्थिति कितनी तेज़ी से गिरती चली गई। मां कितनी तेज़ी से कैप्टेन के स्तर से उतर कर वकील के स्तर पर आ गई और फिर तानाशाह के ढंग तक जा पहुंची।

कैप्टेन की शैली में बने रहने के लिए आवश्यक है कि हम सीमाओं को तय करने में सहज रहें ताकि हम सह्रदयता, स्पष्टता और आत्मविश्वास के साथ पेरैंटिंग कर सकें।

सीमाएं तय करना

काउंसलिंग के अपने व्यवसाय में, मैंने ऐसे बहुत से नेकनीयत दंपती देखे हैं जो उन गलतियों को खुद न दोहराने के लिए कृत-संकल्प हैं जो कि उनके माता-पिता ने की थी लेकिन फिर भी वे यह स्वीकार करते हैं कि जब कोई चुनौतीपूर्ण स्थिति सामने आ खड़ी होती है तब उनमें आत्मविश्वास की भारी कमी हो जाती है। "अगर अपने चौदह साल के बेटे को स्मोकिंग-पॉट का स्वाद चखने से मैं रोक नहीं पाता हूं तो क्या यह ठीक है? उसके सभी दोस्त तो ऐसा कर रहे हैं।" "मैंने अपने बेटे का *वर्ल्ड ऑफ़ वारक्राफ़्ट* का चंदा रोक दिया तो वह इतना उग्र हो उठा था कि उसने घूंसा मार कर दीवार में छेद ही कर डाला!" "जब हम बाहर खाना खाने जाते हैं तो मेरे बच्चे तब तक एक तरह से आतंक ही मचाए रखते हैं जब तक कि मैं अपना सेलफ़ोन उनके हवाले नहीं कर देता। क्या शांति बनाए रखने के लिए मुझे ऐसे ही हथियार डालते रहना चाहिए?" अपने आप को एक अनिश्चितता की अवस्था में रखते हुए और सीमाएं तय करने में डरते हुए ये लोग अपने बच्चों को यही संदेश दे रहे होते हैं कि वे खुद नहीं जानते कि वे कहां खड़े हैं, या यह कहना ज़्यादा सही होगा कि वे कोई भी दृढ़ निर्णय लेने में या कोई सीमा रेखा खींचने में इसलिए डरते हैं कि कहीं इससे उनके बच्चे भड़क न जाएं।

> *जो बच्चे जो कि अपनी किसी इच्छा की पूर्ति न होने पर भड़क उठते हैं, वे ही लगभग हमेशा यह चाहते हैं कि उनके माता-पिता वाक़ई उनसे जुड़े रहें और इसके लिए कोई तौर-तरीका बनाएं।*

जो बात मुझे दिलचस्प लगती है वह यह है कि वे बच्चे जो कि अपनी किसी इच्छा की पूर्ति न होने पर भड़क उठते हैं, वे ही लगभग हमेशा यह चाहते हैं कि उनके माता-पिता वाक़ई उनसे जुड़े रहें और इसके लिए कोई तौर-तरीका बनाएं। जब कभी मैंने इन बच्चों से अलग से बात की है तो अक्सर उन्होंने बताया है कि वे चाहते हैं कि उनके माता-पिता निर्णय लेने वाले में ढुलमुल रवैया न अपनाएं। और कई बार वे इस बात को तब जता रहे होते हैं जब कोई पैरेंट उनके प्रति अपने गहरे प्रेम के साथ उनके लिए कोई सीमा रेखा तय कर देता है और वे बिना ना-नुकुर किए उसे मान लेते हैं। हेमंत ऐसा ही बच्चा था।

एक सच्चे सौहार्द को आगे बढाएं

हेमंत तब ग्यारह साल का था जब बंटी और मॉनिका उसे दिखाने मेरे पास लाए थे। मटरगश्ती वाली चाल से चलते हुए वह मेरे ऑफ़िस में अंदर आया। उसके हाथ में उसका पोर्टेबल गेम प्लेयर था जिसे वह जान-बूझ कर गिरा देता था। जब उसके माता-पिता ने उससे विनती सी करते हुए अपने गेम प्लेयर को रख देने और मुझे नमस्कार करने के लिए कहा तो उसने उनकी ओर आंखें तरेरते हुए देखा और अपना खेल जारी रखा। जब बंटी और मॉनिका से मेरी मुलाकात अकेले में हुई तब उन्होंने यह स्वीकार किया कि उन्हें बिल्कुल भी समझ में नहीं आ रहा है कि अपने बच्चे की इस बेहद बदमिज़ाजी से कैसे निपटा जाए। एक ऐसे पिता के हाथों में पलने के कारण जो कि यह मानता है कि लड़कों को सख्तमिज़ाज होना चाहिए, हेमंत ने बचपन से ही अपनी कोमल भावनाओं को कुचलना सीख लिया था, और इसीलिए अब वह डर, दुख और ठेस लगने जैसी भावनाओं को महसूस करने की क्षमता खो चुका था। उसके अंदर केवल खिन्नता, कुंठा और क्रोध ही शेष रह गए थे। हेमंत अब बच्चा नहीं रहा था, बड़ा हो गया था और गुस्सा दिलाए जाने पर वह हिंसक भी हो सकता था। उसके माता-पिता अब उससे डरने लगे थे।

फिर मैं हेमंत से अकेले में मिली। मैंने उसे एक शरीफ़ बच्चे जैसा पाया जो कि अपने आधार से उखड़ा हुआ था। वह खुद से ऊपर तैर नहीं रहा था बल्कि तिर रहा था। वह जानता ही नहीं था कि उसकी देखभाल करने वाले उन बड़ों से कैसे पूरी तरह जुड़ा जाए जो कि उससे कुछ चाहते ही नहीं थे। उसके बालिग जैसे व्यवहार के अधिकतर हिस्से पर उन लोगों का असर था जो उसे ऐसे काम करने को बाध्य करने की कोशिश करते थे जिन्हें वह करना ही नहीं चाहता था।

मैंने यह जानने-समझने में रुचि दिखाते हुए शुरुआत की कि हेमंत कौन है। हम जैसे-जैसे बात करते गए वैसे-वैसे वह थोड़ा-थोड़ा खुलता गया। उसने बताया कि उसे ड्राइंग करना बहुत पसंद है और वीडियो गेम्स को डिज़ाइन करने के सपने वह देखा करता है। जब मैंने देखा कि वह बार-बार हमारी बातचीत को भटका कर अपने गेम प्लेयर की ओर ले जाता है तो एक दोस्ताना अंदाज़ में उससे मैंने वह प्लेयर मुझे देने को कहा और उसे बताया कि लगता है कि उस प्लेयर ने उसको शायद बुरी तरह अपने काबू में कर रखा है। मैंने उस प्लेयर को अपने ऑफ़िस की अलमारी में रख दिया जहां वह कई महीनों तक रखा रहा। स्वीकार्यता की, बात को मान लेने की यह एक आश्चर्यजनक हद थी।

हेमंत और मैंने एक सच्चा सौहार्द बढ़ाना शुरू किया। अपनी भलमनसाहत और दिलचस्पी के साथ मैं अविचल रूप से आगे बढ़ रही थी, और उसने भी धीरे-धीरे यह विश्वास करना शुरू कर दिया था कि मैं उसकी मित्र हूं, साथी हूं। मैंने पाया कि उसके माता-पिता के साथ होने वाले कोचिंग सैशन अधिक चुनौती वाले होते जा रहे थे। अपने सैशन में जो कुछ मैं उन्हें बता रही थी, उस पर अमल करने में बंटी और मॉनिका प्रतिरोध कर रहे थे – हेमंत के मुद्दे पर आने के बजाय अब वे इधर-उधर जा रहे थे। जो कुछ वे चाहते थे, उसे हेमंत से जबरदस्ती कराने के लिए वे बार-बार दलीलों, रिश्वतों और धमकियों का सहारा लेते रहे थे। और, ऐसा लग रहा था जैसे मुझसे भी वे यही चाहते थे कि मैं उनके बेटे में बदलाव ले आऊं ताकि वे उससे वैसा ही करा सकें जैसा कि वे उससे कराना चाहते थे – उनका ज़ोर इस बात पर नहीं था कि उसके साथ उनके संबंधों की गुणवत्ता में सुधार आए।

एक दिन शाम को मेरे फ़ोन की घंटी बजी। वह बंटी था जो कि किसी रेस्टोरेंट की पार्किंग से बोल रहा था और बहुत भन्नाया हुआ था। ऐसा लग रहा था कि हेमंत ने रेस्टोरेंट में कोई बड़ा बखेड़ा किया है और भाग कर पार्किंग में जा छिपा है और अपने माता-पिता को चकमा दे रहा है। वे दोनों अपने बेटे को काबू में करके उसे किसी तरह कार में बिठाने की हरचंद कोशिश कर रहे थे ताकि वे घर जा सकें। बंटी ने मुझसे अनुरोध किया, ''क्या आप हेमंत से बात करेंगी? क्या आप उसे कार में बैठ जाने के लिए राजी करेंगी?''

यह एक असामान्य अनुरोध था लेकिन फिर भी मैं सहमत हो गई – मैं यह भी नहीं निश्चित कर पा रही थी कि मैं किसके पक्ष में बोलूं। लेकिन जो हुआ, वह इस प्रकार है: बंटी हेमंत के थोड़ा निकट गया और उसे बताया कि मेरा फ़ोन है और मैं उससे बात करना चाहती हूं। हेमंत ने कोई भी ना-नुकुर किए बिना फ़ोन ले लिया। मैंने सीधे-सरल ढंग से उससे कहा, ''प्यारे बच्चे, अब कार में बैठने का समय हो गया है।''

''ठीक है।''

और बस, उसने फ़ोन अपने पिता को वापस दे दिया और जाकर कार में बैठ गया।

मैंने ऐसा क्या किया था जो कि उसके माता-पिता नहीं कर सके थे? हेमंत पर मेरा ऐसा क्या आधिपत्य या अधिकार था कि जिसके कारण उसने हाँ कह दिया? ऐसा कुछ भी तो नहीं था। लेकिन मैंने दो काम तो किए ही थे: एक तो था उसके साथ मेरा एक अधिकृत जुड़ाव – वह जानता था कि मैं उसे पंसद करती हूं, उसका साथ मुझे अच्छा लगता है, और मैं उसका

सम्मान करती हूं – और दूसरा यह कि अपने इस संबंध में मैं जहाज के एक तर्कसंगत कप्तान की तरह अविचल थी। मैं उससे डर नहीं रही थी, अपने ही अहं-भाव को ठेस लगने से बचाने के लिए मुझे उसके सहारे की आवश्यकता भी नहीं थी, और मैंने यह सिद्ध कर दिया था कि मैं सच्चे हृदय से उसकी शुभचिंतक थी। वह जानता था कि मैं उसकी तरफ़ हूं।

यह सब मैंने कैसे किया? पूरी तरह हेमंत के साथ विद्यमान रहते हुए, प्रेज़ैंट रहते हुए, उसे सुनते हुए, वह जैसा है उसे वैसा ही स्वीकार करते हुए। वह जानता था कि वह मुझे अनोखा और दिलचस्प लगता था। वह यह भी जानता था कि उसके साथ मुझमें कोई छिपा हुआ हेतु नहीं था; मुझे उससे कुछ भी *नहीं चाहिए था*। इसलिए उसने मेरे अनुरोध पर सकारात्मक प्रतिक्रिया की थी। बिल्कुल ऐसे ही जैसे उस काम को हम खुशी-खुशी करने को तत्पर हो जाते हैं जिसे करने को वह व्यक्ति कह रहा हो जिसे कि हम पसंद करते हैं।

दुख की बात यह है कि उसे अपने माता-पिता की पूरी तवज्जो केवल तभी मिला करती थी जब वे उसे किसी ऐसे काम को करने को राज़ी करने की कोशिश करते थे जिसे वह करना नहीं चाहता हो – जैसे होमवर्क पूरा करना, नहाना, खाने के लिए आना – या तब जब वे उसे उस काम को करने से रोकना चाहते थे जिसे वह करना चाह रहा हो – जैसे वीडियो गेम खेलना या सुबह को रजाई की गरमाहट का आनंद लेना। शायद ही कभी उन्होंने अपने बेटे को एक व्यक्ति के रूप में जानने के लिए अपना समय लगाया हो – इसलिए नहीं कि वे उसे प्यार नहीं करते थे बल्कि अन्य पेरैंट्स की तरह ही वे भी अपने व्यस्त जीवन की चाहतों और तनावों की चक्कर-घिन्नी में उलझे और अस्तव्यस्त रहते थे। फलस्वरूप, हेमंत ने अपने माता-पिता के प्रति ऐसा कोई भाव कभी महसूस ही नहीं किया जैसा कि प्रजा अपने राजा के प्रति महसूस करती है। इसलिए उन्हें खुश रखने की भावना का उसमें अभाव ही रहा। हेमंत में अपने प्रति कोई सद्भावना व सदाशयता न देखते हुए उन्हें यही लगता था कि उसका सहयोग पाने के लिए उन्हें उसे रिश्वत या धमकी देनी ही पड़ेगी।

अपना आधा-अधूरा काम पूरा करें

आपको याद होगा कि इस किताब की भूमिका में मैंने अनीता और इब्राहिम का जिक्र किया है जिसमें मैंने वर्णन किया है कि अपने तुनुकमिज़ाज बच्चे को पालने की वास्तविकता किस तरह सजग लालन-पालन करने के उनके

सपने की आनंददायी कल्पना से टकरा गई थी। उनके साथ मेरा काम तब शुरू हुआ था जब उनका बेटा चंदर साढ़े चार साल का था। वे मुझसे मिलने आए थे क्योंकि चंदर के आक्रामक स्वभाव के कारण उसे प्री-स्कूल से निकाल दिए जाने की चेतावनी उन्हें मिल गई थी। घर में भी उनके सब्र का बांध टूटने ही वाला था जहां कि उनके बेटे के प्रकोप ने लगातार कोहराम और तनाव का वातावरण बनाया हुआ था।

इसकी शुरुआत मैंने सीमा रेखा खींचने के मामले को लेकर अनीता और इब्राहिम के आंतरिक द्वंद्व में झांकते हुए की। वे दोनों ही इस बारे में अनिश्चय की स्थिति में थे कि छोटे से चंदर के लिए कोई सीमा रेखा कैसे, कब और कहां खींची जाए। जहां तक इब्राहिम की बात है, उसमें यह अस्पष्टता इस बात का परिणाम थी कि उसे ज़रूरत से अधिक प्रतिबंध लगाने वाले माता-पिता ने पाला था जो कि उसकी हर गतिविधि पर नियंत्रण रखा करते थे। इसीलिए उसने अपने बच्चों को अपनी मन-मर्जी के अनुसार चलने देने की स्वतंत्रता देने का पक्का निश्चय कर लिया था। इसका नतीजा यह हुआ कि वह अक्सर अपने बेटे का अस्पष्ट मार्गदर्शन देने वाली ग़लत स्थिति में खड़ा होने लगा।

हमने बच्चों के उत्साह को, *स्पिरिट* को दबा दिए जाने के बारे में भी बात की। ''इब्राहिम, लगता है कि अपने बच्चों को अपनी आवाज़ उठाने देने और इच्छाओं को बिंदास ढंग बताने देने की हसरत तुममें बड़ी ज़बरदस्त रहती है।'' उसने हामी में अपना सिर हिलाया और स्वीकार किया कि यह बात उसके मन में प्रबल रूप से रहती है। मैंने उससे पूछा कि उसका बचपन कैसा बीता तो उसने बताया कि किस तरह वह अपने माता-पिता के आधिपत्य में रहता था और किस तरह उसकी हर गतिविधि उनके आदेश के अनुसार ही होती थी। ''अगर वे चाहते थे कि मैं पियानो सीखूं तो मुझे सीखना पड़ता था, और हर रोज़ उसका अभ्यास करना पड़ता था। मुझे पियानो बिल्कुल पसंद नहीं था लेकिन मेरी पसंद-नापसंद का तो वहां कोई अर्थ ही नहीं था। यही उनका तरीका था, एकमात्र तरीका। यही तरीका इन बातों पर भी लागू होता था कि मैं क्या पहनूं, कौन सा टीवी शो देखूं, कौन से खेल खेलूं – मेरे पास अपने घर में अपनी इच्छा को आगे रखने का कोई तरीका ही नहीं था। मैं खुद को बड़ा असहाय और अशक्त महसूस करता था और इसलिए मैंने तय कर लिया था कि अपने बच्चों को मैं इस तरह से नहीं पालूंगा।'' इब्राहिम की यह बात समझदारी की है कि वह यह समझता है कि उसके बच्चे अलग किस्म के हैं और एक अलग व्यक्तित्व रखते हैं, और उसके अपने सपनों को पूरा करने का माध्यम बनने के लिए वे नहीं बने हैं।

लेकिन जिस तरह से इब्राहिम अपने बेटे को पाल रहा था, उस तरह से पेरैंटिंग का उसका आधा-अधूरा काम बेटे पर नकारात्मक प्रभाव डाल रहा था। ''दुर्भाग्य से, क्योंकि यह बात आपके बचपन को बहुत चोट पहुंचाने वाली रही है, इसलिए अपने माता-पिता द्वारा आप पर बहुत अधिक प्रतिबंध लगाए जाने के नुकसान की भरपाई, कुछ अधिक ही करने का जोखिम उठाते हुए आपने चंदर को सही-ग़लत का कोई मार्गदर्शन तक नहीं किया और उसे खुले में अकेला छोड़ दिया। आपकी यही बात वास्तव चंदर के दिल को साल रही है।''

मैंने उन्हें बताया कि ऐसी कठिन परिस्थिति अक्सर मेरे सामने भी आती रहती है, ख़ास तौर से उन पेरैंट्स के साथ जो कि अपने निजी विकास या आध्यात्मिक अभ्यास को बहुत गंभीरता से लेते हैं। मेरे मन में उन लोगों के प्रति बहुत प्रशंसा भाव रहता है जो पेरैंटिंग में सजग रहते हैं – यानी जो अपने बच्चों के दिलोदिमाग को खुल कर बोलने और अपनी भावनाओं तथा अपने अंतर्ज्ञान पर भरोसा करने में उन्हें सक्षम बनाते हैं। लेकिन, हमें उन्हें कोई रूप-रेखा तो बतानी ही चाहिए और कुछ सीमाएं तय करने से भी डरना नहीं चाहिए। यह देख कर कि चंदर के साथ हालात किस तरह बिगड़ते चले गए, इब्राहिम अब यह मानने को तैयार हो गया था कि कोई तो ऐसा तरीका होगा जिससे चंदर के साथ अब अधिक आग्रही हुआ जा सके और वह भी उसके मन को चोट पहुंचाए बिना ही।

मेरे मन में उन लोगों के प्रति बहुत प्रशंसा भाव रहता है जो पेरैंटिंग में सजग रहते हैं – यानी जो अपने बच्चों के दिलोदिमाग को खुल कर बोलने और अपनी भावनाओं तथा अपने अंतर्ज्ञान पर भरोसा करने में उन्हें सक्षम बनाते हैं। लेकिन हमें उन्हें कोई रूप-रेखा तो बतानी ही चाहिए और कुछ सीमाएं तय करने से भी डरना नहीं चाहिए।

अपने बेटे द्वारा खड़े किए जाने वाले बखेड़ों से अनीता को अपनी मां का कभी भी और किसी भी बात पर कुपित होकर प्रचंड रूप धारण कर लेना याद आ रहा था और इसलिए चंदर के लिए कोई सीमा रेखा तय करने के बजाय उसकी मांगों के सामने आत्मसमर्पण कर देना उसे अधिक आसान लगता था। चंदर द्वारा पैदा किए जाने वाले लगातार तनावों का परिणाम यह होता था कि वह उसके साथ समय बिताने को कम ही इच्छुक रहती थी और उसे आई-पैड के या टीवी स्क्रीन के सामने बैठा रहने देती थी क्योंकि वहां वह कोई समस्या खड़ी नहीं कर रहा होता था। लेकिन अपनी मां से संपर्क बनाने की बालक चंदर की मांग तो तब भी बनी ही रहती थी, भले ही इसके लिए उसे अभद्र व्यवहार का सहारा क्यों न लेना पड़ता हो। उसने यह जान लिया था कि स्वांग भरना एक ऐसा बढ़िया तरीका है जो कि दूसरों का ध्यान अपनी तरफ़ खींचने के लिए शत-प्रतिशत

कारगर रहता है। किसी हद तक, इस मामले में वह हेमंत जैसा ही था।

दरअसल, चंदर को यह जानने की ज़रूरत थी कि क्या उसके माता-पिता घर रूपी एक ऐसा *कंटेनर* बना सकते हैं जिसमें रहते हुए वह सुरक्षापूर्वक दुनिया को खोज सके, जान सके। उसका व्यवहार दरअसल यही उद्घोष कर रहा था कि अपने जीवन रूपी सागर में, एक सक्षम कप्तान के अभाव में, वह अपनी नैया खेने में सुरक्षित महसूस नहीं कर रहा है। इसीलिए, चंदर जब कभी भी खिन्नता या हताशा महसूस करता था तो उसे खुद को फ़र्श पर फैला देने, सामान फेंकने, या अपने माता-पिता पर लात-घूंसे चलाने की ज़रूरत महसूस होती थी।

उन्हें मैंने पेरैंटिंग के तीनों ढंग बताए और साथ ही जहाज के कप्तान की भूमिका में प्रवेश करने का महत्व भी बताया। वे दोनों ही यह मान गए कि अधिकतर वे दोनों ही चंदर के साथ तानाशाह की भूमिका में ही बर्ताव करते रहे हैं – उसे मनमर्ज़ी और मनमानी करने देते हुए और तब तक करने देते हुए, जब तक कि हालात इतने बदतर नहीं हो जाते थे कि उन्हें उसे सज़ा देने की धमकी देनी पड़ती थी ताकि वह अपने होश-हवास में वापस लौट आए।

लेकिन उनके गुस्से की बारंबार वापसी का होना उनके अपने उच्च आध्यात्मिक मूल्यों से तालमेल नहीं रख पाता था जिससे वे अपराध बोध से ग्रस्त हो जाते थे और फिर पश्चाताप में डूब जाते थे। इस प्रकार यह चक्र निरंतर घूमता रहता था – पहले अपने बेटे की ऊलजलूल हरकतों को सहन करना और तब तक सहन करना जब तक कि वे बर्दाश्त से बाहर नहीं हो जातीं। फिर उस पर फट पड़ना, और फिर खुद को शांत व संतुलित न रख पाने के लिए पश्चाताप में डूब जाना।

मैंने अनीता और इब्राहिम को एक अवस्था बताई जिसे कि एक्हार्ट टॉल्ल 'पेन-बॉडी' का नाम देते हैं – यानी हमारे अंदर बची हुई वह भावनात्मक पीड़ा जो कि नकारात्मकता को खुराक देती है, उसे बढ़ावा देती है। उन्होंने लिखा है, "बच्चे पर

> *"बच्चे पर जब 'पेन-बॉडी' हावी हो तब आप कुछ ख़ास नहीं कर सकते सिवाय इसके कि आप उस स्थिति के साथ बने रहें ताकि आप किसी भावनात्मक प्रतिक्रिया में बह जाने से बचे रह सकें। बच्चे की 'पेन-बॉडी' ही उससे खुराक खींचेगी। सभी 'पेन-बॉडी' अत्यधिक ड्रामेबाज़ होती हैं। आप इस ड्रामें का भाग मत बनिए। उसे गंभीरता से मत लीजिए। यदि यह 'पेन-बॉडी' किसी अनुचित या आवश्यकता से अधिक मांग को मना कर दिए जाने के कारण से हरकत में आई है तो अब आप उस मांग के आगे मत झुकिए अन्यथा बच्चा यही सीखेगाः 'मैं जितना अधिक नाराज़ होऊंगा, मेरी मांग उतनी ही अधिक मानी जायेगी।'"*

जब 'पेन-बॉडी' हावी हो तब आप कुछ ख़ास नहीं कर सकते सिवाय इसके कि आप उस स्थिति के साथ बने रहें ताकि आप किसी भावनात्मक प्रतिक्रिया में बह जाने से बचे रह सकें। बच्चे की 'पेन-बॉडी' ही उससे खुराक खींचेगी। सभी 'पेन-बॉडी' अत्यधिक ड्रामेबाज़ होती हैं। आप इस ड्रामें का भाग मत बनिए। उसे गंभीरता से मत लीजिए। यदि यह 'पेन-बॉडी' किसी अनुचित या आवश्यकता से अधिक मांग को मना कर दिए जाने के कारण से हरकत में आई है तो अब आप उस मांग के आगे मत झुकिए अन्यथा बच्चा यही सीखेगाः 'मैं जितना अधिक नाराज़ होऊंगा, मेरी मांग उतनी ही अधिक मानी जायेगी।''' टॉल्ल का मानना है कि कोई बच्चा जब कुछ अधिक ही बेहूदगी कर रहा हो तो यह उसकी 'पेन-बॉडी' द्वारा दूसरों को अपने ड्रामे और बदहाली में खींच कर खुद को सबल-सशक्त करने की नादान कोशिश ही होती है।

आप भले ही उसकी इस भाषा से परिचित हों या न हों लेकिन वह तो अपनी बात कह ही देता है। जब हम अपने बच्चे के ग़लत व्यवहार को अपने दिल पर ले जाते हैं तब हमारा अहं बीच में आ कूदता है और हममें खुद को रोकने के सारे बंधन तोड़ कर बेहद गुस्सा पैदा कर देता है या बच्चे को नियंत्रित करने को कहता है। जब यह आवेग मैदान में उतर आता है तब निश्चित रूप से हम वकील या तानाशाह की भूमिका में आ जाते हैं क्योंकि तब, एक तरह से, अहं बगावत कर चुका होता है। उसने उस कप्तान का अपहरण कर लिया होता है जो कि उस बच्चे के हंगामें में से जहाज को शांतिपूर्वक पार ले जाना सुनिश्चित कर देता बशर्ते कमान उसके हाथ में होती।

स्पष्ट होना, जुड़े रहना और साथ रहना

जिस एकमात्र व्यक्ति के साथ चंदर अच्छी तरह बर्ताव करता हुआ दीखता था, वह थी उसकी बेबी-सिटर। आलिया लगभग 25-26 साल की थी लेकिन उसका लालन-पालन एक ऐसे परिवार में हुआ था जिसमें बहुत सारे लोग थे और सभी अच्छी तरह मिलजुल कर रहा करते थे। उसमें में से एक तरह का 'बेकार की बात बिल्कुल नहीं' वाला स्वभाव झलकता रहता था जो कि यह स्पष्ट जताता रहता था कि कमान उसके हाथ में है लेकिन इससे उसे कोई परेशानी नहीं है। उसके और चंदर के बीच एक बड़ा ही प्रफुल्लता और प्यार भरा संबंध था लेकिन जब कभी भी वह चंदर से दांत ब्रश करने के लिए कहती थी या छोटी बहन को तंग करने से मना करती थी तो वह अक्सर उसकी बात मान जाया करता था। मैंने जानना चाहा कि कुछ तो कारण होंगे

ही जिनके चलते चंदर आलिया के साथ अपने व्यवहार को ठीक रखता था। पहला था कि वह चंदर के किसी भी व्यवहार को कभी भी अपने दिल पर नहीं ले जाती थी। वह अपना दिमाग इस बात में नहीं लगाती थी कि चंदर उस तरह का "अच्छा बच्चा" बने जैसा कि अनीता और इब्राहिम चाहते थे, और इसीलिए जब वह उसके साथ बातचीत करती थी तो बुरा मान जाना, गुस्सा आना या कुछ अपेक्षा करना – इस सब की नौबत कम ही आती थी। दूसरे शब्दों में कहें तो चंदर, आलिया के लिए यह सिद्ध करने का माध्यम नहीं था कि वह एक अच्छा या लायक इंसान है।

लेकिन, उनके इस संबंध में और भी बहुत कुछ था। जैसा कि अनीता ने अपने बेटे के साथ आलिया के संबंध के बारे में बताया, तो उससे यह बात साफ़ थी कि आलिया चंदर के साथ मस्त रहती थी, प्रसन्न रहती थी। जब वे दोनों साथ होते थे तब खूब हंसते थे। आलिया उसके साथ भरपूर समय बिताती थी – जहां भी वह होता था, चाहे वह रोबोट के साथ खेल रहा हो, या किले बना रहा हो, या फिर आंगन में दोनो एक दूसरे के पीछे दौड़ते हुए पकड़म-पकड़ाई खेल रहे हों। जब कि अपने बेटे के साथ अनीता की बातचीत का केंद्रबिंदु ऐसा रहता था जैसे किसी कार्य-सूची के अनुसार कार्यों के पूरा होने की जांच की जा रही हो – जैसे नाश्ता, स्कूल ड्रैस, नहाना – लेकिन आलिया जल्दबाज़ी नहीं करती थी और चंदर के साथ सचमुच *साथ बनी रहती थी*। चंदर जब अपने डायनासोरों की कहानी बनाता हुआ आलिया को सुनाता था तब वह उसे पूरी तवज्जो से सुना करती थी, सवाल पूछती थी और उसकी जीवंत कल्पना में मज़ा लेती थी, और यह साफ़ दीखता भी था। जब उनका खेलने का ख़ास समय होता था तब आलिया अपने मोबाइल को *म्यूट* कर देती थी, इसलिए चंदर को कभी ऐसा नहीं लगता था कि उनके खेल के दौरान बीच में आ रहे बाहरी लोगों द्वारा छीनी जा रही तवज्जो को वापस पाने के लिए उसे बार-बार कोशिश करनी पड़ रही है जब कि अपने माता-पिता के साथ रहते उसे ऐसा लगता था। आलिया चंदर के साथ रोज़ाना ही थोड़ा-बहुत मस्ती तो अवश्य ही करती थी। इस से यह संदेश स्पष्ट रूप से चंदर को जाता रहता था कि वह उसे पसंद करती है और यह संदेश बच्चे में सहयोग करने की भावना जगाने के लिए बहुत ही आवश्यक होता है।

चंदर की प्रवृत्ति आलिया के साथ सहयोग करने की तो रहती ही थी – इसलिए नहीं कि उससे उसे से कोई दंड मिलने का डर रहता था, बल्कि इसलिए कि उसे वह खुश रखना चाहता था क्योंकि वह जानता था कि वह असल में उसकी परवाह करती थी, उसमें दिलचस्पी रखती थी।

चंदर को पूरी-पूरी तरह अपना संग-साथ, फ़ोकस और तवज्जो देते हुए आलिया उसके दिल के भावनात्मक बैंक खाते में निरंतर कुछ न कुछ डालती रही थी। उसके साथ की जाने वाली हर दोस्ताना बातचीत, संबंध के उस ''खाते'' में सिक्के जमा करते रहने जैसा था और जब भी वह चंदर से अपनी कोई बात मनवाना चाहती थी तो ऐसा कराना उसके लिए आसान रहता था क्योंकि तब चंदर को बस यह लगता था कि उसका जितना कुछ जमा है उसमें से वह थोड़ा सा ''निकाल'' रही है। चंदर की प्रवृत्ति आलिया के साथ सहयोग करने की तो रहती ही थी – इसलिए नहीं कि उससे उस से कोई दंड मिलने का डर रहता था बल्कि इसलिए कि उसे वह खुश रखना चाहता था क्योंकि वह जानता था कि वह असल में उसकी परवाह करती थी, उसमें दिलचस्पी रखती थी।

आलिया द्वारा चार्ली को अपने मन की बात पहुंचाने की जिस शैली का बखान अनीता और इब्राहिम ने किया, उससे यह भी स्पष्ट हो गया कि जब वह चंदर से कुछ अनुरोध करती थी तो इसका मतलब होता था 'बिज़नेस', और वह यह बात बखूबी जानता था। उसके माता-पिता जब उससे कहते थे कि खाने के लिए आने का समय हो गया है या कि अपने जूते पहनो तो उनके कथन में वह अनिर्णय के पुट को भांप लेता था लेकिन वह देखता था कि आलिया के कथन में स्पष्टता होती थी – प्रेमपूर्ण लेकिन सुनिश्चित, और सहमत कर देने वाली। उसके कथन के अंत में ''... समझे?'' जैसे कठोर शब्द नहीं होते थे। बल्कि, जब वह ना-नुकुर के स्वर में कुछ बोलता था तब आलिया जहाज के कैप्टेन की तरह घोषित करती थी कि क्या किया जाना है – अपने स्वर में अनुकंपा का पुट डालते हुए लेकिन बात की स्पष्टता को भी बनाए रखते हुए।

अनीता और इब्राहिम ने यह बात स्वीकार की कि चंदर से सहयोग की आशा करने और प्राप्त भी कर लेने की आलिया की काबलियत पर वे उससे ईर्ष्या करते थे। इसलिए वे उसके शब्दों की नकल करते हुए चार्ली से बोलने भी लगे थे लेकिन वह फिर भी उनकी बात नहीं मानता था। मैंने उन्हें समझाया कि यह आलिया के शब्दों का जादू नहीं था जो कि उसे अच्छे बर्ताव के लिए सहमत करता था। बच्चे जब उस व्यक्ति के साथ एक जुड़ाव महसूस करते हैं जो कि उनसे कुछ करने के लिए कह रहा है तो सहयोग

बच्चे जब उस व्यक्ति के साथ एक जुड़ाव महसूस करते हैं जो कि उनसे कुछ करने के लिए कह रहा है तो सहयोग करने की उनकी सहज वृत्ति जाग उठती है और वे उसके कहे को पूरा करने के लिए स्वाभाविक रूप से तत्पर हो जाते हैं।

करने की उनकी सहज वृत्ति जाग उठती है और वे उसके कहे को पूरा करने के लिए स्वाभाविक रूप से तत्पर हो जाते हैं। चंदर जानता था कि उसकी बेबी-सिटर उसके साथ अच्छा महसूस करती है, इसलिए जब भी वह उसके साथ होता है तो वह भी *चाहता* है कि उसके साथ वह भी अच्छा बर्ताव करे।

अपने बच्चे को उदासी या दूख महसूस करने दीजिए

अनीता और इब्राहिम के साथ चल रहे अपने इस काम में मैं एक और पहलू पर भी थोड़ा खोज करना चाह रही थी: मैं यह जानना चाहती थी कि अपने बेटे को दुखी, निराश या उदास होने देने पर वे कैसा महसूस करते थे, एक ऐसी अवस्था जिसको मैं तब ध्यान से देखती हूं जब बच्चा एक लंबे समय से गुस्सैल व आक्रामक होता जा रहा हो। मैंने देखा है कि माता-पिता के लिए अपने बच्चे की उदासी को या बुझे मन को सहन करना बड़ा मुश्किल होता है। एक कहावत भी है, "कोई भी माता/पिता उतना ही खुश रहता है जितना कि उसका सबसे दुखी बच्चा खुश रहता है।" भले ही यह एक दिल को छू लेने वाली भावना हो लेकिन यह उस सबसे बड़ी चुनौतियों में से एक को उजागर करती है जिसका हम सामना किया करते हैंऽ इस बात को पहचानना, महसूस करना कि हमारे बच्चे अपनी खुद की जीवन-यात्रा पर अलग तरह के व्यक्तित्व वाले होते हैं।

मेरी घनिष्ठ सहेलियों में से एक है डॉली। उसके साथ हुई उस समय हुई बातचीत मुझे अभी भी याद है जब मुझे लगने लगा था कि मेरा तलाक अवश्यंभावी है। यह सोच-सोच कर मेरा दिल बैठा जाता था कि जो कुछ हो रहा है उसमें मैं अपने बच्चे को बचा नहीं सकती हूं। मैं सोचा करती थी कि एक मनोरोगचिकित्सक होने के नाते मैं ने न जाने कितने बच्चों को अपने माता-पिता के तलाक के कारण मानसिक संघर्ष में से गुजरते देखा है, और उसी में मैं अपने बेटे को झोंक रही हूं? मैंने डॉली से कहा, "रॉनी को इस सब में नहीं गुजरना चाहिए था – अपने परिवार के इस तरह के भावी स्वरूप में से तो कभी नहीं। उसने सोचा भी नहीं होगा कि उसका सामना ऐसे हालात से होगा।" मेरी इस बात पर दिया गया डॉली का उत्तर मैं कभी नहीं भूल सकती। उसने सीधे मेरी आंखें में देखा और बोली, "*तुम कैसे* जानती हो कि उसने इस बारे में क्या सोचा होगा?"

बात मेरी समझ में आ गई थी। मैं समझ गई कि बुरे से बुरे हालात भी मुझे अपने बेटे के लिए बेहतर से बेहतर करने से भले ही न रोक सकें

लेकिन उसे इन अनुभवों – और वह भी कठिन अनुभवों – में से तो गुज़रना ही पड़ेगा कि मेरे भरपूर प्रयासों के बावजूद मैं उसे इन हालात में से गुजरने से बचा नहीं पाई। जिस समय वह पीड़ा और निराशा में से गुज़र रहा था, उस समय मैं यही कर सकती थी कि मैं प्रेमपूर्वक उसके साथ मौजूद रहूं, *प्रेज़ैंट* रहूं। अब जब कि वह चौबीस का हो गया है, मैं देख सकती हूं कि उसे मैं जिन नुकसानों से बचा कर निकालना चाहती थी, उन में से गुज़रते हुए वह और भी मज़बूत तथा और रहमदिल हो गया है।

मेरे कहने का तात्पर्य यह बिल्कुल नहीं है कि बच्चे का चरित्र निर्माण करने के लिए उसे कठिनाइयों में डाल दिया जाए; यथार्थ सब कुछ सिखा देता है। लेकिन जब हम अपने बच्चों को पीड़ाजनक परिस्थितियों से बचा पाने में खुद को असमर्थ पा रहे हों तब अगला सबसे अच्छा उपाय यही रहता है कि हम उसके साथ बने रहें – उन्हें दुख और निराशा को महसूस करने देने के द्वारा इस प्रक्रिया में गुज़रने देने में उनकी मदद करें।

लालन-पालन का एक ऐसा हृदयस्पर्शी दृश्य मैं यहां आपको दिखा रही हूं जो इसी बात को एक खूबसूरत तरीके से बयां करता है। करिज़्मा और बॉबी का पंद्रह साल का बेटा मॉंटी हाई स्कूल में अपनी एक जगह बनाने की भरपूर कोशिश में लगा हुआ है। सौभाग्य से, उसे अपनी इस महान प्रतिभा का आभास होता है कि वह उम्दा फ़ोटोग्राफ़ ले सकता है। इसलिए उसे ईयर-बुक फ़ोटोग्राफ़र का काम सौंप दिया जाता है। फ़ोटोग्राफ़ लेते हुए, दुर्भाग्य से, वह एक ऐसी लड़की के फ़ोटोग्राफ़ लेना शुरू कर देता है जो कि अपनी सहेलियों के बीच बैठी सिसकियां भर कर रो रही है। वे लड़कियां मॉंटी से वहां से चले जाने के लिए कहती हैं लेकिन संवेदनहीन रहते हुए उसका इस बात पर ज़ोर रहता है कि उसे ईयर-बुक के लिए फ़ोटोग्राफ़ लेने ही हैं और वह फ़ोटोग्राफ़ लेने जारी रखता है। मॉंटी के माता-पिता को स्कूल में आकर मिलने के लिए बुलाया जाता है जहां उन्हें बताया जाता है कि मॉंटी अब ईयर-बुक के लिए फ़ोटोग्राफ़ न ले क्योंकि टीचर ने उसे इस काम से अलग कर दिया है। वे उस टीचर और प्रिंसिपल से बहुत अनुनय-विनय करते हैं कि वे इस फैसले पर पर एक बार पुनर्विचार करें, और उन्हें हर तरह से पूरा भरोसा दिलाते हैं कि उनका बेटा स्कूल के लिए संतोषजनक काम करेगा, लेकिन उन लडकियों की शिकायत मॉंटी को दोबारा यह काम दिए जाने की तमाम कोशिशों पर पानी फेर देती है।

मॉंटी को यह सूचना देने की ज़िम्मेदारी करिज़्मा ले लेती है कि ईयर-बुक के फ़ोटोग्राफ़र के पद से उसे हटा दिया गया है। वह उसके कमरे में जाती

है, उसके पास जाकर बैठ जाती है, और बड़े दुखित और व्यथित स्वर से उसे बताती है कि उसे फ़ोटोग्राफ़ी वाले काम से हटा दिया गया है। ''क्या? मैं यह ले-आउट करना नहीं चाहता! मैं फ़ोटोग्राफ़र ही बनना चाहता हूं! इस काम के लिए मैं बेहतरीन हूं!'' करिज़्मा कहती है, ''मैं जानती हूं मॉंटी, लेकिन टीचर ने यह निर्णय ले लिया है और अब वह इसे बदलने वाली नहीं है।'' मॉंटी को बुरी तरह गुस्सा आ रहा है। उसे कुछ समझ नहीं आ रहा है, उसके अनुसार ईयर-बुक के लिए वे फ़ोटो लेने में उसने कुछ भी ग़लत नहीं किया है। वह पूछता है, ''इस बारे में आप क्या करने वाली हैं?'' दुखी दिल से करिज़्मा उसे देखती है और बस इतना कहती है, ''मैं तो बस तुम्हारे साथ यहां बैठूंगी और इस बात का दुख मानूंगी।''

इस दृश्य ने मेरे मन को मुझे अंदर तक छू लिया था। चूंकि करिज़्मा इस दुख में से गुजर रही थी कि अपने बेटे के हाथ से एक ऐसी चीज़ को निकल जाने से वह बचा नहीं सकी थी जो उसके लिए बहुत मायने रखती थी, इसलिए ऐसे पलों में उसके साथ बने रहने की क्षमता उसमें आ गई थी ताकि उसका बेटा अपनी मनोवांछित चीज़ को खोए जाने की स्थिति से निपट सके। करिज़्मा ने न तो समझाने की कोशिश की न ही कुछ सही-ग़लत सिद्ध करने की कोशिश की और न ही उसको इस दुख से उबारने और थोड़ा बेहतर महसूस कराने की कोशिश की। बल्कि, वह केवल उसके साथ रही, उसके साथ प्रेज़ैंट रही – यह विश्वास करते हुए कि निराशा व हताशा की लहरें उसके बेटे को भिगोती हुए आगे बह जायेंगी, दुख का ज्वार घट जायेगा और हार या नुकसान को स्वीकार करते हुए वह इस दुख से बाहर आने का अपना रास्ता खोज लेगा।

बच्चों को हार या नुकसान में से गुज़रने देना उन्हें मदद करता है

मैं जानती थी कि चूंकि इब्राहिम और अनीता चाहते थे कि चंदर खुश रहे, इसलिए उन्होंने उसकी मांगों को मान लेने की या उसके उखड़ जाने पर उससे बात करने की एक आदत सी बना ली थी। उन्होंने यह बात स्वीकार की कि उनका बेटा शायद ही कभी रोता हो लेकिन इसमें आश्चर्य वाली कोई बात नहीं थी क्योंकि जब उसकी कोई इच्छा पूरी नहीं होती थी तो उसका गुस्सा सातवें आसमान पर पहुंच जाता था लेकिन वह गुस्सा शायद ही कभी वास्तविक दुख या आंसुओं की स्थिति में पहुंचा हो। मैंने अनीता और इब्राहिम

से इस बात पर विचार करने के लिए कहा कि यह कैसा रहेगा कि जब चंदर भन्नाया हुआ हो तब वे उसकी समस्याओं का समाधान न करें बल्कि उसे दुखी होने दें। इस बात की कल्पना करने से ही वे दोनों तो विचलित हो उठे। इब्राहिम बोला, ''अगर मैं अपने बेटे को प्यार करता हूं तो मैं उसे खुश करना क्यों नहीं चाहूंगा?''

तब मैंने उनसे पूछा कि चंदर के बड़े होने पर, बालिग होने पर, उसे वे कैसा देखना चाहते हैं – वे कौन से गुण हैं, कौन सी सूझ-बूझ है जो वे चाहते हैं कि चंदर अंगीकार करे ताकि वे जान सकें कि वह एक अच्छी ज़िंदगी जी सकता है। तो उन्होंने कहा, ''हम चाहते हैं कि वह यह सीखे कि लोगों के साथ कैसे निभाया जाए और वह सकारात्मक सोच रखे ताकि वह अच्छाई का ओर आकर्षित हो। और हम चाहते हैं कि वह कठिन परिस्थितियों से अच्छी तरह निपट सके।''

मैंने उन्हें विस्तार से समझाया कि यदि आप चाहते हैं कि जीवन को जीवन के ही विधान के अनुसार स्वीकार करने का आंतरिक कौशल व गुण आपके बच्चों में विकसित हो जाए तो जब उन्हें वह न मिले जो कि वे चाहते हैं तब आप उन्हें *इंकार करने* (*Denial*), *गुस्सा करने* (*Anger*), और *झगड़ते हुए मोल-तोल करने* (*Bargaining*) की अवस्थाओं में से गुज़रने दीजिए ताकि तब वे *हताशा-निराशा* (*Disappointment*) की तरफ़ से *स्वीकार करने* (*Acceptance*) की ओर चलना सीख सकें। यह सूझ मैंने ऐलिज़ाबेथ कुबलर-रोज़ की किताब में मरणासन्नता पर दिए गए उनके विचार से उधार ली है और इसे अपनी किताब *पेरैंटिंग विदआउट पॉवर स्ट्रगल्स* अधिक विस्तार से बताई है। इन अवस्थाओं का प्रथमाक्षरी नाम है DABDA।

चंदर को उसकी हताशा-निराशा के बोझ से पूरी तरह बचाए रखने की अनीता और इब्राहिम की इच्छा ही उसे उस अवस्था में रखे हुए थी जिसे मैंने ऊपर DAB कहा है – यानी शिकायत करने की पहली तीन अवस्थाएं: इंकार (*Denial*), गुस्सा (*Anger*) और मोल-तोल (*Bargaining*)। चूंकि ये अवस्थाएं तब ही आ धमकती थी जब चंदर की खिन्नता परवान चढ़नी शुरू होती थी इसलिए वह तब इंकार की अवस्था में पहुंचने का प्रदर्शन करता था और हर उस काम को इंकार कर देता था जो करने को उससे कहा जाता था। ज़ाहिर है कि अपने पिछले अनुभवों के आधार पर वह यह नहीं मानता था कि ना का मतलब सचमुच में ना होता है इसलिए वह इंकार की अवस्था में ठहरा रहता था और उसका मन यह मानने को कभी तैयार नहीं होता था कि *इस बार* उसके माता-पिता उसकी मांग के सामने झुकने वाले नहीं हैं।

फिर, उसके कोप के बदले में उस पर प्रकोप किए जाने से वह गुस्से वाली अवस्था में पहुंच जाता था। माता-पिता और बच्चे की बीच एक दूसरे पर प्रतिक्रियाओं से भरी हुई और पीड़ाप्रद मिसाइलें दागीं जाने लगती थीं जो कि दोनों ही तरफ़ रोष व आक्रोश को बढ़ाती जाती थीं। जब माता-पिता इस गरमागरम बहस को शुरू कर देते थे कि चंदर जो चीज़ मांग रहा है उसे वह *क्यों नहीं* दी जा सकती, तब वह उसकी माल-तोल वाली अवस्था को भड़का रहे होते थे, जिसका परिणाम यह होता था कि उनका बेटा उस चीज़ के लिए बहस करने को मजबूर हो जाता था जिसकी वह मांग कर रहा होता था।

यदि पहले ही वे कैप्टेन वाली भूमिका में आ जाते तो उन्हें अपने अंदर उसके दुख या निराशा के प्रति दृढ़तापूर्वक सहिष्णु होने की आवश्यकता होती (इस अवस्था को कुबलर-रोज़ ने अवसाद (डिप्रैशन) कहा है)। यह एक ऐसा आवश्यक कदम था जो चंदर की खिन्नता के उस बढ़ते भंडार को कम करने में मदद करता जो कि अक्सर आसानी से तब फट पड़ता था जब उसका सामना किसी ऐसी बात से हो जाता था जिसे वह या तो बदल नहीं पाता था या नियंत्रित नहीं कर पाता था। जब तक कोई बच्चा उस दुख का, उस पीड़ा का अनुभव नहीं कर लेता जो उसे उसकी मनोवांछित चीज़ हासिल न होने पर होती, तब तक वह स्वीकार करने वाली अवस्था में कभी नहीं पहुंच सकता।

मैंने उनसे पूछा, ''हताशा-निराशा से निपटने की चंदर की क्षमता के बारे में आपके भरोसे को लेकर उसे तब क्या संदेश मिलता है जब आप उसे दुख का अनुभव करने से बचाने के लिए कूद पड़ते हैं?'' इस बारे में इस दृष्टिकोण से सोचने का उन पर असर हुआ। उन्हें दिखने लगा कि उन्होंने जब-जब चंदर की समस्याओं को हल करने की कोशिश की है या जब-जब उसके उखड़े मूड के कारण को उन्होंने यह कह दिया है कि यह कोई इतनी बड़ी बात नहीं है तब दरअसल वे उससे यह कह रहे होते हैं कि उन्हें यह भरोसा नहीं है कि जब चीज़े उसके मन-मुताबिक नहीं हो रही हों तब उस स्थिति से सही तरह निपटने की कुशलता उसके पास है – लेकिन, अगर आप चाहते हैं कि आपका बच्चा आगे चल कर अड़ियल टट्टू न बन

उन्हें दिखने लगा कि उन्होंने जब-जब चंदर की समस्याओं को हल करने की कोशिश की है या जब-जब उसके उखड़े मूड के कारण को उन्होंने यह कह दिया है कि यह कोई इतनी बड़ी बात नहीं है, तब दरअसल वे उससे यह कह रहे होते हैं कि उन्हें यह भरोसा नहीं है कि जब चीज़े उसके मन-मुताबिक नहीं हो रही हों तब उस स्थिति से सही तरह निपटने की कुशलता उसके पास है – लेकिन अगर आप चाहते हैं कि आपका बच्चा आगे चल कर अड़ियल टट्टू न बन कर एक लचीले स्वभाव वाले बालिग के रूप में विकसित हो तो उसे देने के लिए यह कोई अच्छा संदेश नहीं है।

कर एक लचीले स्वभाव वाले बालिग के रूप में विकसित हो तो उसे देने के लिए यह कोई अच्छा संदेश नहीं है।

अनीता, चंदर के साथ दृढ़ता से खड़े होने से अभी भी डर रही थी। ऐसा सोचना भी उसे अंदर से कंपा दे रहा था। ''यह बात कहने में मुझे अच्छी तो नहीं लग रही है लेकिन लगता है कि मैं एक आसान शिकार होने जा रही हूं। मैं यह सोच भी नहीं सकती कि चंदर जब अपनी बेहूदगी शुरू कर रहा हो तब मैं उसके सामने खड़े होने की हिम्मत जुटा सकूं। यह तो चक्रवाती तूफ़ान के बीच में सीधे खड़े रहने की कोशिश करने जैसा होगा!''

मैंने उसे मेरे सामने खड़ा होने और फिर खुद को चंदर के साथ ऐसे में खड़ा होने की कल्पना करने को कहा जब वह कोई बखेड़ा खड़ा करने के लिए अपने तेवर तीखे करना शुरू कर रहा हो। ''ऐसे में जो कुछ तुम्हारे अंदर हो रहा होता है उन तरंगों को पकड़ने की कोशिश करो।'' उसने अपनी आंखें बंद कीं, शांत रही और फिर उसने अपने आपको एक बिल्कुल बच्ची और कमज़ोर सा महसूस होता हुआ बताया। ''मुझे लगा जैसे मैं एक छोटी बच्ची हूं – सामना करने में बिल्कुल असमर्थ। मैं जैसे रेंग कर किसी चीज़ के नीचे छिप जाना चाह रही हूं।'' फिर उसने स्वीकार किया कि ये तो वे जाने-पहचाने अहसास हैं जो उन तमाम घटनाओं की याद दिलाते हैं जो कि वह अपनी मां की प्रचंडता और कोहराम के सामने खुद को बेबस और कमज़ोर महसूस करते हुए किया करती थी। जब कि वह उस अवस्था में ही थी, मैंने उससे कहा कि मैं धीरे से उसे एक धक्का देने वाली हूं। जब मैंने वह धक्का दिया तो तुरंत वह अपना संतुलन खो बैठी और खुद को डगमगाकर गिरने से मुश्किल से बचा सकी।

''अब मैं चाहती हूं कि तुम यह कल्पना करो कि स्टील की एक मोटी सी छड़ तुम्हारे सिर से लेकर तुम्हारे शरीर में से होती हुई नीचे तुम्हारे तलवे तक जा रही है और फिर नीचे धरती में चली गई है। कोई भी चीज़ इसे न हटा सकती है और न ही हिला सकती है। अपनी इस ताक़त को महसूस करो। अपने आपको इतना मज़बूत महसूस करो जैसे कि तुम वह पुराना रैडवुड का पेड़ हो जिसकी जड़ें ज़मीन में बहुत गहराई तक चली गई होती हैं।'' जब उसने ऐसी कल्पना कर ली तब मैंने उसे ठीक उतना ही धक्का दिया जितना कि पहले दिया था। इस बार, अपना संतुलन खोना तो दूर वह हिली तक नहीं।

''अब तुम्हें कैसा महसूस हुआ अनीता?''

''बहुत ही अच्छा! मुझे खुद में ताक़त महसूस हुई, ठोस और अडिग।

खुद को जबरन रोकने या सशक्त बनाने के बिना ही मैंने खुद को ताक़तवर महसूस किया। मुझे लगा कि मैं अब बड़ी हो गई हूं।''

मैंने अनीता और इब्राहिम दोनों को ही कई बार यह अभ्यास करने के लिए बुलाया – यह कल्पना करते हुए कि उनकी रीढ़ की हड्डी को स्टील की मोटी छड़ का मज़बूत सहारा मिला हुआ है और सामने चंदर अपना बखेड़ा खड़ा करने के रूप में आ रहा है। ''यह याद रखना कि जब आप उसकी पसंद के अनुसार चीज़ों में फेर-बदल करें तो उस पर कोई अनुग्रह या अनुकंपा नहीं कर रहे हैं। अगर आप अपने बच्चे को एक ऐसे बालिग के रूप में विकसित करना चाहते हैं जो हालात को तब संभाल सके जब वे उसके चाहना के अनुसार नहीं हो रहे हों तो आपको उसमें लचीलेपन की यह सामर्थ्य अभी से विकसित करनी होगी और इसके लिए आपको ऐसे समय उसके साथ बने रहने होगा जब वह खुद को हताशा-निराशा के भारी दबाव और बोझ से दबा हुआ अनुभव कर रहा हो।

''इस दिशा में आगे बढ़ें और यह स्वीकार करते हुए अपने दिल पर पड़े भारीपन को महसूस करें कि आप चंदर का बचाव हर हार, हताशा या नुकसान से नहीं कर सकते हैं और फिर अपने अंदर खड़ी हुई और नीचे ज़मीन में जाती हुई स्टील की उसी मोटी छड़ के साथ खुद को मज़बूती से खड़े होने की कल्पना करें। जब आप अपने बेटे की भावनाओं को प्रेम के साथ समझें व स्वीकार करें तब अपने अंदर एक सौम्य लेकिन अडिग बल को बनाए रखें लेकिन उसे इंकार, गुस्सा और मोल-तोल वाली अवस्थाओं में से गुज़रने दें ताकि वह उस पीड़ा को महसूस करे।''

इस परिवार के साथ मैंने लगभग तीन महीने काम किया। हमारा फ़ोकस इस बात पर रहा कि चंदर की खिन्नता से उपजने वाली उनकी परेशानी व बेचैनी को घटाया जाए और वह भी उसकी मनमर्जी के मुताबिक चीज़ों में हेराफेरी किए बिना ही। चंदर के मिज़ाज को ठंडा करने में उन्हें जो डर थे, हमने उनको खोजा और उन तरीकों की भी तलाश की जिनसे वे उसके चिढ़चिढ़े स्वभाव के सामने भी अधिक विश्वास के साथ बर्ताव कर सकें। मैंने उन्हें यह भी सिखाया कि वे किस तरह चंदर को अपना मनोभाव प्रकट करें ताकि उसे लगे कि उसे समझा जा रहा है, भले ही वह उस चीज़ को न पा सका हो जो कि वह चाहता था। यह कहने के बजाय कि – ''नहीं, डिनर में तुम्हें कुकीज़ नहीं मिल सकतीं (यह *नहीं* शब्द अधिकतर बच्चों को बहुत बुरा लगता है)। मैंने उन्हें सुझाया कि उसकी कुछ मांगों का जबाब तो कुछ कम विवादास्पद तरीके से दिया ही जा सकता है। ''कुकीज़, और वह भी

डिनर में! क्या यह बात अजीब नहीं लगती? तो, क्यों न अबकी बार तुम्हारे बर्थ-डे पर ऐसा किया जाए?'' अनीता और इब्राहिम, दोनों ने ही अपने बेटे के साथ अधिकतर सहज़ रहना शुरू किया। इससे उसने वह निकटता और वह जुड़ाव महसूस किया जिसकी उसे तलब रहा करती थी, और इससे उसे यह मदद भी मिली कि वह अपने माता-पिता के साथ बेहतर बर्ताव करने और उन्हें खुश रखने की ज़रूरत महसूस करने लगा।

पेरैंट्स के अपराध-भाव के ख़तरे

अनीता और इब्राहिम के यहां अब शांति थी। तथापि, एक मुद्दे पर अभी भी ध्यान दिया जाना था: पेरैंट्स का अपराध-भाव और लज्जा। जब मैंने उन्हें वे सुझाव दिए थे कि चंदर के साथ बर्ताव कैसे किया जाए, तो उनके मुंह से कुछ ऐसी प्रतिक्रियाएं निकलीं थीं, ''काश यह सब मुझे पहले पता होता'' या ''हमने अपने बेटे को शायद हमेशा के लिए बहुत बुरा कर दिया है।'' लेकिन मुझे उनकी इन उक्तियों पर कोई अचरज नहीं हुआ। मैं कई दशकों से पेरैंट्स के साथ काम करती आ रही हूं और मैं इस मानसिकता से अच्छी तरह परिचित हूं कि जब हम आदर्श रूप में अपने किसी स्तर तक पहुंच पाने में असफल रहते हैं तब हम उसका सारा दोष अपने सिर पर रख लेते हैं। लेकिन मैं यह भी जानती हूं कि अपने मन में गूंजती आलोचनात्मकता की इस आवाज़ को अपने कार्यकलापों और भावनाओं पर नियंत्रण करने देना कितना नुकसानदेह होता है। ऐसा करना केवल हम ही को चोट नहीं पहुंचाता, बल्कि घूम-फिर कर यह हमारे बच्चों पर अच्छी तरह व्यवहार करने का दबाव भी बनाता है ताकि हम खुद के बारे में अच्छा-अच्छा महसूस कर सकें और अपराध-भाव व लज्जा से दूर रह सकें।

लेकिन मैं यह भी जानती हूं कि अपने मन में गूंजती आलोचनात्मकता की इस आवाज़ को अपने कार्यकलापों और भावनाओं पर नियंत्रण करने देना कितना नुकसानदेह होता है। ऐसा करना केवल हम ही को चोट नहीं पहुंचाता, बल्कि घूम-फिर कर यह हमारे बच्चों पर अच्छी तरह व्यवहार करने का दबाव भी बनाता है ताकि हम खुद के बारे में अच्छा-अच्छा महसूस कर सकें और अपराध-भाव व लज्जा से दूर रह सकें।

यह एक ऐसी बात थी जिस पर हमें काफ़ी काम करना था। मैंने इब्राहिम व अनीता को अपने अनुभव बताए कि अपने मन में उठने वाली और हमें दोषी ठहराने वाली इस आवाज़ को कैसे लिया जाए – वह आवाज़ जो कि लगातार बखान करती रही है कि ख़ास-ख़ास मौकों पर या बातचीत के दौरान

मैं कैसा-कैसा करती रही हूं। सबसे बड़ा काम जो मैंने किया है वह यह है कि EMDR (Eye Movement Desensitization and Processing) थेरैपी के द्वारा और ध्यान व प्रार्थना के द्वारा इस आवाज़ से प्रभावित होने के बजाय मैं उसके समने खड़े रहना सीखती रही हूं। लेकिन यह एक विधा है, प्रक्रिया है, कोई ऐसी चीज़ नहीं है जो रातों-रात हासिल कर ली जाए या अधिक सकारात्मक होने का इरादा करने मात्र से पूरी हो जाए।

एक दिन मैं अपने एकांत-कक्ष में थी और कोई चीज़ मेरे हाथ से फिसल कर गिर गई। तभी, मेरे दिमाग में एक आवाज़ – एक पुरानी आवाज़ – बोली, "ओफ़, तुम कितनी फूहड़ हो!" और *तुरंत ही,* एक दूसरी आवाज़ उसी स्वर में बोली, "तुम सूज़न से इस तरह बात नहीं कर सकती!" यह देख कर मैं रोमांचित हो उठी कि "बहुत अच्छा" बनने के बारे जो मैं काम कर रही हूं वह मेरे अंदर इतना गहरा उतर चुका है कि वह अब मेरा ही एक हिस्सा बन गया है। हालांकि अभी ऐसे कई क्षेत्र हैं जिनमें अभी भी मुझे बहुत कुछ करना बाकी है लेकिन मुझे यह तो स्वीकार करना ही होगा कि मुझसे गलतियां भी होंगी, मुझे गुस्सा भी आयेगा या मैं अपना धीरज भी खोऊंगी। इसके लिए जब तक मैं अपने अहं द्वारा दूसरों पर दोषारोपण किए बिना या इसको सही सिद्ध किए बिना इसकी जिम्मेदारी अपने ऊपर लेती रहूंगी, तब तक मैं अपनी कमियों को उस व्यक्तित्व का हिस्सा मान सकती हूं जो मुझे इंसान बनाता है।

इब्राहिम और अनीता को उनके काम का खाका तो मिल गया था, लेकिन वे यह सीखने के लिए कृतसंकल्प थे कि अपने बेटे के प्रति अपनाए जाने वाले स्वस्थ दृष्टिकोण को चोट पहुचांने वाली उनके अपने अंदर की कर्कश व आलोचनात्मक आवाज़ को अब वे कैसे रोकें लेकिन वे तैयार थे कि भले ही इसमें उन्हें कठिनाईयों या बाधाओं का सामना करना पड़े। उनके काम का यह हिस्सा मुझे बड़ा सुकून देने वाला था – उन्हें तनावमुक्त होते देखना और अपनी तरफ़ से बेहतर से बेहतर करते हुए शांति महसूस करना। उनको भरपूर विश्वास के साथ उस दायरे में प्रवेश करते देखना भी मेरे लिए प्रेरणाप्रद था कि यदि वे चंदर के साथ बरती गईं अपनी ख़ामियों को स्वीकार कर लेते हैं, उसकी भावनाओं के औचित्य को समझ लेते हैं और आवश्यकता पड़ने पर खेद व्यक्त कर देते हैं तो वे चुनौतियों भरे पेरैंटिग के हर पल को अपनी आध्यात्मिक शक्ति की परीक्षा के रूप में देखना बंद कर सकते हैं।

हमारी खुद की बढ़ती हुई पीड़ा

कभी-कभी हम अपने बच्चों के लिए सीमा रेखा खींचने में झिझक जाते हैं क्योंकि हम उनसे डरते हैं; उनके चिढ़चिढ़ेपन का दौरा इतना आतंकित कर देने वाला और थका देने वाला होता है कि हम उनके भड़क जाने के खतरे से बचने के लिए उनके साथ बहुत ही संभल कर चल रहे होते हैं। कई मौकों पर हम डरते हैं कि जो चीज़ वे मांग रहे हैं उससे उन्हें वंचित रख कर हम कहीं ''उनके मन को मार'' तो नहीं रहे हैं – ऐसे में शायद हम उन दिनों की याद को ताज़ा कर लेते हैं कि जब हमारे माता-पिता हमारी इच्छाओं का गला घोट देते थे और ऐसा समय भी आता है जब हम पूरी तरह जहाज के कैप्टेन की भूमिका में आने से बचते हैं और ऐसा इसलिए कि तब हम इस दुविधा में होते हैं कि हम इसकी पूरी योग्यता रखते भी हैं या नहीं।

बच्चों का लालन-पालन करना हमें बहुत तेज़ी से बालिग बना देता है, समझदार बना देता है या कम से कम हमें अपनी समझ को विकसित करने का मौका तो देता ही है – बशर्ते हम इसके लिए तैयार भी हों और इच्छुक भी। लेकिन यह देखना हमें चकित कर सकता है कि पेरैंट बनने के बाद हमें कितना अधिक ज़िम्मेदार बनने की आवश्यकता है।

जिन दिनों मेरे बेटे ने ठोस आहार लेना शरू ही किया था तब एक दिन मैंने उसे नाश्ता खिलाया। जल्दी ही मैंने महसूस किया कि मैं तब यह सोचने लगी थी कि कुछ घंटे बाद वह लंच में क्या लेगा। तब मेरे दिमाग में पहला विचार यही आया कि मैं अपने आसपास देखूं तो सही कि क्या कोई ऐसा व्यक्ति है जो सभी बातों की इस तरह देखभाल करता हो, चिंता करता हो यानी सचमुच में कोई वयस्क व्यक्ति जो कि नाश्ता, लंच और डिनर का नियमित रूप से प्रबंधन करता हो। जब तक बच्चे नहीं हुए थे तब मैं और मेरे पति खाने के समय के मामले में बड़े बेपरवाह रहा करते थे, कोई बंधा-बंधाया नियम नहीं था और बिल्कुल आख़िर में बिना कोई योजना बनाए कि क्या बनाना है, क्या खाना है, हम कुछ भी खा लिया करते थे। जब यह बात मेरे सामने प्रकट हुई कि इस बच्चे के लिए *अगले तीन सालों तक तीन बार खाना बनाना और उसे खिलाना* मेरी ही जिम्मदारी रहेगी तो मैं स्तब्ध रह गई थी!

सच कहूं तो मैं खुद को इतना परिपक्व या सुव्यवस्थित नहीं समझती थी लेकिन सच यह भी है कि जब मैं मां बनी तो मेरे द्वारा लिए जाने वाले लगभग सभी निर्णय मुझे वयस्कता की तरफ़ ले जाने वाले होने लगे थे।

मुझे इस वास्तविकता का भान होने लगा कि घर में *मैं ही थी* जो बड़ी थी, समझदार थी और यह भी कि उस भूमिका में पूरी तरह प्रवेश कर सकती थी। जीवन के मंच पर अगर हम अभिनेता हैं और अपनी-अपनी भूमिका निबाह रहे हैं, तो हमें उसके अनुसार ही अपना पहनावा भी तो करना होगा! और देखिए, मेरे जीवन में सबसे बड़ा रूपांतरण तब आया जब मैं इस मंच पर एक पेरैंट की भूमिका में उतरी और तभी मैंने जाना कि वयस्क हो जाना, बड़ा हो जाना, कितनी कमाल की चीज़ होती है। और, इसमें मुझे अपना खिलंदड़ापन, प्रफुल्लता, जिंदादिली या अपनी हंसी-खुशी वाले मिज़ाज को छोड़ना भी नहीं पड़ा – हालांकि मुझे इसका डर था।

सीमा रेखा खींचना उन बच्चों के लालन-पालन में हमें मदद करता है जो यह जान गए हैं कि हताशा-निराशा के समय क्या करना चाहिए और इसीलिए जो सबल हो गए हैं, परिस्थितियों के अनुकूल ढलना सीख गए हैं और स्वावलंबी हो गए हैं।

बच्चे जन्म के समय बड़े असहाय होते हैं और दूसरों पर ही आश्रित रहते हैं। प्रकृति मैया ने माता-पिता के मन में अपने बच्चे की जीवन रक्षा करने के लिए एक प्रबल इच्छा बैठा दी होती है ताकि वह बाद में अपने माता-पिता के संरक्षण के बिना भी जीवन का सामना कर सके। बच्चे स्वभावतः उस लक्ष्मण रेखा को पार करने की कोशिश करते हैं जो हम उनकी दुनिया में खींच दिया करते हैं लेकिन सीमा रेखाएं खीचना आवश्यक इसलिए है कि कहीं वे अधिक हिम्मत करते-करते नक्शे से बाहर ही न निकल जाएं। सीमा रेखा खींचना उन बच्चों के लालन-पालन में हमें मदद करता है जो यह जान गए हैं कि हताशा-निराशा के समय क्या करना चाहिए और इसीलिए जो सबल हो गए हैं, परिस्थितियों के अनुकूल ढलना सीख गए हैं और स्वावलंबी हो गए हैं।

यह देखना पेरैंटिंग के महान पुरस्कारों में से एक होता है कि हमारे बच्चे अपने जीवन की नैया के सामने आने वाली अवश्यंभावी उतार-चढ़ाव रूपी लहरों को पूरे आत्म-विश्वास के साथ पार कर लेने की क्षमता के साथ अपनी वयस्क अवस्था में प्रवेश कर रहे हैं। ये ही वे पल होते हैं जब हम यह जान पाते हैं कि अपने बच्चों का प्रेमपूर्ण प्रबंधन करने के दौरान *खुद को* विकसित करने का हमारा प्रयास सचमुच ही उन तकलीफ़ों को सहन करने लायक था – हमारी भी *और* बच्चों की भी।

अब आपकी बारी है

ज़रा अपने बचपन के बारे में सोचें और देखें कि जिस तरह से आपको पाला गया था उसका प्रभाव अपने बच्चों के जहाज के एक शांत और आत्म-विश्वास से भरे कैप्टेन बनने की आपकी योग्यता पर क्या पड़ा है।

1. क्या आपके माता-पिता ने आपको यह भला सा अहसास कराया था कि हाथ में कमान होने पर भी प्रेमपूर्ण रहना और स्पष्ट रहना क्या होता है?
2. किस तरह आप अपने बच्चों को इस अभिप्राय से उसी तरह पालते हैं कि आपके माता-पिता भी आपको ऐसे ही पालते थे? किस तरह आप यह काम थोड़ा अलग तरह से करते हैं?
3. क्या कभी आप अपने बच्चों के लिए सीमा रेखा तय करने में डरते हैं? वे कौन सी बातें हैं जो आपके लिए बेचैनी और परेशानी का कारण बन जाती हैं?
4. पालन-पोषण के उन विचारों और विश्वासों का वर्णन कीजिए जिसने अपने बच्चों के 'इन-चार्ज' के रूप में एक वयस्क बनने की आपकी इच्छा को प्रभावित किया हो।
5. यदि आप अक्सर पेरैंटिंग में अपराध-भाव या लज्जा अनुभव करते हैं, तो वह किस की आलोचनात्मक आवाज़ होती है जो आपके दिलोदिमाग में बोल रही होती है — एक पेरैंट की, टीचर की, कोच की, या ऐसा कोई व्यक्ति जो आपके बाल रूप में आपके लिए महत्वपूर्ण रहा हो?
6. आप चाहें तो उस अभ्यास को कर सकते हैं जो मैंने अनीता के साथ किया था। मैंने स्टील के एक मज़बूत छड़ को उसके शरीर में से होते हुए धरती में गहरे तक जाने की कल्पना की थी। इस कल्पना को स्पष्ट रूप से अपने मन की आंखों में रखते हुए देखिए कि क्या आप अपने अंदर खुद को एक ऐसी गहन शक्ति से जुड़ा महसूस करते हैं जिसका आप अपने बच्चों के साथ बर्ताव करने में प्रयोग कर सकते हैं — खुद को स्नेहिल और दयालु बनाए रखने के साथ-साथ दृढ़, निश्चित व निर्णय लेने वाला बना रहते हुए भी।

व्यावहारिक समाधान
वास्तविक जीवन में सजगता के साथ पेरैंटिंग

क्या बच्चे हम जैसे ही नहीं है?

प्रश्नः आध्यात्मिक सोच वाली होने के नाते मेरा मानना है कि मेरे बच्चे मेरे समान ही तो हैं। मुझे यह बिल्कुल अच्छा नहीं लगता है कि मै उन्हें बताऊं कि उन्हें क्या करना है या मैं कोई सीमा रेखा खींचते हुए उन्हें वह सब करने से मना कर दूं जो कि वे अपने दिल से करना चाहते हैं और इस तरह उनकी भावनाओं को कुचल डालूं। लेकिन आप जो अधिकारपूर्ण भूमिका अदा करने का सुझाव दे रही हैं वह उसमें कैसे सही बैठेगा?

सुझावः मेरे पिछले जन्म दिन पर मेरे बेटे ने उपहार के रूप में मुझे अपने हाथ से लिखा एक पत्र भेंट किया है जिसमें उसने अपने बचपन का जिक्र किया है और मुझे धन्यवाद दिया है कि मैंने उसे एक ऐसा इंसान बनने में मदद की है जैसा कि वह है और हो रहा है। अपने पूरे पत्र में उसने वे पल याद किए हैं जब वह इस कारण से उखड़ गया था कि मैंने उसे किसी ऐसी चीज़ या किसी ऐसे काम के लिए मना कर दिया था जो कि वह पाना चाहता था या करना चाहता था। अपनी आज की वयस्क व्यक्तित्व वाली समझ के दृष्टिकोण से अब उसने इस बात को सराहा है कि मैंने उसे वे काम कभी नहीं करने दिए जिन्हें वह अब जाकर समझ पाया है कि वे उसके हित में क़तई नहीं थे।

मैं बयां नहीं कर सकती कि इस पत्र ने कैसे मेरे दिल को छू लिया था। मुझे भी वे मौके याद हैं जब उसकी किसी इच्छा के विरुद्ध मुझे कोई अप्रिय निर्णय लेना पड़ा था। यदि मुझे अपनी बात का बचाव करना पड़ता था तो मैं उसे यह कहती थी कि वह बताए कि मैं ना के बजाय हां क्यों करूं। हालांकि, कभी-कभी वह अपनी दलील से मुझे सहमत भी कर लेता था।

लेकिन, जब मुझे यह पक्का पता होता था कि मेरी ना, ना ही रहनी चाहिए भले ही मेरा बेटा उस के कारण गुस्सा हो या दुखी हो। तब मुझे अपनी अंदर की आवाज़ को मानना पड़ता था और पूरी तस्वीर पर विहंगम दृष्टि डालनी होती थी, हालांकि मैं जानती थी कि अगर मैं उसकी बात मान जाती हूं तो तब जो मुझे उसकी प्यारी-प्यारी मुस्कुराहट इनाम में मिलती, उससे मैं वंचित रहने वाली हूं।

मैंने यह भी जाना कि मेरा बेटा – जब कि वह बहुत छोटा ही था – अंतःकरण से उतना ही भावपूर्ण था जितनी कि मैं हूं। (बल्कि मैंने अक्सर

महसूस किया कि वह कुछ अधिक ही था!) लेकिन मैं तो यही समझती थी कि बच्चों को किसी के मार्गदर्शन की और लगातार साथ रहने की आवश्यकता तो होती ही है, भले ही इसका मतलब यह हो कि जो वे करना चाहें उन्हें वह न करने दिया जाए – जैसे कोई ऐसी मूवी देखना जिसके बारे में आप जानते हैं कि उससे उन्हें रात को डरावने सपने आने लगेंगें या कि वे ऐसी पार्टी में जाने लगें जहां कि वे माता-पिता की निगहबानी में नहीं होंगे।

अपने बच्चों के लिए लक्ष्मण रेखा खींचना या उनका दिल तोड़ना कोई हंसी-खेल नहीं है, लेकिन शायद मेरी तरह ही आप भी यह देखने लगेंगी कि यह कोई मुद्दा ही नहीं है कि अंदर से हम अपने बच्चों जैसे हैं या नहीं बल्कि यह तो स्वतः सिद्ध है। मुद्दा तो यह तथ्य है कि यह हमारा कर्तव्य भी है और दायित्व भी कि हम बालिग-रूप की अपनी भूमिका अपने अधिकतम स्वरूप में रहें। इसमें, हमारे प्रति अपने बच्चों के गुस्से से उपजी असहजता अैर उलझन के बावजूद हमें उनके साथ बने रहने की, *प्रेज़ैंट* रहने की आवश्यकता होगी। लेकिन उन अप्रिय अनुभूतियों से बचने के लिए हमें उनकी अधिक महत्वपूर्ण आवश्यकताओं को भी तो त्याग नही देना चाहिए – हमारा काम है कि समुद्र चाहे शांत हो या तूफ़ानी हो, अपने जहाज से प्रेम करने वाले कप्तान की तरह, हम सावधानी से जहाज को खेते जाएं।

उस बात को मैं दिल पर क्यों न लूं?

प्रश्नः जब मेरा बेटा बेहूदगी करता है तो उस बात को दिल पर न ले जाना मुझे बहुत मुश्किल लगता है। इसके कारण मुझे लगता है कि जैसे मैं हार रही हूं और इसलिए उसके साथ इस तरह बहस करने पर उतर आती हूं जैसे हम एक ही उम्र के बच्चे हों जो कि स्कूल के बाद बाहर मैदान में लड़ रहे हों। ऐसा कैसे हो कि अपनी बात मनवाने के लिए जब वह जोर-जबरदस्ती कर रहा हो तो मैं भी इस तरह के बचपने पर न उतर आऊं?

सुझावः कल्पना कीजिए कि आप एक छोटी सी झील में अपनी नाव को खेती हुई जा रही हैं, और इतनी तनाव मुक्त हैं कि कुछ उनींदा महसूस करते हुए आपकी पलकें अधमुंदी होने लगती हैं। अचानक ही, कोई दूसरी नाव आकर आपकी नाव को टक्कर मार देती है। फ़ौरन आपकी आंखें खुल जाती हैं और उस व्यक्ति को ढूंढ लेना चाहती हैं जो टक्कर मारने वाली नाव को चला रहा था, और वह भी इस भाव से कि किसी की इतनी हिम्मत कैसे हुई कि वह मेरी नाव में टक्कर मार दे! क्या सोच कर मारी टक्कर? कोई इतना

गैर-जिम्मेदार भला कैसे हो सकता है! ः और आपका पारा चढ़ने लगता है।

जैसे ही आप उठती हैं और आपकी नज़रें उस गुस्ताख़ को ढूंढने लगती हैं तो आप देखती हैं कि वहां तो कोई नहीं है! टकराने वाली वह नाव शायद घाट पर बांधी नहीं गई थी और लहरों के साथ बहती हुई वहां आ पहुंची थी और बस वह आपकी नाव से टकरा गई थी। कोई दोषी न होने के कारण आप पल भर में ही आप न केवल शांत हो जाती हैं बल्कि उस नाव को अपनी नाव के साथ मज़बूती से बांधने का भी तरीका सोचने लगती हैं ताकि उसे आप किनारे तक सुरक्षित पहुंचा सकें।

यह बदलाव कैसे हुआ? उस घटना के बारे में आपके विचारों में आए बदलाव के कारण। आपने देखा कि आपकी नाव से टकराने वाली नाव किसी ऐसे व्यक्ति के द्वारा चलाई ही नहीं जा रही थी जो आपको नुकसान पहुंचाना चाह रहा हो। *यह व्यक्तिगत तौर पर किया गया काम बिल्कुल नहीं था।*

अपने बेटे के व्यवहार को इस तरह देखना बंद कर दीजिए कि वह आपकी भावनाओं को ठेस पहुंचाने या आपको परेशान करने के लिए ऐसा कर रहा है। हो सकता है कि वह थका हुआ हो या उसे भूख लगी हो या फिर उसे लग रहा हो कि आप उसे पूरी तवज्जो नहीं दे रही हैं या शायद वह स्कूल की किसी बात को लकर चिंतित हो या उसकी तबियत ही ठीक न हो। भले ही आपका बेटा जानबूझ कर आपकी डोरी को झटके दे रहा हो लेकिन यदि आप इस सब के पीछे उकसाने वाले को देखेंगी तो पायेंगी कि उसका ऐसा व्यवहार अपनी बात को मनवाने का एक फूहड़ तरीका मात्र है, न कि किसी दुर्भावना से या आपको चिढ़ाने या परेशान करने के लिए किया गया कोई काम।

खुद को जो बेहतरीन उपहार आप दे सकती हैं उनमें से एक यह है कि अपने जीवन में आप दूसरों की बातों को अपने दिल पर लिए बिना ही गुज़रती चली चलें। चक्रवाती तूफ़ान का इरादा किसी मकान की छत को उड़ाना या ध्वस्त करना नहीं होता; बल्कि वह मकान ही इत्तफ़ाक से उसके रास्ते में आ गया होता है।

आगे बढ़िए और अपनी खिन्नता या हताशा को महसूस कीजिए लेकिन अपने मन को उस दुख से दूर रखिए जो तब आता है जब आप यह मान कर चलती हैं कि आपका बेटा आपके मन को चोट पहुंचाना चाहता है। वह तो उस नाव की तरह है जो अपने मन में उठी कुछ ख़ास तरह की लहरों पर बहता हुआ चला आया है। उसके दुर्व्यवहार के पीछे छिपे कारणों का पता लगाइए लेकिन उसके व्यवहार को अपने दिल पर ले जाने से खुद को रोक लेने की अपनी आज़ादी को भी बनाए रखिए।

क्या ऐसा हो सकता है कि मैं कैप्टेन भी रहूं और खुशमिज़ाज भी रहूं?

प्रश्नः अब मैं चूंकि जहाज का कैप्टेन बनने की कोशिश कर रही हूं इसलिए मुझे लगता है कि मैं ज़रूरत से ज़्यादा सख़्त होने का ख़तरा ले रही हूं। पहले मैंने लगाम को बहुत ढीला छोड़ा हुआ था लेकिन अब मैं देखती हूं कि मेरे बच्चों के लिए हितकर यह है कि मैं अधिक गंभीर बनी रहूं; लेकिन मैं अपनी मां जैसा भी बनना नहीं चाहती जो कि बहुत अधिक गंभीर और कठोर रहा करती थी। ऐसा कैसे हो कि मैं कैप्टेन भी बनी रहूं और एक खुशमिज़ाज मां भी?

सुझावः शुक्र है कि बच्चे स्वभावतः खुशमिज़ाज होते हैं वरना तो यह दुनिया बड़ी नीरस और उबाऊ हो जाती क्योंकि तब हर कोई अपने निर्धारित कामों को करने में घिसटता हुआ बस यही देखता रहता कि क्या-क्या काम हो गए हैं।

याद रखिए कि कोई भी पैंडुलम बीच में आकर थम जाने से पहले दोनों तरफ़ के दूरतम बिंदुओं तक अवश्य झूलता है। अपने बच्चों के साथ जीवन का आनंद लेने को बलिदान किए बिना कैप्टेन की भूमिका अदा करने वाली स्थिति में आने में समय तो लगता ही है। समय के साथ-साथ बच्चों के लिए सीमा रेखा खींचना आपके लिए तब आसान हो जायेगा जब वे कुछ करना या पाना चाह रहे हों, जैसे माचिस के साथ खेलना या छत से कूदना।

एक्हार्ट टॉल्ल ने एक मज़ेदार बात बताई है कि जब वह एक ऐसे स्कूल के पास से गुज़र रहे थे जो कि गर्मियों की छुट्टियों के लिए हाल ही में बंद हुआ था तो उन्होंने वहां एक बड़ा सा पोस्टर लगा देखा जिस पर लिखा थाः सुरक्षित रहें! जब वह छात्रों के लिए लिखे इस विदाई संदेश के बारे में सोच रहे थे तो वह यह कल्पना करते हुए हंस पड़े थे कि छुट्टियां ख़त्म होने के बाद स्कूल के फिर से खुलने के समय छात्र अगले सत्र के लिए वापस आ रहे हैं। उन्होंने बताया, ''सबसे सफल छात्र कहेगा, 'मैं तो इन छुट्टियों में बहुत ही सुरक्षित रहा!''' साफ़ है कि हम चाहते हैं कि हमारे बच्चे सतर्क-सचेत रहें *और* मौज-मस्ती के साथ दुनिया की खोज करते आगे बढ़ें।

इस बारे में मेरा कहना हैः जब भी आप यह निर्णय लेने के बारे में सोच रहे हों कि बच्चों के साथ ढिलाई बरती जाए या सख़्ती बरती जाए तो तनिक ठहरें और देखें कि आपका अंतःकरण क्या कह रहा है। जो आपकी अंदर की आवाज़ कह रही हो उससे तालमेल बिठाइये, वही सर्वोत्तम कदम होगा। खुद पर भरोसा रखिए।

कैप्टेन वाली अपनी भूमिका पर विश्वास के साथ जमे रहिए। आपको न तो अपनी मां की तरह बनने की आवश्यकता है और न ही सेना के सार्जेंट

की तरह बनने की। अगर आज का दिन आइसक्रीम खाने लायक है या इस लायक है कि इसे 'सारा दिन घर पर बिताने योग्य छुट्टी वाला' घोषित कर दिया जाए, तो बिल्कुल ऐसा कीजिए! जो आख़िरी बात मैं पेरैंट्स को कहना चाहूंगी वह यह है कि वे मेरी किताबें पढ़ें और सोचें कि उन्हें अपने बच्चों के साथ मूढ़ता और लापरवाही बंद करनी होगी। मत भूलिए: हालांकि जहाज के कैप्टेन विश्वास से ओतप्रोत रहते हैं और जानते हैं कि तूफ़ानी समुद्र में जहाज को कैसे चलाया जाए लेकिन वे यात्रियों को 'डांस फ्लोर' पर फिरकनी की तरह घूमने के लिए भी तो ले जाते हैं!

बच्चे हमें खेलने, कुछ न कुछ खोजते रहने और जीवन को पूरी जीवटता से गले लगाने की बात याद दिलाते रहते हैं। भले ही अपने बच्चों के साथ आप एक बालिग की तरह मौजूद हों लेकिन उस समय की प्रसन्नता, प्रफुल्लता और मौज-मस्ती पर अपने बालिगपन का ग्रहण मत लगने दीजिए।

अध्याय 3

कात्पनिक आदर्श छवियों को निकाल फेंकिए

वास्तविकता के बारे में जो कहानी हम खुद को सुनाया करते हैं वास्तविकता उससे कहीं अधिक सौम्य होती है।

– बायरन कैटी

न्यूयार्क *टाइम्स* के एक लेख में ऐली फिंकेल ने बच्चों के होने के बाद माता-पिता के जीवन की जीवन शैली के कुछ आंकड़े प्रस्तुत किए हैं। "*साइंस* पत्रिका में प्रकाशित एक अध्ययन में लोगों ने अपने पिछले दिन के दौरान 16 गतिविधियों में से हर एक का अपना भावनात्मक अनुभव बताया है: काम करना, काम पर आना-जाना, व्यायाम करना, टीवी देखना, भोजन करना, सामाजिकता इत्यादि। काम करने के अलावा किसी भी अन्य गतिविधि के मुकाबले पेरैंटिंग के दौरान सबसे अधिक नकारात्मक भावनाएं महसूस की गईं और किसी भी अन्य गतिविधि के मुकाबले उन्होंने पेरैंटिंग में अधिक थकावट महसूस की।"

हे भगवान! माता-पिता बनने के उस सुख, उस आह्लाद का क्या हुआ – वे प्रेम भरे चुंबन और गले से लिपट जाना, उनका क्या हुआ? हालांकि फिंकेल के लेख को पढ़ना मुश्किल हो रहा था (उसने पेरैंट बनने के बाद के अवसाद होने के मामलों की बढ़ती संख्या के आंकड़े भी दिए थे) लेकिन इसने मेरे फेसबुक पेज पर एक महत्वपूर्ण परिसंवाद को प्रेरित कर दिया था और देश के हर घर में भी। जब हम यह स्वीकार कर लेते हैं कि हम अपने जीवन में दो परस्पर विरोधी भावों में एक साथ जी रहे हैं – बच्चों को पालने के मामले में भी – केवल तभी हम उसे अंगीकार करने के अपने रास्ते तलाश सकते हैं।

यह लेख भले ही महत्वपूर्ण रहा हो लेकिन इसने पेरैंटहुड की कठोर व कठिन मांगों के बोझ को पाठकों की भावनाओं पर डाल दिया था, उन्हें एक ऐसी सुरंग में छोड़ दिया था जिसके परले सिरे पर कोई रोशनी नहीं दीख रही थी। आगे आने वाले अठारह सालों की नींद खराब होना, पैसों की किल्लत होना और सैक्स करने के अवसरों का कम हो जाना – यह सब देखना वाक़ई कोई लुभाने वाली बात तो नहीं थी। हालांकि मैं कभी नहीं कहती कि अवसाद को या उदासी को केवल नज़रिया बदल देने से दूर किया जा सकता हो लेकिन मेरा मानना है कि जब हम अपनी परिस्थितियों को नकारात्मक नज़रिए से देखने में लग जाते हैं तब हम अपना हित तो नहीं ही कर रहे होते हैं। यह सच है कि बच्चों को पालना सचमुच एक टेढ़ी खीर है और खुद को व्यवहार के परंपरागत पैमाने पर बनाए रखना – जैसे हमेशा धैर्य रखो, चिढ़चिढ़ाहट या झल्लाहट को मत अपनाओ – ये बातें उस अवसाद को बढ़ाने वाली ही होती हैं जिनका ज़िक्र फ़िकेल ने किया था।

पेरैंटिंग एक ऐसा काम है जिसका कोई आभार नहीं मानता। आपने रात के खाने में बड़े प्यार से कुछ बनाया है लेकिन आपका बच्चा कुछ और ही मांग कर रहा है, "मुझे तो अमुक चीज़ चाहिए!" *यह बड़ा झंझट है।* कोच व कुशन्स के नीचे ज़रा झांक कर तो देखिए, क्या पता कौन सा सड़ा-गला खाना वहां पड़ा मिल जाए। *यह बड़ा ही थका देने वाला काम है।* एक मां ने तो मुझसे यहां तक कहा है कि उसके जीवन की सबसे बड़ी तमन्ना यही है कि वह एक रात तो इस तरह सो सके जिसमें कि उसे बीच में उठना न पड़े।

अपने पेरैंटिंग दिनों में से सजग रहते हुए गुज़रने की हम चाहे जितनी अधिक आकांक्षा रखते हों, बच्चे की देखभाल और उसे खिलाने-पिलाने के प्रति कितने भी ज़िम्मेदार रहते हों, वह हमारे निजी व्यक्तित्व को मिटा तो नहीं सकता और न ही वह हमारी आवश्यकताओं, मनोदशाओं और इच्छाओं पर पानी फेर सकता है। हमारी इच्छा होती है कि हम घंटों तक पढें या कि जब हम बाथरूम में हो तो कोई ख़लल न डाले। ज़ाहिर है कि कई बार हमे कुढ़न होती है। ऐसे अवसर भी आते हैं कि जब हमारा पारा चढ़ जाता है। कभी-कभी हम ऐसा कुछ कह जाते हैं जिसे बाद में सोचते हैं कि काश हमने ऐसा न कहा होता। पेरैंटिंग ऐसी ही है। समझदारी इसके अप्रिय अनुभवों से पीछा छुड़ाने में नहीं है बल्कि उनके साथ शांतिपूर्वक रहने में है।

समझदारी इसके अप्रिय अनुभवों से पीछा छुड़ाने में नहीं है बल्कि उनके साथ शांतिपूर्वक रहने में है।

एक कपोल-कल्पित आदर्श बच्चा मन में पाले रखना

अपनी किताब *पेरैंटिंग विदआउट पॉवर स्ट्रगल* में मैंने यह विचार रखा है कि अपने बच्चे को सहज स्वीकार करने में हमें मुश्किल पड़ती है – उसके विकट स्वभाव के कारण नहीं बल्कि इसलिए कि हम अपने इस असली और 3-डी वाले बच्चे की तुलना एक ऐसे बच्चे से करते रहते हैं जिसे कि मैं स्नेपशॉट बच्चा यानी कपोल-कल्पित आदर्श बच्चा कहती हूं। बच्चे से जब हम कचरा बाहर फेंक आने को कहते हैं तब यह काल्पनिक आदर्श बच्चा तो कहेगा, "अच्छा मॉम!" लेकिन असली बच्चा ऐसी आवाज़ निकालेगा जैसे उस पर बड़ा अत्याचार किया जा रहा हो। बच्चे से जब हम अपना होमवर्क करने के लिए कहते हैं तो काल्पपिक आदर्श बच्चा बोलेगा, "ओ मम्मी, अच्छा हुआ तुमने मुझे याद दिला दिया, धन्यवाद!" लेकिन असली बच्चा टीवी के सामने बैठे-बैठे ऐसा अभिनय करेगा जैसे हमारा कोई वजूद ही नहीं है, जैसे हमने कुछ कहा ही नहीं है और उसने कुछ सुना ही नहीं है। हमारे काल्पनिक आदर्श बच्चे आपस में एक दूसरे के साथ बड़े प्यार से घुलमिल कर रहते हैं, अपने खिलौनों से दूसरे को खेलने देते हैं, गले लगते हैं और गले लगाते हैं और केक के आख़िरी टुकड़े पर कभी टंटा नहीं करते। लेकिन असली बच्चे – उफ़, उनका तमाशा तो शायद आप देखते ही होंगे।

भले ही यह बात खिन्नता पैदा करने वाली हो कि हमारा बच्चा उस बच्चे के जैसा व्यवहार नहीं कर रहा है जिसके जैसा हम उसे बनाना चाहते हैं तो भी हम अपना आपा दरअसल इसलिए नहीं खोते हैं क्योंकि वह खीझ दिला रहा होता है या सहयोग नहीं कर रहा होता है बल्कि *हम अपना आपा इसलिए खो देते हैं क्योंकि हम ऐसा सोचते हैं कि उसे खीझ दिलाने वाला अथवा सहयोग न करने वाला नहीं होना चाहिए।* दूसरे शब्दों में, जो कुछ हमारा बच्चा कर रहा है उसके साथ पूरी तरह बने रहने में, पूरी तरह *प्रेज़ैंट* रहने में कठिनाई महसूस करने पर, हमारे द्वारा की जाने वाली वह तुलना आग में घी का काम करती है जो कि हम अपने काल्पनिक आदर्श बच्चे – जिसका वजूद केवल हमारी कल्पना में ही रहता है – और हाड़-मांस के जीते-जागते अपने उस असली बच्चे के बीच करते रहते हैं जो कि हमारे सामने साक्षात रहता है।

जो कुछ हमारा बच्चा कर रहा है उसके साथ पूरी तरह बने रहने में, पूरी तरह प्रेज़ैंट रहने में कठिनाई महसूस करने पर, हमारे द्वारा की जाने वाली वह तुलना आग में घी का काम करती है जो कि हम अपने काल्पनिक आदर्श बच्चे – जिसका वजूद केवल हमारी कल्पना में ही रहता है – और हाड़-मांस के जीते-जागते अपने उस असली बच्चे के बीच करते रहते हैं जो कि हमारे सामने साक्षात रहता है।

अपने बच्चे के सामने हम वकील या डायरेक्टर की भूमिका में इसलिए नहीं आ खड़े होते हैं क्योंकि अपने दुर्व्यवहार से उसने हमें ''ऐसा होने को मजबूर किया है'', बल्कि उस ''काल्पनिक कहानी'' के कारण ऐसा करते हैं जिसे कि हमने अपने मन में बना लिया है, और मन में बिठा लिया है – और यही काल्पनिक कहानी नकारात्मक रूप से हमें प्रभावित कर रही होती है। असंतोष व अशांति पैदा करने वाली यही कहानी तब सुरसा के मुंह की तरह और भी बड़ी होती जाती है जब हमारे अंदर बैठी वकीलों की फ़ौज हमारी शिकायतों को सही ठहराते हुए बड़े जोश के साथ पूरा केस ही तैयार कर देती है। यदि आप पाएं कि आप यह सोच रहे हैं कि *जयंत को घर के कामों में दूसरों की मदद करनी चाहिए,* तो आपके के दिमाग़ में बैठी वकीलो की यह टीम तत्परतापूर्वक यह कहते हुए आपके उस विश्वास के समर्थन में सबूत पेश कर देगी कि वह *तो बस अपनी ही परवाह करता है! गुसलखाने के फ़र्श पर छोड़ दिए गए उसके तौलिए को उठाने के लिए भी मुझे ही उसे कहना पड़ता है!*

ऐसे किस्सों और विश्वासों का असर केवल तभी ख़त्म हो पाता है जब हम यह खोजते हैं कि हमारे बच्चे का असंतोष व अशांति पैदा करने वाला व्यवहार अपने आप में सही क्यों हैः जयंत घर के कामों में खुशी-खुशी मदद *वाक़ई इसलिए नहीं करता ...क्योंकि वह एक ऐसा रूखा और नाखुश हैरी है जो कि कई बड़ी समस्याओं से घिरा हुआ है।* या जयंत दूसरों को मदद करने की मेरी बात का प्रतिरोध *वाक़ई इसलिए करता है...क्योंकि मैं उससे यह बात बड़े चिढ़चिढ़े और व्यंग भरे स्वर में कहता हूं।*

जब हम अपने बच्चों को – और अपने जीवन को भी – एक व्यापक परिप्रेक्ष्य में और एक व्यापक दृष्टिकोण से देखते हैं तभी हम वास्तविकता से भिड़ जाने के बजाय उससे बेहतर तालमेल बिठाने योग्य हो जाते हैं। हमें अगर कोई बदलाव करना ही है तो हम नतीजे की परवाह न करते हुए, और चिढ़चिढ़े होकर प्रतिक्रिया न करते हुए, अपनी बात को दृढ़तापूर्वक सही तरह से भी कह सकते हैं। स्वयं को काल्पनिक आदर्श बच्चे वाली कल्पना से मुक्त कर लेने का मतलब होगा कि हम वास्तविकता से मुंह फेरना बंद कर देंगें, यह बात स्वीकार कर लेंगे कि प्रतिरोध हममें ही है और फिर उसे हटने देंगें। वक्ता और लेखक बायरन कैटी ने मज़ाकिया लहज़े में कहा है, ''आप जब वास्तविकता के साथ वाद-विवाद करते हैं तो आप हार जाते हैं, लेकिन बस 100 प्रतिशत अवसरों पर।''

काल्पनिक आदर्श बच्चे के मुकाबले अपने असली बच्चे को स्वीकार करने में जिस तरह हमें जद्दोजहद करनी पड़ती है, वैसे ही अपने दिन-प्रतिदिन के वास्तविक जीवन को भी उस जीवन के मुकाबले स्वीकार करने भी हमें जद्दोजहद करनी पड़ती है जिसकी कल्पना हमने बच्चों के साथ बिताने की कर रखी होती है जो कि वास्तविक जीवन से बिल्कुल भी मेल नहीं खाती है। लेकिन, इसे स्वीकार करने में ही हमारे विस्तार और विकास का स्वर्णिम अवसर छिपा रहता है।

जब हम वास्तविकता को स्वीकार करने के बजाय गैर-लचीला, अड़ियल या हठीला रूख़ अपना लेते हैं तब हम कुछ बहुत अच्छे अनुभवों से खुद को वंचित कर देने का जोखिम उठाते हैं।

बड़ा और समझदार होना बनाम झींकना व खीझना

लगभग सभी लोगों को अपने कल्पित आदर्श वाले जीवन और वास्तव में जिए जाने वाले जीवन के बीच कुछ न कुछ बेमेलपन दिखाई पड़ता ही है। कुछ के लिए, उस कल्पित आदर्श जीवन का मतलब होता है हंसते-खिलखिलाते बच्चों के बीच बैठी मुस्कुराती मॉम और थोड़ा सा और मुस्कुराते डैड, और साथ में फ़ैमिली डॉग; लेकिन वास्तविक जीवन में हो सकता है कि कड़वाहट और रूखाई से भरा तलाक और बच्चे की कस्टडी का दिल दहला देने वाला मामला सामने आता हो। दूसरों के लिए, काल्पनिक आदर्श जीवन का मतलब हो सकता है घर में किलकारी भरते बच्चों की भाग-दौड़; लेकिन वास्तविक जीवन में हो सकता है कि घर में एक अपंग बच्चा व्हीलचेयर पर बैठा रहता हो। किसी और पेरैंट ने सहूलियत भरे जीवन की कल्पना यह कर रखी हो कि वह किसी झील के किनारे छुट्टियां बिता सकता हो और उसके बच्चे किसी प्राइवेट स्कूल में पढ़ते हों। इसके बजाय वास्तविकता में, आर्थिक मंदी ने उस परिवार को घोर आर्थिक संकट में धकेल दिया हो और उन्हें शहर के किसी हिस्से के किसी ऐसे छोटे से अपार्टमैंट में रहने के लिए मजबूर कर दिया हो जिसमें रहने की वे कभी सोच भी नहीं सकते थे।

शायद ही कभी हम अपने जीवन को इतने असरदार ढंग से नियंत्रित कर पाते हों कि हम उसकी कहानी के अनपेक्षित मोड़ों से बच सकें। मानव जीवन अपने साथ असंख्य अवसर ले कर आता है – आप चाहें तो उनका प्रतिरोध करें या फिर उनके अनुकूल व अनुरूप बन जाएं। मैंने लोगों को एक ही जैसे हालात – जैसे गंभीर बीमारी, कोई लत, क़ानूनी पचड़े –

में अपने जीवन की परिस्थितियों के प्रति बिल्कुल ही भिन्न-भिन्न रुख व रवैया अपनाते देखा है। जो लोग प्रतिरोध करते हैं वे सालों तक कष्टमय जीवन बिताते रहते हैं। जिन मुसीबतों को उन्होंने बुलाया नहीं था उनके आने के लिए वे भगवान के प्रति, अपनी पूर्व पत्नी या अपने पूर्व पति के प्रति या फिर अपने माता-पिता के प्रति गुस्साए रहते हैं। लेकिन दूसरे लोग अपने जीवन में *जो है* के साथ शांतिपूर्वक जीते हैं। वे जीवन में विनम्रता और स्वीकार्यता के साथ चलते हैं और खुशियों के छोटे से छोटे पलों की भी कद्र करते हैं।

अपने कल्पित आदर्श जीवन के और असल ज़िंदगी के बीच चलने वाले बेमेलपन के बारे में झींकने व खीझने के बजाय उसमें से अपना विकास करने और अपना विकास करने के लिए बड़ी मात्रा में 'जाने दो' वाले रवैये की आवश्यकता होती है। हर दिन कई बार ऐसे अवसर हमारे सामने आते हैं कि जब किसी कठिन पल के प्रति अपने दांत पीसते हुए उसे झेलने के बजाय उससे मित्रता निबाहने का मौका हमें दिया जाता है। जो कुछ भी हमारे सामने है उसे हम कैसे देखें, यह निर्णय बहुत छोटी-छोटी और पल-प्रतिपल की सूक्ष्म पसंद-नापसंद में भी होता रहता है।

हर दिन कई बार ऐसे अवसर हमारे सामने आते हैं कि जब किसी कठिन पल के प्रति अपने दांत पीसते हुए उसे झेलने के बजाय उससे मित्रता निबाहने का मौका हमें दिया जाता है।

कभी-कभी जो हमारे सामने होता है वह है हमारे कपड़ों को गीला करता बच्चा। मेरा मित्र अंशु अपनी तब की कथा सुनाता है जब वह अपने बच्चे के साथ एक हवाई यात्रा पर था जिसका कि – शिष्ट शब्दों में कहूं तो उसका – पेट गड़बड़ हो गया। उनकी यह हवाई यात्रा बहुत ही आसान हो गई होती अगर वे पति-पत्नी अपने साथ बेबी-वाइप्स के कुछ और पैकेट ले आते। ''मुझे सोचना पड़ा कि उस पल जो कुछ हो रहा था, क्या मैं उसके साथ बना रहूं, खास तौर से तब, जब कि मेरे बेटे का बदबूदार डाइपर, मेरी साफ़-सुथरी जीन्स पर रिस रहा था। भले ही यह बात अजीब लगे लेकिन जो हो रहा था, उस पर कोई वश न चलने के कारण और अपने हास्य-बोध को बरकरार रखते हुए, मैं उस ख़ब्तीपन में भी मज़े लेता रहा! जो कुछ हो रहा था, उस पर मेरी पत्नी और मैं खूब हंस रहे थे।''

इस कहानी का दूसरा रूप क्या हो सकता है, उसकी कल्पना करना कोई मुश्किल काम नहीं है जो कुछ यूं होता, ''तुम सोच भी नहीं सकतीं कि उस उड़ान के दौरान मुझ पर क्या बीती होगी! समझो कि अपनी ज़िंदगी के वे नौ घंटे जैसे मैंने नरक में बिताए!''

जब कभी भी मैं पेरैंट्स को अपनी असल ज़िंदगी के सामने अपनी कल्पित आदर्श ज़िंदगी के लगाव को छोड़ देते हुए देखती हूं – उन हालात में भी जब कि वे भारी कठिनाई का सामना कर रहे हों, जैसे कि ऐसे बच्चे के साथ रहना जो कि गंभीर रूप से बीमार चल रहा हो – तो मैं उनके धीरज और सलीके को सलाम करती हूं। आप कह सकते हैं, ''उन पेरैंट्स के सामने कोई विकल्प भी तो नहीं है।'' ऐसा नहीं है, वे विकल्प को चुनते हैं, विकल्प तो हम सभी के सामने रहता है, हर पल रहता है। जो कुछ मेरे सामने है, उसके प्रति क्या मैं प्रतिरोध करूं और दुख व खिन्नता के साथ जियूं, या चीज़े जिस तरह हो रही हैं उनके साथ मैं अपने तन, मन व अंतःकरण का तारतम्य स्थापित करते हुए स्वयं को शांतिपूर्वक जीने दूं?

इन बातों में से किसी का भी यह मतलब बिल्कुल नहीं है कि जहां, जब और जो कुछ बदला जाना आवश्यक हो, उसमें हम टालमटोल करें; अकर्मण्य होकर ज़िंदगी को अपने ऊपर से गुज़रने देने की वकालत मैं नहीं कर रही हूं। लेकिन जैसा कि कहा जाता है, *जिस चीज़ की रोकथाम में आप लगे रहते हैं, वही चीज़ आपके दिलोदिमाग पर हावी हो जाती है*। हालांकि, अपना जीवन हम जैसा बनाना चाहते हैं उसका एक दृश्य-पटल (विज़न बोर्ड) सामने रखने या उसकी एक स्पष्ट तस्वीर रखने के बारे में काफ़ी कुछ कहा जा सकता है लेकिन आवश्यकता इस बात की है कि इस कल्पित आदर्श को हम दूर फेंक दें कि जो हो रहा है वह कैसा *होना चाहिए* ताकि हम अपने बच्चों के साथ जीवन का और हालात का आनंद ले सकें – वे जैसे भी हों।

जाने कहां गए वो दिन

बच्चों के होने से पहले का जीवन – जिसमें सप्ताह में पांच में से पांच दिन डांस-क्लास जाने और नियमित रूप से पेंटिंग-वर्कशॉप में जाने के अलावा बहुत कुछ शामिल हुआ करता था लेकिन आज शीला बच्चों की आवश्यकताओं के भंवर में फंस कर रह गई है। वह कहती है, ''मुझे लगता है कि जो चीज़ें मेरे दिल को सुकून दिया करती थीं, आज मैं उनसे कट कर रह गई हूं हालांकि मैं अपने बच्चों को दिल से प्यार करती हूं।''

अनीता और इब्राहिम की तरह ही वह भी पेरैंटहुड में 'जो होना चाहिए' का उल्लंघन करने के अपराध-भाव से व्यथित थी। ''जितना मैंने सोचा था यह तो उससे भी अधिक मुश्किल मामला है। मैं उन तमाम चीज़ों को जानती हूं जिन्हें मुझे महसूस करना *चाहिए,* – प्रेम, कृतज्ञता, आनंद – और कभी-कभी

मैं इन चीज़ों को महसूस भी करती हूं। लेकिन मेरे पति को अपने काम में काफ़ी समय देना पड़ता है और मैं डगमगाती चाल से चलते अपने डेढ़ साल के बच्चे और मुझ पर हुक्म चलाते चार साल के बच्चे के बीच अकेली रह जाती हूं। मुझे लगता है जैसे मेरे अंदर कुछ मर रहा है। मैंने पाया है कि मैं अक्सर अपने फेसबुक पेज को खोल कर बैठ जाती हूं – बस यह देखने के लिए कि मेरी मित्र मंडली कहां तक पहुंच गई है, और इस तरह बाहर की दुनिया से जुड़े रहने की कोशिश करती रहती हूं ताकि लगे कि पॉटी की कवायद और बार्नें (अमेरिका में 1 से 8 साल तक के बच्चों के लिए दिखाया जाने चाला एक प्रसिद्ध टीवी शो है) *से आगे जहां और भी हैं*। मैं बुरी तरह हैरान हो जाती हूं कि मैं क्या करूं, क्या न करूं, जब मैं बच्चों के साथ होती हूं तो भावनात्मक रूप से खुद को कैसे हटाऊं: *इधर आओ, उधर मत जाओ*।''

हालांकि हम दोनों ने उन चीज़ों के लिए समय निकालने के महत्व पर बात की जिन्हें वह दिलोजान से करना चाहती है लेकिन यह बात साफ़ दीख रही थी कि केवल कुछ डांस-क्लासेज़ में चले जाने से ही उसके दिल में दिन-प्रतिदिन की मांगों के प्रति उठने वाला प्रतिरोध कम होने वाला नहीं था। मुझे लगा कि अपने वर्तमान जीवन में शांति लाने के लिए आवश्यक है कि जो कुछ उसे छोड़ना पड़ा है उसके लिए वह दुख महसूस करे। ऐसा किए बिना वह न इधर की रहेगी और न उधर की – न तो वह बच्चे होने से पहले वाली ज़िंदगी में रह पा रही थी और न ही इस ज़िंदगी को पूरा ध्यान दे पा रही थी जो कि अब उसके सामने है, जिसमें वह जी रही है। पेरैंटिंग में इस तरह आंशिक रूप से *प्रेज़ैंट* रहने से बच्चों का लालन-पालन चुनौतियों का रूप ले लेता है; बच्चे जब यह भांप लेते हैं कि हम उन्हें आधी-अधूरी तवज्जो ही दे रहे हैं, तो वे हमें अपने पास बुला लेने के लिए हर वह तमाशा करते हैं जो कि वे कर सकते हैं, जैसे चिढ़चिढ़ापन, तोड़-फोड़, कहना न मानना।

पेरैंटिंग में इस तरह आंशिक रूप से प्रेज़ैंट रहने से बच्चों का लालन-पालन चुनौतियों का रूप ले लेता है; बच्चे जब यह भांप लेते हैं कि हम उन्हें आधी-अधूरी तवज्जो ही दे रहे हैं, तो वे हमें अपने पास बुला लेने के लिए हर वह तमाशा करते हैं जो कि वे कर सकते हैं, जैसे चिढ़चिढ़ापन, तोड़-फोड़, कहना न मानना।

मैंने शीला से कहा, ''बच्चों के साथ वाली ज़िंदगी की अपनी शिकायत का निराकरण करने का एकमात्र उपाय यह है कि तुम इसका दुख मनाओ। लेकिन इसके लिए तुम्हें अपनी भावनाओं *की ओर* मुड़ना होगा – भले ही तुम्हारा सहज स्वभाव यह हो कि तुम उससे दूर रहना चाहती हो।'' मैंने उसे शांत बैठने और अपने प्रतिरोध के नीचे छिपी उन भावनाओं के साथ अपने तार मिलाने को कहा।

उसने कहा, "मुझे गुस्सा आ रहा है और मैं खुद को किसी जाल में फंसा महसूस कर रही हूं जैसे कि मैं कहीं बंद हो गई हूं और मेरा दम घुट रहा है – और फिर मैं इस तरह महसूस करने के लिए शर्मिन्दा महसूस करती हूं। मैं बच्चे चाहती थी। यह बच्चों की ग़लती नहीं है कि उनकी कुछ जरूरतें हैं या कि वे मुझे वैसा जोश-ख़रोश नहीं दे पाते हैं जैसा कि मुझे बाहरी दुनिया में मिलता है।"

मैंने उससे कहा कि वह जो कुछ भी महसूस कर रही है उसके साथ वह बनी रहे – बिना यह सोच-विचार किए कि उसके दिमाग में क्या चल रहा है। "शीला, इस अनुभूति से तुम्हें क्या याद आ रहा है? कहीं फंस जाने या या बंद हो जाने की यह अनुभूति किस चीज़ से मिलती-जुलती लग रही है?"

कुछ मिनट वह चुप रही और फिर बोली, "मैं इस अनुभूति को, इस एहसास को पहचानती हूं। यह उस बच्चे जैसी है जो केवल डांस करना और कल्पना में खो जाना चाहता था लेकिन मुझे वह सब नहीं करने दिया गया था। हमारे परिवार में डांस-क्लास जाना तो संभव ही नहीं था और स्कूल-वर्क तो जैसे द्रोपदी का चीर हो गया था, कभी ख़त्म होने का नाम ही नहीं लेता था, चूंकि मैं एक कल्पनाशील दिमाग़ वाली लड़की थी इसलिए मुझे उन उबाऊ कामों को करना अच्छा नही लगता था। इसलिए मैं ...खुद को किसी फंदे में फंसी हुई महसूस किया करती थी।"

इस बात को अपने भीतर खोजते हुए शीला के सामने वह पर्दा खुल गया जिसके पीछे ऐसे माता-पिता द्वारा पाले जाने का गहरा दुख छिपा हुआ था जो उसे घेर कर इस तरह बदलने की इस कोशिश में लगे रहे थे कि वह जो कुछ थी, उससे कुछ और बने। हालांकि इसके पीछे उसके माता-पिता की सदाशयता ही रही होगी। अमेरिका में आई प्रथम प्रवासी पीढ़ी के तौर पर, उन्होंने एक ऐसे देश में अपने बच्चों को पालने के लिए अनगिनत तकलीफ़ें उठाई थीं जो कि शिक्षा तथा आर्थिक सफलता के ऐसे अवसर प्रदान कर रहा था जिनका वे सपना ही देख सकते थे। लेकिन शीला एक बहुत अच्छे दिमाग़ वाली सर्जनात्मक बच्ची थी जिसका जुनून था कि वह अपने आप को भाव-भंगिमाओं और कला के माध्यम से अभिव्यक्त करे। सभी बच्चों की तरह ही, उसकी सबसे बड़ी ज़रूरतों में से एक थी कि वह जैसी है वैसी ही लोकप्रिय हो, लोग उसे चाहें, उसे प्यार दें। उसे यह जानने ज़रूरत थी कि वह उनके लिए एक खुशी थी – यानी कि जैसी वह है वैसी ही अच्छी है। मैंने उसे बताया, "छोटे बच्चों को यह महसूस करना बहुत तकलीफ़देह होता है कि वे उन लोगों के लिए एक निराशा का सबब बन गए है जिन्हें वे प्यार

करते हैं। यह कुछ ऐसा ही है जैसे उनसे कहा जाए कि उनके सात नंबर के पैर में कोई गड़बड़ है क्योंकि कि वे उन छः नंबर के जूते में फिट नहीं आ रहे हैं जिन्हें वे आपको पहनाना चाहते हैं।

''यह घाव – अपने विशिष्ट गुणों और रुचियों को अभिव्यक्त करने के लिए स्वतंत्र होने की यह चाहत – हो सकता है कि यही अब अपने बच्चों के साथ महसूस की जा रही तुम्हारी खिन्नता की आग में घी का काम कर रही हो क्योंकि दिन-प्रतिदिन उनकी देखभाल करने के चक्कर में तुम्हें अपनी रुचियों का गला घोटना पड़ रहा है। यह बात समझ में आने वाली है कि तुम ऐसे में कुढ़न महसूस करोगी ही। दरअसल यह एक बड़ी क्षति है – यानी जो चीज़ें तुम्हें आह्लाद और आनंद दिया करती थीं, जीवंतता का एहसास दिया करती थीं, उन्हें दुनियादारी वाले इस पेरैंटिंग के काम के कारण तुम्हें अलविदा कहना पड़ा है।''

शीला के साथ बिताए अगले कुछ हफ़्तों के सेशन में उसकी यह मदद करने पर मेरा ध्यान इस बात पर केंद्रित रहा कि बचपन के दौरान जो वह नहीं थी उसे वैसा बनाए जाने के लिए डाले गए दबाव से उपजी अपनी अनसुलझी भावनाओं में वह गहराई तक उतरे। मैंने उसे प्रेरित किया कि वह अपनी भावनाओं को कबूल करे और उन्हें जगह दे, उनके साथ होने वाले शारीरिक संवेदों के साथ बस वह बनी रहे – जैसे भारीपन, दबाव, संकुचन, कंपकंपी – न तो उनसे बाहर निकलने की कोशिश करे और न ही उन अनुभूतियों के बारे में कोई मानसिक विवरण बनाए।

जैसे-जैसे शीला अपने दुख से साक्षात्कार करते समय उसके साथ शांत भाव से उपस्थित रहने लगी, उसकी पीड़ाप्रद भावनाओं की प्रबलता कम होती गई। उसे बहुत आश्चर्य हो रहा था कि अपने प्रतिरोध और आक्रोश के नीचे दफ़न की गई भावनाओं को अनुभव करने मात्र से वह एक बहुत रहमदिल और स्नेहिल स्थान की ओर जाने लगी थी – यानी खुद के और अपने बच्चों की ओर। जैसे-जैसे यह रूपांतरण होता गया, शीला सौम्य होती गई, दरअसल उसका पूरा आचार-व्यवहार ही नरम होता चला गया।

कुछ सप्ताह बाद, शीला ने मुझसे अपने मन की बात कही, ''मैं बिल्कुल नहीं जानती कि यह सब कैसे हुआ लेकिन इतना अवश्य है कि मैं अब खुद को अपने बच्चों के साथ बहुत सहनशील और धैर्यवान होता देख रही हूं – छोटे-छोटे पलों में और भी अधिक आनंदित हो रही हूं। इस बात में अब मेरी दिलचस्पी नहीं रह गई है कि मैं अपने फ़ोन के स्विच को बार-बार ऑन करूं और यह देखूं यह जानूं कि 'असली दुनिया' में क्या हो रहा है। बच्चे जो कर

रहे हैं उसमें मेरा मन अधिक लगने लगा है। कमाल है कि अपनी प्रतिरोध भावना से रूबरू होना ही मुझे उससे मुक्त कर रहा है!''

क्रोध ही जब क्रोध की बेड़ियां खोल देता है

कई बार मुझे अचंभा हुआ है कि कितनी जल्दी मेरी किसी क्लायंट की दबी हुई और अनसुलझी भावनाएं तब ऊपर सतह पर आ जाती हैं जब वह उनको देखने के लिए तैयार हो जाती है। रीटा पांच साल की बेटी और अठारह महीने के बेटे की मां थी। अपने आपको एक सौम्य स्वभाव वाली बताते हुए उसने मेरे साथ एक फ़ोन-सैशन करना तय किया क्योंकि जब उसकी बेटी उसे अपना गुस्सा दिखाती थी तो रीटा आगबबूला हो जाया करती थी। ''जब मैं बच्ची थी तब मुझे गुस्सा करने की इजाज़त ही नहीं थी। मैं चाहती तो हूं कि मेरी बेटी यह जाने कि वह अपना क्षोभ प्रकट कर सकती है, लेकिन जब करती है तो मुझे बेहद गुस्सा आ जाता है।''

मैंने उससे पूछा कि जब वह गुस्से से पागल हो रही होती है तब उसके मन के किसी कोने में यह भाव तो नहीं होता है कि उसकी बेटी किसी नियम को तोड़ रही है – *बच्चों को गुस्सा नहीं करना चाहिए*। उसने स्वीकार किया कि ऐसा ही है। जब मैंने यह बात रखी कि उसके मन में यह भावना तो नहीं पल रही है कि उसे तो अपना क्षोभ दबाना पड़ता था लेकिन उसकी बेटी को उसे प्रकट करने की छूट मिल हुई है, उसने इस पर भी सहमति जताई। यह पहचानना कोई मुश्किल काम नहीं था कि वह दोहरे मानदंड का सामना कर रही थी। जिन अप्रिय भावनाओं को उसे खुद तो दबाना पड़ता था लेकिन उन्हीं को उसकी बेटी शौक से अपना रही हो तो कोई बात नहीं।

मैंने उसे सुझाव दिया कि वह अपने गुस्से के साथ बस बैठे, उस पर सही या ग़लत का कोई ठप्पा लगाए बिना बस उसके साथ रहे। ''उसे तुम अपने शरीर में कहां महसूस कर रही हो? वह क्या अनुभूति है जो तुम्हें हो रही है, मुझे बताओ।''

''यह तो एक दहशत जैसी है। इसे मैं अपने पेट में महसूस कर रही हूं, और मेरे पैर जैसे चलना चाह रहे हैं – जैसे मैं चाह रही हूं कि सब कुछ फुर्ती से हो। जैसे मैं पलायन करना चाह रही हूं।'' उसने यह भी बताया कि वह अपने चेहरे पर कुछ कसाव सा महसूस कर रही है जैसे वह किसी चीज़ पर सघन रूप से ध्यान केंद्रित कर रही हो – कुछ करने की कोशिश कर रही हो।

''इसका विश्लेषण करने के चक्कर में मत पड़ो। जो कुछ हो रहा है उसके साथ बस बनी रहो और देखो कि क्या इसके अलावा भी कोई और भावना आ रही है जैसे उदासी, दुख, या डर, या लालसा।'' ज्यों ही मैंने यह कहा त्यों ही वह बोल उठी, ''हां, उदासी, दुख। और लालसा...।'' फिर वह सुबकने लगी; जिस दुख को महसूस करने के लिए उसे उकसाया गया था उसकी गहराई मैं देख पा रही थी।

मैं ख़ामोश रही, उसे यह जताते हुए कि कहीं-कहीं एक-दो शब्द बोलने के लिए ही मैं उसके साथ हूं लेकिन उसकी अपनी इस प्रक्रिया में कोई हस्तक्षेप करने की कोई कोशिश नहीं कर रही हूं।

उसने उस लालसा को एक ब्लैक-होल की तरह बताया। ''मैं जानती हूं कि वह वहां है लेकिन वह इतनी विशाल है कि मैं उस तक नहीं पहुंच सकती क्योंकि मेरे पास वह कुछ हो ही नहीं सकता जो वह चाहती है।'' उसने मुझे बताया कि जब वह बच्ची थी तो किसी चीज़ को चाहने की या उसके लिए रोने-धोने की उसे इज़ाजत नहीं थी। और उसके माता-पिता व भाई भले ही अक्सर अपना क्रोध-आक्रोश अभिव्यक्त करते रहते हों लेकिन उसे ऐसा करना मना था। मेरे नितंबों पर ज़ोर से थप्पड़ जड़ दिए जाते थे और मुझे अपने कमरे में जाने के आदेश के साथ यह कह दिया जाता था कि जब तक मैं फिर से 'अच्छी' बच्ची न बन जाऊं तब तक बाहर न निकलूं। गुस्से से गरम लेकिन खुद को नरम करने की कोशिश करती हुई मैं जितनी देर तक वहां रह सकती थी, रहती थी। मैं एक लड़की थी और लड़कियों से अपेक्षा की जाती है कि वे शांत रहें, अनुकूल बनें, और कोई बखेड़ा खड़ा न करें।''

''रीटा, तुमने इस दुख के साथ जीने और इसे जगह देने में कमाल की हिम्मत की है। इतना बहादुर बनने के लिए धन्यवाद।'' जब उसका रोना-सुबकना शांत हो गया तब उसने मुझे बताया कि वह शायद ही कभी रोती हो। मुझे लगता है कि वह इस बात पर चकित थी कि जब उसने उन पुरानी भावनाओं को जगह दी तो वे कितनी जल्दी ऊपर सतह पर आ गई थीं।

बाद में होने वाली बातचीत में मैंने उसे खुल कर बताया कि उन भावनाओं को अनुभूत होने देने का लाभ केवल उसे ही नही होगा बल्कि उसकी बेटी को भी होगा। ''क्रोध अपने अंतर्मन को लगी हुई ठेस को बाहर दर्शाने का माध्यम ही तो होता है। संभव है कि जैसे-जैसे तुम अपने दुख को बाहर निकलने दोगी वैसे-वैसे तुम देखोगी कि तुम अपनी बेटी पर गुस्सा कम करती जा रही हो।''

मैंने उसे यह भी बताया कि इस रास्ते पर चलने से यह भी फ़ायदा होगा कि जब कभी उसकी बेटी दुखी या खिन्न होगी तो बजाय इसके कि वह गुस्से

में भड़के, वह उसे उसके दुख में प्रवेश करने, उसे देखने में सहायता करने करने का काम बेहतर ढंग से कर सकेगी।

अगली बार जब हम मिले तो रीटा ने बताया कि उस एक कदम से एक नया ही संसार उसके सामने खुल गया है। उसने कहा कि उसे इस बात का अनुमान ही नहीं था कि वह कभी कम प्रतिक्रिया करने वाली भी हो सकती है। ''मेरे पति ने भी मेरे स्वर में आई सौम्यता को महसूस किया है।'' लेकिन अपनी बेटी से 'नहीं' कहना अभी भी एक मुश्किल काम था और वह अभी भी तब उखड़ जाती थी जब उसकी बेटी अवज्ञापूर्वक उसे उल्टा जवाब देती थी। हमने इस बारे में बात की कि अपनी बात को दृढ़तापूर्वक कहने में डर कहां से आ रहा है। मैंने उससे कहा कि वह 'नहीं' को कभी-कभी थोड़ा ऊंची आवाज़ में बोला करे – यानी एक अनुरोध की तरह नहीं बल्कि एक उद्घोष की तरह।

''मुझे लग रहा है जैसे मेरे पेट में एक बड़ा सा गुब्बार या बल आ गया है लेकिन मैं उसे बाहर नहीं निकाल पा रही हूं। यह ऐसा है जैसे मैं उस एहसास में घुट रही हूं।'' मैंने उसके साथ कोई जल्दबाज़ी नहीं की। उसने रोना शुरू कर दिया। और फिर मैंने उसे कहते सुना, ''नहीं!'' यह आजमाईश करने जैसा काम था लेकिन दमदार था। किंतु इसके पीछे-पीछे आंसुओं की धार बह चली थी। चूंकि सेसिलिया की "ना" थोड़ी बलवती हो गई थी, वह फूट-फूट कर रोने लगी थी।

उस सेशन के अंत में, वह बहुत हल्का महसूस कर रही थी। इस बात पर हम दोनों हंस पड़ी थीं कि कितनी अच्छी बात है कि उसके पास एक तुनकमिजाज़ बेटी है। मैंने कहा, ''रीटा, अजीब बात है न कि कुदरत कैसे काम करती है? उसने तुम्हें एक दब्बू और शांत-सौम्य बच्चा नहीं दिया बल्कि एक ऐसा मज़बूत बच्चा दिया है जो कह सके, 'मैं कुछ ऐसा करूंगी मम्मी कि तुम अपना हक़ पाने के लिए खुद ही खड़ी हो जाओगी!' ताकि तुम अपनी उन पुरानी भावनाओं को धोकर बाहर निकल सको जिन्हें बाहर निकाले जाने की आवश्यकता है और यह जान सको कि उन्हें प्रकट करना कोई बुरी बात नहीं है।''

जैसा कि हम चर्चा कर चुके हैं, हमारे बच्चे अक्सर हमारे अंदर ग़ज़ब का सुधार करने वाली प्रेरणा के स्रोत बन जाते हैं, बशर्ते हम उनके साथ होने वाले मुश्किल एहसासों को और अपनी पुरानी भावनाओं

हमारे बच्चे अक्सर हमारे अंदर ग़ज़ब का सुधार करने वाली प्रेरणा के स्रोत बन जाते हैं, बशर्ते हम उनके साथ होने वाले मुश्किल एहसासों को और अपनी पुरानी भावनाओं को ऊपर आकर सांस लेने के अवसर का रूप दे दें।

को ऊपर आकर सांस लेने के अवसर का रूप दे दें। यही बात रीटा वाले मामले में हुई जिसमें उसके अपने अतीत के पीड़ाप्रद घावों को ठीक करने की उसकी साहसपूर्ण इच्छा ने मुझे प्रेरित कर दिया था।

पिछले दोनों उदाहरणों में, दोनों ही महिलाएं अपने पेरैंटिंग जीवन में ''जो है'' के प्रति प्रतिरोध का भाव रख रही थीं और अपने बचपन से चली आ रही अधूरी इच्छाओं से बुरी तरह प्रभावित थीं। मैंने देखा है कि यदि हम यह महसूस करते हैं कि अपने वर्तमान जीवन में हम बहुत अधिक भावनात्मक प्रतिक्रिया कर रहे हैं, तब इसके कारणों के सिरों को ढूंढने के लिए हमारा अतीत में जाना अच्छा रहता है। लेकिन मैं बिल्कुल इस बात का समर्थन नहीं कर रही हूं कि अपने सभी दुखों और दुर्भाग्यों का दोष अपने माता-पिता के मत्थे मढ़ दिया जाए या कि हम अपने वर्तमान कष्ट के कारकों के प्रभाव को अनदेखा कर दें। दाम्पत्य जीवन में तनाव, कारोबार संबंधी कठिनाइयां, आर्थिक समस्याएं और हारमोंस का असुंतलन भी हमारे उन प्रतिरोधों को बढ़ावा दे सकते हैं जो कि हम अपने बच्चों या अपने जीवन के प्रति महसूस किया करते हैं।

खुद को 'फ़ील गुड' महसूस कराने के लिए अपने बच्चों पर भरोसा करना

अपने बच्चों के बारे में *जो है*, के प्रति हमारा प्रतिरोध तब भी प्रकट हो जाया करता है जब हम उन्हें अपने स्वाभिमान का सेवक मान बैठते हैं — यह एक ऐसा तौर-तरीका है जिसके द्वारा हम स्वयं के बारे में बड़ा अच्छा महसूस करते हैं। हम तब अपने बेटे की तारीफ़ के पुल बांध देते हैं जब वह बिना गिरे अपना खेल दिखा कर खड़ा हो जाता है क्योंकि तब दर्शकदीर्घा में बैठे अन्य पेरैंट्स के चेहरों पर आने वाले प्रशंसा के भाव से हम फूले नहीं समाते हैं। तब हम अपनी बेटी को निहारते नहीं थकते जब वह पार्टी में आए मेहमानों के साथ व्यवहार करने में विनम्रता की मूर्ति बनी हुई होती है और हमारे अहं को तब बड़ी अच्छी खुराक मिल जाती है जब वे कहते हैं कि वह बड़ी ही तमीज़दार बच्ची है। इस बात में कोई बुराई नहीं है कि हमारे बच्चों के गुण और सद्व्यवहार को दूसरे लोग पहचानें और प्रशंसा करें, यह अच्छा लगता है। लेकिन बच्चों के मन के तार हमारी भावनाओं के साथ घनिष्ठता से जुड़े होते हैं; वे हमारी शाबाशी चाहते हैं और इस खेल को जीतने के गुर भी वे जानते हैं। लेकिन जब हम चाहते हैं कि वे किसी ख़ास तरह का बनें ताकि

हमें 'फ़ील गुड' करा सकें तो दरअसल हम उन्हें एक तरह से चोट पहुंचा रहे होते हैं क्योंकि तब लगता है कि उन्हें प्यार करने तथा उन्हें स्वीकार करने की शर्तें हम उनके सामने रख रहे हैं।

अपने बच्चों के बारे में *जो है* को स्वीकार करना उन्हें अपनी ही विलक्षण सामर्थ्य वाला, अपनी ही विलक्षण चुनौतियों वाला एक अलग व्यक्तित्व की तरह पहचानने जाने में मदद करता है। ऐसा करना उनसे हमारी असुरक्षा की भरपाई करने का आग्रह नहीं करता है। यह उन्हें हमारी भावनाओं के लिए जिम्मेदार नहीं ठहराता है। यह हमें उनकी कमियों व ख़ामियों सहित उन्हें स्वीकार करने देता है – बिना इस डर के कि कहीं हम उन लोगों की नज़र में कमतर न हो जाएं जिनके बारे में हमारा मानना है कि वे हमारे बच्चों की उपलब्धियों के आधार पर ही हमारा मूल्यांकन कर रहे हैं। यह सब हमें अपने अहं द्वारा हांके जाने से बचा लेता है ताकि हमारे बच्चे जैसे भी हैं उनका हम लालन-पालन कर सकें – उनके साथ बने रहते हुए, उनके साथ *प्रेज़ेंट* रहते हुए।

अपने बच्चों के बारे में "जो है" को स्वीकार करना उन्हें अपनी ही विलक्षण सामर्थ्य वाला, अपनी ही विलक्षण चुनौतियों वाला एक अलग व्यक्तित्व की तरह पहचानने जाने में मदद करता है। ऐसा करना उनसे हमारी असुरक्षा की भरपाई करने का आग्रह नहीं करता है। यह उन्हें हमारी भावनाओं के लिए जिम्मेदार नहीं ठहराता है।

दोषपूर्ण स्वीकृति – खुद को रोकने का एक तरीका

"जो है" को स्वीकार करना हमें बच्चों की उन चुनौतियों को छिपाने के बजाय उनका सामना करने का भी अवसर देता है जिनसे कि हमारे बच्चे जूझ रहे होते हैं। लिली, पंद्रह वर्षीय लक्की की मां थी। वह जानती थी कि स्कूल में उसके बेटे के अंक गिरते जा रहे हैं लेकिन उसने इसका दोष नौवी कक्षा पर ही मढ़ दिया कि यह तो मिडिल स्कूल के मुकाबले बहुत कठिन होती ही है। लक्की जब किसी पार्टी से शराब पीकर आया तो उसने लीला ने उसे लैक्चर दिया लेकिन उसके इस वादे पर यकीन भी कर लिया कि शराब पीने का उसका यह पहला और आख़िरी मौका है। ''माँ, मुझे दारू बिल्कुल भी अच्छी नहीं लगी।''

जब उसके दोस्त, लीला से नज़रें मिलाए बिना, चोरी-छुपे सीधे लक्की के कमरे में जाते दिखाई दिए तो उसने इसे टीनेज लड़कों का अटपटा व्यवहार मानते हुए नज़रअंदाज़ कर दिया। और जब उसने बेटे के कमरे में गांजे की

गंध होने का मुद्दा उठाया तो उसने बेटे की इस बात पर विश्वास कर लिया कि उसने तो गांजे को तो कभी हाथ तक नहीं लगाया है और वह गंध शायद उस ख़ास तरह की धूप बत्ती की थी जो कि उसने कमरे में जलाई हुई थी। लक्की की दो टीचर्स ने लीला को मेल करते हुए बताया कि लक्की उनकी कक्षाओं में पहले सिमिस्टर में फ़ेल होने के कगार पर है। लीला ने उसे पढ़ाई में अधिक मेहनत करने के लिए लेक्चर दे डाला, लेकिन कुछ नहीं बदला। जब बेटे ने छुट्टी के दिनों में दोपहर तक सोते रहना शुरू कर दिया तो लीला ने खुद को यह कह कर दिलासा दे ली कि इस उम्र में तो ऐसा होता ही है। दूसरे शब्दों में कहें तो उसने अपने बेटे के बारे में *जो है* को मानने से रोका – यह मानने से इंकार करते हुए कि वह अवसाद या पढ़ाई में पिछड़ने जैसी किसी ऐसी भारी समस्या की तरफ़ डगमगाते क़दमों से बढ़ रहा है जिस पर ध्यान दिए जाने की आवश्यकता है।

लीला कोई ख़राब या लापरवाह मां नहीं थी। वह अपने बेटे की बहुत अच्छी तरह देखभाल करती थी और चाहती थी कि वह एक अच्छा जीवन बिताए। लेकिन उसने वास्तविकता के साथ संगत बिठाने से परहेज़ किया और उसे एक अल्हड़ और लापरवाह छोटे बच्चे की तरह देखना पसंद किया जैसा कि वह कभी था। लक्की के बारे में *जो है* से खुद को रोकना एक ऐसे रूप में प्रकट हुआ जिसे एक्हार्ट टॉल्ल ने *दोषपूर्ण स्वीकृति* का नाम दिया है। इस बात पर विचार न करते हुए कि लक्की का आचरण ऐसे मुद्दों की ओर संकेत कर रहा है जिन पर ध्यान दिए जाने की आवश्यकता है, उसने अपने बेटे के मुंह से कहे गए बयानों पर विश्वास कर लिया कि शराब तो उसे पसंद ही नहीं है कि वह तो गांजे को छूता भी नहीं है और स्कूल में घटते हुए अंक तथा दोपहर तक सोते रहना तो टीन-एज के लिए सामान्य सी बातें हैं। प्रकटतः, स्वीकृति जैसी लगने वाली यह बात दरअसल प्रतिरोध का ही एक निष्क्रिय स्वरूप है या यह अपने बेटे के आचरण की वास्तविकता से मुंह फेर लेना है – यानी यह वास्तविकता की दोषपूर्ण स्वीकृति है।

प्रकटतः, स्वीकृति जैसी लगने वाली यह बात दरअसल प्रतिरोध का ही एक निष्क्रिय स्वरूप है, या यह अपने बेटे के आचरण की वास्तविकता से मुंह फेर लेना है – यानी यह वास्तविकता की दोषपूर्ण स्वीकृति है।

लक्की जब दो विषयों में फ़ेल हो गया तब लीला को होश आया और वह मेरे पास आई। हमने पाया कि वह सचमुच अवसाद से जूझ रहा था और उसका कारण थे उसकी सामाजिक समस्याएं, अपने माता-पिता के तलाक की दीर्घकाल से दबी हुई भावनाएं और उसकी गणित संबंधी सूझबूझ में आए

उल्लेखनीय अंतराल जिन्होंने कि उसे इस असमंजस में ला खड़ा कर दिया था कि वह काम कैसे करे। वह शराब, गांजा और नींद द्वारा खुद को इन समस्याओं से दूर करने की कोशिश कर रहा था। लीला यह देख कर स्तब्ध रह गई थी कि उसका बेटा भावनात्मक रूप से कैसे भंवर में फंसा हुआ था; लेकिन उसने इस बात को अन्यथा देखने का नज़रिया चुना था। उसका बेटा सचमुच ही यदि किसी उलझन में फंस गया था तो उसे उसके अपराध भाव और पराजित भाव का सामना करना चाहिए था।

जितना कर सकते हैं उससे अधिक करने की कोशिश करना

जीवन जैसा भी है उसे उसी रूप में स्वागत करने के लिए हमें कुछ ऐसे प्रतिरोधों में से गुज़रना पड़ता है जो शायद हमें असहज लगें या असंभव भी। हर माता-पिता की अपनी अलग कहानी है कि पेरैंटिंग की वास्तविकताओं से सामंजस्य स्थापित करने के लिए वे किस हद तक गए। मेरी कहानी उस दिन से शुरू हुई जिस दिन मुझे प्रसव पीड़ा शुरू हुई।

वैसे तो मैं हौसले वाली हूं और सूझ-बूझ वाली भी लेकिन कुछ मामलों में मैं कभी-कभी ढुलमुल और कमज़ोर भी पड़ जाती हूं। उदाहरण के लिए, बात जब व्यायाम की आती है तो मैं उसके लिए खुद को आगे नहीं धकेल पाती हूं। अगर कभी मैं अपने बहानों को और टालमटोल की आदत को झटक देने में कामयाब हो भी जाती हूं तब मैं आराम-आराम से थोड़ी साइकिल चला लेती हूं या ट्रैडमिल पर थोड़ी चहलकदमी कर लेती हूं। सच तो यह है कि मैंने अपनी पूरी शारीरिक क्षमता के मुताबिक खुद को कभी व्यायाम की ओर धकेला ही नहीं।

तो, जब मेरी प्रसव पीड़ा शुरू हुई उसके बाद जल्दी ही, शायद चौथे या पांचवे संकुचन के बाद ही, मेरी यह राय एकदम बदल गई कि बच्चा तो होना ही चाहिए। हालांकि इस पूरे मामले में मैं बहुत उत्साहित रही थी, लेकिन परेशानी जैसे-जैसे गंभीर होती गई मैंने तय करती गई कि यह सब मेरे बस का नहीं है!

सत्ताइस घंटे बाद (इस दौरान इतना अधिक ज़ोर लगाना पड़ा था कि मेरी आंखों की नसें फट गईं थीं और उनके चारों ओर काले घेरे बन गए) मेरा साढ़े नौ पौण्ड का शिशु पैदा हुआ। जिस काम के लिए मैं खुद को सक्षम मान रही थी उसमें मैं ढेर होते-होते बची थी लेकिन मैं एक बहादुर मां थी

जो कि अपने बच्चे को बचाने की सुरक्षा के लिए कुछ भी करने को तत्पर थी क्योंकि अब मेरा दिल पूरी तरह बच्चे के हाथ में था।

यही वह बात है जो पेरैंटिंग की ख़ास है। यह हमें किसी भी हद तक ले जाती है, प्रतिरोधों के बीच में से गुज़रती है और फिर हमारे अंदर के उन स्रोतों से शक्ति ले लेती है जिन्हें हम जानते भी नहीं हैं कि वे हम में हैं। हालांकि हर माता और हर पिता उन चुनौतियों का सामना करता है जिनका सामना करने का उन्होंने शायद कभी सोचा भी नहीं होगा लेकिन फिर भी माता-पिता अक्सर यही कहते हैं कि वे ऐसा कैप्टेन *नहीं बन सकते* जो जानता हो कि तूफ़ान में जहाज को कैसे चलाया जाता है। एक बार जब गड़बड़ हो जाती है तो फिर वे बच्चे के उस आक्रोश से ठीक तरह निपटने की अपनी योग्यता पर अपना विश्वास खो देते हैं जो कि तलाक के कारण उभरा हो या यह पता लगने पर पैदा हुई समस्याओं का सामना करने पर उभरा हो कि उनका टीनेज बच्चा शराब की लत का शिकार हो गया है। इसलिए वे दूसरा रास्ता अपनाते हैं।

यही वह बात है जो पेरैंटिंग की ख़ास है; यह हमें किसी भी हद तक ले जाती है, प्रतिरोधों के बीच में से गुज़रती है और फिर हमारे अंदर के उन स्रोतों से शक्ति ले लेती है जिन्हें हम जानते भी नहीं हैं कि वे हम में हैं।

लेकिन ऐसा चुनौती वाले पलों में ही होता है कि हम प्रतिरोध में से भी गुज़रें और प्रेज़ैंट रह कर की जाने वाली पेरैंटिंग के प्रति अपने समर्पण भाव को सबल भी करें। याद रखिए कि मांसपेशियों के तंतुओं की बलि चढ़ाये बिना – यानी उन्हें फटने देने बिना – मांसपेशियां के पट्ठे नहीं बन पाते हैं – इसे हापरट्रॉफ़ी यानी अतिपोषण कहा जाता है। ये माइक्रोटीयर्स, यानी फटने वाले बारीक-बारीक तंतु ही हैं जो मांसपेशी के आकार व आयतन का निर्माण करते हैं। जब-जब हमारा बच्चा हमें कुछ ऐसा सुनाता है जो कि हमें आशंका या भय से भर देने वाला हो लेकिन हम कोई प्रतिक्रिया किए बिना उसे सुनते हैं और उसे यह बताते हैं कि उसे सच्चाई को हमसे कभी नहीं छिपाना चाहिए – तो ऐसे हर मौके पर हम खुद को अवश्य ही विकसित कर रहे होते हैं। हमें यह भी जान जाते हैं कि जब वह कुछ ऐसी बात कहे जो कि हमें ठेस पहुंचाती हो तो भी अपनी हैरानी-परेशानी के कारण बिखर जाने के बजाय हम बुद्धिमानीपूर्वक उसका जवाब दे सकते हैं।

ये ऐसे पल होते हैं जो हमें न केवल पेरैंट के रूप में बल्कि व्यक्ति के रूप में भी निखारते व तराशते रहते हैं। काल्पनिक आदर्श को अपने मन से निकाल बाहर कर देने से, वास्तविकता का साहसपूर्वक सामना करने से,

अपनी भावनाओं और एहसासों को महसूस करने से और इस तरह के किस्सों को अस्वीकार कर देने से कि दूर के ढोल सुहावने होते हैं – यानी हमारे घर के अलावा हर कहीं बच्चे अधिक शांत और वश में रहने वाले होते हैं; ऐसी खयाली बातों को नकार देने से हम अपने इस जीवन को पूरी तरह देख सकते हैं, उसे जी सकते हैं – उन्हीं बच्चों के साथ जो कि ऊपर वाले ने हमें सौंपे हैं।

अब आपकी बारी है

कुछ देर के लिए शांत होकर बैठिए और उन भावनाओं और एहसासों पर ध्यान केंद्रित कीजिए जो आप तब महसूस करते हैं जब आपका बच्चा कुछ ऐसा व्यवहार करता है जो आपको आहत कर देने वाला होता है। शायद आपकी बेटी मुंहफट हो, या आपके द्वारा बहुत कुछ किए जाने पर भी आपका बेटा प्रशंसा के दो शब्द भी कभी न कहता हो, और इस सब में आपको क्रुद्ध प्रतिक्रिया करने के बजाय समझ-बूझ कर जवाब देना मुश्किल हो जाता हो।

इस क्रोध के साथ बैठें, गहरी और नियमित सांस लें। क्रोध का विश्लेषण करने या इसके विषय में खुद से बात करने की कोशिश न करें, वह जैसा है उसे वैसा ही रहने दें, न कम करें न ज़्यादा। अपनी भावनाओं को बस चलने दें, उन्हें सही या ग़लत, अच्छी या बुरी न ठहराएं।

आप देखेंगी कि जब आप क्रोध के *साथ* इस तरह शांत बैठी होंगी तो दूसरे भाव भी उभर कर कर आने लगेंगे, जैसे उदासी, निराशा, अकेलापन, ठेस, या महत्वहीनता अथवा कुछ न होने जैसा एहसास। अगर आपको इस तरह के अन्य भाव दिखाई दें तो उन्हें भी आप शांत भाव से स्वीकार करें – बिल्कुल उस तरह जैसे कोई ममतामयी मां अपने उस बच्चे को राहत और चैन देती है जिसे चोट लग गयी हो। इसमें जितना समय आपको आवश्यक लगे उतना लीजिए।

सभी भावनाओं और एहसासों को जगह देते हुए उनके साथ बने रहिए, प्रेज़ेंट रहिए। इससे, आपके बच्चे के विक्षोभकारी व्यवहार से जुड़ी आपकी आरंभिक उत्तेजना किसी ऐसे भाव में परिवर्तित हो सकती है जो उदासी या दुख के करीब हो। या आपको अपने बचपन की कोई पीड़ा याद आ सकती हैं। तब, आप देखेंगी कि जो आक्रोश आप अपने बच्चे प्रति महसूस कर रही हैं दरअसल उसके पलीते में आग तो ये अनबुझी चोटों की चिंगारियां लगा रही हैं। उभर कर आती हर भावना के साथ सम्मान और सहृदयता का बर्ताव करते हुए जो कुछ भी उभर कर आ रहा हो उसे खुद को महसूस होने दीजिए।

जब आप तैयार हो जाएं तब उस कमरे के साथ खुद को पुनः जोड़िए जहां आप बैठी हैं और इतनी कठिन भावनाओं को अनुभूत करने का साहस और प्रयास करने के लिए अपने हृदय का स्पर्श करते हुए उसका धन्यवाद कीजिए। लेकिन यदि इस अभ्यास से दुख का भाव उल्लेखनीय रूप से और भी बढ़ जाए तो अतिरिक्त सहायता के लिए किसी विशषज्ञ परामर्शदाता से सलाह लीजिए।

व्यावहारिक समाधान
वास्तविक जीवन में सजगता के साथ पेरैंटिंग

मेरा जीवन जैसा है उसे मैं वैसा ही कैसे स्वीकार करूं?

प्रश्नः मेरा वैवाहिक जीवन टूटने के कगार पर है। मैं बड़े ही कठिन दौर से गुज़र रही हूं यहां तक कि अपने बच्चों के साथ होने वाली साधारण सी समस्याएं भी मुझे बहुत भारी लगती हैं चाहे वह उनके होमवर्क के बारे में आने वाली शिकायतें हों या उनका दांतों को ब्रश न करना हो। मेरा जीवन आज जिस रूप में है उसे स्वीकार करना मेरे लिए लगभग असंभव सा है। मैं अपनी ज़रूरतों को एक तरफ़ रख देने की कोशिश में रहती हूं ताकि मैं अपने बच्चों के संग-साथ में रहूं (लेकिन वे भी मुझे आहत करने वाले ही हैं) किंतु जीवन के उस साज़-सामान के बिना मैं खुद को खोया-खोया महसूस करती हूं जिन्हें कि मैं बहुत सुरक्षित समझती थी। हर शाम को मैं शराब का एक अतिरिक्त गिलास लेने लगी हूं ताकि मेरा बाकी दिन बिना किसी क्लेश के बीत जाए।

सुझावः यह बड़ा दुखद है कि आपको एक ऐसे जीवन को छोड़ना पड़ा है जिसे कि आप अभी भी जीना चाहती हैं और इस अनिश्चितता का सामना करना पड़ रहा है कि क्या होगा। मैं बिल्कुल नहीं कहूंगी कि आप किसी ऐसी बात के लिए हाथ पर हाथ रखे इंतज़ार करती रहें जो आकर आपका मनोबल बढ़ाएगा और आपके मन को चैन देगा। अगर कुछ भी न कर सकें तो अपने बच्चों की अच्छी देखभाल करने का एक मॉडल बनते हुए ही उन्हें जीवन की चुनौतियों के सामने बेबस बैठ जाने के बजाय उनसे निपटने का महत्व तो आप उन्हें सिखा ही सकती हैं।

जब हालात कठिन हों तब अच्छे उपाय व उपचार का महत्व बहुत अधिक हो जाता है, वैसा ही जैसा कि अच्छे मित्रों की प्रेमपूर्ण सांत्वना का होता है। अपने भीतर शांति की एक अनुभूति से खुद को जोड़े रखना बहुत मदद करता है, शायद योग, ध्यान, या अन्य कोई चिंतनशील अभ्यास आपको अच्छा लगे। और निश्चय ही, इन कठिनाइयों में से अटकते-भटकते गुज़रने के दौरान खुराक, नींद, व्यायाम और खुद की अच्छी देखभाल का महत्व तो हमेशा ही बना रहेगा।

जीवन को बदलाव से बचाने की हम चाहे जितनी कोशिश कर लें लेकिन कभी-कभी हमें किसी नए मानक को स्वीकार करने के लिए विवश होना ही

पड़ता है। मेरा पक्का विश्वास है कि जीवन में आने वाली किसी भी परिस्थिति से निपटने के लिए हम पूरी तरह साधन-संपन्न हो कर आते हैं लेकिन उन साधनों को हमें अपने ही अंदर खोजना व देखना होता है और फिर उनका प्रयोग भी करना होता है। जिस पीड़ा को हम महसूस कर रहे हों, उसकी सच्चाई से देख लेने पर, आप उस पर ध्यान दे सकती हैं, उसके बारे में कुछ कर सकती हैं लेकिन उस पीड़ा को दबा देने से तो वह किसी ग़लत व्यवहार के रूप में बाहर फूट कर आयेगी ही। एक पेरैंट होने का मतलब यह बिल्कुल नहीं है कि आप बलिदानी बने रहें, अपनी ज़रूरतों का परित्याग करती रहें या अपनी भावनाओं का गला घोटती रहें। अपने दुख में से गुज़रते हुए जो भी सहारा आपको चाहिए उसे लीजिए और आप चाहे जो सोच रही हों लेकिन आप और आपके बच्चे एक दिन इस दुख के पार पहुंच ही जायेंगे – वह भी सही सलामत।

यह बात आपके उन विचारों को भी पहचानने में मदद कर सकती है जो आपके सामने चल रहे हालात को अशुभ, अमंगल, निर्दयी व कठोर के रूप में परिभाषित कर देते हैं। अक्सर होता यह है कि स्वयं परिस्थिति के बजाय उसके प्रति हमारा नज़रिया ही हमारे दुख का कारण बन जाता है। जब आपका मन आपको भविष्य की ओर धकेल देता है (जिसमें काल्पनिक अकेलापन और भय छाया रहता है) या अतीत में धकेल देता है (जिसमें आरजू और आक्रोश का बोलबाला रहता है) तब आप दुखमय तो रहेंगे ही। लेकिन यदि आप स्वयं को पूरी तरह वर्तमान पल में बनाए रखती हैं – अपनी आती-जाती सांस को महसूस करते हुए और अपनी त्वचा पर हवा की छुअन पर तवज्जो देते हुए – तो आपको पता चलेगा कि *इस पल में* आप आनंदमय ही हैं। उन विचारों को पहचानिए जो आपके दुख का करण बनते हैं और यह बात भी आप अच्छी तरह समझ लीजिए कि आप उन विचारों को मानने के लिए बाध्य नहीं हैं।

यदि इस समय आपके सामने सचमुच कोई समस्या खड़ी है तो उसको अपना पूरा ध्यान, पूरी तवज्जो दीजिए। लेकिन इस ढर्रे के प्रति सजग-सचेत रहिए कि तनाव पैदा करने वाले विचार के बहाव के साथ आप वर्तमान पल को छोड़ कर भविष्य या अतीत की ओर न बह जाएं। ऐसा नहीं है कि यह करने से आपको होने वाली क्षति कुछ कमतर हो जायेगी लेकिन यह तय है कि इससे आपके मन द्वारा उपजाया जा रहा दुख और नाखुशी का बोझ हल्का अवश्य हो जायेगा।

मैं अपने पोते के साथ किए जाने वाले समझौतों पर विराम कैसे लगाऊं?

प्रश्नः मैं और मेरे पति पिछले डेढ़ साल से अपने पोते की परवरिश कर रहे हैं। मैंने उसकी अवज्ञा और अवहेलना की आदत को बर्दाश्त करने की बहुत कोशिश की है, लेकिन अब मैं चुक गई हूं। हमें *हर बात* पर समझौता करना पड़ता है – वह अपने वीडियो गेम के लिए और अधिक समय चाहता है, अपने ज़रूरी काम "बाद में" कर लेने की ज़िद करता है या नहाने से इसलिए मना कर देता है कि उसे अचानक थकान लगने लगी है। कई बार मुझे लगता है कि मैं जब उससे अधिक सहज होने व आज्ञाकारी होने की उम्मीद करना छोड़ देती हूं तब मैं बेहतर महसूस करती हूं। लेकिन अब मैं इस खींच-तान और बहसबाज़ी को ख़त्म करना चाहती हूं।

सुझावः मेरी पिछली किताब पूरी तरह अधिकार की लड़ाई के बारे में लिखी गई है, इसलिए यहां मैं थोड़े ही मुद्दों पर बात करूंगी। पहली बात है: जब हम बच्चों से कुछ *चाहते हैं* तब स्वभावतः हम उनके 'साथ' न होते हुए 'उन पर' हावी होकर बात करते हैं और यही बात उनमें अवज्ञा या अवहेलना का भाव जगा देती है। बच्चे हमारी नाखुशी को भांप लेते हैं और वे यह अच्छी तरह समझते हैं कि हमारी खुशी उनकी ज़िम्मेदारी नहीं है। अगर उनके साथ हमारा घनिष्ठ और प्रेमपूर्ण लगाव नहीं है तो संभावना यही रहती है कि वे तब हमारी अवहेलना ही करते हैं जब हमारी नीयत में से जरूरतमंदी की बू आ रही होती है। यह मानव स्वभाव है। एक बार मैंने किसी को बड़ी ही समझदारी की बात कहते हुए सुना था: *जो किसी एक खास नतीजे से ही मतलब रखता है, उसकी बात में कोई दम नहीं होता।*

अपने पोते द्वारा अपने ज़रूरी कामों के या नहाना टालने के मामले को सहानुभूतिपूर्वक स्वीकार कीजिए और इस तरह से भिनभनाना कम कीजिए: "हां, हां, मुझे पता है कि नहाने के बजाय इस मुए खेल में तुम्हें कुछ ज़्यादा ही मज़ा आ रहा है। वो तो मैं ही पागल हूं जो बार-बार आकर तुम्हें इसे बंद करने के लिए कहती रहती हूं।" भले ही मेरी यह बात बड़ी साधारण सी लगे, लेकिन बच्चों की भावनाओं को मान्यता देने से आपकी मुश्किलें आसान अवश्य हो जायेंगी।

मैं कभी-कभी रिश्तों की चर्चा के दौरान उनका मान pH बताया करती हूं। विज्ञान में, यदि कोई घोल बहुत अधिक अम्लीय (ऐसिडिक) है तो हम उसमें से अम्ल को निकाल कर उसे वापस अप्रभावी (न्यूट्रल) नहीं बनाते, बल्कि हम उसके pH संतुलन पुनः ठीक करने के लिए उसमें क्षार (ऐल्कैलाइन) या

बेस मिला देते हैं। इसी तरह से जब औरों के साथ – जैसे पति या पत्नी, बच्चों, पोते-पोतियों के साथ – हम कुछ अधिक ही *अम्लीय* हो जाते हैं तो संतुलन करने के लिए हम उस में क्षार मिला दें। मेरी इस उपमा में इसका अर्थ है – परस्पर बातचीत को बढ़ावा देना क्योंकि यह मेलजोल और लगाव को बढ़ाने वाली होती है।

यह तथ्य कि आपका पोता अपने माता-पिता में से किसी के भी द्वारा नहीं पाला जा रहा है, यह बताता है कि उसके मन में कुछ मुद्दे कहीं गहराई में बैठे हुए हैं – जैसे आक्रोश, वेदना, दुख – जो उसके इन लगातार किए जाने वाले प्रतिरोधों के कारक व कारण हो सकते हैं। जिस छोटे बच्चे ने खुद को इतनी बडी उथल-पुथल का शिकार होते देखा हो वह बेबसी और लाचारी से तो रूबरू हो ही गया होता है और इसीलिए वह उन जगहों पर तो अपना नियंत्रण करने के वास्ते अतिरिक्त प्रयास करने के लिए उद्यत रहता ही होगा जहां वह ऐसा कर सकता है। मेरा मानना है कि आपके पोते को – और आपको भी – काउंसलिग की आवश्यकता है, और उसके जीवन में आए परिवर्तन के साथ तालमेल बिठाने में उसे मदद करने की आवश्यकता है – चाहे आपकी और आपके पति की प्यार भरी देखभाल में रहना उसके हित में कितना भी क्यों न हो।

आपको यह सुनिश्चित करना होगा कि आपके पोते को दुख, निराशा और कुछ खोने की घुटन के एहसास को हल्का करने में मदद मिले। इस रिश्ते के “pH” को असरदार ढंग से बदलते हुए प्रेम-प्यार को बढ़ाने का प्रयास कीजिए ताकि जब कभी भी आप उससे कुछ करने के लिए कहें तो वह कोई अड़ियल रूख न अपनाए। मेलजोल और लगाव के बारे में अधिक जानकारी के लिए इस किताब के अध्याय 9 को देखें या मेरी *पेरैंटिंग विदआउट पॉवर स्ट्रगल* पढ़ें।

द आर्ट ऑफ़ वार में सन त्ज़ू कहते हैं, ''उत्कृष्टता की पराकाष्ठा तो यह होती है कि शत्रु के प्रतिरोध को बिना लड़े समाप्त कर दिया जाए।'' अपने पोते के साथ अधिकार-युद्ध करने और वाद-विवाद करने से बचें। इसके बजाय, उसके साथ एक ऐसा तारतम्य जोड़ने पर अपना ध्यान केंद्रित करें जो उसमें यह समझ जगाए कि भले ही आप इस बात को प्राथमिकता देती हैं कि वह अधिक सरल स्वभाव का बच्चा बने लेकिन वह जैसा भी है उसके साथ आप खुशी महसूस करती हैं।

मुझे अपने बच्चे कभी-कभी अच्छे नहीं लगते, क्या यह ठीक है?

प्रश्नः मुझे यह कहने में कोई संकोच नहीं है, लेकिन मुझमें एक ख़राब सा एहसास रहा करता है। कभी-कभी मैं अपने बच्चों को बिल्कुल पसंद नहीं करती। मैं उन्हें *प्रेम तो करती हूं*, लेकिन कई बार ऐसा होता है कि मैं चाहती हूं कि मुझे अकेला छोड़ दिया जाए। मुझे अपनी मां की भी सेवा करनी पड़ी है। लेकिन कई बार मुझे इस बात पर झूंझलाहट आ जाती है कि मुझे अपने इन दो बच्चों के लिए हमेशा और हर समय ''ऑन'' रहना पड़ता है, हालांकि मैं उन्हें बहुत प्रेम करती हूं। मैंने अपने अधिकांश जीवन में ध्यान बहुत लगाया है, लेकिन अब तो उसके लिए दस मिनट निकालने भी मुहाल हो गए हैं। कई बार ऐसा भी होता है कि जब मैं शांत बैठ कर ध्यान लगाने की कोशिश कर रही होती हूं तो मेरे बच्चे मेरे बैडरूम का दरवाज़ा पीटने लगते हैं। उनमें कोई आध्यात्मिक होने वाली बात नहीं होती – वे तो बस मेरे साथ होना चाहते हैं और मैं उनसे बचना चाह रही होती हूं!

सुझावः जब तक हम सत्य को बिल्कुल साफ़-साफ़ नहीं देख लेते हैं तब तक हम खुद में वह परिवर्तन भी नहीं ला पाते हैं जो कि अंततः हमारी मदद करने वाला सिद्ध होता है। हम जो कुछ भी महसूस कर रहे हैं – अपराध-भाव, शर्म, चुक जाना, डर, आभार, हर्ष – हमारे लिए उसे कबूल करने की आवश्यकता है ताकि हम पूरी तरह यह जान पाएं कि हम कितने जटिल हैं। यदि आप ऐसे लम्हों की तरफ़ से आंखें फेर लेती हैं जब आप पेरैंट होने में पुलकित नही हो रही होती हैं तब आप अपनी कुढ़न को परे करते हुए उसे दबाने की कोशिश ही कर रही होती हैं, जहां से कि वह रेंग कर, रिस कर आपमें से बेचैनी, कटाक्ष और अन्यमनस्कता के रूप में बाहर प्रकट होता रहेगा।

जो कुछ भी आपको महसूस हो उसे महसूस कीजिए। यह बात अपने आप में सही हो सकती है कि बच्चे होने से पहले वाले, बिना ज़िम्मेदारियों वाले दिनों को आप तरस रही हों। मुझे भी वह समय भी याद आता है जब मैं एकांत चाहती थी और थोड़ी देर के लिए ध्यान लगाना चाहती थी – लेकिन केवल दरवाज़े पर थपथपाहट के साथ वह आवाज़ सुनने को मिलती थी – ''मम्मा! दरवाज़ा खोलो!'' मुझे यह भी याद है कि मैं अपने पेज-टर्नर को लेकर बाथरूम में छिप जाती थी – इस उम्मीद के साथ कि शायद मैं उस कहानी में उतनी ही डूब जाऊं जितना कि मैं मां बनने से पहले डूब जाया करती थी। जो कुछ भी आपके सामने है उसके साथ खुद को बनाए रखने से ही, उसमें प्रेज़ेंट रहने से ही यह संभव होता है कि हम भावनाओं की गति को गरिमामय बनाए रख सकें।

हम सब इंसान ही तो हैं। दरअसल, पेरैंटिंग करने में हम अपने ही बचपन की तक़लीफ़ों और पीड़ाओं को गतिरोध के रूप में खड़ा कर लेते हैं – अपने अलग मिज़ाज और स्वभाव में लपेट कर। कुछ माता-पिता तो बच्चों को पालने के आनंद और आकर्षण में इतना खो जाते हैं कि फिर बच्चों के होने से पहले वाले जीवन की ओर कभी मुड़ कर भी नहीं देखते। लेकिन दूसरे लोग पेरैंटिंग के तक़ाज़ों में बड़े बेतरतीब ढंग से प्रवेश करते और कदम उठाया करते हैं हालांकि वे अपनी तरफ़ से तो अच्छे से अच्छा प्रयास करने में लगे रहते हैं लेकिन फिर भी वे अपनी ही गलतियां निकालते रहने के कारण इस अनिश्चितता से भयग्रस्त रहते हैं कि वे अपने इस काम में सही तौर पर फ़िट बैठ रहे हैं या नहीं।

और हम सब के अंदर एक बच्चा तो रहता ही है जो प्यार, कृपा और साथ-समर्थन के लिए हमेशा ही लालायित रहा करता है। अपने बच्चों को दी जाने वाली देखभाल और संग-साथ में जब हम इस बच्चे को भी शामिल कर लेते हैं तब हम खुद के आहत अंशों को गहरी राहत दे पाते हैं।

मेरी सलाह तो यही है कि आप अपने साथ बहुत धैर्यवान बनें, और जो भी बुलबुले अंदर से उठ कर ऊपर आएं, उन्हें महसूस करें और फिर उन्हें जानें। एक थेरेपिस्ट के साथ बात करने का लाभ यह होगा कि आप उन कुंठाओं को दूर कर पायेंगी जो आपको डुबा रही हैं। और पारिवारिक जीवन अगर अत्यधिक गड़बड़ वाला हो जाए, तो *थोड़ा ठहरें, थोड़ा बैठें!* यह बहुत अच्छा रहेगा कि आप किसी मित्र या रिश्तेदार से अपने इस भंवर में से निकलने के लिए मदद लें ताकि आपके पास कुछ समय हो जिसमें आप एकांत में बैठ सकें बजाय इसके कि आप अपनी खिन्नता अपने बच्चों पर कुछ इस ढंग से निकालती रहें जो उनके मन को ठेस पहुंचाने वाला हो। कुछ माताएं एक ऐसा सहायता समूह भी बना लेती है जो उन्हें कुछ दिनों के फेर के बाद चौबीस घंटे इस तरह बिताने देता है जिसमें वे 'रीचार्ज' भी हो जाएं और उस दौरान जो चाहे वह कर सकें, पल-पल को जी सकें। एक ऐसा दिन गुज़ारना जिसमें किसी और की जरूरतों को पूरा करने की कोई कवायद न हो, आपको बहुत ताज़ा करने वाला होगा, आपमें नई जान फूंक देने वाला होगा।

अध्याय चार

हम बालको को नहीं पाल रहे हैं,
हम बालिगों को पाल रहे हैं

हमें इस दुनिया में अगर सचमुच शांति लानी है
और अगर हमें युद्ध के विरुद्ध सचमुच एक संघर्ष छेड़ना है
तो हमें इसकी शुरुआत बच्चों के साथ करनी होगी।

— महात्मा गांधी

मैं अपने बेटे की कार में उसके साथ बैठी हूं और एक समस्या को सुलझाने के लिए बातचीत कर रही हूं। दो तीन दिनों में वह कॉलेज से ग्रेजुएशन पूरी कर लेगा। मैंने देखा है कि उसके जीवन में आने वाले ऐसे महत्वपूर्ण मुकाम अक्सर उसके व मेरे बीच किसी बातचीत का मुद्दा बन जाते हैं। शायद यह उसे अपने घोंसले से थोड़ा और बाहर निकलने देने वाली एक अवचेतन प्रक्रिया होती है।

मैं यह बताना चाह रही हूं कि क्यों उसकी कही हुई एक बात पर मेरा दिमाग गरम हो गया था और वह यह नहीं समझ पा रहा था कि वह बात कैसे एक मुद्दा बन सकती है। अंततः मैंने कहा, "तुम कभी नहीं समझ पाओगे कि यह बात मुझे क्यों भड़का देती है क्योंकि जहां मैं पली-बढ़ी हूं वहां तुम कभी नहीं जा सकोगे।" और वह मेरी बात समझ गया। उसके चेहरे का तनाव कम हो गया, उसके हाव-भाव नरम हो गए।

उसी पल, मेरी समझ में आ गया कि करुणा का, हमदर्दी का आवश्यक तत्व होता है: यह देखना और समझना कि भले ही हम यह न समझ पाएं कि कोई किसी

> *मेरी समझ में आ गया कि करुणा का, हमदर्दी का आवश्यक तत्व होता है: यह देखना और समझना कि भले ही हम यह न समझ पाएं कि कोई किसी ख़ास तरह से प्रतिक्रिया क्यों कर रहा है, लेकिन उसका अतीत व उसका सच उसके लिए वैसे ही वास्तविक होते हैं जैसे कि हमारा अतीत व सच हमारे लिए वास्तविक होता है।*

87

ख़ास तरह से प्रतिक्रिया *क्यों* कर रहा है, लेकिन उसका अतीत व उसका सच उसके लिए वैसे ही वास्तविक होते हैं जैसे कि हमारा अतीत व सच हमारे लिए वास्तविक होता है।

छः फ़िट का मेरा बेटा रॉनी लग सकता है कि अपनी बात थोपने वाला हो लेकिन एक छोटी सी बातचीत के बाद यह बात साफ़ हो जाती है कि उसके साथ में आपको तनाव में आने की आवश्यकता नहीं होगी। जैसा कि मैं सोच-विचार करती हूं कि वह ऐसा क्यों है, मैं पाती हूं कि उसके कुछ स्वभाव वे हैं जिनके साथ उसने जन्म लिया है। मेरा मानना है कि बच्चे अपना एक ख़ास मिज़ाज ले कर पैदा होते हैं और इस तरह रॉनी भी एक सौम्य स्वभाव के साथ आया है। लेकिन मेरा यह भी मानना है कि अधिकतर नहीं तो कुछ बच्चे तो इसी तरह की स्नेहशीलता और सहनशीलता वाला स्वभाव लेकर ही पैदा होते हैं, और यह भी कि हमारे पास यह मौका रहता है कि उन्हें इस संसार में आगे बढ़ने देने के लिए हम उनकी इतनी मदद तो अवश्य ही करें कि उनमें ऐसा बल हो जो दूसरों को दबाए नहीं, ऐसी करुणा हो जो दूसरों को सांत्वना दे, और ऐसी सज्जनता हो जो दूसरों को चैन प्रदान करे।

मैंने अपने बेटे को हर तरह से यह बता दिया है कि वह इतने सुविधा-संपन्न घर में पैदा हुआ है जहां रहने के लिए घर और खाने के लिए भोजन की चिंता करने की उसे बिल्कुल आवश्यकता नहीं है। हम दोनों ने दुनिया के ऐसे कई हिस्सों की यात्रा की है जहां उसने ऐसे अभावग्रस्त हालात में लोगों को देखा हैं जिनकी खुशी पैसे और जायदाद पर टिकी नहीं रहती है। अपने समुदाय में हमने एक स्वयंसेवी के रूप में कुछ ऐसे काम किए हैं जिनमें वह ऐसे लोगों से मिल सके जो उसके साथ निःसंकोच बात कर सकें और उसे बता सकें कि उनके जीवन को बेहतर बनाने के लिए उसका छोटा सा प्रयास उनके लिए बहुत मायने रखता है। अपने पड़ोसियों और मित्रों के लिए हमने ऐसे काम करने का प्रयास किया है जो कि इंसान होने के नाते एक ही कबीले के लोग या एक ही नाव पर सवार यात्री एक-दूसरे के लिए किया करते हैं – यह मानते हुए कि किसी बड़े आदमी के प्रति सहानुभूति की बातें करने या दान-धरम के लिए चैक काट देने और किसी के दुख-दर्द में साथ खड़े होना एक ही बात नहीं है।

मैंने यह आदत सी बना ली है कि हम जीवन में छोटी-छोटी खुशियों पर ध्यान दें – लेवैंडर आइसक्रीम का स्वाद, कोई बढ़िया सा चुटकुला, रात को घास पर लेट जाना और तारों को देखना। वह मुझे कई चीज़ों को देखने की तरफ़ इशारे करने लगा, ''मम्मी देखिए, उस पहाड़ी की चोटी से रोशनी कैसे

टकरा रही है, कितना सुंदर लग रहा है न?'' ''हां बेटे, वाक़ई सुंदर है, तुम न बताते तो शायद मैं उसे देख ही नहीं पाती, धन्यवाद!''

मैंने इस तरह जीने की कोशिश की है कि जो उसे यह समझने में मदद करे कि चिंतन-मनन करना, ध्यान लगाना और खिड़की से बाहर एक निश्चलता में देखना खुद के लिए खरा व सच्चा रहने के लिए आवश्यक होते हैं।

लेकिन, विडंबना देखिए कि मैं कितनी ही बार वैसा व्यक्तित्व बनने में कमतर रही हूं जो मैं बनना चाहती थी! ऐसे बहुत से दिन रहे हैं जब मैं चिढ़चिढ़ी रही, अधीर रही, या फिर अपने ही खोल में बंद रही। कई बार वकील या डायरेक्टर के रूप में चले जाने के कारण मैं एक पेरैंट या एक व्यक्ति के रूप में एक मिसाल नहीं बन पाई। लेकिन मेरा मानना है कि फिर भी मैं *काफ़ी अच्छी* रही – एक ऐसा विचार है जो कि हमें परिपूर्णता तक पहुंचने की कोशिशों में नहीं झोंकता और हर दिन हमें सहज रूप से अपना ऐसा सर्वोत्तम करने देता है जो कि हमारे बच्चों को अपना सर्वोत्तम करने के लिए प्रेरित कर सके। जब से रॉनी ने वयस्क उम्र में कदम रखा है, मैंने उसके साथ खूब देर तक बातचीत की है, और मैंने पाया है कि मेरी उन अपरिपूर्णताओं से जो कि मैंने स्वीकार भी की हैं और इस सच्चाई से कि अपनी चुनौतियों का सामना करते हुए मेरा आगे बढ़ना वह लगातार देखता रहा है, उसे इतनी मदद मिली है कि उसने स्वीकार करने की और माफ़ करने की क्षमता विकसित करते हुए, खुद को अपरिपूर्ण रहने दिया है।

आगे मैं इस बारे में कुछ विचार प्रस्तुत कर रही हूं कि हम अपने बच्चों की कैसे मदद कर सकते हैं कि वे वयस्कता की तरफ़ बढ़ते हुए अपने मन से एक सजग, उपस्थित और खुशमिज़ाज व्यक्ति बन सकें और यह बात बिल्कुल अपने दिमाग में रखें कि जीवन के ऊबड़-खाबड़ रास्ते पर चलते-चलते अपने तौर-तरीके अंततः वे स्वयं ही विकसित कर लेंगे।

अपने बालकों की बालिगों के रूप में कल्पना करें

जिन दिनों मैं यह किताब लिख रही थी तब एक दिन मैंने देखा कि एक दुकान के आसपास खुले आकाश के नीचे कुछ कुर्सियां और सोफ़े रखे हुए हैं, तो लिखने के लिए मैंने वहीं बैठ जाने की सोची। मैंने एक आरामदेह लगने वाला सोफ़ा चुना लेकिन जब मैं उस पर बैठी तो पता चला कि वह अंदर से बड़ा टूटा-फूटा था। उसके साथ रखी मेज़ पर जूठे गिलास और गंदे हुए नेपकिन अस्त-व्यस्त ढंग से पड़े हुए थे। सब कुछ बहुत गंदा लग रहा था।

मैं उन लोगों के बारे में सोचने लगी जिन्होंने अपना कचरा वहां छोड़ दिया था। क्या उनके माता-पिता ने खुद ऐसा ही आचरण करते हुए इन्हें यह सिखाया है कि अपना कचरा यूं ही छोड़ जाओ, दूसरे लोग अपने आप साफ़ करते रहेंगे?

अपने बच्चे को एक ऐसा वयस्क व्यक्ति बनाने के लिए जो कि सजग हो, जिसमें विनम्रता हो – यानी जिसकी सोच में अड़ियलपन न हो और जो करुणावान हो; साथ ही उसमें ईमानदारी हो, जिसमें कृतज्ञता का भाव हो और ज़िम्मेदारी का एहसास भी हो – यह सूची काफ़ी लंबी है – तो ये गुण हमें अपने बच्चे में डालने ही होंगे। लेकिन, इन गुणों को हम उन्हें केवल शाब्दिक उपदेश देकर नहीं सिखा सकते। अपने बच्चों को यह उपदेश दे देना कि साफ़-सफ़ाई रखो या दूसरों के प्रति सहृदय रहो, इस सब का तब कोई अर्थ नहीं रह जाता जब वे यह देखते हैं कि हम अपने कप और नेपकिन यूं ही पड़े छोड़ कर चल देते हैं या हम उस बेचारी वेटर को अपमानित कर देते हैं जिसने हमारा आर्डर ठीक तरह से नहीं लिया था। यदि हम चाहते हैं कि हमारा बच्चा ऐसा व्यक्ति बने जिसे हम पसंद करें, जिसकी हम प्रशंसा करें तो आवश्यकता इस बात की होगी कि जो गुण हम उनमें डालना चाहते हैं उन गुणों को खुद जीने की भी *कोशिश* अवश्य करें।

> *यदि हम चाहते हैं कि हमारा बच्चा ऐसा व्यक्ति बने जिसे हम पसंद करें, जिसकी हम प्रशंसा करें तो आवश्यकता इस बात की होगी कि जो गुण हम उनमें डालना चाहते हैं उन गुणों को खुद भी जीने की कोशिश अवश्य करें।*

जैसा कि मैं पहले बता चुकी हूं, जब मैं किसी क्लाइंट के साथ फ़ोन-सेशन शुरू करती हूं तो आमतौर पर इन सवालों के साथ शुरू करती हूं: 'फ़ोन की इस बातचीत के पूरा होते-होते अगर आपको कुछ अच्छा लगा है तो वह क्या हुआ होगा? किस अंतर्ज्ञान, युक्तिनीति या अनसुलझे मुद्दों पर हमने चर्चा की होगी? जब हमारी साथ-साथ होने वाली यह बातचीत पूरी हो जाए तब खुद को एक तनावमुक्त या कृतज्ञ के रूप में कल्पना कीजियेगा। तो आइए हम आपकी समस्या पर बात करें – यह ध्यान में रखते हुए कि आपके मन में उनका वांछित परिणाम क्या है।' मैंने देखा है कि इससे सेशन के दौरान अधिकतर मुद्दों पर फ़ोकस बनाए रखने में मदद मिलती है।

कुछ उसी भावना से मैं आपको एक अभ्यास में शामिल होने के लिए यहां आमंत्रित कर रही हूं जो आपको अपने बच्चे के साथ आपके दैनिक व्यवहार में सदाशयता और सजगता का समावेश करने में सहायता करेगा।

ऐसे व्यक्ति के बारे में कल्पना कीजिए जैसा कि आप चाहते हैं कि पूरा वयस्क हो जाने पर वह ऐसा-ऐसा लगे। उसे पच्चीस साल का, पैंतालीस साल का, या पैंसठ साल का होने की कल्पना कीजिए। कल्पना कीजिए कि वह अच्छे-अच्छे दोस्तों से घिरा हुआ है, अपने कैरियर को लगन से आगे बढ़ा रहा है, रचनात्मक कामों में प्रसन्नता अनुभव कर रहा है, तथा/अथवा भागीदार, जीवनसाथी, या पेरैंट की अपनी भूमिका में आनंद ले रहा है।

अपने बच्चे में उन गुणों के होने के बारे में सोच-विचार कीजिए जो उसका ऐसा संपन्न और संतोषप्रद वयस्क जीवन उसके अपने ही संसाधनों के साथ बना रहे होते हैं। उसके अंदर आप ऐसे कौन-कौन से गुणधर्म उड़ेलना चाहते हैं जिससे कि यह पक्का हो सके कि वह हर सुबह का स्वागत करने के लिए खुशी-खुशी उठेगा और वह इतने लचीलेपन से भरा होगा कि जीवन की हताशाओं में भी वह जीवंत बना रह सके?

अगर आपको अच्छे-अच्छे विचार चाहिएं तो ऐसे व्यक्ति को याद कीजिए जिसके आप बड़े प्रशंसक रहे हैं। वह कोई भी ऐसा व्यक्ति हो सकता है जिसे आप व्यक्तिगत रूप से जानते हों या वह कोई ऐसा प्रतिष्ठित व्यक्ति भी हो सकता है जिसका जीवन ही उन सद्गुणों का उदाहरण बन गया हो जिन्हें आप बहुत मूल्य देते हैं। वह व्यक्ति कोई जीवित भी हो सकता है और कोई दिवंगत भी; या वह किसी कथा-साहित्य का कोई कल्पित पात्र भी हो सकता है।

ऐसे सद्गुणों की सूची बनाइए जो उस व्यक्ति द्वारा खुद में उतारे गए हों। हो सकता है उसकी यह बात आपके दिल को छू ले कि वह जिस किसी से भी मिलता है उसके साथ सम्मान और सहृदयता से पेश आता है – भले ही कोई छोटा हो या बड़ा हो, सबल हो या दुर्बल हो। या हो सकता है कि उसका यह दृढ़निश्चयी, लगनशील और इच्छाशक्ति वाला स्वभाव आपके लिए प्रेरणा का काम कर जाए कि वह बाधाओं को पार करता हुआ आगे बढ़ता जाता है। हो सकता है कि उसकी यह ऊर्जस्विता आपके मन को भा जाए कि वह जो भी काम करता है उसमें जान फूंक देता है, उसे आनंदमय बना देता है। और यह भी हो सकता है कि उस व्यक्ति से मिलने या उसके बारे में गहरे तक जानने के बाद आप खुद को या व्यापक रूप से जीवन को, बेहतर महसूस करने लगे हों। इन विचारों को, उन गुणों वाली सूची को तैयार करने के लिए प्रयोग कीजिए जो आप अपने बच्चे में डालना चाहते हैं ताकि वह एक बेहतर ज़िंदगी जी सके – अपने पैरों पर खड़ा होने के बाद भी।

सहृदय और आत्मविश्वासी बच्चे को पालने के लिए आवश्यक बातें

कोई बच्चा बड़ा होकर कैसा निकलता है यह बहुत सारी बातों पर निर्भर करता है – उसका मिज़ाज, वंशानुगतता से उसको प्राप्त हुए गुण-अवगुण, किस तरह से उसकी पेरैंटिंग हुई है, उसका शारीरिक, भावनात्मक और मनोवैज्ञानिक स्वास्थ्य, शिक्षा के प्राप्त अवसर, भाई-बहनों से संबंध, उसके समाज के सहायता व समर्थन करने वाले लोग। दूसरे शब्दों में कहें तो ऐसा कोई सूत्र या सिद्धांत नहीं है जो यह गारंटी दे सके कि कौन सा बच्चा एक सजग, आत्मविश्वासी और सहृदय यानी ख़याल रखने वाला वयस्क बनेगा। ऐसे अनेक कारक होते हैं जो हमारे नियंत्रण से बाहर रहते हैं। लेकिन मैं कुछ तरीके नीचे दे रही हूं जो हमारे बच्चों पर गुणों से संपन्न और खुशमिज़ाज वयस्क बनने के लिए असर डाल *सकते हैं*।

यह बात याद रखिए कि आध्यात्मिकता में पहुंचे हुए अच्छे-अच्छे लोगों को भी पेरैंटिंग करने में काफ़ी समस्याओं का सामना करना पड़ा है – भले ही वे अपने अनुयायियों को यह बताते व सिखाते रहते हों कि कैसे अधिक से अधिक सजग व करुणामय बना जाए। ऐसी कोई प्रामाणिक चीज़ नहीं है जो यह सुनिश्चित कर सके कि हम हर दिन पूरी तरह एक ज्ञान-प्राप्त व्यक्ति की तरह आचरण करते दिखाई देंगे या यह कि हमारे ऐसे बच्चे होंगे जो समस्यारहित हों। पेरैंटिंग तो हर दिन, हर घंटे, और हर पल की ज़िम्मेदारी वाली चीज़ है।

हम में से हर कोई अपने अंदर उन प्रभावों को लेकर चल रहा है कि किस तरह हमारा लालन-पालन किया गया था। साथ ही वे दूषित तौर-तरीके भी हमारे अंदर रहते ही हैं जिन्हें हमने अपने नाजुक दिल को बचाने के लिए विकसित कर लिए हैं। हम में से हर एक के अंदर कुछ अंधेरे कोने होते हैं – यानी खुद की भी कुछ चीज़ें हम कभी देख-समझ नहीं पाते हैं, भले ही हमने इसके लिए कितना ही काम क्यों न किया हो। लेकिन विकास और बदलाव के लिए तो यही कहना ठीक होगा कि जब जागो तभी सबेरा। और, मुझे जिस काम से सबसे अधिक समझ प्राप्त हुई है वह यह है कि हमारे भीतर इतना विकास कोई भी और चीज़ नहीं ला सकती जितना विकास बच्चों को पालने वाला काम हममें लाता है।

हम में से हर कोई अपने अंदर उन प्रभावों को लेकर चल रहा है कि किस तरह हमारा लालन-पालन किया गया था। साथ ही वे दूषित तौर-तरीके भी हमारे अंदर रहते ही हैं जिन्हें हमने अपने नाजुक दिल को बचाने के लिए विकसित कर लिए हैं।

जब हम यह सोचते हैं कि वे कौन-कौन से महत्वपूर्ण गुण हैं जो हमें अपने बच्चों में डालने चाहिएं, तो हम कह सकते हैं कि हमारे बच्चे आत्मविश्वास से भरे हों, वे दूसरों का आदर करने वाले हों, सूझ-बूझ वाले और सहृदय हों, उनमें लचीलापन हो – यानी वे अकड़ और अड़ियल सोच वाले न हों, वे ज़िम्मेदार हों; यह सूची भी काफ़ी लंबी है, और इनमें से कुछ गुणों के बारे में हम आगे चर्चा भी करेंगे। लेकिन जब पेरैंट्स से यह पूछा जाता है कि बच्चों की वयस्कता की तैयारी में सबसे अधिक वे उनके लिए क्या चाहते हैं तो वे इस बात को कुछ इस तरह शुरू करते हैं, ''मैं तो बस इतना चाहता हूं कि वे सुखी रहें, खुश रहें।'' और यहीं पर बात एक दिलचस्प मोड़ ले लेती है। हालांकि ऐसे बहुत सारे गुण हैं जो हम अपने बच्चों को सिखा सकते हैं और सिखाने भी चाहिएं लेकिन एक ऐसा गुण भी है जिसके बिना बाकी गुणों के कोई ख़ास मायने नही रह जाते: *हमें अपने बच्चों को यह जताते हुए पालना चाहिए कि वे स्वाभाविक रूप से प्यार और खुशी के योग्य हैं ताकि वे अपने सामने आने वाली हर अच्छाई को ग्रहण करते चले जाएं।*

हमें अपने बच्चों को यह जताते हुए पालना चाहिए कि वे स्वाभाविक रूप से प्यार और खुशी के योग्य हैं ताकि वे अपने सामने आने वाली हर अच्छाई को ग्रहण करते चले जाएं।

हम एक ऐसे युग में रह रहे हैं जिसमें मौज-मस्ती और मनोरंजन के अभूतपूर्व विकल्प हमारे सामने मौजूद हैं: मूवी, संगीत, वीडियो गेम, शॉपिंग मॉल, और अन्य भटकाव भी – जैसे फ़ेसबुक और ऑनलाइन की दुनिया। ''मज़ा करने'' की संभावनाओं की यह व्यूह रचना हमारी कल्पना जितनी ही असीम है।

लेकिन फिर भी, आज कैंसर, हृदय-रोग, एड्स, जन्मजात दोष, पक्षाघात, न्यूमोनिया, इंफ्लुएंजा, फेफड़ों की बीमारी – इन सबसे मरने वालों की कुल संख्या से अधिक है आत्महत्या करके मरने वाले टीनेजर और नवयुवकों की संख्या। रोज़ाना आत्महत्या के प्रयास के 5400 ऐसे मामले सामने आते हैं जो सातवीं से बारहवीं की कक्षाओं में पढ़ने वाले किशोरों द्वारा किए जाते हैं। मध्य आयु वर्ग वाले अमेरिकीयों की आत्महत्या दर में तो उल्लेखनीय वृद्धि हुई है। 'सैंटर फ़ॉर डिज़ीज़ कंट्रोल' के अनुसार, 1999 से 2010 के दौरान पैंतीस से चौंसठ साल की उम्र वाले अमेरिकीयों में यह दर 30 प्रतिशत तक बढ़ गई है।

ज़ाहिर है कि ये दोनों कड़ियां जुड़ नहीं रही हैं। आज यदि हमारे पास आमोद-प्रमोद के, मौज-मस्ती के इतने अधिक साधन हैं जितने कि पहले कभी नहीं रहे तो फिर आज हम इतना अच्छा महसूस क्यों नहीं कर रहे हैं जितना

कि अब से पहले के इंसान ने कभी महसूस नहीं किया? दरअसल, प्रेम और आनंद का अनुभव करने के लिए व्यक्ति जब तक अपने अंदर ही जगह नहीं बनायेगा, तब तक वह जीवन में से टैफ्लॉन कोटेड (नॉन-स्टिक परत चढ़े हुए) चीज़ों की तरह गुज़र जायेगा – उसे मिलने वाले उपहारों को वह छू ही नहीं पायेगा। यह मामला कुछ ऐसा है जैसे हम हैलीकॉप्टर के मालिक तो बन जाएं लेकिन उसके लिए कोई लैंडिंग पैड हमारे पास न हो। हमें चाहिए कि कि हमारे बच्चे जिस प्रेम और सुख-सौभाग्य को *महसूस करने के* हकदार हैं उसे महसूस करने देने की क्षमता व योग्ता को विकसित करने में हम उनकी मदद करें तभी तो जब वे बड़े होंगे तब उस प्रेम व सुख-सौभाग्य को हर रूप में ग्रहण करने में समर्थ हो पायेंगे। प्रेम पाने और जीवन की मधुरता का आनंद लेने का स्वभाव बनाने में अपने बच्चों की मदद करना ही वह सबसे बड़ा योगदान है जो हम उनके भावी सुख व आनंद के लिए उन्हें दे सकते हैं।

यह कोई छोटा-मोटा काम नहीं है बल्कि जीवन द्वारा दिए जाने वाले सारे उपकारों और उपहारों को ग्रहण करने के लिए अपने भीतर जगह बनाते रहना तो एक आजीवन चलने वाली यात्रा है। जॉन वैलवूड ने अपनी उम्दा किताब *परफ़ैक्ट लव, इम्परफ़ैक्ट रिलेशनशिप* में उस भीतरी घाव का ज़िक्र किया है जिस घाव को हम में से हर कोई अपने दिल में लगाए हुए घूम रहा है – प्रेमपात्र होने की अपनी सहज योग्यता में विश्वास की कमी का होना या जितने प्रेमपात्र हम हैं वैसा दिखाने के अधिकार का अभाव होना। "इस बात से बिल्कुल अनभिज्ञ रहना कि लोग हमें सचमुच प्रेम करते हैं या हम वास्तव में प्रेम के योग्य हैं – यह अनभिज्ञता प्रेम करने और प्रेम को ग्रहण करने की हमारी क्षमता को धीरे-धीरे खोखला कर देती है। यही वह भीतरी घाव है जो हमारे पारस्परिक संबंधों में द्वंद्व पैदा कर देता है और इससे हमारे निकट संबंधों की पूरी माला ही उलझ जाती है। आसानी से किसी का विश्वास न कर पाना, दूसरों के द्वारा खुद का बेजा इस्तेमाल किए जाने या नापसंद कर दिए जाने का डर होना, ईर्ष्या को पालना और फिर उस में से बैरभाव का पनपना, हमेशा बचाव की मुद्रा में रहना, बहस करना और खुद को सही सिद्ध करना, मामूली सी बात से आहत हो जाना या नाराज़ व क्रुद्ध हो जाना और अपनी परेशानियों के लिए दूसरों को दोषी मानना – ये कुछ उदाहरण है जिनसे हम यह प्रकट करते हैं हम प्रेम को ग्रहण करने व प्रेमपात्र होने के प्रति असुरक्षा महसूस कर रहे हैं।"

जीवन द्वारा दिए जाने वाले सारे उपकारों और उपहारों को ग्रहण करने के लिए अपने भीतर जगह बनाते रहना तो एक आजीवन चलने वाली यात्रा है।

तो यह हमारे लिए चुनौती भी है और मौका भी है कि बच्चों को हम यह जीता-जागता ज्ञान दें कि वे जैसे भी हैं, प्रेम के पात्र हैं।

ज़रूरी नहीं कि किसी भी माता-पिता के सुर अपने बच्चे के साथ हमेशा ही मिले रहें। हम हमेशा यह नहीं जान पाते हैं कि उसे क्या चाहिए या एक संतोषजनक ढंग से रेस्पौंस करने के लिए उसे कितनी ऊर्जा चाहिए। हम उकता जाते हैं और अधीर हो उठते हैं। हम खुद को बेचैन और तनावग्रस्त या अस्वस्थ महसूस करने लगते हैं। हो सकता है कि हमारा बच्चा कुछ ज़्यादा ही समस्या पैदा करने वाला बालक हो जिसने कि अपनी बेतुकी मांगों से हमारा जीना दुश्वार कर रखा हो। लेकिन आख़िर हैं तो हम इंसान ही जो कि अपनी ही परेशानियों से जूझ रहे हैं, और अपने बच्चों की जरूरतों को पूरा करने में बारंबार हार जाना तो जैसे हमारे भाग्य में ही लिख दिया गया है।

यह हमारे लिए चुनौती भी है और मौका भी है कि बच्चों को हम यह जीता-जागता ज्ञान दें कि वे जैसे भी हैं, प्रेम के पात्र हैं।

लेकिन, सच कहें तो अगर हम अपने सुर, बच्चों के सुर से पूरी तरह से मिलाए रखें तो यह बच्चों के हित में नहीं होगा। तनिक कल्पना कीजिए कि हमारे बच्चे बड़े होने पर अगर अपने मित्रों से या अपने वैवाहिक जीवन से इसी तरह अपनी हर इच्छा को पूरी होने की अपेक्षा करने लगे तो क्या होगा। एक ब्रिटिश मनोविश्लेषक डोनाल्ड विनिकॉट एक "पर्याप्त अच्छी मां" होने का महत्व बताते हुए कहते हैं कि शिशुओं और बच्चों की देखरेख करने वाले कभी-कभी जब उनकी मांगों को पूरा नहीं करते हैं तो इससे उन्हें, यानी शिशुओं और बच्चों को, दरअसल फ़ायदा ही होता है, ऐसा करके वे उनमें लचीलापन विकसित होने दे रहे होते हैं।

शैशवकाल से ही, बच्चे इस दुनिया में खुद को सुरक्षित महसूस करने की और उसे समझने की भरपूर कोशिश में लगे रहते हैं। अपना लालन-पालन करने वाले को वे एक ऐसा अचूक संकटमोचन मान कर चलते हैं कि जिससे न तो कोई ग़लती हो सकती है और न ही वह कभी असफल हो सकता है, ताकि वे अपनी आवश्यकताओं की पूर्ति तथा संरक्षण के लिए उसकी क्षमता पर भरोसा रख सकें। कोई शिशु यदि किसी ऐसे पेरैंट द्वारा पाला जा रहा है जो उसकी शारीरिक या भावनात्मक आवश्यकताओं को कभी प्यार से या अनुकूल ढंग से पूरी नहीं कर पाता है तो वह कभी भी यह *नहीं* सोचेगा, "ओह, शायद मम्मी अपने दफ़्तर में लंबे समय तक काम करने के कारण तनाव में है। मुझे पता है कि वह मुझे प्यार करती है लेकिन वह बेचारी थकी हुई है,

या वह इसलिए मेरे पास नहीं आ रही है क्योंकि वह अपने कुछ अनसुलझे भावानात्मक मुद्दों में उलझी हुई है।''

इसके बजाय, बच्चा इस निष्कर्ष पर पहुंच जाता है कि मम्मी मेरी आवश्यकता को इसलिए पूरा इसलिए नहीं कर रही है क्योंकि 'या तो मैं इसके योग्य नहीं हूं या मेरे अंदर कोई जन्मजात गड़बड़ है'। और इस प्रकार शुरू हो जाता है इच्छापूर्ति कराने का वह पैटर्न जिसमें किसी सुर मिलाने वाले पेरैंट से इच्छापूर्ति कराने की मांग शुरू होती है, और निराशा से निपटने का वह पैटर्न कि जब इच्छा-पूर्ति न हो तब यह मान लिया जाए कि वह, यानी बच्चा, इस योग्य नहीं है कि उसकी आवश्यकताओं को पूरा किया जाए। फिर, वह इसी रूप में वयस्कता की ओर बढ़ता है – चौकस, कमतर आत्मविश्वास के साथ, अपने दिल से उखड़ा हुआ और इसलिए जीवन की तमाम तरह की अच्छाइयों में से कुछ ही को हासिल करता हुआ।

कैंडी शॉप की विंडो के कांच पर अपनी नाक दबाते हुए बच्चे की तरह ही, इस किस्म का आदमी अंदर रखी हर आनंददायी चीज़ की लालसा करता हुआ भी अपने अंतरतम में मानता यही है कि इन चीज़ों का आनंद केवल उसके अलावा सभी उठाने वाले हैं। जो वह चाहता है उसे प्राप्त न कर पाने का दोष वह अपनी पत्नी को, अपने बॉस को या फिर अपने जीवन के बेरहम हालात को देने लगता है जब कि वास्तविकता यह है कि भले ही उसकी सारी इच्छित चीज़ें उसकी गोद में डाल दी जाएं लेकिन तब भी वह उनका आनंद नहीं ले सकेगा।

हमारे बच्चों का इतना हक़ तो बनता ही है कि भले ही हम सदा-सर्वदा उनकी इच्छाओं की पूर्ति न कर पातें हों या उनकी सारी इच्छाओं को सही न भी ठहराते हों लेकिन फिर भी वे जैसे भी हैं उसी रूप में पूरी-पूरी तरह से प्यार करने योग्य तो वे हैं ही। वे एक उम्दा हीरे जैसे हैं। यह बात उनमें यह आत्मविश्वास भर देती है कि वे प्रेमपात्र हैं और सौभाग्यशाली हैं। इससे वे उस मुकाम पर पहुंच जायेंगे जहां कि जीवन के पास उन्हें देने के लिए जो कुछ भी अद्‌भुतताएं हैं उन्हें वे ग्रहण कर सकें न कि उनमें ऐसी भावना आ जाए कि वे उन चीज़ों को दुत्कारते ही रहें।

हमारे बच्चों का इतना हक़ तो बनता ही है कि भले ही हम सदा-सर्वदा उनकी इच्छाओं की पूर्ति न कर पातें हों या उनकी सारी इच्छाओं को सही न भी ठहराते हों लेकिन फिर भी वे जैसे भी हैं उसी रूप में पूरी-पूरी तरह से प्यार करने योग्य तो वे हैं ही। वे एक उम्दा हीरे जैसे हैं।

हम क्या कर सकते हैं? जो हमें करना है वह कुछ जटिल नहीं है। जब हम अपने बच्चे के साथ उस तरह नहीं हो पा रहे हों जिस तरह कि वह चाहता है तो इससे उसको लगने वाली चोट को हम कुछ इस तरह कम तो कर ही सकते हैं कि हम उसकी निराशा को उसके सामने बस क़बूल कर लें। ''तुमने ज़रूर उम्मीद की होगी कि मुझे कुछ समय तुम्हारे साथ बिताना चाहिए था लेकिन देखो न कि मुझे इस बच्ची से फुरसत ही नहीं मिल रही है।'' ''अफ़सोस है कि मैं सनक गई – आज दफ़्तर में इतना काम था कि पूछो मत और मुझे लग रहा है कि मैं बहुत थक गई हूं – यह तुम्हारी गलती नहीं थी।'' ''अगर हम इतना खेलेंगे तो फिर नींद भाग जायेगी।'' इससे उसे यह मान कर निराश होने की संभावना बहुत कम रह जायेगी कि उसके अंदर कुछ ख़राबी है और यह कि वह प्यार करने लायक नहीं है।

जब हम अपने बच्चों के साथ ''पर्याप्त अच्छे'' पेरैंट की तरह उपस्थित रहते हैं, *प्रेज़ैंस* रहते हैं तभी वे जान पाते हैं कि वे प्रेम, सह्रदयता और जीवन के अनगिनत उपहारों के लायक हैं। यह न तो ऐसी बात है कि हम अपने बच्चों को यह बताएं कि वे कितनी बड़ी मुसीबत हैं और न ही हम उनके सामने सर्वोत्कृष्ट माता-पिता होने का एक आदर्श स्वरूप बने रहें – यानी एक रोबोट जैसे पेरैंट जिसे न तो कभी गुस्सा आता हो और न ही यह सोच कर जो कभी भाग जाने की सोचता हो कि इन बच्चों के चक्कर में मैं यह किस मुसीबत में फंस गया हूं बल्कि, यह मामला पूरी तरह इस गुण का है कि बच्चों के साथ जुड़े रह कर हम उनसे इस तरह बातचीत किया करें कि वे यह समझने लगें कि वे कितने मूल्यवान हैं। इस तरह वे कुछ ऐसे विकसित होते हैं जिसे दलाई लामा ने इन शब्दों में व्यक्त किया है – अपने आप में ''आत्म-अनुरागी या सहज-शांतिपूर्ण''।

> *जब हम अपने बच्चों के साथ ''पर्याप्त अच्छे'' पेरैंट की तरह उपस्थित रहते हैं, प्रेज़ैंस रहते हैं, तभी वे जान पाते हैं कि वे प्रेम, सह्रदयता और जीवन के अनगिनत उपहारों के लायक हैं।*

आगे आने वाले अध्यायों में वे तरीके सुझाए गए हैं जिनसे हम अपने बच्चों को जीवन में सफलता पाने में सहायता कर सकते हैं – सहायता शब्द के हर अर्थ में।

अब आपकी बारी है

उन गुणो के बारे में सोचिए जो गुण आप अपने बच्चों में बढ़ाना चाहते हैं (सम्मान-आदर, ईमानदारी, उत्तरदायित्व, इत्यादि)।

इन में से कौन से गुणों की मिसाल आप खुद हैं? दूसरे शब्दों में, इनमें से वे कौन से गुण हैं जिन पर आप अपने जीवन में स्वयं चलते हैं?

इन गुणों को अपने बच्चों में डालते समय आप इनमें से कौन-कौन से गुण को स्वयं अपनाना चाहेंगे? दूसरे शब्दों में, इनमें से कौन से गुणों को अपने जीवन में शामिल करने के लिए आप इच्छुक हैं, भले ही वे कुदरती तौर पर आपमें अभी तक न आए हों?

अध्याय 5

आत्मसम्मान और सजगता का आदर्श बनें

जब भी संभव हो, दयालु बनें। और, यह हमेशा संभव है।

– दलाई लामा

जब कभी भी मैं पेरैंट्स से यह सवाल करती हूं कि अपने बच्चों में कौन सा विशेष गुण वे सबसे अधिक डालना चाहते हैं, तब सबसे अधिक जो जवाब मुझे सुनने को मिलता है वह है *आदर-सम्मान करना*। हम सभी यह जानते हैं कि जीवन सरल रूप से चले, इसके लिए आवश्यक है कि दूसरों का आदर-सम्मान किया जाए। लेकिन हम कभी-कभी यह भूल जाते हैं कि दूसरे का सचमुच सम्मान करने के लिए पहले हमें स्वयं का सम्मान करना चाहिए। हो सकता है कि सुनने में यह बड़ी आसान सी बात लगे या कोई एक घिसा-पिटा मुहावरा लगे लेकिन मेरा मानना है कि सच्चे अर्थों में खुद में आत्म-सम्मान विकसित करना (न कि अहं-संचालित, पैर पटकना, "मैं कहता हूं कि मेरी बात सुनो" तरह का व्यवहार करना) कोई आसान काम नहीं है। इसका शुभारंभ स्वयं की संगत में सुख अनुभव करने से होता है। इसमें यह देखना शामिल रहता है कि हम स्वयं के प्रति सहृदय हों, अपनी सहज-सोच पर यक़ीन करते हों, और उन बातों के लिए प्रयत्नशील रहते हों जो हमारे जीवन को सार्थक बना सकें। केवल तभी हम इस योग्य हो पाते हैं कि हम यह जान सकें कि दूसरे का आदर-सम्मान करते हुए हम कैसे अपनी बात कहें, कैसे उसके सुख-दुख को अपने सुख-दुख की तरह महसूस कर सकें, और कोई विवाद खड़ा किए बिना किस तरह अपनी असहमति व्यक्त कर सकें और अपनी सहमति का आदर कर सकें।

3-डी संसार में जीना

विर्जिनिया विश्वविद्यालय के टिंपोथी विल्सन द्वारा 2014 में किए गए प्रयोगों की एक श्रृंखला में, छात्रों को एक कमरे में अकेले ही अपने विचारों के साथ और ध्यान भटकाए बैठने के लिए आमंत्रित किया गया। उनसे कहा गया कि वे केवल छः से पंद्रह मिनट के बीच किसी भी अवधि तक बिना सोये बस बैठे रहें। इन प्रयोगों में से एक में भाग लेने वालों को एक हल्का सा झटका दिया गया, – बिजली का एक हल्का सा स्टैटिक झटका – वह भी उस कमरे में प्रवेश करने से पहले जिसमें कि वे शांत भाव से बठने वाले थे। झटका लगने के बाद, लगभग हरेक प्रतिभागी ने बताया कि वह इतना अप्रिय लगा था कि वे पांच डॉलर तक देने को तैयार हैं कि वह झटका दोबारा उन्हें न लगाया जाए।

लेकिन फिर भी, एक इस प्रयोग में, एक बार यह झटका झेल लेने के बाद और छः से पद्रंह मिनट तक एक कमरे में अकेले बैठ लेने को बाद, पुरुषों में से 67 प्रतिशत और महिलाओं में से 25 प्रतिशत ने दोबारा वह झटका लगाए जाने का सचमुच अनुरोध इस शर्त पर किया कि उन्हें उस "विचार अवधि" को पूरा करने से छूट दे दी जाए। यानी, उन्होंने एक अकेले कमरे में छः से पंद्रह तक मिनट तक बैठने की अपेक्षा एक झटका और खाने को वरीयता दी थी। हे भगवान!

कुछ साल पहले की बात है, मैं अपनी एक सहेली की तीन साल की बेटी को उसी की कार से लेकर उसके घर जा रही थी। जब मैंने कार स्टार्ट की तो जो वीडियो वह देख रही होगी वह फिर से चलनी शुरू हो गई। मुझे अजीब तो लगा लेकिन मैं चुप रही। अपने दिनों में (यह बात मेरी उम्र से भी पुरानी लग सकती है), यह विचार ही कि मेरा बेटा तब स्क्रीन को ताक रहा हो जब कि *हम कार में जा रहे हों,* मुझे बड़ा अटपटा लगता था। आप तब स्क्रीन को ताकना क्यों चाहते हैं जब कि खिड़की के बाहर देखने के लिए इतना कुछ हो? लेकिन जैसे ही इस छोटी सी लड़की का वह वीडियो ख़त्म हुआ तो उसने तुरंत झीखना शुरू कर दिया, "दूसरी वीडियो लगाओ! मुझे एक और वीडियो देखनी है!" मैंने उसे बहलाया कि खिड़की से जाती हुई कारों और लोगों का नज़ारा भी तो देखो। लेकिन उस सब में उसकी कोई रुचि नहीं थी। बेचारी – तीन साल की उम्र में ही कार यात्रा को झेलने के लिए उसे किसी इलैक्ट्रॉनिक उत्तेजना की आवश्यकता होने की लत पड़ चुकी थी।

बहुत से पेरैंट्स यह कहते हैं कि अगर बच्चों को रोका न जाए तो वे तो अपनी इन डिवाइसों को कभी बंद ही नहीं करेंगे। स्मार्टफ़ोन, कंप्यूटर, टेबलेट, और ''फ़ेबलेट'' जैसी डिवाइसों के आगमन के बाद तो पेरैंट्स इसी असमंजस और अनिश्चितता में पड़े रहते हैं कि उनके बच्चे इन डिवाइसों में कितना समय खपाएं कि जो आज की दुनिया में चल रहा है उससे भी वे अवगत रहें और इन डिवाइसों में डूबे रहने में वे अति की सीमा को भी पार न करें (साफ़ कहूं, तो पेरैंट्स को भी अपने गिरेबान में झांक कर यह देखना होगा कि खुद उन्हें अपनी ऐसी ही डिवाइसों पर कितना समय लगाना चाहिए!)

बच्चों को तो खेलने की ज़रूरत होती है। उन्हें स्क्रीन पर जादुई रंग की हलचल देखने के लिए टच पैड पर उंगली घुमाते हुए स्वच्छ स्पर्श को महसूस करने के बजाय फ़िंगर-पेंट से चित्रकारी करते हुए पेंट के चिपचिपे स्पर्श की अनुभूति करने की अधिक आवश्यकता है। उन्हें मिट्टी में गड्ढा खोदने और गंदे होने की आवश्यकता है। उन्हें पानी में छपछप करते हुए भीग जाने की आवश्यकता है। उन्हें कुछ गाने, कुछ बजाने और पेड़ों पर चढ़ जाने की आवश्यकता है। उन्हें बिना किसी बात के, बिना किसी निर्धारित कार्यक्रम के, एक कमरे से दूसरे कमरे में घूमते हुए व्यस्त रहने की आवश्यकता है।

बच्चों को तो खेलने की ज़रूरत होती है। उन्हें स्क्रीन पर जादुई रंग की हलचल देखने के लिए टच पैड पर उंगली घुमाते हुए स्वच्छ स्पर्श को महसूस करने के बजाय फ़िंगर-पेंट से चित्रकारी करते हुए पेंट के चिपचिपे स्पर्श की अनुभूति करने की अधिक आवश्यकता है। उन्हें मिट्टी में गड्ढा खोदने और गंदे होने की आवश्यकता है। उन्हें पानी में छपछप करते हुए भीग जाने की आवश्यकता है।

स्कैंडिनेविया के फ़ॉरेस्ट स्कूल में ऐसे परिसर में बनाए गए हैं जहां बच्चे कुछ न कुछ करते हुए और बाहर घूमते हुए सबसे ज़्यादा सीखें। किंडरगार्टन के छात्र ढाई घंटे का अपना सारा समय बाहर घूमते हुए ही बिताते हैं। मुझे बताया गया कि आर्कटिक क्षेत्र वाले फ़ॉरेस्ट स्कूल के बच्चे भी, तब तक बाहर ही खेलने और सीखने में अपना समय बिताते हैं जब तक कि तापमान 20 डिग्री से नीचे नहीं गिर जाता – उनके सिर पर वैसे लैंप अवश्य लगा दिए जाते हैं जैसे कि खानों में काम करने वाले पहना करते हैं!

जिस बच्चे को ऐसी किसी इलैक्ट्रोनिक बेबी-सिटर के साथ बैठा दिया जाता है, वह जब यह शिकायत करता है कि ''मेरे पास करने को कुछ नहीं है'' तो वह एक ऐसा वयस्क लगता है जो अपने विचारों के साथ छः से पंद्रह मिनट भी अकेला नहीं बैठ पाता है। अपनी किताब *'द माइंडफुल ब्रेन'* में डैनियल सीजल कहते हैं,

> आज के व्यस्त लोग टैक्नोलोजी द्वारा हांकी जा रही ऐसी एक संस्कृति में जी रहे हैं जो कि हमारा सारा ध्यान एक ही समय में अनेक काम करने के पागलपन की दौड़ में लगा देती है, और जो उन्हें कुछ न कुछ करते रहने के एक ऐसे चक्रव्यूह में धकेल देती है जिसमें उन्हें सांस लेने की भी फुरसत नहीं रहती। इस तरह की जीवन शैली अपनाने से युवा पीढ़ी अक्सर उत्तेजना से भरी हुई सावधान की मुद्रा के एक इतने ऊंचे स्तर पर जीने की आदी हो जाती है जिसमें वह एक किसी गतिविधि से किसी दूसरी गतिविधि पर कूदती-फांदती रहती है, और इस चक्कर में उसके पास वह आत्म-चिंतन करने और पारस्परिक संबंधों का प्रत्यक्ष दर्शन करने का समय ही नहीं मिल पाता है जो कि मस्तिष्क के समुचित विकास के लिए आवश्यक है। आज का उत्तेजक जीवन हमें एक दूसरे के साथ सुर मिलाने का मौका ही नहीं देता।

इसका मतलब यह नहीं है कि बच्चों के टीवी देखने या कंप्यूटर चलाने पर प्रतिबंध ही लगा दिया जाए। मैं ऐसी पीढ़ी को पालने की वकालत नहीं कर रही हूं जो मशीन और नई टैक्नोलोजी के विरुद्ध हो। इस डिजिटिल युग ने हमारे जीवन को अनगिनत फ़ायदे पहुंचाए हैं। लेकिन इलैक्ट्रोनिक डिवाइसों और ऐसी चीज़ों द्वारा जो कि असीम और अबाध उत्तेजना परोस रही हैं, उनके भरोसे बच्चों को छोड़ देना पूरी तरह से असंगत व अनुचित है। इसलिए यह बहुत महत्वपूर्ण है कि इन गैजेट्स का प्रयोग करने के बारे में हम बच्चों को शुरू में ही बता दें ताकि जब वे किशोर अवस्था में प्रवेश करें और हमारे निगहबानी से थोड़ा दूर हों तब वे इतने योग्य तो हो ही जाएं कि इन चीज़ों का चुनाव समझदारी से कर सकें। हमारी ही तरह, उन्हें भी सावधानीपूर्वक यह देखना और समझना होगा कि इलैक्ट्रोनिक-डिवाइस-युक्त जीवन और इलैक्ट्रोनिक-डिवाइस-मुक्त जीवन के बीच संतुलन कैसे बनाए रखा जाए। आगे मैं इस संतुलन की चुनौतियों का प्रबंधन करने के बारे में कुछ और सुझाव दूंगी।

स्विच ऑफ़ करना

एक दिन एक मां और उसके बारह साल के बेटे के बीच, मेरे ही ऑफ़िस में, इस बात को लेकर गरमागरम बहस हो गई कि वह अपना कितना समय

अपनी इन डिवाइसों में गंवा देता है। अमीरा की शिकायत यह थी कि उसका बेटा अपने आई-पैड का स्विच तब तक ऑफ़ नहीं करता जब तक कि वह उसे यह धमकी नहीं दे देती है कि वह उससे आई-पैड छीन ही लेगी। ''वह अपने ज़रूरी कामों पर ध्यान नहीं देता, होमवर्क को करना टालता रहता है, और बाहर जाकर खेलने की तो कभी सोचता तक नहीं।'' उसने बताया कि सबसे बड़ी परेशानी उसे तो तब होती है जब वह डिनर बना रही होती है, तब हैरी चुपके से कोई न कोई डिवाइस थाम लेता है क्योंकि वह तो रसोई में लगी रहती है और इसलिए उसके डिवाइस देखने की समय-सीमा पर वह ध्यान नहीं दे पाती है। हैरी इस बात पर अड़ा हुआ था कि उसकी मां ज़रूरत से ज़्यादा सख़्त है। ''वह मेरे दोस्तों के पेरैंट्स के मुकाबले बहुत संकीर्ण है। वे लोग तो कई-कई आई-पैड पर लगे रहते हैं।'' मैंने उसे उसकी शिकायतें बोलते रहने दिया ताकि फिर जो मैं कहूं उसे वह सुन सके। ''हमारे घर में तो ऐसा कुछ करने को है ही नहीं जिससे दिल बहल सके! और, मैं अपना होमवर्क कर तो लेता ही हूं। मुझे समझ में नहीं आता कि फिर वह मुझे मेरे गेम खेलने क्यों नही देती है। मुझे किसी की परवाह नहीं है।''

बजाय इसके कि मैं यह कोशिश करूं कि हैरी पुराने खेलों की अच्छाईयों को मान ले या यह मान ले कि अब से कुछ साल पहले तक भी तो आई-पैड और कंप्यूटर के बिना भी बच्चे अपना समय खुशी-खुशी बिताया ही करते थे, मैंने उन दोनों को अपने साथ मानसिक चित्र बनाने (विजुअलाइज़ेशन) करने के लिए कहा। ''अपनी आंखें बंद करो, और कल्पना करो कि हम तीनों ठीक इसी जगह साथ-साथ बैठे हैं, लेकिन समय आज से कोई दस हज़ार साल पहले का है। कोई बिल्डिंग नहीं है, कोई फ़र्नीचर नहीं है। न कारें हैं, न बिजली है। हैरी, तुम यह कल्पना करो कि तुम्हारी मां कबीले की अन्य महिलाओं के साथ आग के पास बैठ कर खाना तैयार करने में लगी है – शायद ऐसे कुछ बीजों या बूटियों को कूट-पीस रही है जिन्हें कुछ देर पहले तुम ही इकट्ठा करके लाए थे।

''तो, हैरी, वहां तुम क्या कर रहे थे, क्योंकि वहां कोई डिवाइस तो थी नहीं?'' उसने बताया कि उसने जो कल्पना की वह यह थी कि वह दूसरे लड़कों के साथ इधर-उधर भाग रहा है, कुछ चीज़ें बना रहा है और पेड़ों पर चढ़ रहा है। अमीरा ने अपनी बात कही कि अपनी कल्पना में उसने खुद को बड़ों के काम में हाथ बंटाते देखा था – हालांकि वे लोग उम्र में उससे कोई बहुत बड़े नहीं थे, और वे लोग अगले शिकार की तैयारी में हथियार बना रहे थे या झोंपड़ी बना रहे थे।

जब हमने वापस इस जीवन की बात करनी शुरू की तो वह मुस्कुराने लगा। "काश कि मैं उसी तरह आज भी रह पाता! कितना अच्छा लग रहा था! मुझे याद आया कि यह आजकल के बच्चों के लिए कितना कठिन है, अब तो बाहर निकल कर कुछ खोजबीन करना या जंगल में समय बिताना शायद ही कोई करता हो।"

मैंने अमीरा से अपने बेटे के नज़रिए से स्थिति को देखने के लिए कहते हुए कहा, "ज़माना अब बदल गया है। अब जब आप बाहर इतना घूम-फिर नहीं सकते हैं तो किसी डिवाइस का स्विच ऑन करने से खुद को रोक पाना असंभव सा लगता है।" उसकी मां ने हामी में सिर हिलाया और यह माना कि उनका दैनिक जीवन बहुत सीमित हो गया है – जैसे शहर की सड़कों का इतना व्यस्त रहना कि बहुत दूर जाना सुरक्षित नहीं रह गया है। "हैरी, क्या तुम कम से कम ऐसी दस मज़ेदार कामों की सूची बना सकते हो जिसमें बिजली की आवश्यकता न पड़ती हो?" उसे खुद अचंभा हुआ कि अपनी मां के साथ बड़े जोश में कि कोशिश करते हुए उसे इस बारे में विचार आते चले गए। अमीरा उसकी सूची में आई गतिविधियों में से कुछ में उसे मदद करने के लिए तैयार भी हो गई, जैसे साबुन पर नक्काशी करने के लिए, या अपने पीछे वाले आंगन में एक छोटा सा क़िला बनाने के लिए सामान मुहैया कराना। हैरी व उसकी मां का एक दूसरे को अपना विरोधी मानने के बजाय एक सखा व साथी महसूस करने के साथ इस सेशन का समापन हुआ। इस अभ्यास से अपने आई-पैड या कंप्यूटर से हैरी का मोह भंग तो नहीं हो गया लेकिन इससे इतनी मदद तो अवश्य ही मिली कि जब उसकी मां उसे डिवाइसों का स्विच ऑफ़ करने को कहे तो वह कुछ करने के लिए कोई और काम तलाश ले। यह मुद्दा शायद हमेशा ही एक चुनौती बना रहेगा क्योंकि, जैसा कि वह बताता है, उसके अधिकांश दोस्तों पर पाबंदियां कम हैं, और वह उनकी ऑन-लाइन-कल्चर का हिस्सा बनना चाहता है। लेकिन अमीरा को जैसे-जैसे यह बात अच्छी तरह समझ में आती जायेगी, और हैरी के लिए वह कुछ दिलचस्प विकल्प तलाश करने में अपना समय लगायेगी, वैसे-वैसे यह बहसबाज़ी कम होती चली जायेगी।

स्टीव जोब्स के बच्चे और आई-पैड

जब डिजिटल डिवाइसों की बात होती है तो कुछ माता-पिता अपने बच्चों को खुली छूट देने को सही बिल्कुल ठहराते हैं क्योंकि उनका मानना है कि

ऐसा न करने से उनका बच्चा स्पर्धा वाली इस दुनिया में पीछे रह जायेगा जहां कि तकनीकी ज्ञान का ही बोलबाला है। अपने लेख 'स्टीव जोब्स वाज़ ए लो-टैक पेरैंट' की शुरुआत निक बिल्टन ने उसी सवाल से की है जो उन्होंने जोब्स से तब पूछा था जब पहला टेबलेट बाज़ार में उतारा गया था। ''तो, आपके बच्चे तो आई-पैड के दीवाने होंगे?'' इस पर जोब्स का जवाब क्या था? ''उन्होंने इसका अभी तक प्रयोग नहीं किया है। ... हमने सीमा रेखा तय की हुई है कि हमारे बच्चे कितनी टैक्नोलोजी का प्रयोग करेंगे।'' बिल्टन ने *स्टीव जोब्स* नामक किताब के लेखक वाल्टर इज़ाक्सन से बात की जिसने कि स्टीव के घर में काफ़ी समय बिताया था, तो उन्होंने बताया, ''हर शाम को स्टीव इस बात का ध्यान रखते थे कि डिनर रसोई में रखी बड़ी सी टेबल ही पर किया जाए और वहां होने वाली चर्चा किताबों, इतिहास और दुनिया भर की बातों पर हों लेकिन वहां कभी कोई आई-पैड या कंप्यूटर साथ लेकर नहीं बैठता था।''

वायर्ड के पूर्व संपादक और *3डी रोबोटिक्स* के मुख्य प्रबंधक क्रिस ऐन्डरसन ने अपने घर में सभी डिवाइसों के चलाने की सीमा निर्धारित कर रखी है और उस पर पिता के रूप में वह नियंत्रण भी रखते हैं। छः साल से लेकर सत्रह साल तक के अपने पांच बच्चों के बारे में उन्होंने बताया, ''मेरे बच्चे मुझ पर और मेरी पत्नी पर फ़ासिस्ट होने और टैक्नालोजी की तरफ़ से कुछ अधिक ही चिंतित रहने का आरोप लगाते हैं और यह भी कहते हैं उनके किसी भी दोस्त के घर में ऐसा कोई नियम नहीं है। मगर हम ऐसा इसलिए करते हैं क्योंकि टैक्नोलोजी के ख़तरे हमने पहले ही देख लिए हैं। इसे मैंने खुद में देखा है और मैं नहीं चाहता कि मेरे बच्चों का भी वही हाल हो।'' नियम नंबर एक? ''सोने के कमरे में कोई भी स्क्रीन नहीं है। न कभी होगी।''

जब हमारे नीति-निर्देश स्पष्ट होते हैं, तब बच्चे खुद को उनके अनुसार ढाल भी लेते हैं। हो सकता है कि जो वे चाह रहे हैं उसे पाने के लिए वे तंग करें लेकिन जब स्विच ऑफ़ कर ही दिया जायेगा तो फिर वे अपने मन-बहलाव के लिए कुछ न कुछ तलाश ही लेंगे जैसा कि आज से पहले वाले बच्चे युगों से करते आ रहे थे।

कुछ साल पहले जब मैं पश्चिमी अफ्रीका में थी तो मैं यह जानने के लिए उत्सुक थी कि वहां के लोग सोशियल मीडिया का इस्तेमाल कैसे करते हैं। मैंने सोलह से चौबीस साल तक के अनेक युवाओं से पूछा कि अपने कंप्यूटर पर और शायद फ़ेसबुक पर, क्या उन्होंने अपने उस मित्र से बात करने की कभी सोची है जो उनके साथ उसी कमरे में रह रहा हो, या कि मिलने आया

हो। मेरी इस बात पर वे हमेशा ही हंस पड़ते थे। ''यह तो बड़ी अजीब बात कह रही हैं आप! अगर मेरा मित्र मेरे साथ कमरे में ही मौजूद है तो मैं उससे कंप्यूटर पर भला क्यों बात करूंगा?'' लेकिन बहुत से घरों में आज यही हो रहा है कि बच्चे अपना अधिकांश समय इसी तरह बिता रहे हैं – एक दूसरे के संग-साथ का आनंद लेने के बजाय वे स्क्रीन पर लिख रहे हैं, बतिया रहे हैं, सैल्फ़ीज़ ले रहे हैं या एक दूसरे को कोई संदेश या वीडियो भेज रहे हैं।

डिवाइसों की बढ़ती मनोग्रस्तता पर कॉमेडियन लुइस सी.के. ने हास्य और व्यंग का एक बहुत ही बढ़िया दृश्य दिखाया है। उन्होंने इस बात का मज़ाक उडाते हुए दिखाया है कि अब माता-पिता अपने बच्चों को कोई गीत गाते हुए सुनते या देखते नहीं हैं बल्कि उसके चेहरे के सामने वे अपने सैल फ़ोन लगा देते हैं ताकि उसकी कला का वे वीडियो बना सकें और फिर उसे फ़ेसबुक या यू-ट्यूब पर डाल सकें, जहां, सच कहें तो, उन्हें देखने की कोई ज़हमत भी नहीं उठाता।

जब हम कोई सीमा रेखा तय नहीं कर पाते हैं क्योंकि हम डरते हैं कि कहीं बच्चे कोई बखेड़ा न खड़ा कर दें या फिर हमें यह अपराध-भाव रहता है कि हम अपने ही पचड़ों में बहुत व्यस्त रहते हैं तब हम अपने बच्चों को डिजिटल के ऐसे आकर्षण में डाल देते हैं जिसमें से बाहर निकलना बड़ा ही कठिन होता है। बच्चो को तो उस चपटी स्क्रीन के बजाय इस त्रि-आयामी (3-D) दुनिया में, जीती-जागती दुनिया में जीने की आवश्यकता है; और यह हमारी ही ज़िम्मेदारी है कि वे इसमें जिएं।

डिजिटल का प्रयोग करने के लिए कोई बहुत कड़े नीति-निर्देश निर्धारित नहीं हुए हैं। हो सकता है कि कभी आपकी तबीयत ठीक न हो और आप बच्चों से बात करने की स्थिति में न हों तब बच्चे अपनी पसंद का कोई कार्यक्रम पूरा देख लें। अगर कभी आपको देर तक नहाना है तो आप बच्चों को कोई 'शिक्षाप्रद खेल' देखने दे सकते हैं। समस्या तब होती है जब हम अपनी अंदर की आवाज़ का गला घोट देते हैं और डर तथा अपराध भाव के साथ बच्चों को पालते हैं।

खुद एक मिसाल बनें

अब उन बच्चों के पालने के बारे में भी कुछ बात कर ली जाए जो बस अपने में ही मगन रहते हैं। *हमें उन्हें यह दिखाना चाहिए कि ऐसा कैसा लगता है।* हम में से अधिकतर लोग, सारा दिन एक अंधी दौड़ में बस भागते ही रहते हैं।

खाना खाने के लिए भी दो पल चैन से बठना, उनके लिए मुश्किल होता है, अकेले बैठ कर खिड़की से कुछ देर नज़ारा देखना या दिवास्वप्न देखना तो बहुत दूर की बात है। कभी बीप तो कभी ट्वीट, कभी पिंग तो कभी रिंग – हमारी डिवाइसें हमारे लिए इसी तरह से अलर्ट भेजती ही रहती हैं और जवाब में हम उनमें झांकते रहते हैं। उस समय जो कुछ भी काम हमारे हाथ में होता है उसे हम दरकिनार कर देते हैं – भले ही वह समय हम अपने बच्चे के साथ कुछ पल केवल उसी के साथ बिताने के लिए तय कर चुके हों – घंटी बजते ही हम तो जैसे बस उस डिवाइस के ही हो जाते हैं।

तो, कैसे हम अपने बच्चों से यह कह सकते हैं कि जब हम न हों तब वे इस 3-D दुनिया की ओर, जीती-जागती दुनिया की ओर ज़्यादा ध्यान दें, बादलों को आसमान में तैरते हुए देखें?

मार्था बेक ने अपनी किताब *द जॉय डाइट* में बताया है कि दिन में कम से कम पंद्रह मिनट के लिए तो हमें अपना बहिर्मुखी होना रोक देना चाहिए। "(समस्या यह है कि) अपने अंतरतम के साथ कभी भी कोई संवाद किए बिना, लगातार कुछ न कुछ करते रहना – यह कुछ तो ऐसा है जैसे किसी बड़े जलयान की भट्टी में जहाज के सारे उपकरण झोंक देना।" वह आगे कहती है, "आपकी अंतरात्मा की आवाज़ इतनी हल्की और ठहरी-ठहरी होती है कि आपका ध्यान ज़रा सा भटकते ही वह विलुप्त हो जाती है। जब आप कुछ न कर रहे हों तब समय के उन टुकड़ों को यूं ही बह जाने से रोके बिना या ऐसा करने का प्रयास किए बिना, आप सुनने की कला को विकसित नहीं कर सकते।" ('कुछ न करना', इस विषय पर अभ्यास के लिए अध्याय 11 देखिए)

अपनी ही संगति में मस्त रहना, बाहरी उद्दीपनों-आकर्षणों से विरत-विमुख रहना – यह हमारे सुख के लिए अत्यावश्यक है। लेकिन अगर हम अपने बच्चों को यह सिखाने में विफल रहते हैं कि एकांत में कैसे जिया जाए तो वे हमेशा ही अकेलापन महसूस करेंगे। जब हम अपने भीतर सचमुच सहज महसूस करने लगते हैं केवल तभी हम रिश्तों को खुशनुमा और दीर्घजीवी बना सकते हैं।

> *लेकिन, अगर हम अपने बच्चों को यह सिखाने में विफल रहते हैं कि एकांत में कैसे जिया जाए, तो वे हमेशा ही अकेलापन महसूस करेंगे।*

बहुत से लोग किसी रोमांटिक पार्टनर को केवल इसलिए अपना जीवन साथी बना लेते हैं क्योंकि वे खुद को अकेला, व्याकुल और असहज महसूस कर रहे होते हैं – हालांकि अपने कहीं अंदर से वे यह भी जानते भी हैं कि वह व्यक्ति उनके जीवन में अच्छी तरह फ़िट नहीं बैठेगा। केवल किसी के आस-पास

रहने से अकेलापन मिटता नहीं है। मेरे बहुत से विवाहित क्लाइंट अक्सर खुद को बहुत अकेला महसूस करने का दुखड़ा सुनाया करते हैं हालांकि हर रात उनके बिस्तर पर उनका पति या उनकी पत्नी उनके बराबर में ही होता या होती है। अपने दिल में मौजूद खालीपन को भरने के लिए किसी को जल्दबाजी में अपने साथ शामिल कर लेना तो केवल कुछ और तरह की समस्याओं को ही जन्म देता है; खालीपन की समस्याओं का निराकरण वह कभी नहीं करता है।

अगर आप चाहते हैं कि आपके बच्चे अपने असंतोष और अतृप्ति के शोर को दबाने के लिए किसी वस्तु या किसी व्यक्ति की आवश्यकता महसूस किए बिना ही खुश रहें तो अपने घर के इलैक्ट्रोनिक्स के प्लग निकाल दीजिए और दोबारा मत लगाइए। ज़रा देखिए तो सही कि तब क्या होता है जब आप खुद से, एक दूसरे से, और उन सरल व संतोषप्रद तरीकों से आपस में अपनी पहचान बढ़ाने लगते हैं जिनका आनंद, इंसान तब लिया करता था जब डिजिटल दुनिया में उसने कदम भी नहीं रखा था।

अपने शरीर की, इसकी अपूर्णता की, इसकी तमाम बातों की सराहना कीजिए

मैं अपने शरीर से बहुत बातें किया करती हूं, कभी-कभी तो बोल कर भी।

इस बात की चर्चा मैं लोगों से आमतौर पर नहीं करती हूं (हालांकि यह अजीब बात लग सकती है कि मैं इसे अपनी एक किताब में दे रही हूं जो कि बहुतों द्वारा पढ़ी जाने वाली है)। लेकिन सच यह है कि मेरे पास अपने शरीर और इसके अद्‌भुत अंगों के साथ किए गए प्रेमपूर्ण संवादों का भरा-पूरा भंडार है और इसलिए मैंने सोचा कि यह विचार तो सबसे साझा करने लायक है।

"हे पेट, उस भोजन को इतने बढ़िया ढंग से पचाने के लिए तुम्हारा धन्यवाद।" "हे आंखों, तुम्हारा धन्यवाद है कि आज तुमने मुझे इतने रंग-बिरंगे फूलों को दिखाने का एक बड़ा काम किया!" "हे हृदय, तुम्हारा धन्यवाद कि तुम इतने भरोसे के साथ धड़कते रहे और मेरे रक्त संचार को तुमने बनाए रखा। तुम वाक़ई कमाल के हो!" "हे पैरों, तुम्हारा धन्यवाद कि तुम मुझे इतनी अच्छी तरह से इधर-उधर ले जाते रहे ... कानों, तुम्हारा धन्यवाद, धन्यवाद हे जिगर, ... हड्डियों ...घुटनों ... दाँतों ...धन्यवाद।" अपने शरीर के साथ किया जाने वाला यह मेरा प्रेमालाप काफ़ी देर चल सकता है।

मैंने लगभग हमेशा ही यह महसूस किया है कि इस संवाद के पूरे होने पर मेरा दिल बड़ा कोमल और पिघला हुआ सा लगता है।

लगभग हम सभी लोग अपने शरीर को तब तक 'चलेगा' के भाव से लेते रहते हैं जब तक कि यह बैठ ही नहीं जाता और फिर हम इसके साथ बड़ा बुरा बर्ताव करते हैं – इसकी शिकायत करते हैं कि जो काम हम करना चाहते हैं वह यह कर नहीं रहा है। और फिर हमारे अपने कुछ रूप, आकार और नक्श ऐसे होते हैं जिन्हें हम बिल्कुल नापसंद करते हैं; हम चाहते हैं कि हमारे होंठ भरे-भरे हों, और हमारी नाक सुघड़ हो। अगर आप देखें तो पायेंगे कि अपनी इस मानव-देह के हम कितने निर्मम आलोचक हैं लेकिन फिर भी धन्यवाद के दो शब्द पाए बिना, यह बेचारा अपना काम करने में जुटा ही रहता है। तो, यह कमाल ही है कि हमारी शारीरिक प्रणाली फिर भी अपना काम लगातार करती ही रहती है। अगर हम अपने किसी कर्मचारी का इतना तिरस्कार कर रहे होते जितना कि हम अपने इस शरीर का करते आए हैं तो वह अपना काम छोड़ कर कभी का चला गया होता। लेकिन फिर भी हमारा यह शरीर है कि यह अपना कर्तव्य अपने बेहतरीन ढंग से निबाहता ही रहता है।

कई साल हुए मैंने एक वर्कशॉप में भाग लिया था जिसके दौरान हमें एक काग़ज़ का थैला दिया गया जिसमें आंखों के लिए बस दो छेद बने हुए थे। हमें कहा गया कि हम उसे अपने होटल के कमरे में ले जाएं, अपने सारे कपड़े उतार दें और उस थैले को अपने सिर पर ओढ़ कर एक आइने के सामने खड़े हो जाएं। हमें करना यह था कि हम उन छेदों में से अपने शरीर के एक-एक इंच को देखना था और ऐसा देखते समय हमारा मन जो भी टीका-टिप्पणी करे उसे अपने दिमाग़ में नोट करते जाना था। सुनने में यह बड़ा अजीब लगा था।

लेकिन यह अनुभव जीवन को बदल देने वाला रहा। मैंने उन तमाम अंगों पर फ़ोकस करने से शुरुआत की जिन्हें मैं पसंद *नहीं करती थी* – वे अंग जो बहुत बड़े थे या बहुत छोटे थे, जो बहुत नरम थे या जिन पर बहुत झुर्रियां हो गई थीं। मैं जैसे-जैसे इस अभ्यास में सहज होती गई, मैं अपने इस शरीर को एक ऐसी जगह महसूस करने लगी जो कि लगभग पूरी तरह पवित्र थी। अपने शरीर के हर अंग के बारे में बड़ी निष्ठुरता से निर्णय सुनाने वाले भाव से मैं इस बोध की ओर चलती चली गई कि इस शरीर को प्राप्त करना तो एक बड़ा उपहार पाने जैसा है और यह भी कि यह शरीर अपने आप में कितना परिपूर्ण है।

मैंने देखा कि मेरा पेट कुछ बाहर निकल आया है। यह मेरे मां बनने के वरदान का प्रमाण था। मुझे याद आया कि हल्के से डगमगाने वाले मेरे ये घुटने दर्द के बावजूद मुझे पहाड़ों की चोटियों पर पहुंचाने के लिए जी तोड़ मेहनत किया करते थे। मुझे यह भी याद आया कि मेरे बाजू किस तरह मेरे जिगर के टुकड़े के लिए पालना बन जाया करते थे। जब मैं पैरों पर पहुंची तो कृतज्ञता से भर उठी ...और दुख से भी। ये पैर! मेरे जीवन के कई दशकों से बिना थके, ये मुझे इधर-उधर ले जाते रहे हैं और मैंने शायद एक बार भी इन्हें धन्यवाद नहीं दिया। अपने शरीर रूपी इस खज़ाने के प्रति सराहना और प्रशंसा की लहरें मेरे मन में उठती हुई मुझे महसूस होने लगीं थीं जो कि एक अद्‌भुत उपहार के रूप में दिया गया है – लेकिन जिसकी मैं हमेशा से आलोचना ही करती रही कि यह ऐसा क्यों है वैसा क्यों नहीं है, बेहतर क्यों नहीं है।

इस अभ्यास के बाद जब फिर से हम सब एकत्र हुए कि अपने शरीर को पत्र लिखें, तब हमारे हृदय-और-आत्मा को धारण करने वाले इस अद्‌भुत पात्र यानी इस शरीर के प्रति प्रकट किए गए सभी के उद्‌गारों को हमने सुना जिसमें पश्चाताप था, कृतज्ञता थी, और शर्मिन्दगी थी। कमरे में पूरी तरह निस्तब्धता थी। दिल को दुखानेवाली सिसकियों के बीच, व्हील चेयर पर बैठे एक आदमी ने चौंका देने वाली वे तमाम विकट बातें बताईं जो वह सालों से अपने शरीर को कहता आया था। हर तरह से उस पर गुस्सा करते हुए वह यही मानता आया था कि उसके शरीर ने ही उसे असफल किया है। एक मोटी औरत ने अपनी उन अस्वास्थ्यकर आदतों के बारे में बताया जो वह इस शरीर पर लादती रही थी ताकि प्रेम और प्रेमी दोनों से बच कर रह सके। वह कमरा एक कृतज्ञतापूर्ण स्वीकृति की शांत गूंज से भर गया था। यह केवल उस एक सप्ताहांत में होने वाला अभ्यास था लेकिन इसने मेरे अंदर कुछ ऐसा जागरण ला दिया था जो कि आभार सहित आज भी मौजूद है।

> *जब आपके बच्चे देखेंगे कि आप अपने शरीर की शिकायतें करने के बजाय इसकी अद्‌भुतताओं को स्वीकार कर रहे हैं, तो फिर वे भी अपने शरीर को अधिक आदर देंगे, अधिक देखभाल और सराहना करेंगे – फिर वह चाहे कोई मस्सा हो या कुछ और ही क्यों न हो।*

आपकी सेवा करने के लिए और आपको नाचने, गाने, खाने, देखने, सूंघने, छूने और चढ़ने देने के लिए अपने अंगो को धन्यवाद दीजिए। जब आपके बच्चे देखेंगे कि आप अपने शरीर की शिकायतें करने के बजाय इसकी अद्‌भुतताओं को स्वीकार कर रहे हैं, तो फिर वे भी अपने शरीर को अधिक

आदर देंगे, अधिक देखभाल और सराहना करेंगे – फिर वह चाहे कोई मस्सा हो या कुछ और ही क्यों न हो।

एक जैसी सोच वाले (हमज़हन) लोगों की सूची बनाइए

प्रायः थकी-थकी सी रहने वाली एक मां, मेरे ऑफ़िस के कोच पर आकर ऐसे धंस जाती है जैसे कोई उसे यहां जबरदस्ती ले आया हो। मैं जल्दी ही पहचान जाती हूं कि वह काफ़ी दिनों से कुढ़ती और कुपित होती रही है। एक रात में वह पांच घंटे ही सो पाती है – उसका नसीब अच्छा रहा तो, क्योंकि लगभग हर दिन ही उसकी नींद में इसलिए खलल पड़ जाता है कि उसका बच्चा आकर उसके बिस्तर में घुस जाता है जो कि सोते हुए इतने हाथ-पैर चलाता है कि फिर तो शांति से सोने की वह बस कल्पना ही कर सकती है। चूंकि वह रसोई की भाग-दौड़ में लगी रहती है और ठीक तरह से भोजन करने के लिए कभी बैठ ही नहीं पाती है इसलिए आहार के नाम पर वह केवल बच्चों के छोड़े गए खाने को ही टूंग लिया करती है। वह तब हंस पड़ी थी जब मैंने उससे पूछा था कि आख़िरी बार कोई किताब उसने कब पढ़ी। और तो और, उसे तो यह भी याद नहीं पड़ता कि अपने पति के अलावा किसी और व्यक्ति से कोई वयस्कों जैसी सार्थक बातचीत करना कैसा लगता है क्योंकि उसकी बातचीत तो केवल अपने पति के साथ होती है और वह भी केवल बच्चों के बारे में।

ऐसे पेशैंट्स को अपने ऑफ़िस से मैं थोड़ी ही देर में विदा कर देने के लिए बदनाम हूं – उन्हें मैं कुछ खास हिदायतें दे देती हूं कि वे उन पर कम से कम एक हफ़्ता अमल करें और फिर एक सेशन करने के लिए आएं जैसे आपको जैसे ही प्यास लगे, आप तुरंत पानी पिएं, जब भी भूख महसूस हो तो कुछ न कुछ ज़रूर खा लें (बैठ कर), जब भी पेशाब लगे तो तुरंत हो आएं (हां, ऐसे बहुत से लोग हैं जो उसे तब तक रोके रखते हैं जब तक कि वह असहनीय ही नहीं हो जाता), जब भी आपको थकान लगे, तो चाहे तीन मिनट के लिए ही सही, आप पैर फैला कर एक झपकी अवश्य ले लें।''

ऐसे में, मेरा क्लाइंट समझता है कि मैं उससे कोई मज़ाक कर रही हूं और वह थोड़ा झेंपता हुआ सा हंसने लगता है। लेकिन वह जल्दी ही समझ जाता है कि मैं पूरी तरह गंभीर हूं जब मैं उसे बताती हूं, ''जब तक आप अपनी देखभाल खुद करना शुरू नहीं करेंगे तब तक हम दोनों साथ बैठ कर आपके बच्चों व परिवार के बारे में चाहे जितना विमर्श-परामर्श कर लें, उसके कोई मायने नहीं होंगे।''

लेकिन ध्यान रखिए कि मैं ऐसा हर मामले में नहीं करती हालांकि जिन पेरैंट्स के साथ मैं परामर्श का काम जारी रखती हूं उनमें से अधिकतर किसी न किसी रूप में अपने रखरखाव के प्रति सजग-सावधान नहीं रहा करते हैं लेकिन ऊपर जिसका मैंने उल्लेख किया है वह तो अति वाला मामला है। लेकिन जब मेरे पास ऐसे पेरैंट्स आते हैं – और उनमें प्रायः महिलाएं ही अधिक होती हैं – जो अपने तन और मन की प्यार भरी देखभाल करना बिल्कुल ही छोड़ चुकी हैं तो मैं उन्हें विदा कर देती हूं। मैं चाहती हूं कि वे इस बात को अच्छी तरह समझ लें कि जब तक कि वे अपनी खुद की मूलभूत आवश्यकताओं को पूरा कर लेने का स्वभाव नहीं अपनायेंगी तब तक वे अपने बच्चों के साथ जिस जहाज़ पर हैं, उसकी कप्तानी का काम संभालने लायक नहीं बन पायेंगी।

केवल एक या दो व्यक्तियों द्वारा बच्चों को पालना और यह महसूस न करना कि वे इसमें निचुड़ भले ही न गए हों लेकिन उनकी हालत पतली अवश्य हो गई है, बिल्कुल असंभव है। यह उम्मीद बिल्कुल नहीं की जा सकती कि बच्चों को हम अकेले ही पालें, यह काम तो अपनी सामाजिकता के साथ मिलजुल कर करने के लिए ही हम बने हैं। बनमी लैडिटन अपने एक उम्दा निबंध में लिखती हैं:

> हम में से कोई एक जब बहुत थकान महसूस करे या किसी बच्चे के साथ कई रातों तक जागने के कारण उसे अतिरिक्त आराम की आवश्यकता हो जाए तो हम आपके बच्चे की देखभाल के लिए ऐसे ही आगे आएं जैसे आवश्यकता होने पर हम अपने बच्चों की देखभाल के लिए आगे आते हैं – पूछने की भी आवश्यकता नहीं होती। तब आप पूरे भरोसे के साथ एक भरपूर नींद के आग़ोश में जा सकती हैं। हम चाहेंगे कि आप स्वस्थ रहें क्योंकि हम उतने ही मज़बूत हैं जितना कि हमारा सबसे कमज़ोर सदस्य है – और केवल इतना ही नही, हम आपको प्यार करते हैं, केवल सुंदर-सुंदर ग्रीटिंग कार्ड भेजने वाला प्यार नहीं, बल्कि एक क़दरदान वाला प्यार जो कि अच्छी तरह जानता है कि हमारे इस पैबंदकारी काम में आपके रंगों का कितना योगदान है। ... मैं मांओं के लिए एक ऐसे गांव की बड़ी कमी महसूस करती हूं जो मुझे कभी नहीं मिला। अब तो जो घर हम खरीदते हैं वह अन्य घरों से चाहे दस कदम की दूरी पर ही हों लेकिन लगता है कि उन में मीलों की दूरी है।

> उनमें अब मुख्य दरवाज़े में ताला होता है, ब्लिंकिंग डिवाइसें लगीं होती हैं और दोपहर बाद को हम अपने छोटे बच्चे के साथ अकेले ही खेल रहे होते हैं।

पेरैंट्स, आप अपना सामाजिक समूह स्वयं बनाइये। यह केवल आपके मानसिक व शारीरिक स्वास्थ्य के लिए ही अनिवार्य नहीं है बल्कि यह बच्चों के पालने के लिए भी एक अनिवार्य तत्त्व है ताकि बच्चे एक आत्मविश्वासी, सजग-सचेत अैर दूसरों की मदद करने वाले वयस्क के रूप में बड़े हो सकें। किसी अकेले एक पेरैंट द्वारा बच्चे को पालना वास्तव में संभव नहीं है। हमें सहायता-सहयोग की और अपने लिए समय निकालने की आवश्यकता पड़ती है। और जब बच्चे परेशानी का सबब बनने वाले हों, तब तो हमें अतिरिक्त सलाह की, सहारे की, और सीधे तौर पर कहें तो एक अवकाश की आवश्यकता अनिवार्य रूप से हो जाती है। एक महिला जिसे कैंसर है, उसका कहना है, ''अगर आप मेरे बच्चों की मदद करने आती हैं तो दरअसल आप मेरी ही मदद करने आती हैं।'' कृपया अपने दायरे को बढ़ाइये।

किसी अकेले एक पेरैंट द्वारा बच्चे को पालना वास्तव में संभव नहीं है। हमें सहायता-सहयोग की और अपने लिए समय निकालने की आवश्यकता पड़ती है।

पेरैंट्स के रूप में तो यह समुदाय अपना सहयोग और कामरेडपन दे ही सकता है, इसके अलावा जो महत्वपूर्ण बात है वह यह है कि इसमें रहने के दौरान हमारे बच्चे अन्य विश्वसनीय वयस्कों के साथ स्वस्थ मैत्री संबंध विकसित कर सकते हैं। तंज़ानिया में जिन ऐसे ही समुदायों में हम गए उनमें से एक में हमने पाया कि जो बच्चा थोड़ा आराम या दुलार चाहता है वह सबसे निकट खड़ी किसी भी मां के पैरों से लिपट जाता है। उन महिलाओं में चल रहा हंसी-मज़ाक बड़ा सहज और सुखद था। न्यूज़ीलैंड में मैंने एक छोटे से ग्रामीण स्कूल में समय बिताया था, वहां बच्चे नंगे पांव फुटबॉल खेलते थे – और वह भी पांच साल से लेकर तेरह साल के बच्चे। वे मिल कर खेलते थे, गिरते थे और उठ जाते थे। हैडमास्टर ने बताया, ''इन्हें एक साथ रहना होगा। एक दूसरे का साथ ही इनके लिए सब-कुछ है।''

जो बच्चे यह महसूस करते हैं कि वे एक समुदाय का हिस्सा हैं वे उससे जुड़ाव महसूस करते हुए बड़े होते हैं। मेरा आपसे आग्रह है कि अपने आसपास बच्चों वाले ऐसे पेरैंट्स को तलाशिए जो आपके लगभग हमउम्र हों, एक जैसी सोचवाले व हममिज़ाज हों और हमदिल भी हों।

मित्रों और भागीदारों के रूप में, बच्चों को पालने में ऊर्जावान बने रहने के लिए एक दूसरे को साथ, सहयोग, आराम, राहत और समय देने के लिए आप सब आगे आएं।

स्वयं को सराहें

अपनी परवाह करना या अपने पर ध्यान देने की चर्चा करना तब तक बेमानी रहेंगी जब तक कि हम अपने ही उन विचारों पर ध्यान न दें जो कि हम अकेले होने पर खुद से बोला करते हैं। एक मनोचिकित्सक होने के नाते, मेरे पास तो लोगों की खुद से की जाने वाली बातों का ऐसा ख़ज़ाना है जिसमें कोई काट-छांट भी नहीं की गई है, और आपको यह बता दूं कि यह कोई सुहावना नहीं है। ''तुम कोई काम ढंग से कर ही नहीं सकते!'' ''तुम कितने मुटा गए हो!'' ''कोई तुम्हें प्यार करे भी तो क्यों?'' मैं अपने क्लाइंट्स से अक्सर पूछा करती हूं कि जो बातें कभी-कभी वे खुद से कहा करते हैं, वे बातें अगर उनका कोई मित्र उन्हें बोले तो उनकी प्रतिक्रिया क्या होगी। ''जैसी बातें आप अपने लिए खुद से कहा करते हैं यदि कोई और व्यक्ति वे ही बातें आप से कहने लगे तो आप उस व्यक्ति को अपने जीवन में कितने दिनों तक शामिल रख पायेंगे?'' इसका जो जवाब अक्सर तुरंत मिलता है वह है, ''अगर कोई मुझे ऐसी बातें कह देगा तो मेरा उससे कोई वास्ता नहीं रहेगा!'' लेकिन फिर भी हम अपने प्रति यह क्रूरता करते ही रहते हैं।

मैं अक्सर ऑन-लाइन क्लासेज़ लिया करती हूं, और पहले ही सेशन में जो काम हम साथ-साथ करने जा रहे होते हैं उसका मंच सजा देती हूं। फ़ोन पर ही पेरैंट्स को यह याद दिला देती हूं कि जब वे नई सोच से अवगत हो रहे होंगे तब अगर वे किसी नए विचार को लागू करने में विफल रहें तो हो सकता है कि उनमें खुद की आलोचना करने की प्रवृत्ति जाग जाए या वे डर कर चिल्लाने या धमकाने का सहारा लें। मैं अपने छात्रों से कहती हूं, ''जैसा पेरैंट हम बनना चाहते हैं वैसा जब हम कर नहीं पाते हैं या कह नहीं पाते हैं, तब उसमें खराब महसूस करने जैसी कोई बात नहीं है। अगर आप अपना हाथ गरम तवे पर रखते हैं तो आप उसे जलाना ही तो चाह रहे होते हैं। तो यह कह उठने के कोई मायने नहीं है कि 'उफ़! मैं हाथ जलाना नहीं चाहता था।' परेशानी का सबब तो यह बात होती है कि जब हम अपने को सज़ा देने लगते हैं तब शायद हम अपने दिमाग़ में बैठी एक पेरैंट या एक टीचर की अपमानित करती आवाज़ की प्रतिकृति कर रहे होते हैं।

दरअसल यह बहुत नुकसानदेह होता है क्योंकि जब भी हम अपमानित महसूस करते हैं तब हम बचाव की मुद्रा में आ जाते हैं और फिर बच्चों के प्रति और भी आक्रामक हो उठते हैं। और इस तरह एक दुश्चक्र को दोहराने लगते हैं।''

ग्लैनन मैल्टन जनजाति के मोमैंस्ट्री समुदाय की ऑनलाइन कक्षा के तीसरे भाग के बीच में मुझे यह ईमेल मिलाः

> दूसरे भाग का वेबीनार देखने के बाद मेरे पति को और मुझ को शहर से आया हुआ एक पत्र मिला है जिसमें कहा गया था कि हमारे बाहर वाले आंगन में उग आई खरपतवार इतनी ऊंची हो गई है कि उसे काटे जाने की ज़रूरत है। कुछ साल पहले ही हमने यह घर इसी रूप में इस उम्मीद के साथ खरीदा था कि इसके बाहरी आंगन को हम जल्दी ही ठीक-ठाक करा लेंगे। लेकिन जिस समय हम ने इस घर में प्रवेश किया था तब मैं सात महीने के गर्भ से थी और मेरा दो साल का एक बेटा भी था। लेकिन आंगन की यह हालत मुझे हमेशा खटकती रहती थी। हमारे पड़ोसी का आंगन बहुत बढ़िया रहा करता था। मेरे जीवन में मेरे पिता 'अच्छा दिखने' पर ज़ोर देते रहे हैं, ख़ास तौर पर घर को। उनकी आवाज़ हमेशा मेरे दिमाग में गूंजती रहती थी कि मेरा आंगन कितना खराब लग रहा है और कभी-कभी तो उनकी यह आवाज़ मुझे सचमुच सुनाई देने लगती थी जो कह रही होती थी कि मेरा आंगन कितना ख़राब लग रहा है।
>
> लेकिन, पत्र पढ़ने के बाद तो जैसे मैं बिल्कुल ही आतंकित हो गई थी। मैं रसोई में फ़र्श पर ही धम्म से बैठ गई और मैंने अपना सिर अपने घुटनों में छिपा लिया क्योंकि मेरे आंसू बस बहना ही चाह रहे थे। मैं पूरी तरह आतंकित हो गई थी। और तब मैंने हर वह बात सोची जो हमे इस वेबीनार में बताई गई और मैंने उन्हें खुद पर लागू किया।
>
> वे जुमले जो मैं अपने दिमाग में सोचा करती थी, उन्हें मैंने बोल कर कहना शुरू कर दिया, ''मेरे पड़ोसी अवश्य ही मुझे नापसंद करते होंगे।'' ''मुझे पता है कि वे हमसे अरुचि रखते हैं, उन्होंने ही शिकायत की होगी।'' ''वे अवश्य ही मुझे आलसी कह रहे होंगे ... हां, मैं आसली ही तो हूं – ज़रा मेरे आंगन को तो देखो।'' ''अगर पिताजी को पता चल गया तो वे यही कहेंगे, 'मैं तो तुमसे पहले ही कह रहा था'।''

इन जुमलों को खुद से कहे जाने के बाद, मैंने सच को बोल कर कहने का निश्चय किया, ''मैं सचमुच एक व्यस्त मां हूं – मेरे दो बच्चे हैं।'' ''मैं और मेरे पति पूरे दिन काम पर जाते हैं।'' ''इस समय मेरे बच्चे मेरी प्राथमिकता हैं, लेकिन मेरे पास तो उनके लिए भी उतना समय नहीं है जितना कि उन्हें मिलना चाहिए।'' और फिर मैंने अपनी कमर थपथपाई और मैं रो पड़ी।

यह मेल मैं बस *आपको धन्यवाद* करने के लिए लिख रही हूं! मैं वाक़ई नहीं मानती थी कि मेरे दिमाग़ में घूमने वाली आवाज़ों में इतनी ताक़त भी हो सकती है। एक व्यक्ति के और एक मां के रूप में मैं खुद को बरबाद ही तो कर रही थी। जहां तक मुझे याद है, खुद से प्यार करना और खुद पर भरोसा करना मुझ में कम होता जा रहा था क्योंकि मेरे दिमाग़ में रहने वाली आवाज़ें बहुत साफ़ थीं और नकारात्मक भी थीं। लेकिन अब मेरे पास उनको बदल डालने के उपाय हैं और इसलिए मैं बहुत उत्साहित हूं।

कल रात जब मैं अपनी चार साल की बेटी के बिस्तर में जा लेटी थी और मैंने उसे वे सब कारण बताए जिनकी वजह से मैं उसे प्यार करती हूं (जो कि उसकी किसी उपलब्धि पर आधारित नहीं थे) तब उसने तो मुझ पर अपने प्यार की, चुंबनों की जैसे बौछार ही कर दी थी। मैंने देखा कि उसका सोने का समय कैसे बदल गया है। आपका बहुत-बहुत धन्यवाद – अपने ''गंदे लेकिन सुंदर जीवन'' को गले लगाना सिखाने के लिए।

इस महिला की ईमेल पढ़ कर मैं बहुत देर तक चुपचाप बैठी रही, द्रवीभूत और अंतःप्रेरित अवस्था में। उसकी कहानी मेरी कहानी थी, आपकी कहानी थी, और हर उसकी कहानी थी जो फ़साद का ख़ात्मा करने के रास्ते पर, कल्याण के मार्ग पर चल रहा है। मैं तो इस मानवीय भावना के सौंदर्य पर बहुत ही मुग्ध हूं।

कुछ समय पहले मैंने दलाई लामा के प्रधान अनुवादक थप्तेन जिन्पा का इंटरव्यू लिया था। मैंने उनसे पूछा कि परमपावन लामा ने क्या कभी पेरैंटिंग पर भी कुछ कहा है। उनके उत्तर ने मुझे आश्चर्यचकित कर दिया। ''जितने लोगों से मैं आज तक मिला हूं, उनमें परमपावन सबसे अधिक करुणावान आत्मा हैं। वे कहते हैं, 'मैं जब पेरैंटिंग की परीक्षा में से गुज़रते हुए लोगों को देखता हूं तो कभी-कभी मुझे सोचना पड़ता है कि अगर मैं एक पेरैंट होता तो क्या मैं इतना धीरज रख पाता?''

हे भगवान! अगर दलाई भी इस बारे में पक्के तौर पर यह नहीं कह पा रहे हैं कि पेरैंट बनने लायक पर्याप्त धीरज *उनमें* है या नहीं तो इतना तो पक्का मानिए कि इस बारे में कम से कम हम तो अपनी कमियों को लेकर तनावग्रस्त न हों! जब हम सह्रदयता के साथ, अपनी असुंदरताओं व अपूर्णताओं सहित, खुद को स्वीकारते हैं केवल तभी हम अपने बच्चों के लालन-पालन में गलतियां और गड़बड़ियां करते हुए भी अपना विकास करते रह सकते हैं।

अगर दलाई भी इस बारे में पक्के तौर पर यह नहीं कह पा रहे हैं कि पेरैंट बनने लायक पर्याप्त धीरज उनमें है या नहीं, तो इतना तो पक्का मानिए कि इस बारे में कम से कम हम तो अपनी कमियों को लेकर तनावग्रस्त न हों!

मुझे लगता है कि एक मां के रूप में और खुद को उठाते तथा विकसित करते व्यक्ति के रूप में, अपने अंदर एक सबसे बड़ा बदलाव जो मैंने किया है वह है अपनी अपूर्णताओं के प्रति शांत रहना, उनके प्रति उद्विग्न न होना। हम जैसे भी हैं – तन, मन और चेतना से – जब तक हम उसी को यथावत स्वीकार नहीं करते, उसकी कद्र नहीं करते, उससे प्रेम नहीं करते तब तक हम दूसरों से कैसे अपेक्षा कर सकते हैं कि वे हमारी कद्र करेंगे, हमसे प्रेम करेंगे? अगर हम चाहते हैं कि हमारे बच्चे बड़े होकर आत्मविश्वास और आत्मगौरव से परिपूर्ण वयस्क बनें तो हमें यह उन्हें दिखाना तो होगा ही कि ऐसा होना क्या होता है।

यहां मैंने कुछ ऐसे तरीके बताए हैं जो हमारे बच्चों को यह जानने में मदद करते हैं कि वे खुद को प्रेम व प्रशंसा के योग्य कैसे बनाएं। इनका अंतिम अंश उन्हें अपने मित्रों का चयन समझदारी से करने में और ऐसे लोगों को छांट कर बाहर करने में मदद करेगा जो उनके साथ असम्मानपूर्वक, अनादरपूर्वक या कठोरतापूर्वक पेश आते हैं।

संबंधों में समुचित सीमा रेखा को बनाए रखना

आज सुबह मैंने नल खोल दिया ताकि बाथरूम के सिंक में कुछ गरम पानी आ जाए। मेरे विचार से जितनी देर में पानी गरम आ जाना चाहिए था उतनी देर बाद मैंने उसे छू कर देखा। अभी वह बस गुनगुना ही था। उसे कुछ और देर चलने देने के बाद मैंने उसे फिर छू कर देखा। वह अभी भी गरम नहीं हुआ था। कुछ देर और चलाया। आख़िर बात क्या है? आख़िर मैंने देखा कि मैंने अनजाने में दोनों ही टोंटियां खोल दी थीं – गरम भी और ठंडी भी।

चूंकि उसमें ठंडा पानी भी मिलता जा रहा था, इसलिए पानी गरम *होकर आही नहीं सकता था*।

इसने मुझे मेरे संबंधों पर सोचने के लिए मजबूर कर दिया और दिखा दिया कि यह कितना मुश्किल रहा है कि अपने जीवन में मैं लोगों के बारे में *"जो है"* को स्वीकार कर सकूं ताकि उनके साथ मैं अपनी अपेक्षाओं का तदनुसार तालमेल बिठा सकूं। जैसे कि उस पानी में ठंडा पानी भी मिल रहा था इसलिए वह पानी कभी गरम होने वाला नहीं था, उसी तरह से कुछ लोग कभी भी वैसा बर्ताव करते ही नहीं है जैसा कि हम उनसे उम्मीद करते हैं, और इसका कारण हम कभी जान भी नहीं पाते हैं। उसमें कुछ और ही मिलता रहता है, ठंडा पानी चलता रहता है।

जब हम किसी ऐसे व्यक्ति को प्यार करते रहते हैं जो कि हमारे साथ कभी अच्छा रहता ही नहीं है, तब यह स्वीकार करना कठिन हो जाता है कि अब हम इस रिश्ते को और आगे नहीं चला सकते। हो सकता है कि वह बेईमान हो। या वह दुर्व्यवहार करने वाला हो। कुछ मामलों में, हम उस व्यक्ति के लिए अत्यधिक प्रेम का अनुभव कर सकते हैं जो हमारे लिए बिल्कुल ज़हरीला रहा हो, या तो हम ऐसा जानबूझ कर करते हों या फिर उसकी घायल मनःस्थिति के कारण करते हों।

कई बार मैंने बच्चों को अपने ऐसे दोस्तों के पीछे भागते देखा है जो उन पर अक्सर काग़ज़ के गोले फेंकते हैं लेकिन जो उनके साथ अक्सर बुरी तरह पेश आते हैं। राशेल सायमंस अपनी किताब *ऑड गर्ल आउट* में कहती हैं कि लडकियों के लड़कपन में उन पर की गई क्रूरताओं का असर उनकी चालीस और आगे की उम्र तक भी रहता है। मेरे अपने जीवन में भी मैंने उन लोगों के बारे में दुख अनुभव किया है जिन्हें मैं प्रेम करती थी लेकिन अंततः मुझे यह स्वीकार करना पड़ा कि वे मेरे जीवन में बने नहीं रहे।

लेकिन अगर हम अपने बच्चों की इस बारे में मदद करना चाहते हैं कि वे बड़े होकर भी प्रेमपूर्ण और पोषणपूर्ण संबंधों को बनाए रखने में समर्थ रहें, तो यह बहुत महत्वपूर्ण है कि हम उन्हें यह सिखाएं कि किसी को प्रेम करना उन्हें चोट पहुंचाने वाला न हो और यह भी कि वे उस व्यक्ति के चले जाने के बाद भी जीवित रहेंगे जो उनके अंतर्मन को चोट पहुंचाने वाला रहा हो।

बच्चों को हमें यह समझने में भी मदद करनी चाहिए कि वे किसी को *बचा* नहीं सकते। हालांकि मेरा मानना है कि जो लोग कष्ट में हों, उन्हें उनके कष्ट से *यथासंभव* बाहर निकालना हमारी ज़िम्मेदारी बनती है लेकिन जो बच्चे अपने संकटग्रस्त मित्रों को उनके संकट से निकालने का प्रयास

करते हैं वे अक्सर खुद संकट में पड़ जाते हैं। हमारे बच्चे उद्धारकर्ता बनने के लिए नहीं हैं और न ही उनसे यह उम्मीद की जानी चाहिए कि वे अपने मित्रों की, पेरैंट्स की, या भाई-बहनों की रक्षा या देखभाल करेंगे, भले ही किसी को बचाना एक इनाम पाने वाला काम हो सकता हो। अगर हम उन्हें इस विश्वास की घुट्टी पिला देंगे कि अपने इर्द-गिर्द के लोगों का भला करना उनका काम है – इसके लिए चाहे कोई भी व्यक्तिगत कीमत क्यों न चुकानी पड़े – तो समझिए कि हमने उन्हें 'लोगों को खुश रखने वाले' कंटीले रास्ते पर चलने के लिए भेज दिया है जिससे छुटकारा पाने में उन्हें बरसों लग जायेंगे। एक सूक्ति है जो बड़ी खूबसूरती से इस बात को बयां करती है: *अगर आप किसी आदमी को डूबता हुआ देखें तो उस तक पहुंचें और उसे बाहर खींचने की कोशिश करें। लेकिन, अगर वह आपकी ही बांह पकड़ ले और आपको ही अंदर खींचने की कोशिश करने लगे तो अपनी पूरी ताक़त से उसे झटक दें, धक्का दे दें।*

अपने बच्चों को समुचित सीमा रेखा तय करने की काबलियत विकसित करने में मदद कीजिए – ऐसी सीमा रेखा जो उनके आत्मसम्मान और उनकी महत्ता को परिलक्षित करे। यदि उनके कोई मित्र ऐसे हैं जो उनकी भावनाओं को ठेस पहुंचाने वाले हैं तो ज़रा तोल कर देखिए कि क्या वे संबंध कुल मिला कर भारी तो नहीं पड़ रहे हैं। अगर बच्चे समझते हैं कि वे बेहतर व्यवहार के योग्य हैं तो उन्हें उस मित्रता को छोड़ देने का दुख सहन करने दीजिए ताकि वे सफलतापूर्वक आगे बढ़ सकें – भले ही जो मैत्री हमारे लिए कुछ मूल्य रखती थी, उसे छोड़ देना एक बड़ा नुकसान लगे।

अपने अंदर की आवाज़ सुनना

सुरक्षा विशेषज्ञ गविन डी बैकर ने अपनी किताब प्रो*टैक्टिंग द गिफ्ट* में अपराध के शिकार हुए लोगों के ऐसे बहुत सारे उदाहरणों का उल्लेख किया है जिन्होंने खतरे को भांप लेने के बावजूद अपनी अंदर की आवाज़ को अनसुना कर दिया था। डी बैकर का मानना है कि संकोच, हिचक, संदेह, हटाए से भी न हटने वाला विचार, और किसी कार्य विशेष को करने को मन न करने वाला भाव – इन रूपों में आने वाली अंदर की आवाज़ को हमें ज़रूर सुनना चाहिए। बैकर बताते हैं कि डर के रूप में आने वाली अंदर की आवाज़ की अंतिम चेतावनी को अनदेखा और अनसुना करना बहुत मुश्किल होता है। ''लेकिन लोग उसे भी चुप कराने की कोशिश करते हैं। कुदरत की ओर से आने वाले

इस जीवन-रक्षक संदेश को ध्यान से सुनने के बजाय कुछ लोग खुद से कहने लगते हैं: *शांत, शांत रहो, कोई ख़ास बात नहीं है।''* वे आगे बताते हैं कि अंग्रेज़ी शब्द 'इंट्यूशन' (अंदर की आवाज़) दरअसल लैटिन के *जनमतप* शब्द से बना है जिसका अर्थ होता है चौकस हो जाना और बचाव करना।

अगर हमें अपने बच्चों को ऐसा बनाना चाहते हैं कि वे आत्मविश्वास से भरपूर रहें तो आवश्यक है कि हम उन्हें अपनी अंतरात्मा की प्रज्ञा को सुनने के लिए और अंदर से आने वाली सत्प्रेरणा पर विश्वास करने के लिए प्रोत्साहित करें। हमारा शरीर इतनी अच्छी तरह *ट्यून्ड* है कि वह किसी अशांति तथा क्षोभ के कारण को सुलझा कर, जो ठीक नहीं है उसकी चेतवानी देकर या किसी संभावित ख़तरे के लिए सचेत करके हमारी मदद करता है। हथेलियों में पसीना आ जाना, पेट में गुड़गुड़ होना, गरदन में खिंचाव होना और दिल की धड़कनों का तेज़ हो जाना — ये कुछ संकेत हैं जो बता देते हैं कि कहीं कुछ गड़बड़ है। सामने वाले की अति सक्रियता के कारण या ऐसा लगने के कारण कि प्रकटतः सब कुछ ठीक-ठाक लगने के बावजूद भी कहीं कुछ गड़बड़ है, हम असहज महसूस कर सकते हैं। लेकिन हो सकता है कि असलियत इसके विपरीत होः भले ही किसी व्यक्ति में या किसी परिस्थिति में कोई गड़बड़ प्रतीत हो रही हो, लेकिन उसमें सब कुछ ठीक ही निकले। अंदर की आवाज़ हमें यह विवेक-विवेचन करने में मदद करती है कि क्या सब ठीक है या हमें कोई ख़तरा है।

अपने बच्चों को यह बताइए कि हमारा अवचेतन मन असंख्य सूचनाओं को एकत्र किया करता है और फिर उनकी छानबीन करता है और इस तरह निर्णय लेने में वह हमारी मदद करता है। हालांकि हमें तथ्यों और आंकड़ों को कभी नज़रअंदाज़ नहीं करना चाहिए लेकिन यह सीखने से भी हमें बहुत लाभ मिलता है कि अंदर की आवाज़ के संकेतों को कैसे पढ़ा जाए और अपनी सहज प्रज्ञा पर कैसे भरोसा किया जाए।

अगर आपकी बेटी अपनी किसी सहेली के साथ चल रही किसी खटपट को लेकर उद्विग्न है तो उसे सुझाइए, ''बेटी, एक मिनट ज़रा शांत होकर बैठो और देखो कि क्या तुम अपनी अंदर की आवाज़ के साथ अपने तार मिला सकती हो। अवंतिका और टीना के साथ इस खटपट का निवारण करने के लिए *क्या करना तुम्हें* सबसे सही लग रहा है? क्या तुम्हें यह एक स्वस्थ संबंध लगता है? क्या उनके साथ समय बिताना तुम्हें अच्छा लगता है?'' इस प्रक्रिया को बेहतर बनाने के लिए आप इसके साथ-साथ अपने कुछ विचार भी रख सकती हैं लेकिन जब आप उसे शांत रहने को कह रही

हों तब आपको यह देखना होगा कि आपके हर विचार पर उसके शरीर की प्रतिक्रिया क्या रहती है।

हमारा शरीर हमें यह बता देता है कि कब हम विश्वास करें, कब खुलें और कब चौकस हो जाएं। जिन बच्चों की सीमा रेखाओं का सम्मान किया जाता है, वे अपने साथ वालों के साथ आसानी से और अच्छी तरह घुलमिल जाते हैं। उन्हें यह बता दीजिए कि *नहीं* शब्द अपने आप में एक पूरा वाक्य है। ऐसे दृश्यों का नाटक सा कीजिए जिसमें वे अपनी अंदर की आवाज़ का सम्मान करने का अभ्यास करें जब कि वे किसी 'हां करूं या ना करूं' वाली दुविधा की स्थिति में फंस हुए हों जैसे जब कोई उन्हें बीयर का स्वाद चख लेने के लिए कह रहा हो और वे ऐसा करने में हिचक कर रहे हों या कोई उनके साथ यौन संबंध बनाना चाह रहा हो जब कि वे ऐसा करना न चाह रहे हों।

> *जिन बच्चों की सीमा रेखाओं का सम्मान किया जाता है, वे अपने साथ वालों के साथ आसानी से और अच्छी तरह घुलमिल जाते हैं। उन्हें यह बता दीजिए कि नहीं शब्द अपने आप में एक पूरा वाक्य है।*

अपनी भावनाओं के सूक्ष्म संदेशों के साथ तालमेल करने के लिए बच्चों को मैं एक तरीका यह सिखाती हूं कि वे अपनी भावना या अनुभूति को रंगों में बयां करें। "लाल रंग अगर क्रोध का प्रतीक है, तो काला उदासी का, और नारंगी रंग खुशी का, वगैरह, वगैरह। *आप कौन सा रंग महसूस कर रहे हैं?*" ऐलीने स्नेल अपनी किताब *'सिटिंग स्टिल लाइक ए फ्रॉग'* में बच्चों से आग्रह करती हैं कि वे अपनी भावुक अवस्था का तालमेल व्यक्तिगत-मौसम-रिपोर्ट के साथ बिठाएं। "*इस समय तुम्हारे शरीर के मौसम का क्या हाल है? धूप खिली है या तूफ़ान आया हुआ है?*" (इस टैकनीक के बारे में अधिक जानकारी के लिए अध्याय 11 देखें।)

बच्चों को यह समझना होगा कि तरह-तरह के भाव आना, गुस्से का आना भी, एक सामान्य बात है। एक हल्का प्लास्टिक का बल्ला या मुक्केबाज़ी वाला बैग घर में रखिए ताकि आपके बच्चे जान सकें कि जब कभी गुस्सा उनके अंदर उफ़न कर आए तो वे उसे एक सुरक्षित और स्वीकार्य ढंग से अभिव्यक्त कर सकें। हमारे बच्चों के लिए यह *श्रेयस्कर* रहेगा कि वे अपने में उठती हुई भावनाओं के साथ बने रहें, *प्रेज़ैंट* रहें, न कि उनको दूर करने या उनकी रोक-थाम करने या उनसे बचने की कोशिश करें – जैसा कि हम में से अधिकतर लोग किया करते हैं और वह इसलिए क्योंकि हमारे माता-पिता ने ही हमें बताया है कि डरना नहीं है, बुरा नहीं मानना है, गुस्सा नहीं होना है, वगैरह, वगैरह।

हम सभी अपने अंदर एक टूल-बॉक्स लेकर पैदा हुए हैं जिसे हम जीवन भर जब भी आवश्यकता हो तब इस्तेमाल कर सकते हैं। बच्चों को अपने आंतरिक दिशासूचक पर भरोसा करना सीखने में उनकी सहायता कीजिए, इससे उन्हें संकटों से कदम पीछे खींचने में और हितकारी अवसरों की ओर कदम बढ़ाने में मदद मिलेगी।

जुनून के साथ जिएं

जब मैं सोलह साल की थी तब मैं स्कूल के बाद बच्चों के एक डे-केयर सैंटर में काम किया करती थी। एक दिन चार साल की रूबी वहां आई। उसका परिवार हाल ही में भारत से हमारे कंसास शहर में आया था, और इसलिए उसे अंग्रेज़ी का एक भी शब्द नहीं आता था।

मैंने सोचा कि क्यों न रूबी के माता-पिता से मैं हिंदी के कुछ शब्द सीख लूं ताकि मैं उस बच्ची से कुछ बातें पूछ सकूं जैसे उसे भूख तो नहीं लगी है, या उसे बाथरूम तो नहीं जाना है। जैसे ही मैंने हिंदी सीखनी शरू की तो मेरे अंदर कुछ अच्छा-अच्छा लगने की सुखद अनुभूति होने लगी। मुझे इस भाषा से *प्यार* हो गया। दरअसल मैं हिंदी के पाठों को जैसे पीने लगी थी, जब रूबी के पेरैंट्स मुझे हिंदी सिखा रहे होते थे तो मेरा जी करता था कि उस क्लास की छुट्टी न हो। 1970 के दशक में कंसास में रहने वाली मुझ सोलह वर्षीया लड़की के पास इस 'विदेशी' भाषा को सीखने के लिए रूबी के माता-पिता की मेहरबानी के अलावा कोई और विकल्प नहीं था लेकिन वे केवल तब ही मुझे सिखा-पढ़ा पाते थे जब कि उन्हें समय मिल पाता था। मैं हिंदी सीखने के लिए इतनी बेताब थी कि मैंने अपने देश में इधर-उधर फ़ोन करके पता लगाना शुरू कर दिया और पता चला कि पैन्सिलवेनिया विश्वविद्यालय में एक हिंदी विभाग है। मैंने उनकी टैक्स्ट बुक्स के लिए ऑर्डर भेज दिया और तब तक बेसब्री से उन किताबों का इंतज़ार करती रही जब तक कि वे आ नहीं गईं।

उन किताबों के आते ही मैं हिंदी की एक समर्पित छात्रा बन गई थी। अपना कोई साक्षात टीचर न होने के कारण मैं खुद ही खुद को होमवर्क दिया करती थी और उसके उत्तरों का मिलान किताब के पीछे दिए गए उत्तरों को देख कर कर लिया करती थी। मैंने सारी किताब चट कर डाली, और सत्रह साल की उम्र में जब मैं न्यूयार्क चली गई तब वहां मैंने पुरानी किताबों की दुकानों पर शब्दकोश और बालबोध-पुस्तकें ढूंढनी शुरू कर दीं।

जब मैंने वे सब निपटा लीं तब मैंने हिंदी बोलने का अभ्यास करने के लिए टेलीफ़ोन डाइरेक्टरी उठाई और उस में से उन लोगों के नाम ढूंढ कर उन्हें फ़ोन मिलाने शुरू कर दिए जिनके नाम के अंत में 'सिंह' लगा होता था। मैं उनसे हिंदी में पूछा करती थी कि क्या वे मेरे साथ बात करना पसंद करेंगे!

हिंदी सीखने की इस दीवानगी जैसी अपनी दशा का मैं कुछ इन शब्दों में वर्णन कर सकती हूं कि हिंदी के शब्द मेरे मुंह में जैसा स्वाद देते थे उसे मैं बहुत पसंद करती थी और इसीलिए उसे सीखने की मेरी ललक का दमन करना असंभव था।

इस बात की कोई तुक नहीं थी कि सत्रह साल की कोई लड़की धरती के परली तरफ़ के किसी देश की भाषा सीखने का ऐसा जुनून पाल ले। लेकिन हिंदी सीखने ने मेरे लिए ऐसे दरवाज़े खोल दिए जो आज भी मेरे जीवन में कुछ ख़ासियतें जोड़ते रहते हैं। और जब मैंने भारत की सचमुच यात्रा की तब जो अनुभव मुझे हुए वे बहुत अद्‌भुत रहे – क्योंकि मैं वह भाषा बोल पाती थी (भले ही अटक-अटक कर)।

इस बात पर ध्यान दीजिए कि आपके बच्चे आपको अपना समय बिताते हुए कैसे देखते हैं। अगर आप अपने जुनून को पूरा करने के लिए किसी न किसी तरह समय निकाल ही लेते हैं – जैसे पढ़ना, चित्रकारी करना, तारे देखना, बागबानी करना – तो आपके बच्चे भी सीखने को जीवन का एक महत्वपूर्ण भाग मानने लगेंगे। लेकिन अगर आप यह सुनिश्चित ही नहीं कर पाए हैं कि क्या चीज़ आपको आनंद दे सकती है, तो सामने दिखने वाली छोटी-छोटी चीज़ों में ही उसे तलाशिए: ट्विटर फ़ीड पर कोई लिंक, रेडियो पर कोई इंटरव्यू, किसी पत्रिका के मुखपृष्ठ पर कोई मुख्य समाचार। छोटी-छोटी चीज़ों के पीछे चलते हुए भी आप वहां पुहंच जाते हैं जहां कि आपका दिल पहुंचना चाहता है।

जिज्ञासा को जगाए रखिए

हर बच्चा, अपने एक बने-बनाए व तैयार जुनून के साथ पैदा होता है। कुछ बच्चे नृत्य करने की ललक लेकर आते हैं। कुछ ऐसा स्वादिष्ट खाना बनाने की कला लेकर आते हैं कि खाने वाला अपनी उंगलियां चाटता रह जाए। कुछ कहानियां सुनाना चाहते हैं, कुछ पशु-पक्षियों के साथ समय बिताना चाहते हैं, या रेखाचित्र बनाना चाहते हैं। अगर हम चाहते हैं कि हम अपने बच्चे के जुनून का अनावरण करें तो जिधर वे जाना चाहते हैं उधर बस उनके साथ

> *अगर हम चाहते हैं कि हम अपने बच्चे के जुनून का अनावरण करें तो जिधर वे जाना चाहते हैं उधर बस उनके साथ चलें न कि उन्हें उस दिशा की ओर धकेलें जिधर हम चाहते हैं कि वे जाएं, क्योंकि वह उन्हें कभी आकर्षित नहीं कर पायेगी।*

चलें न कि उन्हें उस दिशा की ओर धकेलें जिधर *हम* चाहते हैं कि वे जाएं, क्योंकि वह उन्हें कभी आकर्षित नहीं कर पायेगी।

इसके लिए, ऐसे काफ़ी समय की आवश्यकता होती है जो किसी नियम में बंधा-बंधाया न हो और इसके लिए तरह-तरह के बहुत सारे लोगों और अनुभवों के सम्मुख होने की भी आवश्यकता पड़ती है। एक के बाद एक, नियमबद्ध गतिविधि अपने बच्चों पर थोपते जाने से, ऊपर से ढेर सारा होमवर्क उन पर लाद देने से और उनकी अपनी डिजिटल दुनिया की तरफ़ उनके लगातार खिंचाव के चलते उनके पास इतना समय बचता ही नहीं है कि वे कुछ समय शांत रहें जिसमें कि वे उस आवाज़ को सुन सकें जो उन्हें उनके खोज के रास्ते की तरफ़ ले जाती है। हाई स्कूल में अगर मेरे पास खाली समय न होता तो शायद मैं हिंदी सीखने की अपनी तमन्ना को पूरा नहीं कर पाती। किसी बच्चे के दिन को सुबह से रात तक बिल्कुल पैक कर देने से, और आजकल तो रविवार और अवकाश के दिनों को भी पैक कर दिया जाने लगा है – उनके पास इतना समय ही कहां बचता है कि वे इधर-उधर कुछ मटरगश्ती कर पाएं, खुली आंखों से कुछ सपने देख पाएं और ऐसी चीज़ों की खोज कर पाएं जो उनमें सजीवता ला सके, जिंदादिली ला सके।

बच्चा जैसा है उसे उसी रूप में पालने का मतलब है – उसमें जीवन के साथ जुड़ाव पैदा करने के प्रति आप कृतसंकल्प हैं। मुझे वे शब्द अच्छे लगते हैं जो जेनैल बर्ली होफमैन ने अपने तेरह साल के बेटे को आई-फ़ोन देते हुए शर्त के रूप में कहे थे: ''वंडर विदाउट गूगलिंग'' यानी गूगल से आगे जहान और भी हैं – और बड़े अचरज से भरे हुए हैं – उन्हें देखो तो सही। आज की दुनिया में बच्चे शायद ही किसी बात पर आश्चर्यचकित होते हों; इतनी डिवाइसें उनके हाथ में आ गई हैं कि हर सवाल का जवाब सैकंडों में मिल जाता है। लेकिन सबसे बड़े कौशलों में से एक कौशल जो हमें बच्चों को सिखाना चाहिए वह है समस्या को सुलझाने की क्षमता को विकसित करना। इसके लिए आवश्यकता होगी जिज्ञासा और जवाब के बीच वाले खाली स्थान के अज्ञात क्षेत्र में पैठ करने की।

घिसे-पिटे ढर्रे पर चली आ रहीं स्कूली कक्षाओं की चारदीवारी से बच्चों को बाहर निकलने के अवसर दीजिए और उन्हें उन चीज़ों की खोज करने दीजिए जिनमें उनकी दिलचस्पी है। हो सकता है कि उनकी यह खोजबीन

आपको तत्काल फलदायी न लग रही हो या थोड़ा लंबा समय ले रही हो लेकिन एक दिलचस्प खोज का आनंद ही बहुत होता है, भले ही वह कितनी भी रहस्यभरी क्यों न हो। जब हम ऐसी खोज में लगे होते हैं तब सचमुच चमत्कार होते हैं।

अपने जीवन को सीखने के जुनून से उत्प्रेरित करने से, अपने जीवन को एक अर्थ देने से और अपने बच्चों को भी ऐसा ही करने के लिए जीता-जागता अवसर उपलब्ध कराने से, आप उन्हें ऊब, खिन्नता, उदासीनता, और व्याकुलता से मुक्त रहने, और अपनी मनपसंद चीज़ के अन्वेषण से मिलने वाले आनंद से भरपूर रहने में मदद करते हैं।

> अपने जीवन को सीखने के जुनून से उत्प्रेरित करने से, अपने जीवन को एक अर्थ देने से और अपने बच्चों को भी ऐसा ही करने के लिए जीता-जागता अवसर उपलब्ध कराने से, आप उन्हें ऊब, खिन्नता, उदासीनता, और व्याकुलता से मुक्त रहने और अपनी मनपसंद चीज़ के अन्वेषण से मिलने वाले आनंद से भरपूर रहने में मदद करते हैं।

अब आपकी बारी है

शांत भाव से बैठ जाइए। नीचे लिखे प्रश्नों पर अपने मन में चिंतन कीजिए और अपने विचारों को अपनी डायरी में लिखते जाइए।

1. जब आप बच्चे थे तब आपको क्या करना अच्छा लगता था? आपको क्या करने में मज़ा आता था? घर से बाहर खेलने में? पेंटिंग करने मे? गाने में? कविता करने में? कुछ बनाने में? दोस्तों के साथ समय बिताने में? पहेलियां सुलझाने में? पढ़ने में?
2. अब आपको क्या करना अच्छा लगता है? या अगर आपके पास अपने मनपसंद काम करने के लिए समय भी हो और स्वतंत्रता भी, तो उस आनंद के लिए आप क्या करेंगे?
3. गत तीन महीनों में अपने किसी जुनून से जुड़े किसी काम के लिए आपने कितनी बार कुछ किया है? अगर आपका उत्तर "कुछ नहीं" है तो कितना अरसा बीत चुका है कि आप अपने विशुद्ध आनंद के लिए समय निकाल ही नहीं पाए हैं?
4. देखें कि आपके शौकों, रुचियों और जुनूनों को पूरा करने में आड़े क्या आ रहा है? हम शायद यही कहें, "समय ही नहीं है" लेकिन इस प्रश्न में गहराई तक जाएं। क्या आपका यह कहना पूरी तरह सच है या क्या कभी समय के कुछ ऐसे टुकड़े आपको मिले ही नहीं जब आप अपना कंप्यूटर खोलने के *बजाय* पियानो पर चढ़ी धूल को झाड़ कर उसे बजा सकते थे या कोई किताब उठा सकते थे?
5. अगर आप अपने शौक, पसंद या जुनून को पूरा करने में लगे होते तो आपके बच्चे उससे किस तरह लाभांवित होते?
6. लिखिए कि अपने जुनून के लिए कुछ करने और अपने अंतर्मन को सबल करने के लिए आप कितना समय निछावर करना चाहते हैं। उन दिनों को इंगित कीजिए जब सप्ताह में इन कामों को जोड़ना आप सबसे अच्छा समझते हैं। कौन आपके बच्चों को देखेगा और अन्य वह विवरण जो यह सुनिश्चित करे कि आपका यह सपना साकार हो सकता है।

व्यावहारिक समाधान
वास्तविक जीवन में सजगता के साथ पेरैंटिंग

मुझे अपने काम के लिए तो प्लग-इन करना ही पड़ता है फिर मैं अनप्लग रखने का आदर्श कैसे प्रस्तुत करूं?

प्रश्नः स्क्रीन में ही झांकते रहने की एक समय सीमा तय करने का महत्व मैं अच्छी तरह समझती हूं लेकिन मेरा बॉस काम का दबाव बनाए रखने वाला व्यक्ति है और वह दिन में, और शाम में भी, कभी भी मेल कर देता है और उम्मीद करता है कि मैं उसकी हर मेल का जवाब तुरंत भेज दूं। यह अच्छी बात है कि मुझे ऐसा काम मिला हुआ है जो कि घर से किया जा सकता है, और मैं यह काम छोड़ना भी नहीं चाहती हूं। लेकिन मेरे बच्चे देखते हैं कि मैं अक्सर अपना कंप्यूटर खोल लिया करती हूं या किसी संदेश का उत्तर देने बैठ जाती हूं जब कि उन्हें लगता है कि मेरा वह समय तो केवल उनके साथ मिलजुल कर बिताने का है। तो जब वे मुझे इतनी अधिक बार अपनी डिवाइस खोलते हुए देख रहे हों तो मैं डिवाइसों को अन-प्लग करने का महत्व उन्हें भला कैसे बता सकती हूं?

सुझावः टैक्नालौजी की प्रगति से यह संभव हो गया है कि कुछ पेरैंट्स अब घर से ही काम कर सकते हैं जिससे कि वे अपने बच्चों साथ रहते हुए भी रोजमर्रा के वे काम कर सकते हैं जिन्हें कि इस तरह करना पहले संभव नहीं था। लेकिन इसका मतलब यह भी होता है कि भले ही आपके बच्चों को लग रहा हो कि उन्हें नाश्ता परोसते हुए या उनके साथ आराम से लेटे हुए या उन्हें गले से लगाकर कहानी सुनाते हुए आप पूरी तरह उनके साथ हैं लेकिन ऐसे पल भी आ ही सकते हैं जब आपका बॉस बीच में आ टपकता हो। तब वे उसके मुकाबले अपना महत्व कम होते हुए महसूस करते हैं – चाहे उन बीप्स के पीछे कोई भी क्यों न हो। और ऐसे में, जैसा कि आपने लिखा है, यह एक पाखंड सा लगता है कि जब आप खुद तो अपने स्मार्ट फ़ोन को अपने कान से चिपकाए घूमा करती हों और बच्चों को अन-प्लग करने का उपदेश दे रही हों।

आपकी स्थिति ऐसी है जिसमें आपको अपने बॉस को समय देने के लिए बच्चों की भी सुननी पड़ती है और टैक्नोलौजी का भी प्रयोग करना पड़ता है। अपनी पिछली किताब *पेरैंटिंग विदआउट स्ट्रगल* में भी और अपने ऑनलाइन कोर्सों में भी मैं एक बात बताती हूं जिसे 'एक्ट 1 पेरैंटिंग' जैसा कुछ कहा जा सकता है यानी यह सुनिश्चित करने का एक तरीका कि इससे पहले कि

हम बच्चों को विस्तार से बताएं या उन्हें समझाएं वे उसे पहले से ही ऐसा महसूस करने लगें जैसे कि उन्हें बता दिया गया है।

इसे मैं कुछ इस तरह कहती हूं: "पता नहीं बच्चों कि जब तुम खाने की मेज़ पर अपनी मां को फ़ोन कॉल का जवाब देते देखते हो तब तुम्हें कैसा लगता होगा। क्या तुम्हें थोड़ा गुस्सा नहीं आता?" एकदम सादगी के साथ वार्तालाप को शुरू करें, उन्हें यह बात साफ़ करते हुए कि वे अपनी बात आपके साथ खुलकर करें। जब वे अपनी बात कह लें तब आप कहें, "मैं समझ गई। जब मैं खाने की मेज़ पर अपने फ़ोन पर कोई जवाब देती हूं तो यह बात ठीक नहीं है, ख़ास तौर से तब जब कि मैं इस बारे में बहुत सख़्त हूं कि आप लोग हर डिवाइस का स्विच ऑफ़ कर दें जिससे कि हम एक परिवार की तरह मिल बैठे हों। जब भी ऐसा करना सही नहीं होगा तो मैं ध्यान रखूंगी।" वे आपसे उम्मीद रखेंगे कि आप अपनी नौकरी की जरूरतों का बखान करेंगी लेकिन अगर पहले ही आप अपने काम और उसकी ज़रूरतों को उन्हें बता चुकी हैं तो फिर इसकी आवश्यकता नहीं है। जो बात सबसे अधिक महत्वपूर्ण है वह यह है कि उनको अपना सच बता देने में कोई ख़तरा नहीं है।

आपकी स्थिति में कोई सीधा-सीधा उपाय नहीं बताया जा सकता जैसे कोई और जॉब ढूंढ लेना। इस बीच, उनकी शिकायत पर अपराध-बोध पैदा करने वाली टिप्पणी करने के बजाय – जैसे "तुम यह तो नहीं चाहोगे कि मां की नौकरी चली जाए, क्या तुम चाहते हो?" – अगर आप अपने जॉब से कभी-कभी उत्पन्न होने वाली खिन्नता को स्वीकार कर लेंगी तो आप अपनी डिवाइस से बंधे रहने के अवसरों को कम अवश्य कर लेंगी। हां, यह सुनिश्चित कीजिए कि जब आप जॉब का काम न कर रही हों तब तो बच्चों के साथ ऐसे कामों में ही मगन रहिए जिसमें कोई प्लग शामिल न होता हो!

अगर मैं अपना कोई सहायक समुदाय न बना पाई तो?

प्रश्नः अपने आठ साल से कम आयु के तीन बच्चों को मैं अकेले ही संभालने वाली मां हूं। मेरे माता-पिता देश के दूसरे छोर पर रहते हैं, और मैं फुल-टाइम वाली नौकरी करती हूं। तलाक हो जाने और एक नई जगह मकान ले लेने के बाद, पेरैंट्स का एक सहायक समुदाय बनाना तो दूर, मुझे अपने पड़ोसियों से मुलाक़ात करने का भी समय नहीं मिल पाया है। मैं बहुत अकेली पड़ गई हूं।

सुझावः ऐसे बहुत से पेरैंट्स हैं जो इतने व्यस्त रहते हैं कि उन्हें नए मित्रों की तलाश करने का समय मिलना तो दूर, उन्हें नहाने का समय भी मुश्किल

से मिल पाता है। फिर भी, मैं आपसे यही कहूंगी कि नए लोगों से मिलने के अवसर खोजिए, चाहे वे छोटे-छोटे ही क्यों न हों। दूसरों से मिलने-मिलाने के लिए आपको रोज़ाना के अपने लगे-बंधे कामों से कोई बहुत दूर जाना नहीं पड़ेगा लेकिन संवाद को शुरू करने के लिए आपको अपने *कंफर्ट-ज़ोन* से बाहर तो आना ही होगा। सुबह जब बच्चों को स्कूल तक या स्कूल बस तक छोड़ने जाएं तो वहां अन्य पेरैंट्स से बातचीत शुरू करें या हर सप्ताहांत में बच्चों को किसी पार्क में ले जाने का क्रम बनाएं जहां आपको अपने पड़ोस के अनेक पेरैंट्स से मिलने का अवसर मिलेगा। कुछ लोग तो अपने बच्चों के टीचरों से यह आग्रह करना अच्छा समझते हैं कि वे उनका परिचय उन पेरैंट्स से करा दें जिनके बच्चों के साथ उनके अपने बच्चे अच्छा महसूस करते हैं। कुछ पेरैंट्स स्कूल में किए जाने कार्यक्रमों में हिस्सा लेते हैं या स्थानीय पुस्तकालय में बच्चों के लिए किए जाने वाले आयोजनों में आया करते हैं।

एक समुदाय बनाने में थोड़ा प्रयास करने की तो आवश्यकता तो पड़ती है लेकिन उसके परिणाम बहुत बड़े और बढ़िया रहते हैं – आपके लिए भी और आपके बच्चों के लिए भी। पेरैंटिंग करना कोई अकेले या एकांत में करने वाला काम नहीं है। जल्दबाज़ी न करें। एक महीने में किसी एक पेरैंट से मिलने जाना तय करें। समय के साथ, एक व्यक्ति आपको किसी दूसरे से मिलवा देगा और वह दिन दूर नहीं होगा कि जब आप अपना सहायक नेटवर्क बना ही लेंगी।

क्या मैं अपने पूर्व पति से पिंड छुडा सकती हूं?

प्रश्न: मैं मानती हूं कि जो लोग हमें दुख पहुंचाते हैं ऐसे लोगों को अपने जीवन में से बीन-बीन कर निकाल देना आवश्यक हो जाता है लेकिन मैं अपने पूर्व पति का क्या करूं? वह अशिष्ट, अभद्र और अविवेकी है और पता नहीं कब कैसा बर्ताव कर बैठे। मैं तो चाहती हूं कि मैं उसे अपने जीवन से निकाल ही दूं लेकिन हमारे बच्चे की कस्टडी के करारनामे के कारण उसे रोज़-रोज़ झेलने के अलावा मेरे पास कोई चारा नहीं है।

सुझाव: जैसा कि मैं पहले बता चुकी हूं कि कभी-कभी हम ऐसे बच्चों के साथ रह रहे होते हैं जिनका व्यवहार खीज पैदा करने वाला होता है और इस बात के लिए उकसाने वाला होता है कि या तो हम पुराने ही तरीके से प्रतिक्रिया करें या फिर उसे एक चुनौती के रूप में स्वीकार करते हुए उसकी अपूर्णता को पूरा करें जो कि अंततः हमारे ही व्यक्तित्व और कृतित्व में एक बेहतर

विकास करने में सहायक हो। कुछ वयस्क लोग भी ऐसे ही होते हैं जिनका मिज़ाज ही कुछ ऐसा होता है कि वह हममें खीज ही पैदा करता है, ख़ास तौर पर आपके जैसे हालात में, जहां कि हम चाह करके भी उसे बाहर नहीं निकाल सकते।

तलाक के बाद सहयोग करना उन सबसे कठिन कामों में से एक है जो कि किसी पेरैंट को करना पड़ता है। एक तरफ़ तो आप किसी ऐसे व्यक्ति से अलग हो चुके होते हैं जिसे कभी आप प्यार करते थे लेकिन जिसने आपको इतनी गहराई तक दुख दिया या धोखा दिया कि फिर उसके साथ रहना भी आपको असहनीय हो गया था। उसके प्रति आपके मन में रोष, गुस्सा, विक्षोभ और गहरा दुख हो सकता है। ऐसे व्यक्ति को अपनी जीवन से बाहर निकाल देने से निश्चय ही आपके जीवन की पीड़ा कम हो सकती है। लेकिन यही वह स्थिति होती है जब हमें अपनी इन घोषणाओं का ख़याल रखना पड़ता है जैसे, "मैं अपने बेटे के लिए जो कुछ भी करना संभव होगा वह करूंगी।" या "मैं अपनी बेटी की सुरक्षा के लिए ज़मीन आसमान एक कर दूंगी।"

जब भी आप अपने पूर्व पति के साथ संवाद करती हैं तब आपके पास इन दो स्थितियों में से एक को चुनने का विकल्प तो रहता ही है – जब आप उसे बच्चे के बारे में आवश्यक जानकारी दे रही हों तब आप या तो उसकी तमाम ख़राब आदतों पर अपना ध्यान केंद्रित रखें जिससे कि आपके पेट में ऐंठन होने लगे, या उसमें जो कुछ भी अच्छा हो उसे मैग्नीफ़ाइंग-ग्लास से देखें। मुझे लगता है कि उसकी नकारात्मक बातों पर ही अपना ध्यान केंद्रित करने से आपके तलाक की नौबत आई होगी। लेकिन आपके बच्चों को इससे बहुत बड़ा नुकसान उठाना पड़ा है, भले ही यह उनके भले के लिए किया गया हो। उनको तो उनके मां-बाप के बीच चलने वाले तनाव और तकरार से बचाए रखने की आवश्यकता है ही।

आवश्यकता के अनुसार अपने पूर्व पति के साथ संपर्क को सीमित रखें, लेकिन सही रास्ता चुनें। उसके व्यवहार को अपने दिल पर न ले जाएं। अगर हो सके तो उसके प्रति करुणा का भाव रखें, यह बात देखते हुए कि भले ही उसके व्यक्तित्व में खामियां हैं या उसके साथ आपका अतीत दुख भरा रहा है फिर भी वह जीवन पथ पर साथ चलने वाला एक ठोकर खाया हुआ मुसाफ़िर ही तो है। आपने साथ-साथ जैसा जीवन बिताने की आशा की थी या जैसे आदमी के रूप में आप उसे देखना चाहती थीं, उसके लिए दुख मनाने के बजाय यह बेहतर होगा कि वह जैसा है आप उसे वैसा ही स्वीकार करें – खीज पैदा करने वाली उसकी कमियों-ख़ामियों सहित।

'कॉन्श्यस अनकपलिंग' की रचयिता, मेरी सहेली व सहकर्मी कैथरीन वूडवार्ड थॉमस हमें याद दिलाती हैं: ''हम किसी विवाह-संबंध को भले ही विच्छेद कर सकते हों, लेकिन किसी परिवार से उसके सदस्यों को भावनात्मक रूप से बेघर किए बिना संबंध विच्छेद नहीं कर सकते।'' वह हमें चेतावनी देते हुए कहती हैं कि हमें अपने बच्चे की आवश्यकताओं को प्राथमिकता देनी चाहिए – इस बात का सम्मान करते हुए कि दूसरे पेरैंट (पूर्व पति/पत्नी) के प्रति उसके प्यार और विश्वास के लिए उसे हमारी अनुमति और सहयोग की कितनी गहरी ज़रूरत है – भले ही उस व्यक्ति में कितनी भी कमियां और खामियां क्यों न रही हों। आपकी अपनी हताशा-निराशा के साथ-साथ अपने बच्चे के आहत होने की संभावना की जटिलता को भी समझना और आपके पूर्व पति के साथ आपका बच्चा जो भावनात्मक घर बनाए रखे हुए है उसको भी अक्षुण्ण व सुरक्षित बनाए रखना – एक सहृदय पेरैंट होने के लिए इस गुण का होना अनिवार्य है।

अध्याय 6

स्वस्थ संवाद, सशक्त संबंध

बच्चे अपने माता-पिता द्वारा कही गई बातों को तो कभी ध्यान से नहीं सुनते लेकिन जैसा वे करते हैं उसका अनुकरण करने से कभी नहीं चूकते।

– जेम्स ए. बाल्डविन

कुछ वर्ष पहले की बात है, मैं तंज़ानिया में एक सफ़ारी पर थी। हम लोग एक-दो दिन से गैंडे को देखने के चक्कर में भटक रहे थे लेकिन सफलता हाथ नहीं लग रही थी। हमारा गाइड हमारी जीप को एक रैस्ट-एरिया में ले गया जहां हम थोड़ा आराम कर सकें और लंच भी कर सकें। वहां आई एक अन्य सेरेंगेटी सफ़ारी से इसकी संभावना जानने के उत्साह में कि क्या उन्होंने इस छुपे रूस्तम को कहीं देखा है, मैंने उस जीप के चालक से पूछा, ''क्या आपको कहीं गेंडा दिखाई दिया?'' उसने बुदबुदाते हुए कुछ कहा, साफ़ लग रहा था कि मेरा उससे सवाल पूछना उसे अच्छा नहीं लगा था और वह चला गया। मैंने अपने गाइड से पूछा कि उस आदमी ने क्या कहा तो उसने जो जवाब दिया उसे मैं आज तक नहीं भूल पाई हूं, ''उसने कहा कि दुआ-सलाम तो की नहीं और सवाल पूछने आ गई।''

उसका व्यंग मैं समझ गई थी। वह ठीक ही तो कह रहा था। मैंने उस आदमी की समीपता में बिना किसी *हैलो, आप कैसे हैं* जैसे अभिवादन के, एक तरह के उजड्डपन के साथ प्रवेश कर डाला था। उससे मैंने एक बड़ा सबक सीखा था लेकिन मैं आभारी हूं कि उस आदमी में इतना आत्मगौरव और आत्मसम्मान तो था ही कि अनजाने में हुई मेरी ग़लती को उसने तूल नहीं दिया था। मैं ही अपना शिष्टाचार भूल गई थी।

किसी बच्चे को पालने में खुद एक सद्व्यवहार का मॉडल बनना एक अनिवार्य तत्व होता है जो उसे एक आत्मविश्वासी और सफल वयस्क बनाता है। मैं औपचारिकता वाले जटिल रीति-रिवाज़ों की बात नहीं कर रही हूं बल्कि केवल उस व्यवहार की बात कर रही हूं जिससे लोग सहजता महसूस करें। कुछ लोग तो यह धारणा भी पाले हुए हैं कि बच्चों को शिष्टाचार सिखाना एक पुराना तौर-तरीका है या यह केवल उन लोगों से संबंध रखता हे जो राजसी समाज में रहते हैं – न कि हमारी तरह साधारण समाज में। लेकिन मेरा तो यह मानना है कि दूसरों को सहजता और सुकून का एहसास देने वाला व्यवहार करना भी उतना ही महत्वपूर्ण है जितना कि किसी प्रतिष्ठित कॉलेज से कोई डिप्लोमा हासिल करना। साथ काम करने वाले अपने किसी साथी के बारे में भले ही हम यह न जानते हों कि उसने येल से ग्रेजुएशन किया है या ऑक्सफ़ोर्ड से लेकिन यह बात हम तत्काल बता सकते हैं कि उसकी उपस्थिति में हमने तनावमुक्तता और सहजता का अनुभव किया है या नहीं।

शिष्टाचार का आदर्श बनना

"पहले मैं!" "मुझे और चाहिए!" "ये मेरे हैं!" ये ऐसे वाक्य हैं जो ऐसे बच्चे के द्वारा आम तौर पर कहे जाते हैं जिसने अभी तक संवेदना, सहानुभूति और व्यवहार कुशलता जैसे गुण विकसित नहीं किए हैं। बच्चे स्वभावतः आत्मकेंद्रित होते है; अगर केवल एक ही बिस्कुट बचा रह गया हो तो वे सब उसे हड़पना चाहेंगे। अगर आपकी बेटी झूले का आनंद ले रही हो तो अपनी बारी का इंतज़ार करने वाले दूसरे बच्चे को झूला देने को वह तैयार ही नहीं होगी। इसका मतलब यह नहीं है कि वह स्वार्थी है; इसका मतलब तो केवल यह है कि वह बच्चों जैसा यानी बाल-सुलभ व्यवहार कर रही है। पेरैंट्स द्वारा एक शुभचिंतक के रूप में सिखाई गई बातें बच्चों को दूसरों की इच्छाओं और आवश्यकताओं के प्रति अपनी परवाह को प्रकट करने जैसी बुनियादी बातों को सीखने में मदद करती हैं।

अपने बच्चों को शिष्टाचार, तहज़ीब और तमीज़ सिखाने का इससे बेहतर कोई और तरीका हो ही नहीं सकता कि आप उनके सामने सुबह-शाम, दिन-रात, हर समय स्वयं शिष्ट व्यवहार करके उन्हें दिखाएं, सिखाएं और बताएं।

अपने बच्चों को शिष्टाचार, तहज़ीब और तमीज़ सिखाने का इससे बेहतर कोई और तरीका हो ही नहीं सकता कि आप उनके सामने सुबह-शाम, दिन-रात, हर समय स्वयं शिष्ट व्यवहार करके उन्हें दिखाएं, सिखाएं और बताएं। उदाहरण के

लिए, खाने की मेज़ पर यह सुनिश्चित करें कि जब तक सब आकर बैठ न जाएं तब तक कोई खाना शुरू न करे। यदि आपके बच्चे कभी यह बात भूल जाएं तो उन्हें यह बता दें: 'लग रहा है कि आज तुम्हें बहुत भूख लगी है।' धैर्य का उदाहरण पेश करते हुए जब दूसरे लोग आप से पहले खाना अपनी प्लेट में परोस रहे हों तब आप अपने लिए चम्मच, फॉर्क वगैरह ही लेना शुरू कर दें।

जब बच्चों का कोई मित्र उसके साथ खेलने के लिए आपके घर आए तब मिल-बांट कर और बारी-बारी से खेलना सीखने में उनकी मदद करें। उन्हें समझाएं कि हालांकि तुम जानते हो कि पियानो के लिए अपनी बारी का इंतज़ार करना या केक का बड़ा वाला टुकड़ा किसी और के लिए छोड़ देना बड़ा ही मुश्किल काम है, लेकिन अपने घर पर मेहमान का ख़ास ख़याल किया जाता है।

अपने बच्चों को सिखाएं कि किसी से किसी का परिचय कैसे कराया जाता है। "नेहा, मैं तुम्हें अपने रिश्तेदार जय से मिलाना चाहता हूं" या "दादाजी, यह मेरी दोस्त है अंकिता।" मैत्रीपूर्ण अभिवादन के संस्कार को उस स्वागत का हिस्सा बनाइए जिस तरीके से आप अपने घर में अपने मेहमानों का स्वागत किया करते हैं। अपने बच्चों को दिखाइए कि अतिथि का स्वागत करने में उससे हाथ मिलाने या नमस्कार करने के लिए अपना हाथ आगे बढ़ाते हुए या अपने हाथ जोड़ते हुए, किस तरह उसकी आंखों में देखा जाए या अगर आपके बच्चे के लिए यह उचित या सहूलियत से हो तो उसे बताएं कि गले कैसे लगाया जाता है।

शिष्टाचार का एक महत्वपूर्ण भाग यह है कि दूसरे की भावनाओं और एहसासों का ध्यान रखा जाए। जब आप अपने बच्चों को यह दिखायेंगे कि अपनी किसी ग़लती के लिए या कि दूसरों की भावनाओं का ख़याल न करते हुए कही गई किसी बात के लिए, ज़िम्मेदार कैसे हुआ जाए तो फिर वे भी आपका ही अनुकरण करेंगे। अगर कभी आप किसी को आहत या अपमानित कर देते हैं, तो अपने बच्चों को यह भी देखने-सुनने दीजिए कि आप उससे माफ़ी मांग रहे हैं। और अंत में, यह सुनिश्चित कीजिए कि आपके छोटे बच्चे भी यह जानते हैं कि किसी प्रशंसा, सराहना या बधाई को किस तरह ग्रहण किया जाए। "इसके लिए आपका धन्यवाद" कहना किसी

> *जब आप अपने बच्चों को यह दिखायेंगे कि अपनी किसी ग़लती के लिए, या कि दूसरों की भावनाओं का ख़याल न करते हुए कही गई किसी बात के लिए, ज़िम्मेदार कैसे हुआ जाए, तो फिर वे भी आपका ही अनुकरण करेंगे।*

के सहृदय शब्दों को स्वीकार करने का एक सरल और शालीन तरीका है – और उन्हें अजीब तरह से मोड़-तोड़ कर कहने के मुकाबले कहीं अधिक स्वस्थ भी।

लेकिन अपने शिष्टाचार को केवल तब के लिए ही बचा कर मत रखिए कि जब कि आप लोगों के साथ हों या जब बाहर किसी सार्वजनिक स्थान पर हों। पाखंड और बनावटीपन को बच्चे दूर से ही भांप लेते हैं। आप जब भी अपने बच्चों से बात करें तो *प्लीज़, कृपया* और *थैंक यू, धन्यवाद, शुक्रिया* जैसे जादुई शब्दों का दिल खोल कर प्रयोग किया कीजिए। *मदरिंग* पत्रिका की संस्थापिका पैगी ओ'मारा कहती हैं, "इस पर ध्यान दीजिए कि आप अपने बच्चों से किस तरह बोल रहे हैं क्योंकि ये ही शब्द और ये ही स्वर एक दिन उनके अंदर से उनकी आवाज़ बन कर निकलने वाले हैं।"

शिष्टता, सभ्यता, विचारशीलता तथा दूसरों का ध्यान रखने का स्वभाव – ये गुण बच्चे तभी विकसित कर पाते हैं जब वे दूसरों का ध्यान रखने, परवाह करने और सम्मान करने के व्यवहार के वातावरण के बीच पले-बढ़े होते हैं। जब आपके बच्चे शिष्टाचारपूर्वक व्यवहार करें तब इसके लिए उनकी प्रशंसा कीजिए और उनसे इसमें कभी कोई भूल-चूक हो जाए तो नरमी से उनमें सुधार कीजिए। यह उम्मीद मत कीजिए वे पूरी तरह व्यवहारकुशल हो गए हैं। उनकी विकास की अवस्था के अनुरूप ही आप उनसे सद्व्यवहार की अपेक्षा करें।

लेकिन अगर आपका बच्चा मानसिक रूप से थोड़ा कम विकसित है या उसे कोई मनोवैज्ञानिक समस्या है तो इसमें अपराध बोध या शर्म से सिर झुकाने की आवश्यकता बिल्कुल नहीं है जैसा कि आप तब करते हैं जब आप यह कल्पना कर बैठते हैं कि दूसरे लोग आपके बच्चे के बेढंगेपन और उसकी कमियों के हिसाब से ही आपका आकलन कर रहे हैं। जितने प्रेमपूर्ण समर्थन की आपको आवश्यकता है उसे हासिल कीजिए ताकि आप जान सकें कि आपका अच्छे से अच्छा किया हुआ व्यवहार ही काफ़ी है – इससे कोई फ़र्क नहीं पड़ता कि आपका बच्चा कैसा व्यवहार कर रहा है।

शिष्टाचार के विषय में अपने बड़े होने के अधिकार का प्रयोग न करें – ख़ास तौर पर टीनेजर के मामले में। किसी बच्चे पर माफ़ी मांगने के लिए या विनम्र होने के लिए दबाव डालने की कोशिश करने से वह उल्टी प्रतिक्रिया ही करेगा। धैर्य और स्नेह के साथ सीख देने से आपके बच्चा ऐसा व्यक्ति बन कर उभरेगा जिसके साथ दूसरे लोग सहजता महसूस करेंगे। आख़िर, शिष्टाचार का अर्थ भी तो यही है।

गुस्से का क्या करें

पेरेंट्स अक्सर अपने बच्चों के गुस्से की समस्या के कारण उन्हें मेरे पास लेकर आते हैं। कभी-कभी तो बच्चा अपने आवेग और आवेश को काबू भी नहीं कर पाता है क्योंकि अपनी अपरिपक्वता और आवेगी स्वभाव के कारण बड़ी भावनाओं को नियंत्रित कर लेने की क्षमता उसमें होती ही नहीं है। लेकिन अक्सर मैंने पाया है कि उसके माता-पिता भी बड़े गुस्से वाले होते हैं।

हम सभी – बालक भी और बालिग भी – प्रबल भावनाओं के इतने अधिक वश में हो जाते हैं कि हर बार हम उन पर काबू नहीं रख पाते हैं। कुछ लोग बेपरवाह किस्म के होते हैं और जब जीवन उनके मनचाहे ढंग में नहीं चल रहा होता है तब भी वे न तो चिढ़ते-कुढ़ते हैं और न ही परेशान होते हैं। लेकिन अधिकतर लोग भावनात्मक चोट के प्रतिशोध में अपनी हताशा व निराशा को जिंदा रखने के लिए जूझते रहते हैं। अगर क्रोध के मूल का निदान नहीं किया जाता है तो कभी-कभी हम ऐसे काम कर बैठते हैं या ऐसा कुछ कह देते हैं जिस पर हमें बाद में पछताना पड़ता है। अपने बच्चों को गुस्से वाली हरकतें करने से रोकने के लिए धमकी या सज़ा का प्रयोग करना तो उनके अंदर अनसुलझी भावनाओं का एक ऐसा गुबार पैदा कर सकता है जो बाद में उनके खान-पान की गड़बड़ियों के रूप में या किसी लत या अवसाद के रूप में प्रकट होता है। यह एक ऐसे ईंधन के भंडार का रूप भी ले सकता है जो बाद में क्रोध का एक बड़ा सा विस्फ़ोट करने वाला हो जाए।

जब हम अपना आपा खो देते हैं तब शर्मिन्दा होने के बजाय, आवश्यकता इस बात की है कि हम पीछे हटें, ठीक-ठीक देखें कि हम क्या सोच रहे हैं या क्या महसूस कर रहे हैं, और अपने क्रोध के छिपे हुए स्रोत को पहचानें। हमारा क्रोध हमारे किसी अनसुलझे दुख, उदासी, हताशा, तनाव, हारमोन्स के असंतुलन, व्यग्रता और थकान का बाहरी प्रकट रूप हो सकता है। जब तक हम यह बात नहीं समझ लेते कि क्रोध कोई स्वतः उपजा हुआ व्यवहार न होकर किसी ऐसी चीज़ का लक्षण होता है जिसका निदान किए जाने की आवश्यकता है तब तक अपने जीवन पर पड़ने वाले इसके दुष्प्रभाव को हम कम नहीं कर पायेंगे।

जब तक हम यह बात नहीं समझ लेते कि क्रोध कोई स्वतः उपजा हुआ व्यवहार न होकर किसी ऐसी चीज़ का लक्षण होता है जिसका निदान किए जाने की आवश्यकता है तब तक अपने जीवन पर पड़ने वाले इसके दुष्प्रभाव को हम कम नहीं कर पायेंगे।

जब मैं किसी ऐसे परिवार के साथ काम कर रही होती हूं जहां बात-बात पर गुस्से से फट पड़ना एक आम बात होती है, वहां यह तरीका अपनाना अच्छा रहा है कि मैं गुस्से में चिंघाड़ने वाले और जिस पर चिंघाड़ा जा रहा हो, उन दोनों के बीच कुछ इस तरह से संवाद स्थापित कराऊं कि जिसमें दोनों की ही बात सुनी जाए। जब दोनों ही पक्ष अपनी-अपनी किलेबंदी हटा देते हैं और कुछ देर के लिए ही सही, दूसरे के जज़्बात को महसूस कर लेते हैं तब जो-जो भावनाएं उनके गुस्से की आग में घी का काम कर रही थीं, उन सभी मुद्दों को सुलझाने के लिए वे बात करने को राजी हो जाते हैं।

मैं एक अज्ञात लेखक की यह कहानी भी सुनाया करती हूं:

एक लड़के को बहुत जल्दी गुस्सा आ जाता था। गुस्से में वह अपने आसपास वालों को लात तक मार दिया करता था। एक दिन उसके पिता ने उसे कीलों से भरा हुआ एक थैला दिया और कहा कि हर बार जब भी उसे गुस्सा आए और वह अपना आपा खो बैठे तब वह जा कर बाहर लगी बाड़ में एक कील ठोक दे।

शुरू के कुछ दिनों में उस लड़के को काफ़ी कीलें ठोकनी पड़ीं। लेकिन जैसे-जैसे दिन बीतते गए, उसने देखा कि गुस्सा आने से पहले ही वह खुद पर काबू कर लेता है। यह याद करके कि उसे थैले में से एक कील लेनी होगी और फिर पीछे वाले आंगन में जाकर उसे बाड़ में ठोकना होगा, यह बात उसके गुस्से को भड़कने को रोकने में मदद करने लगी थी।

अंततः वह दिन भी आ गया जब वह इस स्थिति तक पहुंच गया कि वह अपने पिता के पास जाकर यह कह सके कि अब वह सीख गया है कि गुस्से को फट पड़ने से कैसे रोका जाए। तब उसके पिता ने कहा कि जिस-जिस दिन वह अपने गुस्से से किसी को आहत न करे, उस-उस दिन वह जाकर उस बाड़ में से एक कील बाहर निकाल सकता है।

फिर वह दिन भी आ पहुंचा जब उसने पिता को यह बताया कि अब सारी कीलें निकाली जा चुकी हैं।

तब उसका पिता उसे साथ लेकर बाड़ तक गया और बोला, ''बेटे, तुमने एक बहुत ही अच्छी बात सीख ली है। लेकिन मैं चाहता हूं कि तुम बाड़ की इस लकड़ी में उन कीलों से बने छेदों को देखो। अब यह बाड़ वैसी कभी नहीं हो सकती जैसी कि यह कीलें

ठोके जाने से पहले थी। इसी तरह किसी को तुम गुस्से में जब कुछ कह दोगे – भले ही बाद में तुम उसके लिए माफ़ी मांग लो – तब तुम्हारे द्वारा जो कुछ भी कहा गया या किया गया है, वह उनके मन पर ऐसे ही घाव के निशान छोड़ जायेगा जैसे कि इस बाड़ पर ये छेद बने रह गए हैं।"

आवश्यकता इस बात की है कि हम अपने बच्चों को यह सीखने में मदद करें कि कुछ कहने या कुछ करने के लिए उनमें किसी मनोवेग के उठ जाने और फिर उसे कह या कर बैठने के बीच की दूरी को यथासंभव बढ़ाया जाए। कहते हैं न कि ग़लती करना इंसानी फ़ितरत है लेकिन क्षमा करना एक दैवी गुण है। किंतु जब बच्चे गहराई तक यह बात समझने लगते हैं कि बाड़े की लकड़ी में ठोकी गईं कीलों की तरह ही, हमारा व्यवहार ऐसी अमिट छाप छोड देता है जिसे कभी भी हटाया-मिटाया नहीं जा सकता और हमारे ख़ास रिश्तों को नुकसान पहुंचा सकता है तब उनका मूड ख़राब हो जाने पर उनके भड़कने उठने की ओर जाने में उनकी तेज़ी को कम करने में हम उनकी मदद कर सकते हैं – उन्हें अपने कृत्य की ज़िम्मेदारी लेने और आवश्यकतानुसार कदम पीछे खींचना सिखाते हुए।

कटु व कड़वे बोलों से और दिल दुखाने वाले बर्ताव से लगी चोट को कभी भरा नहीं जा सकता। जब कभी भी हम किसी के साथ बहसबाज़ी करने में उलझने लगें तो थोड़ा रुक कर यह अवश्य सोच लें कि हमारे शब्दों का दूसरों पर क्या प्रभाव पड़ेगा।

सच बतलाना

द न्यूज़रूम नामक शो में कुछ बहुत ही बढ़िया दृश्य हैं जिनमें जिम्मी नाम का एक बहुत ही शालीन नौजवान, लिली नाम की महिला के साथ डेटिंग कर रहा है जो कि उसके विरोधों के बावजूद माया तय करती है। चूंकि जिम्मी बहुत ही अधिक शिष्टाचार वाला है इसलिए वह लिली के साथ डेटिंग जारी रखता है – बावजूद यह महसूस करने के कि लिली से उसकी कोई भी बात मिलती नहीं है। दरअसल वह तो माया में अधिक दिलचस्पी रखता है। (यहां थोड़ा पेंच है।) जिम्मी और लिली का मिलना-जुलना महीनों तक जारी रहता है। यहां तक कि माया ही गिफ्ट और रोमांटिक कार्ड खरीद कर जिम्मी को लाकर देती है कि वेलैंटाइन डे पर उन्हें वह लिली को दे दे ताकि लिली

का लगाव जिम्मी के साथ और भी मज़बूत हो जाए। एक दिन लिली आख़िर जिम्मी से कह ही देती है कि वह उससे प्यार करती है और चूंकि जिम्मी निहायत शिष्ट और विनम्र व्यक्ति है इसलिए वह भी जवाबी शिष्टाचार में कह देता है कि वह भी उसे प्यार करता है। रिश्ते में संजीदगी आने लगती है लेकिन जिम्मी अंदर ही अंदर घुटने लगता है। वह चाहता तो है कि लिली को सब कुछ सच-सच बता दे लेकिन उसकी भावनाओं को ठेस पहुंचाना उसके शिष्टाचार को गंवारा नहीं होता।

लेकिन आख़िर लिली के कानों तक यह बात पहुंच ही जाती है कि जिम्मी उसके बारे में क्या सोचता है, और माया के प्रति लगाव रखता है। वह जिम्मी से भिड़ जाती है। हालांकि लिली से पीछा छुड़ाने का यह जिम्मी के लिए बहुत बढ़िया मौका है लेकिन फिर भी वह कहता है कि लिली ने जो सुना है वह ग़लत सुना है। अक्लमंद लिली कहती है, "जिम्मी, इस बात को स्वीकार कर लो। जब तक तुम मुझसे यह कहने की हिम्मत जुटा पाते कि तुम मेरे साथ सच में कैसा महसूस करते हो तब तक तो हम अपने बच्चों के लिए प्री-स्कूल चुनने की बात कर रहे होते!" वह उसे सहमत करा लेती है कि बेहतर यही होगा कि उसे सचाई पता चले बजाय इसके कि वह इस भ्रम में जीती रहे कि जिम्मी उसे प्यार करता है। और फिर, अंततः वह उसे विदा कर देता है।

कठिन मुद्दों पर, ख़ास तौर पर संवेदनशील मुद्दों पर, बात करना आसान नहीं होता लेकिन अगर हम चाहते हैं कि हमारा बच्चा स्वस्थ और समझ भरे संबंध रखे तो उसे सच बोलने का गुण सिखाना बहुत महत्व रखता है। हमारे बच्चे को तब बहुत मदद मिलती है जब अपने प्रिय जनों के साथ किसी समस्या को सुलझाने की पहल करने के लिए वह अक्सर हमें कुछ ऐसा कहते हुए सुनता है जैसे "एक बात मुझे बहुत परेशन कर रही है..." "मेरी समझ में यह नहीं आ रहा है कि तुम्हारे यह कहने का क्या मतलब था कि..." "मैं इस कठिनाई में हूं कि..." "मुझे बिल्कुल अच्छा नहीं लगता जब..."

सैल्फ़-हैल्प वाली किताबों में हम सब ने यह खूब पढ़ा है कि अच्छा संवाद बनाए रखना ही अच्छा संबंध बनाए रखने की कुंजी होता है। लेकिन वह अच्छा संवाद होता कैसा है? जैसा कि मैं बता चुकी हूं, मेरी पेरैंटिंग की पहली नीति पेरैंट्स को बच्चों पर हावी होने के बजाय बच्चों के *साथ* होने में मदद करती है ताकि वे पेरैंट्स की मार्गदर्शक वाली बातों को एक शिकंजा समझने या उनका प्रतिरोध करने के बजाय उन्हें आत्मसात करने वाले बनें। इस तरीके में बच्चे की अनुभूति को महत्व देना मुख्य रहता है न कि उसकी

मनःस्थिति को नज़रअंदाज़ करते हुए बस अपनी ही बात कहते रहना। वैसे, यह बात उन सभी पर लागू होती है जिनके साथ हम संवाद करते हैं। जब हम अपना नज़रिया रखते समय अधिक आग्रही हो जाते हैं तब सामने वाले के अंदर हम प्रतिरोध पैदा करने का ख़तरा मोल ले रहे होते हैं।

अच्छे संवाद और परिसंवाद के लिए आवश्यक है कि हम दूसरे की स्थिति को भी समझें और यह भी समझें कि उसे भी अपनी भावना व्यक्त करने का उतना ही अधिकार है जितना कि हमें अपनी भावना व्यक्त करने का है इसलिए जब कोई हमारे मत से सहमत न हो तो हमें उसकी बात को तुच्छ साबित करने या उससे बहस करने पर आमादा नहीं हो जाना चाहिए। इसका अर्थ यह है कि हम यह ज़िम्मेदारी लें कि हम संवाद कैसे करें। अपना मंतव्य कैसे रखें कि वह दूसरे की निंदा न करता हो, उसे ग़लत सिद्ध न करता हो।

अच्छा संवाद एक ऐसी खुली जगह बना देता है जिसमें से चोटों को, शिकवे-शिकायतों को, और मन की व्यथाओं को विदा किया जा सकता है और सच को बिठाया जा सकता है। चूंकि मुश्किल भावनाओं को उस खुले स्थान में रख दिया जाता है – भले ही ऐसा करना थोड़ा हमें असहज करता हो – लेकिन इससे नज़दीकियों को बढ़ावा मिलता है।

अच्छा संवाद एक ऐसी खुली जगह बना देता है जिसमें से चोटों को, शिकवे-शिकायतों को और मन की व्यथाओं को विदा किया जा सकता है और सच को बिठाया जा सकता है। चूंकि मुश्किल भावनाओं को उस खुले स्थान में रख दिया जाता है – भले ही ऐसा करना हमें थोड़ा असहज करता हो – लेकिन इससे नज़दीकियों को बढ़ावा मिलता है। यह एक ऐसा रास्ता देता है जिससे कि जो आवश्यक है उसे पूरा किया जा सके या कम से कम बातचीत तो की ही जा सके। यह हमें दूसरों को जानने में मदद करता है – और खुद को भी। और यह उन लोगों से उनकी प्रतिक्रिया जानने का भी वातावरण बना देता है जो हमारे लिए महत्व रखते हैं – बशर्ते उसे ग्रहण करने के लिए हम अपने अहं से बाहर निकल कर आएं। ये वे सब गुण हैं जो हम अपने बच्चों में उनके बढ़ने के साथ-साथ उनमें पनपने देना चाहते हैं।

सम्मानपूर्वक सुनना

हम अपने बच्चों को यह सिखाएं कि वे अपनी बात को बिना आक्रामक स्वर के यानी सौम्यता के साथ कहा करें, और दूसरों को सम्मानपूर्वक सुना करें। लेकिन जैसा कि मैं कई बार कह चुकी हूं, हमें उन्हें यह दिखाना होगा कि

इसी स्वभाव पर जमे रहना होता क्या है। अगर आप पेरैंट्स आपस में बात करते समय खुद ही एक दूसरे की बात के बीच में ही बोल पड़ते हों या आंख मिलाने के बजाय आंखें मटकाते हों, तब उनके द्वारा अपने बच्चों को यह बताने के कोई मायने नहीं रह जाते कि जब उनसे को बात कर रहा हो तब उन्हें बीच में नहीं बोलना चाहिए या अपनी आंखें नहीं मटकानी चाहिएं।

एक बार मैंने पढ़ा था कि कुछ बोलने से पहले आप खुद से यह अवश्य पूछ लें:

1. क्या यह सच है?
2. क्या यह आवश्यक है?
3. क्या यह हितकर है?

अपने संवादों को ध्यानपूर्वक और सजगतापूर्वक बच्चों के चित्त में बैठा देने से, निश्चित रूप से आप ऐसे बच्चों का निर्माण कर रहे होंगे जो इस बात का बहुत अधिक ध्यान रखने वाले होंगे कि उनके शब्दों का दूसरों पर क्या प्रभाव पड़ेगा और जिनके अंदर तब झनझनाहट होने लगेगी जब वे खुद या कोई और व्यक्ति चोट पहुंचाने वाले शब्द बोल रहा होगा।

अपना क्लीनिक चलाने के दौरान, मैं अक्सर किसी पेरैंट और बच्चे के बीच 'दूसरे की बात को ध्यान से सुनने' वाला अभ्यास कराती हूं जिसमें कोई ऐसा विषय चुन लिया जाता है जो कि हमेशा ही उनके बीच टकराव का कारण रहा हो। इस खेल के नियम बिल्कुल सीधे हैं: कोई एक व्यक्ति दो या तीन मिनट के लिए बोलता है जिसमें वह संबंधित विषय पर अपने विचार और भावनाएं व्यक्त करता है। सुनने वाला बोलने के उन्मुख है और उसके शरीर की भाव-भंगिमा ऐसी रहती है जैसे वह पूरे खुलेपन से सुन रहा है लेकिन उसे बीच में बोलने, मुंह बनाने, असहमत होने, या कहने वाला जो बात कह रहा है उसकी किसी भी तरह उपेक्षा करने या हंसी उड़ाने की अनुमति नहीं होती है।

अगर आप पेरैंट्स आपस में बात करते समय खुद ही एक दूसरे की बात के बीच में ही बोल पड़ते हों या आंख मिलाने के बजाय आंखें मटकाते हों, तब उनके द्वारा अपने बच्चों को यह बताने के कोई मायने नहीं रह जाते कि जब उनसे को बात कर रहा हो तब उन्हें बीच में नहीं बोलना चाहिए या अपनी आंखें नहीं मटकानी चाहिएं।

कहने वाला जब अपनी बात कह चुका होता है तब सुनने वाले को प्रश्न पूछने होते हैं या ऐसी टिप्पणियां करनी होती हैं जो सामने वाले से तीन हां कहलवा सके। पेरैंट और बच्चे को नज़दीक लाने में यह अभ्यास शायद ही कभी विफल रहा हो क्योंकि इसमें हर एक को अवसर दिया गया

होता है कि वह अपनी बात *निडरता* से अभिव्यक्त करे और यह भी महसूस करे कि उसे सुना गया है। यह करना बड़ा ही आसान है और इससे परिजन न केवल अधिक जुड़ाव महसूस करने लगते हैं बल्कि यह बच्चों में बातचीत को जीतने का ऐसा कौशल विकसित करने में मदद करता है जिसमें दोनों ही पक्ष यह महसूस करते हैं कि उनकी बात को सुना व समझा गया है। इस प्रकार के परिसंवाद का उदाहरण आप अध्याय 11 में देखेंगे।

गपशप की डोर

संवाद-परिसंवाद का एक और विषय यहां मैं छेड़ना चाहती हूं एक ऐसा विषय है जो आपको चकित कर देगा यानी छोटी-मोटी गपशप। काफ़ी समय तक मैं यही मानती आ रही थी कि गपशप केवल बेकार की बात है। मौसम की बात करना या दही के सबसे स्वादिष्ट ब्रांड की चर्चा करना मुझे निहायत बेवकूफ़ी भरा काम लगता था। लेकिन जैसे-जैसे मैं बड़ी होती गई, मैंने चीज़ों को थोड़ा अलग तरह से देखना शुरू किया।

हम सामाजिक प्राणी हैं। हम मनुष्य जब साथ में आते हैं तब हममें जुड़ने की सहजवृत्ति होती है। लेकिन कैसे? हम भले ही किसी से मिल लें और निःशब्द रूप से उसकी आंखों में झांक लें लेकिन परस्पर उत्साह का आदान-प्रदान करने के लिए संक्षिप्त संवादों का होना एक खूबसूरत तरीका बन जाता है। विषय कोई सा भी हो, उसका अपने आपमें कोई महत्व नहीं होता। मौसम के बारे में बात करना संपर्क बनाने का, बातचीत शुरू करने का, केवल एक माध्यम होता है जो कि यह संदेश दे रहा होता है, ''मैं आपको देख रहा हूं। मैं यहां आपके साथ हूं। आपमें मेरी दिलचस्पी है।''

अपने बच्चों को दूसरों से बात करना सिखाना इस मामले में उनकी मदद करना है कि जिस किसी से भी वे मिलें, उसके साथ संक्षिप्त संवाद में शामिल हो सकें। ऐसी दृश्यों की मैं संख्या नहीं बता सकती जब मैंने देखा है कि किसी छोटे बच्चे से कुछ पूछा गया तो लगा जैसे उसकी गाड़ी ही अटक गई हो। ''बॉबी, बड़े होकर तुम क्या बनोगे?'' ''पता नहीं।'' ''क्या तुम्हें खेल पसंद हैं?'' ''शायद।''

हालांकि मैं किसी आदतन दिखावटी गपबाज़ी की समर्थक नहीं हूं फिर भी मेरा मानना है कि एक समय और स्थान ऐसा होता है जब एक दोस्ताना बातचीत को शुरू किया जाए। लेकिन ऐसे किसी मौके पर जब हम अपने बच्चे का बचाव करते हुए यह कह देते हैं, ''माफ़ कीजियेगा, वह बात करना

नहीं चाह रहा है'', तब हम बच्चे का हित नहीं कर रहे होते हैं। हां, हो सकता है कि हम में से कुछ लोग अंतर्मुखी हों जो कि सामाजिकता के प्रति संकोच करते हों या एक मर्यादा में रहने वाले लजीले या शर्मीले हों जो कि किसी अपरिचित से बात करना तो दूर, उसकी ओर देखने में भी घबराते हों। मैं यह बिल्कुल नहीं कह रही हूं कि हम अपने बच्चों पर वह बनने के लिए दबाव डालें जो कि वे नहीं हैं, और निश्चित रूप से मैं यह भी नहीं कह रही हूं कि उन्हें हम यकायक किसी भी अजनबी के साथ बिना बात बतियाने के लिए प्रोत्साहित करें। लेकिन अगर हम अपने नौनिहालों को इन खूबियों से लैस करना चाहते हैं कि वे बड़े होकर सजग, सचेत, और आत्मविश्वासी व्यक्ति बनें तो यह आवश्यक है कि उनकी अपनी विशेष योग्यता के अनुसार हम उन्हें बातचीत करने की कला भी सिखाएं।

अब आपकी बारी है

एक ऐसी स्थिति की कल्पना कीजिए जिसमें किसी ऐसे व्यक्ति से आपकी बोलचाल बंद हो गई है जो कि आपके लिए बहुत महत्वपूर्ण रहा हो। परिणामस्वरूप कुछ गरमागरमी हो गई हो, नाराज़गी हो गई हो और शायद मनमुटाव भी हो गया हो।

संवाद को बदतरीन मोड़ देने के लिए आपने क्या किया? क्या आपने उस व्यक्ति से गालीगलौच से बात शुरू की थी? जब कभी भी आप अपना वाक्य यह कहते हुए शुरू करते हैं, ''क्यों आपन...'' तो निश्चित है कि आप सामने वाले को रक्षात्मक मुद्रा में पहुंचा देते हैं। क्या आप शांत भाव से सामने वाले की बात से सहमत हुए – अंदर-अंदर नाराज़ लेकिन नाराज़गी को बाहर प्रकट न होने देते हुए?

कुछ पल यह सोचने में लगाइये कि उस कठिन वार्तालाप को आप किसी और तरह से करते तो कैसे करते। आप किस तरह से यह बात साफ़ करते कि आप सामने वाले की राय के प्रति खुला नजरिया रखते हैं? आप किस तरह अपना मत ईमानदारी से, लेकिन सम्मानपूर्वक, रख सकते थे, ताकि बात को बेहतर नतीजे की ओर ले जाया जा सके? अपने ये विचार आप अपनी डायरी में लिख सकते हैं।

व्यावहारिक समाधान
वास्तविक जीवन में सजगता के साथ पेरेंटिंग

मैं अपने बेटे को लज्जित किए बिना कैसे सुधार सकती हूं?

प्रश्नः आप किसी बच्चे को लज्जित किए बिना यह कैसे समझा सकती हैं कि उसके शब्द और और उसकी हरकतें दूसरों को आहत कर सकते हैं? मेरे बेटे को आवेश में आने और साथ ही आग बबूला हो जाने की समस्या है लेकिन वह बहुत संवेदनशील बच्चा भी है। क्रोध का ज्वार उतर जाने के बाद वह बुरी तरह पछताता है और यहां तक कह देता है कि वह खुद से नफ़रत करता है। हम ऐसा क्या करें कि हम उसे लज्जित भी न करें और वह आवेश का बखेड़ा खड़ा करना भी बंद कर दे?

सुझावः ऐसा तमाशा अक्सर ऐसे बच्चों द्वारा किया जाता है जो संवेदनशील भी होते हैं और आवेगशील भी। एक तरफ़ तो वे बहुत नाज़ुक और भावुक होते हैं, और विशेष रूप से ठेस व उपेक्षा-अनादर तो उन्हें चुभ ही जाते हैं। दूसरी तरफ़, अपने आवेग और आवेश को रोकने के लिए उनकी कार के ब्रेक हमेशा कमज़ोर रहते हैं और इसीलिए इससे पहले कि वे खुद को रोक पाएं, वे फिसल कर बखेड़े वाली स्थिति में पहुंच जाते हैं।

आपके धर्मसंकट का कोई सीधा-सरल निदान नहीं है। यह अच्छी बात है कि आपका बेटा अपने क्रोध के विस्फ़ोट के लिए कुछ पश्चाताप तो महसूस करता ही है क्योंकि पश्चाताप ऐसे व्यवहार पर अंकुश लगाने का काम करता है। उदाहरण के लिए, यदि अपने भाई-बहनों के साथ धक्का-मुक्की करने के बाद उसे अफ़सोस होता है तो अगली बार जब उस पर क्रोध का उन्माद सवार होगा तो वह खुद को ऐसा करने से शायद थोड़ा रोक सकेगा। समस्या यह है कि यह विचार सिद्धांत रूप में तो काम करता है लेकिन जो बच्चे आवेगशील स्वभाव के होते हैं उनमें आम तौर पर इतनी भावनात्मक परिपक्वता नहीं होती कि अपने भाई-बहनों से धक्का-मुक्की करने से पहले ही वे उसके भले-बुरे को अच्छी तरह तोल लें। उनका पलीता जल्दी आग पकड़ता है, वे जल्दी भड़क उठते हैं, और एक चिंगारी से ही उनमें विस्फोट हो जाता है।

भावनात्मक झंझावात के बीच खुद को नियंत्रित न कर पाने पर बच्चे जब शर्मसार होते हैं तब उनको यह जानना जरूरी हो जाता है कि *उनका व्यवहार वे नहीं हैं* यानी दोनों चीज़ें अलग-अलग हैं। अपने बच्चे को उसके विक्षुब्ध व्यवहार से अलग एक व्यक्ति के रूप में देखने में उसकी मदद कीजिए,

एक ऐसे व्यक्ति के रूप में जो कि दूसरों को चोट पहुंचाना पसंद नहीं करता है। इसका मतलब यह नहीं है कि वह अपने कृत्यों के लिए ज़िम्मेदार नहीं होगा लेकिन इससे वह यह तो जान ही पायेगा कि जिस तरह वह बर्ताव कर देता है उसके अलावा वह एक उम्दा और अहम इंसान है। उसके तन-मन में उठने वाले क्रोध के तूफ़ान के लक्षणों को पहचानने में उसकी मदद कीजिए, जैसे पेट का सख़्त हो जाना या दिल की धड़कनों का तेज़ हो जाना ताकि इससे पहले कि वह तूफ़ान तबाही मचाना शुरू करे, वह बच्चा आपसे मदद करने को कह सके।

क्या अंतर्मुखी बच्चे को बातूनी बनाना चाहिए?

प्रश्न: आप बच्चों को दूसरों से संवाद करने के लिए प्रोत्साहित करने की बात किया करती हैं लेकिन मेरी बेटी बहुत लजीली-शर्मीली है। जब कोई हमारे घर आता है तो वह उसके सामने आंख भी नहीं उठा पाती है लेकिन जान-पहचान हो जाने के बाद तो वह उनके साथ खूब धींगा-मस्ती करती है। क्या हम अंतर्मुखी बच्चों पर लोगों के साथ संवाद करने के लिए जोर-जबरदस्ती करें, भले ही इससे उन्हें तकलीफ़ होती हो, या उन्हें वैसा ही रहने दें जैसे कि वे हैं?

सुझाव: जी हां, अंतर्मुखी बच्चे जैसे हैं उन्हें हम वैसा ही रहने दें, हमें हर बच्चे को वैसा ही रहने देना चाहिए जैसा कि वह है। लेकिन कोई भी बच्चा *नहीं चाहता* कि वह दूसरों से बात करने से उत्पन्न होने वाली व्यग्रता से, घबराहट से, खुद को पंगु जैसा महसूस करे।

वैसे, आपके इस प्रश्न का उत्तर देना कठिन है क्योंकि कुछ बच्चों को तो बस एक हल्के से टहोके के ज़रूरत होती है लेकिन दूसरे बच्चों को जबरदस्ती मुखर नहीं बनाया जा सकता और न ही बनाया जाना चाहिए। मैं तो कभी यह नहीं कहूंगी कि जो बच्चे आत्मकेंद्रित स्वभाव के हैं उन्हें बाहर बाज़ार वगैरह में किसी व्यक्ति से बात न कर पाने के कारण डांटना-फटकारना चाहिए।

खुद पर भरोसा रखिए। अगर आपका बच्चा सामाजिक मेलजोल करने में असमर्थ है तो होने दीजिए। लेकिन अगर उसमें संवाद को शुरू करने में या संबंध-सौहार्द बनाने में केवल अनुभव की कमी है तो इस बारे में आपके द्वारा उसकी मदद करना शायद उसके बहुत काम आए।

क्या अपने पति से मैं कहूं कि वह माफ़ी मांगे?

प्रश्नः बच्चों पर कभी चीखने-चिल्लाने के बाद उनसे माफ़ी मांगने के मुद्दे पर अपने पति के साथ अक्सर मेरा मतभेद हो जाता है। बच्चों से ऐसा व्यवहार करने के बाद आमतौर पर मैं बहुत ख़राब सा महसूस करती हूं और उनसे सॉरी बोल देती हूं। लेकिन मेरे पति बहुत अहंकारी हैं। भले ही वह मेरे सामने यह स्वीकार कर लें कि चीखने-चिल्लाने के बाद उन्हें भी अच्छा नहीं लगा है, लेकिन फिर भी उनका मानना है कि माफ़ी मांगना तो कमज़ोरी की निशानी होती है।

सुझावः किसी के साथ विवाह कर लेने से इस बात की गारंटी नहीं हो जाती कि बच्चों के लालन-पालन के विषय के हर पहलू पर वह आपसे पूर्णतया सहमत ही हो। भले ही बच्चे पैदा करने से पहले हम अपने पति/पत्नी के साथ इस नतीजे पर पहुंच गए हों कि हम दोनों अधिकांशतः एक राय हैं, लेकिन फिर भी मतभेद होने के अनगिनत मौके आ ही जाते हैं।

संभव है कि आपके पति अपने व्यवहार को अपने पिता की या अपने बचपन के किसी रोल मॉडल की शैली के अनुरूप ढाले हुए हों। आरंभिक जीवन के ये प्रभाव बड़े प्रबल होते हैं। अपने बच्चों से माफ़ी मांगने से किनारा करने के कारण उन्हें न तो लैक्चर दें, न सलाह दें, न डांट-फटकार करें और न ही उनकी आलोचना करें। यदि आप उनके डांट-फटकार करने वाले, शर्मिन्दा करने वाले पेरैंट के रूप में सामने आयेंगी तो आप उनके प्रतिरोध को ही बढ़ावा देंगी।

अगर आपके पति यह देखते हैं कि आप अपने बच्चों के साथ पूरी ईमानदारी और निष्ठा के साथ लगी रहती हैं – यानी वह आपको अपने कामों की ज़िम्मेदारी उठाते देखते हैं – और तत्पश्चात यह भी देखते हैं कि आपके बच्चे आपके प्रति आदर भाव रखते हैं और आपके साथ सहयोग करते हैं, तो हो सकता है कि वह इस निष्कर्ष पर पहुंच जाएं कि माफ़ी मांग लेना तो सबलता का लक्षण है, दुर्बलता का नहीं। लेकिन उस स्थिति तक उन्हें आप खुद ही पहुंचने दीजिए। आप यदि टीका-टिप्पणी करेंगी तो वह अपनी बात का और भी प्रबलता से बचाव करेंगे।

अध्याय 7

जो कहें, वह करें

इस दुनिया में सम्मानपूर्वक जीने का सबसे अच्छा तरीका यह है कि जैसा होने का हम दिखावा करते हैं, हम वैसे ही हो भी जाएं।

– सुकरात

मैंने एक बार अफ्रीका की एक जनजाति के बारे में पढ़ा था जिसके लोग तब बड़ा ही अनोखा काम करते हैं जब कोई कुछ ग़लती कर देता है। उनका मानना है कि इस दुनिया में हर आदमी प्यार और शांति की चाहना के साथ आता है लेकिन कुछ लोग ग़लती कर बैठते हैं। दो दिन तक सारा कबीला ग़लत काम करने वाले के चारों ओर एकत्र हो जाता है और उसे वे सारे अच्छे काम गिनाते हैं जो कि उस व्यक्ति ने अपने जीवन में किए हैं। उसके पाप या ग़लती को वे मदद की एक गुहार की तरह देखते हैं और इसलिए सारे लोग मिल कर उसे संभालने के लिए आ जुटते है और उसे याद दिलाते हैं कि वह कौन है और तब तक याद दिलाते रहते हैं जब तक कि उसे अपनी वह मूलभूत सज्जनता याद नहीं आ जाती जिससे कि उसका तारतम्य कुछ समय के लिए टूट गया था।

ज़रा सोचिए कि कितना अच्छा हो अगर हम भी उन बच्चों के साथ *यही* करें जो परेशान कर रहे है, पीड़ा दे रहे हैं। कल्पना कीजिए कि जब वे ग़लती करें तो उन्हें निन्दित करने के बजाय हम सहृदयतापूर्वक उन्हें उनकी अच्छाईयां याद दिलाएं। अगर हम यह देखते हैं रास्ते से

अगर हम यह देखते हैं रास्ते से भटक जाने के बावजूद हमें प्यार किया जा रहा है तो फिर अपनी ग़लतियों को स्वीकार करना और सुधार के बारे में सोचना काफ़ी आसान हो जाता है, और उनका विश्वास पुनः जीतना भी आसान हो जाता है जो कि हमारी परवाह करते हैं, हमारी चिंता करते हैं।

भटक जाने के बावजूद हमें प्यार किया जा रहा है तो फिर अपनी ग़लतियों को स्वीकार करना और सुधार के बारे में सोचना काफ़ी आसान हो जाता है, और उनका विश्वास पुनः जीतना भी आसान हो जाता है जो कि हमारी परवाह करते हैं, हमारी चिंता करते हैं।

सतत सद्व्यवहार का आदर्श बनना

किसी काम को आप जिस तरह किया करते हैं अन्य सभी कामों को भी आप उसी प्रकार करेंगे। यह मेरे जीवन का आधारिक रूप से एक महत्वपूर्ण सिद्धांत रहा है, एक ऐसा सिद्धांत जिसने मेरे जीवन के दोनों ही क्षेत्रों को प्रभावित किया है – व्यक्तिगत क्षेत्र को भी और व्यावसायिक क्षेत्र को भी।

मेरा बेटा जब दस साल का था तो उसने मुझसे पूछा था कि मैं उस टेलीमार्केटर से बहुत रूखे ढंग से क्यों पेश आई थी जिसका फ़ोन डिनर के दौरान आ गया था। फिर उसने पूछा, "क्या आप उसके साथ तब भी ऐसा ही व्यवहार करतीं जब वह आपके सामने बैठा होता।" "नहीं बेटा...बिल्कुल नहीं।"

लोग जब यह कहते हैं कि आपके बच्चे ही आपके व्यवहार-स्तर को ऊंचा बनाए रखेंगे तब वे सच ही कह रहे होते हैं। हमारे बच्चे ही तो हमारे व्यवहार का बेहतरीन और बदतरीन रूप देखते हैं, और जो कुछ भी हम करते या कहते हैं वह उन पर एक छाप छोड़ता जाता है। टेलीमार्केटर से हम जिस तरह बात करते हैं या अपने बच्चे के विज्ञान के किसी प्रोजेक्ट में मदद करने के वादे को कितना निबाहते हैं – यह सब हमारे बच्चों के द्वारा भली-भांति नोट किया जाता है। हो सकता है कि कभी हम अपना सद्व्यवहार भूल जाएं या कि उनके विज्ञान के प्रोजेक्ट को पूरा कराने के लिए हमारे पास समय ही नहीं रहे। ठीक है; हम इंसान हैं और जैसा हम बनना चाहते हैं उसमें यदाकदा कमी-बेशी हो सकती है।

लेकिन जब हम इस तरह का व्यवहार करते हैं जो कि उस व्यवहार के अनुरूप नहीं होता जैसा करने का उपदेश हम अपने बच्चों को दिया करते हैं तो हमें इसके लिए उत्तरदायी तो होना ही होगा। "मैं तुम्हें उस प्रोजेक्ट में मदद करने के लिए समय निकालना तो चाहती थी लेकिन मैं देख सकती हूं कि मैंने तुम्हें मंझधार में ही छोड़ दिया है।" या मेरे बेटे और टेलीमार्केटर वाले मामले में, "मैं तुम्हें वे कारण बता सकती हूं कि उस बंदे के साथ मैं रूखेपन से क्यों बोली, लेकिन तुम्हारा सवाल अपनी जगह सही है। मुझे भी उससे इस तरह बोलना अच्छा नहीं लगा था।"

इस सिद्धांत से चिपके रहना कि कोई काम हम जिस तरह करते हैं उसी तरह हम सारे काम करें, यह वाक़ई एक बोझ भी बन सकता है। हमें खुद को माफ़ करने के लिए तत्पर रहना होगा — और वह भी अक्सर। लेकिन अपने चरित्र की अडिगता का प्रदर्शन करते हुए खुद को हम ध्रुव तारे की तरह अटल दिखा सकते हैं — अपने बच्चों के सामने उस समय के लिए एक मिसाल बनते हुए जब कि वे अपने जीवन की नैया को सम्मान और निष्ठा के साथ खे रहे होंगे।

उत्तरदायी बनना

हमारे बच्चे दुनिया में जो कुछ करते हैं — अच्छे दिनों में भी और बुरे दिनों में भी — उसके लिए उन्हें उत्तरदायी होना सिखाना, उनके जीवन के लिए बहुत अधिक लाभकारी रहता है। हम सभी को ऐसे लोग अच्छे लगते हैं जिन पर हम भरोसा कर सकते हैं — जो अपने वादे को निबाहते हैं और अपने वचन के पक्के होते हैं — और हम उन लोगों पर भरोसा करते हैं जो अपने किए गए कामों की जिम्मेदारी लेते हैं।

पंद्रह साल का सन्नी अपनी मां के साथ हुई इतनी गरमागरम बहस के बाद मुझसे मिलने के लिए आया जिसमें उसने मां को कुछ तुच्छ और अभद्र शब्द भी कह डाले थे। मैंने उससे कहा कि वह मुझे पूरी बात बताए कि ऐसा क्या हुआ जो उसे एक महीने के लिए सज़ा दी गई। उसकी कहनी इस प्रकार थी: ''उन्होंने तो मुझे सचमुच पागल ही कर दिया था और इसलिए मैंने उन्हें #$%* कह दिया। इस पर उन्होंने कहा कि मुझे एक सप्ताह की सज़ा दी जाती है! मेरा पारा और भी चढ़ गया और मैंने कह दिया कि मुझे लगता है कि वे *#$% हैं। तब उन्होंने कहा कि मुझे एक और सप्ताह की सज़ा दी जाती है।''

जब मैंने सन्नी से पूछा कि ऐसा कह देने पर बाद में उसे कैसा लगा तो उसने बताया कि उसे काफ़ी ख़राब लगा लेकिन उसे यह भी बुरा लगा कि उसे सज़ा दी गई।

मैंने उससे पूछा कि जो कुछ उसने मुझे बताया है उसमें क्या वह मेरी बात मानेगा, ''मुझे ऐसा लगा है कि जिस तरह की दिल दुखाने वाली बातें तुमने मां से कही हैं वे जैसे तुमसे जबरस्ती कहलाई गई हैं क्योंकि तुम्हारी मां तुम्हें गुस्सा दिलाने का काम कर रही थी। क्या तुम्हें ऐसा ही लगा?''

वह सहमत था। लेकिन वह थोड़ा मुस्कुराया; वह मेरे बारे में इतना तो

जानता ही था कि शायद मैं जोश दिला रही हूं कि वह कर पूरे घटना क्रम से बाहर निकल कर उसे एक व्यापक दृष्टिकोण से देखे।

मैंने कहा, ''सन्नी, क्या तुम यही किस्सा दोबारा सुना सकते हो लेकिन इस बार, जैसा कि तुमने बताया कि तुमने कहा या किया, उससे पहले ये शब्द जोड़ने होंगे – *मैंने निर्णय लिया* या *मैंने यह करना चुना*।

वह थोड़ा घबराया सा लगा लेकिन वह अच्छा खिलाड़ी है। ''मेरी मां ने तो मुझे सचमुच पागल ही कर दिया था और जब वह किसी बारे में मुझे कुछ ज़्यादा ही जली-कटी सुनाने लगीं तो मैंने उन्हें #$%* कहने का निर्णय लिया। इस पर वह गुस्से से आग-बबूला हो गईं और बोली कि मुझे एक सप्ताह की सज़ा दी जाती है! मेरा पारा और भी चढ़ गया और मैंने यह कहना चुना कि मुझे लगता है कि वे @^&* हैं। और तब तो वह बिल्कुल पगला गईं उन्होंने कहा कि मुझे एक और सप्ताह की सज़ा दी जाती है इसलिए मैंने उन्हें *#$% कहने का निर्णय लिया।''

जब वह कह चुका तब मैंने उससे पूछा इस कहानी का दूसरा वाला रूप उसे कैसा लगा। बेचारा! स्थिति को बिगाड़ने के लिए जो ग़लती उसने खुद की थी, उसे मानने के बजाय सारा दोष मां के मत्थे मढ़ देना बड़ा आसान था। लेकिन, यह उसकी तारीफ़ की बात थी कि उसने स्वीकार किया कि उसने कुछ घटिया बातें चुनीं जिसके कारण वह मुश्किल में पड़ गया था। फिर हमने यह चर्चा की कि किस तरह हम सभी गलतियां करते हैं लेकिन अगर हम अपनी गलती को मान लें और सुधार करने का वादा करें तो चीज़े ठीक होती चली जाती हैं।

बच्चों के साथ इस बारे में बात करना अच्छा रहता है कि ग़लत निर्णयों के परिणामों का सामना करना महत्वपूर्ण है ताकि कुछ भी चुनने में वे विचारशील और विवेकशील बनें। लेकिन जीवन के तुच्छ चुनावों के उलझावों को समझने में उनको इतनी मदद कोई नहीं कर सकता जितनी कि उन लोगों से उनकी कहानियां सुनना जो कि बुरी तरह रास्ता भटक जाने के बाद अपने जीवन की गाड़ी को फिर से पटरी पर लाकर उसे सही तरह से चलाने में जी जान से जुटे हैं।

लेकिन जीवन के तुच्छ चुनावों के उलझावों को समझने में उनको इतनी मदद कोई नहीं कर सकता जितनी कि उन लोगों से उनकी कहानियां सुनना जो कि बुरी तरह रास्ता भटक जाने के बाद अपने जीवन की गाड़ी को फिर से पटरी पर लाकर उसे सही तरह से चलाने में जी जान से जुटे हैं।

स्वाभाविक रूप से, अधिकतर लोग अपने बच्चों को ऐसे लोगों से बचा कर रखते हैं जो किसी लत के या अपनी बेईमानी के किसी कृत्य के दुष्परिणाम से

जूझ रहे हैं। लेकिन अगर आपके कुछ ऐसे विश्वसनीय मित्र हैं जो जीवन के ऐसे कठिन दौर को पार कर गए हैं और अब अच्छी तरह जीवन यापन कर रहे हैं तो अपने बच्चों को अवसर दीजिए कि वे उनके कठिनाई से कमाए गए अनुभवों और सलाहों को सुनें। वह चाहे हज़ारों साल पहले आग के इर्द-गिर्द बैठे आदमियों का समूह रहा हो या आज के क्रिसमस ट्री के चारों तरफ़ एकत्र आदमियों का समूह, हम सबसे अच्छी सीख दूसरों की कहानियों से ही लेते आए हैं। वे लोग जो रास्ता भटक गए थे लेकिन जो अपनी ग़लती को पहचान कर सही रास्ते पर वापस आ गए हैं, उन लोगों की हासिल की गई अक्लमंदी और गहरी समझ से बच्चों को रूबरू कराना उनके जीवन पर एक व्यापक प्रभाव डाल सकता है।

बच्चों को सच बोलने के लिए प्रेरित करना

सभी बच्चे सच के साथ खिलवाड़ करते हैं; किन्हीं अवस्थाओं में यह विकास की दृष्टि से सही भी रहता है। दरअसल, सच को तोड़मरोड़ करके कहना कल्पना और वास्तविकता के बीच के, तथ्य और कल्पित कथा के बीच के अंतर को समझना है। और यह सच है कि बच्चे किसी मुसीबत में पड़ने से बचने के लिए सच को छिपा जाते हैं। किसी झूठ को अपने में छिपाए रखने से होने वाली असहजता आमतौर पर किसी सच को स्वीकार कर लेने के फलस्वरूप होने वाली तकलीफ़ की तुलना में अधिक सहनीय होती है – भले ही इसमें बाद में वह झूठ पकड़े जाने का जोखिम बना रहता हो।

बच्चों को अपनी ग़लती कबूलने के लिए प्रोत्साहित करने को उन्हें डर दिखाने या उनकी निंदा करने के बजाय, हम अपने बच्चों का तब अधिक भला करते हैं जब खुद एक आदर्श के रूप में इस बात पर बल देते हैं कि ईमानदार होने का एहसास बहुत अच्छा होता है, भले ही ईमानदार होना कठिन हो।

2010 में टोरोंटो विश्वद्यिालय में हुए एक अध्ययन में वे कारक खोजे गए जो बच्चों को सच्चा बनने के लिए प्रेरित करते हैं। तीन से सात साल तक की उम्र के बच्चे को एक कमरे में इस हिदायत के साथ अकेला छोड़ दिया गया कि वहां छिपे हुए खिलौने के लिए वह ताक-झांक नहीं करेगा। कुछ समय बाद ही अनुसंधानकर्ता उस कमरे में वापस आए और उन्होंने बोल-बोल कर कोई एक कहानी पढ़ कर सुनाई – *पिनोशियो, द बॉय हू क्राइड वोल्फ़* वाली या *जियोर्ज वाशिंगटन एंड द चैरी ट्री* वाली। तब उन्होंने बच्चों से पूछा कि क्या उन्होंने छिपे हुए खिलाने के लिए ताक-झांक की थी।

जिन बच्चों ने बेईमानी के बुरे फल वाली कहानी तभी-तभी सुनी थी, उनसे कहा गया, "मैं नहीं चाहता कि तुम पिनोशियो बनो या वह लड़का बनो जिसने भेड़िये को रूला दिया था। मुझे सच-सच बताना!" जिन बच्चों ने जियोर्ज वाशिंगटन वाली कहानी सुनी थी जिसमें उन्होंने कबूल किया था कि उन्होंने ही चैरी के पेड़ को काट डाला था, उनसे कहा गया कि वे वाशिंगटन जैसे बनें। जिन बच्चों ने झूठ बोलने का बुरा नतीजा वाली कहानी सुनी थी – जैसे पिनोशियो की नाक लंबी हो जाना या वह लड़का जिसने भेडिये को रुला दिया – उनके मुकाबले तीन गुना अधिक उन बच्चों ने यह कबूल किया कि उन्होंने छिपे खिलौने के लिए ताक-झांक की थी जिन्हें कि जियोर्ज वाशिंगटन जैसा बनने को कहा गया था।

इसमें एक दिलचस्प मोड़ तब आ गया जब जियोर्ज वाशिंगटन वाली कहानी का अंत बदल कर यह कर दिया गया कि अपने पिता के सामने यह कबूल करने के बजाय कि उन्होंने ही चैरी का पेड़ काट डाला था, वे झूठ बोल देते हैं कि उन्होंने वह पेड़ नहीं काटा। कहानी का यह बदला हुआ रूप सुनने के बाद उतने ही बच्चों ने छिपे खिलौने के लिए ताक-झांक करना कबूल करने से किनारा कर लिया जितनों ने कि वह कहानी सुनी थी जिसमें बेईमानी का बुरा नतीजा दिखाया गया था।

बच्चे तब अपनी ग़लती अधिक कबूल करते हैं जब ईमानदारी को वे एक अच्छा गुण समझते हैं, बजाय तब के जब कि वे बेइमानी को बुरे नतीजे की तरफ़ ले जाने वाला मानते हैं।

ये परिणाम बताते हैं कि बच्चे तब अपनी ग़लती अधिक कबूल करते हैं जब ईमानदारी को वे एक अच्छा गुण समझते हैं, बजाय तब के जब कि वे बेइमानी को बुरे नतीजे की तरफ़ ले जाने वाला मानते हैं। दूसरे शब्दों में, सज़ा का डर एक कमज़ोर प्रेरक होता है, जब कि प्रशंसा, तारीफ़ और पसंद किया जाना, उसके मुकाबले, कहीं अधिक सशक्त प्रेरक का काम करता है।

क्षमा मांग लेना

एक पेरैंट के रूप में, मैंने यह साफ़ महसूस किया है कि हालांकि मुझे कोई पारंगत नहीं होना पड़ा लेकिन मुझे यह तो सीखना ही पड़ा कि उन पलों के लिए उत्तरदायी कैसे हुआ जाए जब मैं गुस्से से लाल-पीली हो गई थी और कुछ ऐसा कह या कर बैठी थी जो कि मेरे स्तर से नीचे का था। तब मुझे सीखना पड़ा था कि *क्षमा* कैसे मांगी जाए।

यह एक कठिन प्रक्रिया थी क्योंकि मेरे अहं ने ऐसे बहुत सारे हीले-हवाले गढ़ लिए थे जिनसे कि मैं ग़लत सिद्ध ही न हो पाऊं। मैं एक ऐसे परिवेश में पली-बढ़ी थी जो अपनी ग़लतियों को कबूल करने के बजाय 'मैं सही हूं' को अधिक महत्व देता था, और खुद का बचाव करने का तो जैसे मुझे प्रशिक्षण ही प्राप्त था मानों कि मैं खुद को सही सिद्ध करने, अपना औचित्य स्थापित करने और दोष को दूसरों के मत्थें मढ़ देने की कला में पारंगत हो चुकी थी।

याद रखिए कि मैंने कब कहा था हमारे बच्चे हमारे सबसे बड़े टीचर हो सकते हैं? वह मेरा बेटा ही था जिसने मुझे यह खोजने का अवसर दिया था कि मैं अपूर्णता के सुखमय अनुभव में चैन से बैठ सकती थी और मैं अपनी ग़लतियों को कबूल कर सकती थी। यह एक धीमी प्रक्रिया थी, लेकिन थी *बहुत राहत देने वाली!* इसके ढेर सारे अतिरिक्त लाभ भी रहेः अब मैं एक ऐसे हैरी का लालन-पालन कर रही थी जो कि जब भी गड़बड़ करता है तो क्षमा मांगने को तत्पर रहता है और यह भी प्रदर्शित करता है कि किसी बहस को जीतने या खुद को सही सिद्ध करने के बजाय वह प्रेम को अधिक मूल्य और महत्व देता है।

यही है जो मैंने क्षमा मांग लेने के बारे में सीखा है। क्षमा जब मांगी जाए तो दिल से मांगी जानी चाहिए। बच्चे द्वारा किसी के तन या मन को चोट पहुंचा दिए जाने पर उसके मुंह से जबरदस्ती व अनिच्छा से, बुदबुदाते हुए "सॉरी" कहलवाने में मेरी कोई दिलचस्पी नहीं रहती है। दरअसल, झूठ-मूठ की क्षमा याचना करना तो बच्चों को यह सिखा देता है कि किसी को भी धक्का मार दो और फिर यह छोटा सो शब्द बोल दो, बस! इसलिए, यह बहुत आवश्यक है कि हमारे बच्चे क्षमा तभी मांगें जब उन्हें वाक़ई पश्चाताप हो रहा हो।

लेकिन, यही बात निंदा करने या शर्मिंदा करने पर लागू नहीं हो सकती। जब हम अपने बच्चे को किसी गलती पर अपमानित करते हैं तो उसका आत्मरक्षा वाला जज़्बा जाग उठता है जो कि उसे अपनी किसी भी ग़लती को स्वीकार करने नहीं देता। निंदा करने या शर्मिंदा करने के बजाय हमें चाहिए कि हम बड़ी सौम्यता से अपने बच्चों को दूसरे के दिल को लगी चोट का एहसास कराएं ताकि वे अपने बुरे व्यवहार के दूसरों पर पड़ने वाले प्रभाव के बारे में मनन-मंथन कर सकें। केवल तभी वे एक विश्वसनीय और सच्ची "सॉरी" बोल पायेंगे या अपनी

निंदा करने या शर्मिंदा करने के बजाय हमें चाहिए कि हम बड़ी सौम्यता से अपने बच्चों को दूसरे के दिल को लगी चोट का एहसास कराएं ताकि वे अपने बुरे व्यवहार के दूसरों पर पड़ने वाले प्रभाव के बारे में मनन-मंथन कर सकें।

किसी अन्य भाव-भंगिमा से अफ़सोस जता सकेंगे।

खेद प्रकट करने का प्रथम चरण होता है यह कहना कि "मैं क्षमा चाहता हूं" और वह भी पूरे मन से कहना – अपने ग़लत व्यवहार के लिए किसी दलील की चिप्पी लगाए बिना कहना, जैसे "मुझे क्षमा कीजियेगा, लेकिन आपके पैर पर मेरा पैर इसलिए पड़ गया था क्योंकि आपने अपना पैर कुछ ज़्यादा ही बाहर निकाल रखा था" – यह कोई क्षमा मांगना नहीं हुआ। बहुत से लोग दिखावटी क्षमा-याचना करने में बड़े माहिर होते हैं, लेकिन वे तब उसका प्रभाव खो बैठते हैं जब वे यह बताने लगते हैं कि जो उन्होंने किया वह क्यों किया और उस में भी जब अपनी ग़लती का कसूरवार वे सामने वाले को ही ठहराने लगते हैं। "मुझे अफ़सोस है कि तुम्हारे देर से आने पर मैं तुम पर बहुत नाराज़ हो उठी लेकिन चिंता से मेरा तो हाल ही बुरा हो गया था! और मैं थक भी बहुत गई थी... ऊपर से सब्ज़ियां जल गईं थीं . .उधर कुत्ते ने गुलाबों को रौद डाला था..." यह कहने में उतना वज़न नहीं है जितना कि सीधा-सीधा यह कहने में है कि "मुझे अफ़सोस है कि तुम्हारे देर से आने पर मैं कुछ ज़्यादा ही नाराज़ हो गई थी।" पूर्ण विराम। अंतर देखा आपने? किसी समय ऐसा हो सकता है कि जो कुछ हुआ उसके बारे में आप कुछ इस तरह कहें कि सामने वाला उन कारणों को देख सके कि समस्या में उसका भी योगदान रहा है। लेकिन सबसे पहली बात तो आपके व्यवहार से उपजी चुभन के बारे में होनी चाहिए।

दूसरी बात, हमें *स्पष्ट रूप से* यह स्वीकार करने की आवश्यकता है कि हमारे व्यवहार ने दूसरे को किस तरह त्रस्त किया है, प्रभावित किया है। "आपके पैर पर मेरा पैर पड़ जाने पर आपको अवश्य ही तक़लीफ़ हुई होगी।" या "तुम्हारे घर आते ही जब मैं तुम पर बरस पड़ी थी तब शायद तुम्हें बहुत बुरा लगा होगा ख़ास तौर से तब जब कि तुम एक घंटे से ट्रैफ़िक में फंसे हुए थे।" इससे सामने वाले को यह पता चल जाता है कि जो शब्द हम बोल रहे हैं वे दिमागी तौर पर तैयार किया गया कोई शब्दाडंबर नहीं हैं जो कि बस सुनने में अच्छे लग रहा हो, बल्कि हमने उसकी तकलीफ़ को अपनी तक़लीफ़ समझा है और उन सभी बातों की कल्पना की है जिनसे कि हमारे व्यवहार से उसे तक़लीफ़ पहुंची होगी।

तीसरी बात, कुछ बेहतर करने की अपनी मंशा को जता कर हम यह ज़ाहिर करते हैं कि अपनी ग़लती से खुद हमें कितना ख़राब लग रहा है। "मुझे बाद में बहुत दुख हुआ – शर्म आई कि मेरा दिमाग गरम हो गया था।

मैं तुम्हें बताना चाहती हूं कि मैं तब से इसी बारे में सोच रही हूं। मैं तुम्हें प्यार करती हूं और अगर घर आने में तुम्हें देर हो जाए तो मैं नहीं चाहती कि तुम यह फिक्र करो कि मैं तुम्हारे ऊपर चीखूंगी, चिल्लाऊंगी।'' यहां आप यह बता सकती हैं कि आप कोशिश कर रही हैं कि ऐसा दोबारा न होने पाए चाहे इसके लिए आप इनमें से कोई भी काम करें – गुस्सा आने पर कमरे से चली जाएं या दस तक गिनती गिनें, या डायरी लिखना शुरू करें, या मनोचिकित्सक के पास जाएं या भरपूर नींद लें।

और आख़िरी बात। आप सामने वाले से पूछिए कि आपको क्षमा करने के लिए, बेहतर महसूस करने के लिए उसे क्या चाहिए – ''मुझसे तुम क्या चाहते हो?'' इससे सामने वाले को यह कहने का मौका मिलता है कि वह आपकी क्षमा याचना की कद्र करता है और आगे बढ़ने को तैयार है या जो वह आपसे चाहता है उसे बताने के लिए सहमत हो जाता है। उदाहरण के लिए, वह कह सकता है, ''मैं तुम्हें माफ़ करना चाहता हूं, लेकिन तुमसे यह आश्वासन भी लेना चाहता हूं कि अगली बार जब मुझे देर हो रही हो और फ़ोन भी काम नहीं कर रहा हो तो मेरे ऊपर बरस पड़ने से पहले तुम यह जरूर पूछ लेना कि देर क्यों हुई।''

एक बार किसी ने मुझे बताया था कि उनके बच्चे के प्रीस्कूल में छोटे बच्चों को ख़ास तौर पर सिखाया जाता है कि अगर उनसे किसी को धक्का लग जाए या कोई चोट पहुंचे तो वे उसे ''आई एम सॉरी'' न कहें। बल्कि उन्हें सिखाया जाता है कि वे अपने उस दोस्त से पूछें कि वह ठीक तो है न और फिर उसके प्रति अपनी फ़िक्र को ज़ाहिर करने के लिए एक कप पानी लेकर आएं। जो बच्चे वहां इस घटना के प्रत्यक्षदर्शी होते हैं उन्हें प्रोत्साहित किया जाता है कि वे आहत बच्चे के लिए नम पेपर-टॉवल लेकर आएं। इसलिए स्कूल में जब भी किसी नन्हे-मुन्ने को धक्का लग जाता है तो उसे एक कप पानी और खूब सारे पेपर-टॉवल पेश कर दिए जाते हैं! मुझे तो इस दृश्य की कल्पना करके ही बड़ा अच्छा लगता है कि एक नन्हा मुन्ना या नन्ही मुन्नी अपने आंसू पोंछ रही है और उसके इर्द-गिर्द कई सारे नन्हे-मुन्ने बच्चे उसे अच्छा-अच्छा महसूस करने में मदद कर रहे हैं। ये बच्चे बहुत ही छोटी उम्र में एक बड़ा ही अच्छा सबक सीख रहे हैं कि जब कोई ग़लती हो जाए तो बेमन से बस यूं ही ''सॉरी'' बुदबुदाने के बजाय जो हो गया है उसको सुधारने के लिए व्यावहारिक कदम कैसे उठाए जाएं।

संक्षेप में, माफ़ी मांगने के चार चरण होते हैं जो इस प्रकार हैं:

1. दिल से माफ़ी मांगना और वह भी कोई ऐसी सफ़ाई दिए बिना ही जिससे कि यह न लगे कि जो कुछ हुआ उसे आप सही ठहराने या उससे अपना बचाव करने की कोशिश कर रहे हैं।
2. ''आपको हुई तकलीफ़ को मैं महसूस कर रहा हूं.......................,'' ऐसा कहना यह दर्शाता है कि आपके द्वारा दूसरे के पैर पर पैर रख देने से आपको भी तक़लीफ़ पहुंची है और आपको उसकी परवाह है।
3. ''भविष्य में ....'' यह कहने के साथ आप आइंदा बेहतर करने की अपनी सदाशयता की घोषणा कर रहे होते हैं जो यह बताता है कि तक़लीफ़ पहुंचाने वाला अपना व्यवहार अब आप कभी दोहराना नहीं चाहेंगे।
4. ''क्या मैं आपके लिए कुछ कर सकता हूं?'' ऐसा कह कर आप उस व्यक्ति को आमंत्रित कर रहे होते हैं कि आपको क्षमा कर देने और आगे बढ़ने में जो भाव उसे रोक रहा है, उसे आप साझा करना चाहते हैं।

कोई ग़लती करने के बाद खुद को बचाव की मुद्रा में ले आने या दूसरे पर दोषारोपण करने के बजाय जब हम अपनी ग़लती कबूल करने लगते हैं, तब हम मुक्ति की अद्‌भुत अनुभूति करते हैं। एक अधिक विकसित व्यक्ति बनना पसंद करना लेकिन अक्सर ग़लतियां करते हुए दिखाई देना – अपने इस बेमेलपन से संघर्ष किए बिना ही हम बड़ी सहृदयता के साथ खुद को स्वीकार कर सकते हैं। तब, हर बार क्षमा याचना हमारे अंदर से अधिक आसानी से निकलने लगती है और कमाल यह होता है कि बचाव की मुद्रा में आना छोड़ देने से हम अधिक निष्ठा व गंभीरता से सहानुभूति करने लायक हो जाते हैं।

पेरैंटिंग हमें अपनी कमियों और ख़ामियों को देख पाने में मदद करती है, घमंड और गुरूर से तमाशा करने के बजाय यह हमें अपने किए की ज़िम्मेदारी लेने में हमारी मदद करता है। यह बच्चों का लालन-पालन इस तरह करने में मदद करती है कि वे अपने बर्ताव के लिए ज़िम्मेदार रहें और ईमानदारी, सत्यनिष्ठा और समग्रता से जीने का महत्व समझें।

अब आपकी बारी है

अपनी बात शुरू करने से पहले मैं आपको यह स्पष्ट कर देना चाहती हूं कि नीचे दिए गए अभ्यास का उद्देश्य किसी पुरानी शर्मिन्दगी या खेद को फिर से ताज़ा करना नहीं है बल्कि इस तथ्य के सत्य को देखना है कि ग़लती को कबूल कर लेने और उसे सुधार देने की अपेक्षा किसी ग़लती को दबाए या छिपाना रखना कहीं अधिक कष्टदायक और महंगा बैठता है।

किसी ऐसी ग़लती के बारे में सोचिए जो आपने की हो और जिसने आपको जीवन का एक महत्वपूर्ण सबक सिखाया हो।

अपनी डायरी में उस स्थिति का वर्णन लिखिए।

क्या किसी कोई तक़लीफ़ पहुंची थी? यदि हां, तो कैसे?

क्या उस ग़लती से उठे फ़साद पर आपने तत्काल ध्यान दिया था या शुरू में आपने यह मानने से ही इंकार कर दिया था कि आपसे वह ग़लती हुई है और यह उम्मीद भी की कि कोई आपकी ग़लती को जान ही नहीं सकेगा?

अगर आपने अपनी ग़लती का निराकरण नहीं किया था तो सच को छिपाए रखने की आपको क्या कीमत चुकानी पड़ी थी?

इस ग़लती से जो कोई भी प्रभावित हुआ था उसके लिए आपने क्या सुधार-संशोधन किए?

यदि आपको उचित लगे और किसी को कोई तक़लीफ़ न पहुंचे तो यह घटना अपने बच्चे को सुनाइए और उसे वह सबक समझने में मदद कीजिए जो कि आपने अपनी ग़लती का सामना करने में सीखा था।

इस अभ्यास से जो विचार या भाव आपके मन में उठे हों उन्हें अपनी डायरी में लिख लीजिए।

व्यावहारिक समाधान
वास्तविक जीवन में सजगता के साथ पेरैंटिंग

क्या बच्चों को उनके दुर्व्यवहार के लिए सज़ा नहीं दी जानी चाहिए?

प्रश्नः अफ्रीका की जनजाति वाला किस्सा दिल को छू लेने वाला है लेकिन मेरी समझ में यह बात नहीं आ रही है कि अगर हम बच्चों को उनके दुर्व्यवहार के लिए सज़ा नहीं देंगे तो भला कैसे हम उन्हें सही व्यवहार करना सीखने में सहायता कर सकेंगे। क्या इससे उनके मन में भ्रम की स्थिति पैदा नहीं हो जायेगी? दुर्व्यवहार करने वाले किसी बच्चे को यह कहने के बजाय कि वह एक अच्छा बच्चा है, क्या उसे उसके दुर्व्यवहार के बुरे नतीजों को भुगतने देना नहीं चाहिए?

सुझावः जब हम किसी बच्चे को उसके अवज्ञाकारी व्यवहार के समान ही मान बैठते हैं तब हम उसका बहुत भारी नुकसान कर रहे होते हैं। इंसान किसी एक कारण से कोई काम करता हैः या तो सुख को पाने के लिए या दुख से बचने के लिए। जो व्यक्ति झूठ बोलता है, चोरी करता है, दूसरों को आहत करता है, या हानि पहुंचाता है, वह ऐसा इसलिए करता है कि वह मानता है कि उसके ये काम किसी न किसी तरह उसे सुखद अहसास करायेंगे – अधिक शक्ति, अधिक सम्मान दिलायेंगे या उसे समर्थ सिद्ध करेंगे – या वह यह सोचता है कि ये उसे किसी दुखद अहसास से बचायेंगे।

जिन बच्चों को ग़लती करने पर हमेशा ही अच्छे-बुरे बच्चे के रूप में तोला जाता हो, डांटा-फटकारा जाता हो, झिड़का जाता हो, शर्मिन्दा किया जाता हो या मारा-पीटा जाता हो, वे कुछ अच्छा करने के लिए कभी भी प्रेरित नहीं हो पाते हैं। चूंकि उनके दिल कठोर हो चुके होते हैं, इसलिए अपनी ग़लतियों को सही ठहराते हुए अक्सर वे कुछ भी अच्छा करने का इरादा छोड़ ही देते हैं। (मनोवैज्ञानिकों ने इसे शब्द दिया हैः *बिन आंसू वाला*।) बच्चे को यह बताना कि वह मन से तो अच्छा है और खुद भी एक स्पष्ट नज़रिया रखना कि वह अपने अंतरतम से कैसा है – इससे उसे खुद में पुनः विश्वास जगाने में मदद मिलेगी। बच्चे में सही काम को करने का साहस पैदा करने के लिए उसे सज़ा दिए जाने की धमकी देने के बजाय यह तरीका कहीं अधिक कारगर सिद्ध होता है।

मेरा यह कहने का मतलब यह बिल्कुल नहीं है कि बच्चे द्वारा कोई ग़लत बात कहने पर या कोई ग़लत काम करने पर उसे उसका यथोचित फल कभी

न दिया जाए। अगर आपकी बेटी ने केवल इस बात पर गुस्से में सारा घर सिर पर उठा लिया हो कि उसे अपनी बहन का स्वेटर नहीं पहनने दिया गया तो आप यह फ़ैसला सुना सकती हैं कि उसे घुमाने के लिए पार्क नहीं ले जाया जायेगा। लेकिन जैसा कि आपने अब तक अंदाज़ लगा लिया होगा कि दुर्व्यवहार के प्रति मेरा नज़रिया सज़ा (या इनाम) देने से अधिक इस बात पर अधिक केंद्रित रहता है कि यह तो देखा जाए कि दुर्व्यवहार करने की बुनियादी वजह क्या है। मैं नहीं मानती कि 'बैंड-एड समाधान' कारगर होते हैं, बल्कि मेरी रुचि तो इस बात को समझने में अधिक रहती है कि किसी बच्चे को अपना दुर्व्यवहार खुद को सही क्यों लगता है – और फिर उस बात की तह तक जाया जाए, उसके मूल कारण को समझा जाए बजाय इसके कि बच्चा जब भी कोई बुरा बर्ताव करे तभी मनमाने ढंग से हम उसके लिए किसी सज़ा का फ़रमान जारी कर दें।

बच्चों के झूठ बोलने को क्या एक सामान्य बात माना जाए?

प्रश्न: झूठ बोलना मेरे दस साल के बेटे का स्वभाव हो गया है। सज़ा से बचने के लिए वह तरह-तरह की कहानियां गढ़ लेता है और इसलिए मेरे लिए यह जानना मुश्किल हो जाता है कि कब वह सच बोल रहा है और कब झूठ बोल रहा है, इसलिए मैं यह मान कर चलती हूं कि वह झूठ ही बोल रहा होगा और तदनुसार उसे सज़ा दे देती हूं। ज़ाहिर है कि ऐसा करना तब उसे भड़का देता है जब वह सच बोल रहा होता है। मैं उसके झूठ और सच में अंतर कैसे करूं?

सुझाव: जब कोई बच्चा ग़लत व्यवहार करता है तब मैं अपना जासूसी वाला हैट पहन लेती हूं और इनमें से एक प्रश्न पूछती हूं: यह व्यवहार उसे सही क्यों लगता है? उसके लिए, वह सच क्या है जो उसे झूठ बोलने को कहता है? इसमें बच्चा कौन सा सुख महसूस कर रहा है या कौन से दुख से बचना चाह रहा है? उसे झूठ बोल कर मिल क्या रहा है? संभव है कि वह किसी परेशानी में पड़ने की तक़लीफ़ से बचना चाह रहा हो। इससे बात समझ में आ जाती है, है न?

मैं अक्सर कहा करती हूं कि जब बच्चे हमें कोई ऐसी बात सुनाते या बताते हैं जो कि हमें अच्छी नहीं लगती तब जो प्रतिक्रिया हम करते हैं दरअसल उसी से हम उन्हें यह *सिखा रहे होते हैं* कि वे हमारे साथ कितने ईमानदार, कितने सच्चे रह सकते हैं। तब क्या होता है जब आपका बेटा आपको सच बोल देता है? क्या आप गुस्से से पगला जाते हैं? क्या आप उसे

दर्शा देते हैं कि आप उससे बहुत हताश-निराश हुए हैं? तब, क्या वह शर्मिन्दा या किंकर्तव्यविमूढ़ महसूस करता है? अपमानित महसूस करता है? कहने का तात्पर्य यह नहीं है कि यदि आपका बच्चा ईमानदार नहीं है, सच्चा नहीं है तो यह आपकी "ग़लती" है या यह कि उसकी चालाकी के लिए उसे ज़िम्मेदार नहीं ठहराया जाना चाहिए लेकिन जब मैं किसी बेईमान या झूठे बच्चे पर काम कर रही होती हूं तब मैं हमेशा ही यह मान कर शुरुआत करती हूं कि दो बुरी स्थितियों में से उसे जो सबसे अच्छी लगती है उसे ही वह चुनता है।

अपने प्रियजनों से झूठ बोलना, अपने लिए बुनियादी तौर पर महत्वपूर्ण लगने वाली निकटता और जुड़ाव के भाव को तोड़ना – ऐसा करना बच्चों को अच्छा नहीं लगता है, इससे उन्हें दुख पहुंचता है। लेकिन अगर आपके बेटे को लगता है कि उसका सच बोलना तो आपको हताश-निराश कर देता है जो कि और भी बुरा है (या वह आपके कोप और सज़ा से डरता है) तब वह यही मान कर चलता रहेगा कि झूठ बोलना दो बुराइयों में से छोटी वाली बुराई है।

जितना अधिक आप जहाज की एक ऐसी कैप्टेन बनने की कोशिश करेंगी जो कि अपने बेटे द्वारा बोले गए कठोर सत्य का सामना करने के लिए तैयार रहती हो, उतना ही कम वह झूठ का सहारा लेकर आपको (और खुद को भी) बचाने का प्रयास करेगा।

आप दोनों के बीच लगाव और जुड़ाव को मज़बूत करने के लिए लेख आदि पढ़ना भी आपके लिए उपयोगी रहेगा। बच्चे जब यह महसूस करते हैं कि वे हमें अच्छे लगते हैं, कि उन पर हमारी तवज्जो रहती है कि उनका संग-साथ हमें आनंद देता है तो सहयोग करने और संबद्ध रहने की उनकी सहज वृत्ति जाग जाती है, और फिर बेईमान या झूठा बनने से पैदा होने वाली उलझन और परेशानी को सहन कर पाना उन्हें तब कठिन लगने लगता है।

प्रश्नः मेरे पिता हम बच्चों को पालने के लिए अपनी तरफ़ से अच्छे से अच्छा करने की कोशिश करते रहे थे (मेरी मां हमारे साथ नहीं रहती थीं) लेकिन मैं एक गुस्सैल और उत्पाती किस्म का टीनेजर था; मैं कुछ उद्दंड लड़को के साथ इधर-उधर घूमता रहता था और ऐसे काम करता फिरता था जिन्हें करने पर मैं आज तो गर्व बिल्कुल नहीं कर सकता जैसे लोगों के डाक के बक्सों को तोड़-ताड़ देना, स्प्रे से शहर में कहीं भी दीवारों पर कुछ भी बना देना। लेकिन, अब मेरा जीवन बदल चुका है। मेरे दो बच्चे हैं, एक नौ साल का और दूसरा ग्यारह साल का और मैं चाहता हूं कि वे अपने इस पिता का सम्मान करें। जो कुछ मैंने किया है क्या वह सब मुझे उन्हें बता देना चाहिए?

सुझावः हममें से अधिकतर लोगों ने कुछ न कुछ तो ऐसा किया ही हुआ है जो कि बताता है कि हम अपने नैतिक मानचित्र से कुछ समय के लिए भटक गए थे। अपनी उन अनुचित हरकतों को याद करने पर हमें जो दुःख होता हैं उन्हें पूरी तरह दूर करना हालांकि अब तो कठिन है लेकिन यह देखना अधिक महत्व रखता है कि आप आज कहां खड़े हैं। ऐसा लगता है जैसे आपने अब एक ऐसा जीवन अपनाने का प्रयास किया है जो कि ऐसे व्यक्तित्व को प्रतिबिंबित करता हो जैसा कि आप बनना चाहते हैं और यही बात सबसे अधिक महत्व की है।

मेरे लिए यह बताना बहुत मुश्किल है कि आप अपने बच्चे को क्या बताएं और कब बताएं। आपके प्रश्न का कोई सीधा-सीधा उत्तर नहीं है, कम से कम मुझे तो नहीं सूझ रहा है। मैं तो इतना ही सुझाव दे सकती हूं कि इस बारे में आप अपनी सहज-बुद्धि की आवाज़ सुनें कि अपने बचपन में अपने फ़ितूर में किए गए कामों की आपको कितनी कीमत चुकानी पड़ी – यह बात आप अपने बच्चों को बताएं या नहीं। यह बात उनके लिए फ़ायदेमंद इस तरह हो सकती है कि वे आपकी उस पीड़ा को जान पायेंगे जो आपको यह याद आने पर होती है कि अपनी टीनेज में आप क्या-क्या हरकतें करते रहे थे। लेकिन इस बात का ध्यान रखियेगा कि यह उनके हित में होगा कि आप उन बातों का विवरण ही उन्हें सुनाएं, इसे आप अपने अपराध-बोध को पोंछने का एक तरीका न मान लें। अपने बच्चों को अपना कन्फैसर (चर्च में वह पादरी जिसके समक्ष ईसाई लोग अपने पाप कबूल करते हैं) मत बनाइए।

लेकिन, अगर आप यह तय करते हैं कि गुनाह जैसी अपनी ग़लतियों को अपने बच्चों को न बताया जाए, तो ऐसा करने का सही-सही कारण भी आप तय करें – क्योंकि शायद आपको यह नहीं लग रहा है कि अपने पिता के नए रूप का तालमेल वे उसके इस रूप से बिठा पायेंगे जो कि आज उनके सामने है।

अगर आप किसी गलती को सही करना चाहते हैं – जैसे क्षमा याचना का पत्र लिखना, क्षतिपूर्ति करना, चीज़ों को लौटाना, कोई कर्ज चुकता करना – तो कर डालिए; सुधार तो जब भी किया जाए अच्छा ही है। मैं आशा करती हूं कि आप न केवल उसकी जिम्मेदारी लेंगे जो आपने किया था बल्कि यह भी आशा करती हूं कि आप खुद को क्षमा भी करेंगे। जैसा कि माया ऐंजिलो ने कहा है, "जब हम बेहतर जानते हैं तब हम बेहतर करते हैं।" ऐसा लग रहा है कि अब आप बेहतर जान गए हैं और इसलिए बच्चों का लालन-पालन ऐसा करेंगे कि वे बेहतर बातों को चुनने वाले बनें।

अध्याय 8

सहानुभूति, खुले मन और सहृदयता के संस्कार डालना

हमारी मानवीय करुणा हमें एक दूसरे से जोड़ती है, बांधती है – किसी तरस या अहसान के रूप में नहीं बल्कि एक इंसान के रूप में जिसने कि अपने सर्वसामान्य दुख को भविष्य की उम्मीद के रूप में बदलना सीख लिया है।

– नैल्सन मंडेला

पहली नज़र में देखें तो हम लोग भिन्न-भिन्न प्रकार की नस्ल के लगते हैं। आज की तारीख़ में दुनिया में लगभग 6500 भाषाएं बोली जाती हैं। अपनी आशाओं, आवश्यकताओं, डरों और सपनों को शब्दों में बांधने के न जाने कितने-कितने रूप हैं।

लेकिन जो आशाएं, आवश्यकताएं, डर और सपने हैं, उनके रूप कैसे हैं? निश्चित रूप से उनमें बिल्कुल भिन्नता नहीं हैं। वे सबमें एक समान हैं। लट्टू की तरह घूमते इस ग्रह पर रहते प्राणियों की हम वह प्रजाति हैं जो जीने, अपने बच्चों को जीवित रखने, और अपने जीवन को यथासंभव सार्थक बनाने की जुगत में लगी रहती है।

कभी-कभी समूची मानव जाति, मुझे ऐसे बीजों की तरह लगती है जिन्हें पूरी पृथ्वी पर बिखेर दिया गया है। भले ही हम भिन्न-भिन्न तरह के भोजन करते हों, भले ही हमारी त्वचा के रंग के भिन्न-भिन्न तरह के हों लेकिन हम हैं एक ही जाति के – मानव जाति – के सदस्य। अगर हमें एक ही जाति के रूप में जीवित रहना है तो हमारे बच्चों को इस ज्ञान के साथ पलना-बढ़ना होगा कि बिल्कुल कोशिकीय और आदिम स्तर पर हम परस्पर संबद्ध हैं। आज यह संसार एक

अगर हमें एक ही जाति के रूप में जीवित रहना है तो हमारे बच्चों को इस ज्ञान के साथ पलना-बढ़ना होगा कि बिल्कुल कोशिकीय और आदिम स्तर पर हम परस्पर संबद्ध हैं।

नाज़ुक स्थिति में है; इसलिए अपने संरक्षण और बचाव के लिए हममें अपनी मानवजाति के प्रति देख-भाल, फ़िक्र और करुणा प्रकट करने की क्षमता तो होनी ही चाहिए।

बीस साल पहले इटली के दो अनुसंधानकर्ताओं, गियाकोमो रिज़ालत्ती और वित्तोरिओ गैलीज़ ने बंदरों के दिमाग का अवलोकन करते समय एक खोज की जिसे उन्होंने ''मिरर न्यूरोन्स'' नाम दिया। उन्होंने पाया कि जब कोई बंदर एक मूंगफली के पास पहुंचता है और उसे उठाता है तो उसके दिमाग की कुछ कोशिकाएं सक्रिय हो उठती हैं, और यह भी कि इस बंदर के दिमाग़ में मोटर कोशिकाओं का एक *सबसैट* तब सक्रिय हो उठता है जब वह एक अन्य बंदर को एक अन्य मूंगफली तक पहुंचते और उसे उठाते हुए देखता है। दूसरे शब्दों में, हालांकि वह बंदर उस काम को स्वयं नहीं कर रहा था लेकिन उसके दिमाग़ ने कुछ ऐसे प्रतिक्रिया की जैसे कि उसे वह सचमुच कर रहा हो।

वैज्ञानिक अनुसंधान अब इस धारणा का समर्थन कर रहे हैं कि मिरर-न्यूरोन्स हमारे दिमाग़ में तब सक्रिय हो उठते हैं जब कोई दूसरा व्यक्ति दुखी हो या क्रुद्ध हो; इससे हम कुछ वैसा ही महसूस करने लगते हैं जैसा कि वह व्यक्ति महसूस कर रहा होता है जैसे कि हम उसी की स्थिति में हों। मिरर-न्यूरोन्स मानवीय संवेदना के लिए अब महत्वपूर्ण समझे जाने लगे हैं। वे हमें हमारे साथी इंसानों के साथ सौम्यता से व्यवहार करने को मान्यता देते हैं – ठीक वैसा ही महसूस करते हुए। दूसरे श्ब्दों में, सह-अनुभूति का अनुभव करने के लिए हमारे दिलों के तार आपस में जुड़े हुए हैं। यानी, मेरा मानना है कि कुछ ऐसे काम हम कर सकते हैं जिससे या तो दूसरों की भावनाओं के साथ सुर मिलाने की अपने बच्चों की क्षमता को बढ़ाया जा सकता है या कुछ में इससे खुद को अलग करने की प्रवृत्ति को बढ़ाया जा सकता है।

दूसरों की बात सुनना

कुछ दिन हुए मेरे बेटे ने *लैटर्स टू अवर फ़ौर्मर सैल्व्ज़* नामक एक प्रोजेक्ट और वैबसाइट शुरू की है। इसमें लोगों को आमंत्रित किया जाता है कि वे खुद के ही उस रूप को पत्र लिखें जो कि वे बचपन में थे जिसमें उनके मन की कोई बात हो, कोई सलाह हो, या अपने जीवन में आगे बढ़ते हुए प्राप्त किए गए किसी नज़रिए पर आधारित एक सुकून हो।

विचार यह था कि इस तरह की बातचीत का एक ऐसा दृश्य बनाया जाए जैसे मानवजाति हज़ारों सालों से आग के चारों तरफ़ बैठ कर बात करती आई है। उसकी यही इच्छा थी कि एक ऐसी जगह बनाई जाए जहां बुद्धिमत्ता का पारस्परिक परागण हो, आदान-प्रदान हो, जहां वह और उसके संगी-साथी बड़ों से कुछ सीख सकें – और बड़े भी बच्चों से कुछ सीख सकें। इसमें चूंकि उसने सभी आयु और सभी तरह की संस्कृति वाले लोगों से आए पत्रों को एकत्र किया था, मैंने पाया कि उसमें सचमुच एक रूपांतरण आ गया है। वह अब अधिक खुले मन वाला हो गया है।

हमेशा ही मैं अपने बेटे को उन लोगों की कहानियां सुनाती आई हूं जिनके पास हमारी तुलना में सुख-सुविधाएं बहुत कम हैं और जब कभी भी संभव हुआ है मैंने उसकी उन लोगों के साथ बातचीत कराई है जिन्होंने बहुत यात्राएं की हैं और जो उसे हमारे आंगन से बाहर की दुनिया के बारे में बहुत कुछ बता सकते हैं। वह तीन साल का ही रहा होगा जब हम उसे भारत ले गए थे। हम उसे वहां दोबारा तब ले गए जब वह सात साल का था और पुनः तब जब वह दस साल का था। जब वह पंद्रह साल का था तब मैं उसे ढाई महीने की एक यात्रा पर ले गई थी जिसमें हम यूगांडा, तंज़ानिया, आस्ट्रेलिया, और न्यूज़ीलैंड देशों में गए ताकि वह खोज सके, सीख सके और खुद कुछ करने को आगे बढ़ सके। कॉलेज के दौरान एक सेमेस्टर उसने सेनेगल में एक परिवार के साथ रह कर बिताया। मैं जानती हूं कि इन अनुभवों ने उसे एक करुणावान युवक बनने में और हर तरह के लोगों के साथ सहज रूप से बर्ताव करने में काफ़ी मदद की है।

बस यूं ही खोल दिए गए अपने दिल के दरवाज़ो से इन पत्रों को पाने और उन्हें पढ़ने से उसके अंदर एक ख़ास ही तरह की समझ आ गई। वह अपनी बातचीत का और पत्रों का समापन ''मैं आपको प्रेम करता हूं'' या ''सप्रेम'' शब्दों के साथ करने लगा है। कभी-कभी तो किसी विषय पर उससे बात करने, या उसे बढ़िया भोजन कराने के पर ही धन्यवाद देने के लिए ही फ़ोन कर देता है। इसके अलावा भी, मैंने उसे अपने अन्य महत्वपूर्ण संबंधों का मूल्य समझने और उन्हें सींचने के लिए थोड़ा अधिक प्रयास करते भी देखा है।

एक पत्र ने तो ख़ास तौर पर रॉनी के अंदर अवश्य ही कुछ प्रस्फुटित किया है। यह एक चीनी अप्रवासी युवक द्वारा खुद को एक छोटे लड़के के रूप में लिखा गया पत्र है।

प्रिय ज़,
उस लंचबॉक्स को इस तरह ताकना बंद करो। इसके अंदर ऐसा कुछ नहीं है जिससे तुम्हें शर्म आए।

इसमें हैं बोक चॉय, चावल, और स्टर फ्राई। इन्हें बनाने के लिए तुम्हारी मां बहुत सबेरे उठी थी। इस सामान को वह किराना की दुकान से पहले ही खरीद लाई थी, उसने इन्हें पकाया है और बड़ी सफ़ाई से इस लंच-बॉक्स में पैक किया है। तुम्हें तंग करने के लिए उसने यह सब नहीं किया है और न ही इसलिए कि वह उन चीनी औरतों की तरह जिद्दी है जो कि किसी की भी बात को मानने से इंकार कर देती हैं। उसने यह इसलिए बनाया है ताकि तुम्हें घर का बना खाना मिले, क्योंकि हर सुबह को जब वह तुम्हें स्कूल छोड़ने जाती है तब तुम्हारे चेहरे पर तैर आए अकेलेपन के भाव को – घर से दूर होने के भाव को – वह पढ़ लेती है।

अपनी चॉपस्टिकों को छिपाना बंद करो; फ़ॉर्क का इस्तेमाल करके तुम किसी को प्रभावित करने नहीं जा रहे हो। किसी अमरीकी जैसे तौर-तरीके अपनाने की कोशिश करने से तुम्हारे पास बैठने वाला बच्चा तुम पर अपनी पेंसिल फेंकना बंद नहीं कर देगा। अगर तुम खुद को अमरीकी जैसा दिखाने की कोशिश करते रहे तो भी न तो क्लास में तुम्हारे अंदर आने पर वे तुम्हारा मज़ाक उड़ाना बंद करे देंगे और न ही तुम से नफ़रत करना बंद करेंगे।

एक दिन तुम यह भी समझ जाओगे कि वे तुम्हें बिल्कुल भी नफ़रत नहीं करते। वे खुद से नफ़रत करते हैं, अपने जीवन से नफ़रत करते हैं और भाग्य के उन क्रूर हाथों से नफ़रत करते हैं जिसने उन्हें अभाव और कंगाली में पैदा किया है। उनमें इतनी परिपक्वता, इतनी समझ ही नहीं है कि वे कुछ बेहतर जानें इसलिए वे अपनी नफ़रत को, अपनी विषैली आत्म-घृणा को अपने साथ लिए चलते हैं और उसे तुम्हारे अंदर उड़ेल देते हैं। वे तुम्हारे अंदर इसलिए उड़ेल देते हैं क्योंकि तुम उन्हें एक सुलभ शिकार लगते हो क्योंकि इस अजीब देश में आने की तुम्हारी अनिश्चितता, तुम्हारा विभ्रम, तुम्हारी अस्तव्यस्तता उन्हें दिखाई पड़ती है।

ज़, मज़बूत बनो, दृढ़ बनो। अपनी चॉपस्टिक उठाओ और अपना लंच खाओ। इसे गर्व से खाओ, अपनी रीढ़ को सीधे रखते हुए और अपने सिर को ऊंचा रखते हुए इसे खाओ। भले ही एक दिन तुम

बड़े-बड़े मशहूर रसोइयों के हाथों का बना लंच खाओगे। जो खाना राजा-महाराजा खाते हैं एक दिन तुम वह भी खाओगे और विदेशी धरती पर भी खाओगे लेकिन वे तुम्हें कभी भी इतने स्वादिष्ट नहीं लगेंगे जितना कि वह लंच लगेगा जो तुम उस दिन खाओगे जिस दिन तुम खुद पर गर्व करना सीख जाओगे।

ऐसे पत्र हमें दूसरे व्यक्ति द्वारा निजी तौर पर की गई आजमाइश और हासिल की गई जीत की झलक देखने देते हैं। वे हमें यह याद दिलाते हैं कि विकल्प हमेशा उपलब्ध रहते हैं, और यह भी कि हम अपना इरादा बदल सकते हैं, विभिन्न चुनाव कर सकते हैं, और अपने लिए एक ऐसा जीवन रच सकते हैं जो हमारे हृदय के, हमारी आत्मा के अनुरूप और अनुकूल हो।

करुणा विकसित करना

करुणा, दया और मन का खुलापन — ये तीनों हाथों में हाथ डाल कर चलते हैं। बच्चों के लिए करुणा को हम कोई विधान नहीं बना सकते और न ही दूसरों के प्रति सह-अनुभूति प्रदर्शित न करने के लिए हमें उन्हें कोई सज़ा ही देनी चाहिए। अपने मन को कोमल बनाने के लिए उन्हें उस बुलबुले से, उस खालीपन से, उस छद्म-आवरण से, बाहर समय बिताना होगा जो कि हम कभी-कभी बड़ी सावधानी से उनके चारों तरफ़ रच देते हैं और उसकी चौकसी करते हैं और यह आवश्यक है कि वे यह भी देखें कि हम भी एक करुणा भरा जीवन जी रहे हैं।

अगर बच्चों के लिए इस संसार को हम लघु आकार का बनाना चाहते हैं तो उन्हें खुद को इस पूरे संसार का नागरिक मानने में उनकी मदद करनी होगी। खुद को *नंबर वन* दिखाने के बजाय उन्हें अपने संग-साथ के लोगों का हित-कल्याण करने हेतु ज़िम्मेदार बनने में उनकी मदद होगी।

मेरी मित्र, ग्लैनन मैल्टन ने अपनी वेबसाइट पर एक कमाल का समुदाय बनाया है जिसका नाम रखा है *मोमास्टरी*, उसमें उसने अपने बेटे को संबोधित करते हुए एक पत्र लिखा था जब वह अपनी तीसरी कक्षा की शुरुआत में था। वेब पर

> *अगर बच्चों के लिए इस संसार को हम लघु आकार का बनाना चाहते हैं तो उन्हें खुद को इस पूरे संसार का नागरिक मानने में उनकी मदद करनी होगी। खुद को नंबर वन दिखाने के बजाय उन्हें अपने संग-साथ के लोगों का हित-कल्याण करने हेतु ज़िम्मेदार बनने में उनकी मदद होगी।*

इस पत्र को सैंकड़ो हज़ार बार शेयर किया गया है। यहां उसका एक अंश दिया जा रहा है:

> चेज़, हमें इस बात की बिल्कुल चिंता नहीं है कि तुम सबसे होशियार बनो या सबसे तेज़ बनो या सबसे अच्छे बनो या सबसे बड़े मसखरे बनो। स्कूल में बहुत सारी प्रतियोगिताएं होंगी लेकिन तुम अगर उनमें से किसी में भी नहीं जीत पाए तो भी हमें कोई चिंता नहीं होगी। हमें कोई चिंता नहीं होगी अगर तुम हमेशा और हर चीज़ में 'ए' ग्रेड नहीं ला पाए। हमें कोई चिंता नहीं है अगर लड़कियां सोचें कि तुम *क्यूट* हो या कि बीच की छुट्टी के दौरान तुम किकबॉल के लिए सबसे पहले या सबसे आख़िर में लिए जाते हो। हमें चिंता नहीं है कि तुम अपनी टीचर्स के प्रिय छात्र बनते हो या नहीं। हमे चिंता नहीं है कि तुम्हारे पास सबसे अच्छे कपड़े या सबसे ज़्यादा पोकमोन कार्ड या अच्छे-अच्छे गैजेट हैं या नहीं। इन सब बातों की हमें कोई चिंता नहीं है।
>
> हमने तुम्हें स्कूल इसलिए नहीं भेजा है कि तुम वहां किसी भी चीज़ में सबसे अच्छे बनो, सर्वोच्च बनो। हम तो पहले से ही तुम्हें बहुत-बहुत प्यार करते हैं जितना कि कोई किसी को कर सकता है। तम्हें हमारा प्यार पाने का या पसंद किए जाने का प्रयास करने की आवश्यकता नहीं है। ऐसा भी मत डरना कि तुम इसे खो दोगे। यह बात पक्की है।
>
> हमने तुम्हें स्कूल इसलिए भेजा है ताकि तुम दिलेर और दयावान बनने का अभ्यास करो।

उसने कितने स्पष्ट रूप से अपनी अपेक्षाएं अपने बेटे को बता दीं थीं कि वह अपनी ज़िम्मदारी को पहचाने और हर एक के प्रति करुणावान रहे! उसको यह जता कर कि वह और उसका पति इस बात से अधिक सरोकार रखते हैं कि वह एक इंसान के रूप में कैसा बनता है न कि इसके कि वह कौन सी प्रतियोगिता में जीत हासिल करता है। वे एक ऐसी विश्वसनीय आत्मसम्मान की भावना उसमें स्थापित कर रहे हैं जो कोई भी बाहरी उपलब्धि उसे कभी नहीं दे सकती।

अधिकतर, हम उन लोगों की तरफ़ आकर्षित हुआ करते हैं जो कि हम जैसे ही होते हैं, लेकिन ऐसा करने से हम उन अवसरों को खो देते हैं जो

कि ऐसे लोगों से मिलने-जुलने से प्राप्त होता जो हमारे जीवन को कुछ बहुत मूल्यवान दे सकते थे।

हम सब जानते हैं कि देशाटन करने से बुद्धि बढ़ती है लेकिन इसके लिए आपको किसी हवाई जहाज पर चढ़ कर बच्चों को यह बताने की आवश्यकता नहीं है कि वे तरह-तरह की पोशाक-परिधान पहनने वाले इंसानों की दुनिया के नागरिक हैं। अपने ही देश में विदेशी पृष्ठभूमि वाले लोगों के साथ खाना खाइए या अपने ही नगर में रहने वाले विभिन्न संस्कृतियों के लोगों को तलाशिए। टैक्सी ड्राइवर के साथ बातचीत कीजिए। अपने मिस्त्री से पूछिए कि उसने अपना हुनर कहां से सीखा। हर किसी के जीवन में कुछ न कुछ तो आकर्षक आपको मिल ही जायेगा, बशर्ते हमारे पास उसे सुनने के लिए समय हो। हर किसी के पास एक कहानी होती है सुनाने के लिए और दूसरों के साथ जीता-जागता जुड़ाव जितनी करुणा व उदारता को प्रोत्साहित करने वाला होता है इतना कुछ और नहीं।

बड़ो का आदर-सम्मान करना

कुछ समय पहले तक बच्चे, हर उम्र के लोगों के बीच पलते हुए बड़े हुआ करते थे – नवजात शिशु से लेकर वयस्क और वयोवृद्ध लोगों तक। तब जन्म होना और मरना जीवन के लिए कोई अजूबा नहीं हुआ करते थे। बड़ों का आदर-सम्मान किया जाता था। यह एक सिद्धांत था कि आपको बड़ों के साथ आदर से ही पेश आना है। अपने से बड़ी उम्र वालों के साथ बैठ कर हम उनकी बातें सुनते थे और उनसे समझदारी की बातें सीखा करते थे।

आज परिवार के लोग दूर-दूर फैले गए हैं और हमारा समाज बुजुर्गों को घर से निकाल कर ऐसी सुविधापूर्ण जगहों में रख देता है जहां उनकी देखभाल अपने नहीं बल्कि अजनबी लोग किया करते हैं।

यह मुझे बहुत दुखद लगता है। हमारा समाज इन बुजुर्गों को दूर करके बड़ी भारी कीमत चुका रहा है। बच्चों को, अपने बड़ों के चरणों में बैठने की आवश्यकता है। हां, कुछ ऐसे बुजुर्ग भी होते हैं जो इतनी बड़ी मुसीबत होते हैं कि वे दूसरों का न तो कुछ विकास कर सकते हैं और न ही कोई मार्गदर्शन। लेकिन अधिकांश बुजुर्ग ज्ञान-प्रज्ञान, व्यावहारिक समझ-बूझ और प्रेरणा के भंडार होते हैं।

ऐसे लोगों के साथ मेल-मुलाकात बहुत मूल्यवान सिद्ध होती है जो दीर्घजीवी हैं, अनुभवी हैं। वृद्धाश्रमों में ऐसे बहुत से अनूठे लोग रह रहे हैं

जिनका शरीर भले ही उनका साथ न दे रहे हों लेकिन उनका दिमाग़ अभी भी तेज़ है। हमें बच्चों को यह बताने की ज़रूरत है कि बड़े लोग भी कभी छोटे ही थे – बिल्कुल उन्हीं की तरह। वे भी नाचते थे, पार्टियों में जाते थे, प्यार में पड़ जाते थे और दिल भी तुड़वा बैठते थे। उनके पास सुनाने के लिए कमाल की कहानियां हैं।

अपने अस्सीवें या नब्बेवें दशक में चल रहे ऐसे दोस्तों की पूरी एक जमात मेरे पास है जिन्होंने मेरे जीवन को बौद्धिक रूप से बहुत समृद्ध किया है। जिस तरह हैलीकॉप्टर में बैठ कर ऊंचाई से नीचे का विस्तृत परिदृश्य देखा जा सकता है उसी तरह बुजुर्ग लोग बुद्धिमत्तापूर्ण बातें मुझसे भी अधिक व्यापकता से बता सकते हैं क्योंकि उन्होंने मुझसे अधिक जीवन देखा है। मुझ से बड़ी उम्र के मित्रों का प्रेम और प्रोत्साहन मेरे लिए बहुमूल्य रहा है।

दादा-दादी या नाना-नानी के साथ समय बिताइए या अगर आपके घर में अपने बुजुर्ग नहीं हैं तो किन्हीं एक या दो बुजुर्गों को अपना लीजिए। हां, संभव है कि ऐसी कहानियों को सुन कर आपके बच्चे कभी झींक जाएं जिन्हें वे दस बार सुन चुके हों लेकिन एक ऐसी संस्कृति में जो कि युवा पीढ़ी को सिर पर बिठाती हो और बुढ़ापे से डरती हो, उसमें अपने बुजुर्गों को मान देने से बच्चे यह तो सीख ही जाते हैं कि बूढ़ा होना जीवन का ही एक भाग है न कि कोई ऐसी चीज़ जिससे कि हम अपना मुंह मोड़ लें।

एक ऐसी संस्कृति में जो कि युवा पीढ़ी को सिर पर बिठाती हो और बुढ़ापे से डरती हो, उसमें अपने बुजुर्गों को मान देने से बच्चे यह तो सीख ही जाते हैं कि बूढ़ा होना जीवन का ही एक भाग है, न कि कोई ऐसी चीज़ जिससे कि हम अपना मुंह मोड़ लें।

जब हम अपने बच्चों को बिल्कुल समीप के छोटे दायरे से निकल कर बाहर के लोगों से परिचित कराते हैं तब वे अधिक सहज-स्वाभाविक ढंग से यह समझना शुरू कर देते हैं कि हम पारस्परिक रूप से मानव मात्र के साथ कितना जुड़े हुए हैं – चाहे वह मानव हमारे शहर में रह रहा हो या इस गोलार्द्ध के दूसरी तरफ़।

बच्चों को फ़र्क करना समझाएं

सुबह से रात तक बच्चों को यही बताया जाता रहता है कि यह काम तुमसे होगा और यह नहीं होगा। इससे वे खुद को बड़ा कमज़ोर महसूस करते हैं। बच्चों को एक सजग, आत्मविश्वासी और दूसरों का ख़याल रखने वाला वयस्क बनने के लिए उन्हें यह जानने की ज़रूरत है कि वे खुद में बदलाव

ला सकते हैं और किसी के जीवन पर सकारात्मक प्रभाव डाल सकते हैं। मैं नीचे दो बच्चों की सच्ची कहानियां दे रही हूं जिन्होंने इस गोलार्द्ध के दूसरी तरफ़ रहने वाले बच्चों के साथ सह-अनुभूति करते हुए, उनके लिए कुछ करने का निश्चय किया। मैं इन कहानियों को इस किताब में इसलिए शामिल नहीं कर रही हूं कि हम सभी को बच्चों को ऐसा बनाने की कोशिश करनी चाहिए कि वे कोई मानवतावादी अभियान चलाने वाले बच्चे बनें बल्कि इसलिए कि आपको प्रोत्साहित करूं कि जब आप अपने बच्चों को ऐसी बात से लय मिलाने में मदद करने की सोच रही हों जो कि उन्हें उद्वेलित करती हो तब अपनी कल्पना को भी विस्तार दीजिए, ताकि वे दिखा सकें कि वे किस प्रकार अद्वितीय हैं, अनोखे हैं।

> *बच्चों को एक सजग, आत्मविश्वासी और दूसरों का ख़याल रखने वाला वयस्क बनने के लिए उन्हें यह जानने की ज़रूरत है कि वे खुद में बदलाव ला सकते हैं और किसी के जीवन पर सकारात्मक प्रभाव डाल सकते हैं।*

गुलामी का जीवन बिता रहे दो छोटे बच्चों के एक फ़ोटोग्राफ़ ने आठ साल की विवियेन हर्र को उनके लिए कुछ करने को प्रेरित व उत्साहित कर दिया था। उसने तय कर लिया कि वह शिकंजी का एक ऐसा स्टाल लगा कर पैसे जुटायेगी जो कि 365 दिन खुला रहेगा, चाहे धूप हो या बारिश। बच्चों की गुलामी का ख़ात्मा करने के लिए उसने 1,00,000 डॉलर जुटाने का लक्ष्य रखा। बावनवे दिन *न्यू यार्क टाइम्स* के निकोलस क्रिस्टोफ़ ने विवियेन का विवरण फ़ोटो सहित जब अपने अख़बार में प्रकाशित कर दिया तो 'उसका एक कदम एक आंदोलन' बन गया। उसने 1,01,320 डॉलर जुटा कर अपना लक्ष्य पूरा कर लिया था – बिक्री द्वारा नहीं बल्कि गुलामी के विरुद्ध संगठन बना कर।

जब उसके माता-पिता ने कहा, ''बेटी, तुमने कर दिखाया, तुमने अपना लक्ष्य पूरा कर ही लिया,'' तब विवियेन ने उनसे प्रश्न किया था, ''क्या बच्चों की गुलामी दूर करने का लक्ष्य पूरा हो गया?'' उन्होंने अपने सिर हलाते हुए 'ना' कहा। ''फिर मेरा लक्ष्य पूरा कहां हुआ?'' विवियेन अब दस बरस की है और 'मेक ए स्टैंड' नामक संगठन बना कर वह एक आंदोलन को उत्प्रेरित कर चुकी है, ''सामाजिक प्रभाव वाला एक ब्रांड जो अपनी दस साल की संस्थापिका की एक ऐसी दुनिया की परिकल्पना का समर्थन करता है जिसके 18 मिलियन गुलाम बच्चे स्वतंत्र और सुरक्षित हों।'' जब उससे पूछा गया, ''उन बच्चों को तुम क्या संदेश देना चाहोगी जो तुम्हारी तरह कुछ करने का सपना तो देखते हैं लेकिन सुनिश्चित नहीं कर पाते हैं कि वे इसे कर पायेंगे

या नहीं?'' तब विवियेन का जवाब था, ''अगर आप दिल से करना चाहते हैं तो आप उसे कर ही लेंगे। मैं विश्वास दिलाती हूं कि दुनिया को बदलने के लिए आपको कोई बड़ा या अधिकार संपन्न व्यक्ति बनने की आवश्यकता नहीं है। मेरी तरह आप भी कर सकते हैं।''

विवियेन के माता-पिता उससे कह सकते थे कि भले ही उसकी भावना बहुत अच्छी है लेकिन बच्चों की गुलामी वाला मुद्दा बहुत पेचीदा है, और यह कि यह बड़े लोगों का मामला है, बच्चों का नहीं। लेकिन उन्होंने ऐसा नही किया। वे अपनी बेटी का लालन-पालन एक ऐसे घर में कर रहे थे जो कि दयालुता, सहृदयता को और दूसरों का भला करने को मूल्य और महत्व देता था। (वैसे, विवियेन का मिशन तो उस क्षण ही शुरू हो गया था जब एक फ़ोटोग्राफ़ गैलरी में गुलाम बच्चों के फ़ोटोग्राफों ने उसकी मां के मर्म को छू लिया था।) वहां से, उन्होंने तो बस अपनी बेटी को प्रोत्साहन दिया था ताकि वह कुछ अनोखा कर सके।

बच्चों को मुक्त करना एक ऐसा अंतर्राष्ट्रीय परोपकार रहा है जिसने बीस लाख किशोर बच्चों को प्रेरित किया कि इस दुनिया को रहने के लिए एक बेहतर जगह बनाने के वास्ते कुछ कारगर कदम उठाए जाएं। इसकी शुरुआत 1995 में हुई जब क्रेग कीलबर्जर की नज़र उस समाचार-लेख पर पड़ी जिसमें दक्षिण-पूर्व एशिया के एक छोटे से लड़के के बारे में बताया गया था – उसे चार साल की उम्र में गुलामी के लिए बेच दिया गया था और बाद में छः साल तक एक कालीन बनाने के करघे के साथ जंजीर से बांध कर रखा गया था। इकबाल की कहानी मीडिया में आ जाने से उन लोगों के कान खड़े हो गए जो चाहते थे कि इकबाल मुंह न खोले, लेकिन बच्चों के अधिकार पर खुल कर बोलने के कारण उसे बारह साल की उम्र में अपनी जान से हाथ धोना पड़ा। क्रेग ने जब इकबाल की कहानी पढ़ी तो उसने अपनी कक्षा के सहपाठियों को एकजुट करके बच्चों को मुक्त कराने के लिए एक दल ही बना डाला। तब वह केवल बारह साल का था, और उसके संगी-साथी भी उसकी ही तरह सातवीं कक्षा के छात्र थे।

मुझे आशा है कि ये कहानियां आपको प्रेरित करेंगी कि आप भी बाल-मित्र जैसे ग्रुप बना कर उनमें अपने बच्चों को शामिल करने के लिए उत्साहित करें। बहुत सारे ऐसे बच्चे हैं जो कोई उद्देश्य सामने न होने कोरण खालीपन के एहसास से दुखी व खिन्न रहते हैं। उन्हें अपने पेरैंट्स से मदद की आवश्यकता है ताकि वे ऐसी गतिविधियों में भाग ले सकें जो उन्हें उनकी निष्क्रियता के खोल से बाहर निकाले और उन्हें एक मक़सद दे, एक प्रयोजन

दे – और जिसे करने में वे अपने संगी-साथियों के संग मौज-मस्ती भी करते रहें। हर बच्चा अपने आप में करुणा का स्वभाव लेकर इस दुनिया में आता है। किसी स्वयंसेवक के रूप में खुद को समर्पित कर देने से उनमें तब एक सार्थकता का एहसास पैदा हो जाता है जब वे किसी और की देखभाल और फ़िक्र करने लगते हैं।

अपने बच्चों को दिखाइए कि बदले में कुछ पाने की इच्छा किए बिना, अपने दोनों हाथों से किसी और की सेवा कैसे की जाए। उस पड़ोसी के लिए खाना बनाने में उनका साथ-सहयोग लीजिए जो बेचारा बीमारी के कारण अपने घर से बाहर निकल भी नहीं सकता है और वह खाना उन बच्चों के हाथों ही भिजवाइए। किसी पशु-शरण-गृह में पशुओं की देखभाल के कुछ काम करते समय उन्हें अपने साथ ले जाइए। पार्क की सफ़ाई करने के कार्यक्रम में उनको साथ ले लीजिए। अपने स्थानीय स्कूल के मैदान में उग आई खरपतवार को निकालने में श्रमदान कीजिए। किसी दान-परोपकार के लिए आयोजित मैराथन में किनारे खड़े होकर उत्साहवर्धन करते हुए उसमें अपना सहयोग दीजिए। www.volunteermatch.org पर आपको हर आयु के लिए बहुत से स्वयंसेवी कार्यक्रम मिल जायेंगे। मारिया श्रीवर ने अपने ब्लॉग में एक बार लिखा था 'हमें सामाजिक दयालुता का आंदोलन चलाने की आवश्यकता है।' उस ब्लॉग का नाम है *स्कैटर काइंडनैस* – यानी दयालुता बिखेरिए! आप भी ऐसा कुछ कीजिए।

ताज़ा समाचार: पेरैंटिंग सचमुच कठिन काम है

जिन दिनों मैं ये पेज लिख रही थी, उन गुणों का वर्णन कर रही थी जो कि मेरे विश्वास के अनुसार किसी बच्चे को आत्मविश्वासी और सहृदय वयस्क बनाने में महत्वपूर्ण योगदान करते हैं तब मैंने खुद को विश्वास के एक छोटे से संकट में पाया। मुझे लगा कि मेरा यह बताना कहीं एक पागलपन तो नहीं है कि ये तमाम गुण बच्चे में उतारे जा सकते हैं? यह कैसे संभव है कि कोई ईमानदार *भी* हो, जवाबदेह *भी* हो, सहिष्णु *भी* हो, सह-अनुभूति *भी* वाला हो, आदर-सम्मान करने वाला *भी* हो? पेरैंट्स बेचारे खुद ही बड़ी मुश्किलों में घिरे रहते हैं; क्या मैं उन्हें विफल महसूस कराने का काम तो नहीं कर रही हूं?

सच तो यही है कि 'बहुत कठिन है डगर पेरैंटिंग की', क्योंकि यह हमें अपने आप में उन गुणों और ऐसी खूबियों को साबित करने के लिए कहती है

जो शायद हमने अपने अंदर पैदा ही नहीं किए हैं। यह हमसे धैर्य के इतने ऊंचे स्तर की मांग करती है जो कि हम अपने अंदर ढूंढ ही नहीं पाते हैं, ख़ास तौर से तब जब कि इसकी अपेक्षा हमसे कुछ ज़्यादा ही की जा रही होती है। जैसा कि फ़िल्मों में दिखाया जाता है कि बच्चे की भूमिका करने वाला कोई चरित्र यकायक बड़ा और बालिग हो जाता है, उसी तरह से यकायक हमारे पल्ले आ पड़ी पेरैंटिंग की इस ज़िम्मेदारी, परिपक्वता, और निस्वार्थपरता के लिए हम पूरी तरह तैयार ही नहीं हुए होते हैं जो कि अपने बच्चे का रोल-मॉडल बनने की कोशिश करते-करते ही आती है।

मैंने इस समस्या का समाधान कुछ इस तरह से किया: मैंने महसूस किया कि पेरैंट बनने के लिए अपार साहस की आवश्यकता है। हर दिन, हम सुबह उठते हैं और फिर अपने चिढ़चिढ़े टीनेजर बेटे से किसी न किसी बखेड़े की आशंका करते हैं, वह बखेड़ा चाहे जूतों के बारे में हो या गंदा दिखाई देने के बारे में। पेरैंट बनने के लिए बड़ा साहस चाहिए और ये ऐसा कोई पारस पत्थर या कोई जादुई छड़ी नहीं होती जो हमें चुटकियों में इतना बड़ा बहादुर बना दे। हमें तो बस एक कदम के बाद दूसरा कदम रखते हुए आगे बढ़ते जाना होता है और अपनी तरफ़ से जो कुछ भी हम अच्छे से अच्छा कर सकते हैं वह करते जाना होता है।

मैं आशा करती हूं कि जैसे-जैसे आप इस किताब के अध्यायों को पढ़ते जायेंगे, वैसे-वैसे इन विचारों और सुझावों को अपने चेतन मन में बीजों की तरह बोते जाएंगे। मैं यह बिल्कुल नहीं चाहूंगी कि आप कभी यह महसूस करें कि आप ईमानदार, ज़िम्मेदार और उदार होने में विफल रहे हैं।

बस अपनी तरफ़ से अच्छे से अच्छा कीजिए। दयालु और हितचिंतक रहिए। गलती कीजिए। असफल रह जाइए। फिर से उठिए। हिम्मत कीजिए। और अगर आप हिम्मत बिल्कुल न कर सकें तो प्रार्थना कीजिए या किसी मित्र से आपको संभालने के लिए गुहार लगाइए। आपके सामने एक समय में बस एक ही दिन रहता है। खुद के साथ अन्याय मत कीजिए।

अब आपकी बारी है

अधिकतर इंसान सहज-स्वाभाविक रूप से दयावान, करुणावान और सहृदय होते हैं। जो लोग अपनी परिस्थिति से जूझ रहे होते हैं उनके प्रति हममें संवेदना जागती है, और उनके दुख-दर्द को कम करने के लिए कुछ करने की इच्छा भी हममें पैदा होती है। लेकिन किसी कम नसीब वाले की दुर्दशा पर हमदर्दी की एक क्षणिक लहर का उठना एक बात है लेकिन उसके लिए सचमुच कुछ करना एक अलग बात है।

हम सभी लोग प्रायः व्यस्त रहते हैं; जब पेरैंट की सामान्य दिनचर्या में आप बच्चों को भी शामिल कर लेते हैं तो फिर चैन से खाना खाने का भी समय नहीं बचता है, अपने बच्चों के साथ घूमने-फिरने जाना और दूसरों के लिए कुछ करना तो दूर की बात है।

फिर भी, अगर हम अपनी कल्पना को पंख लगाएं तो हम बच्चों के साथ ऐसी योजनाएं बनाने के रास्ते ढूंढ ही लेंगे जो हमें यह एहसास दे जाएंगी कि हमने किसी के जीवन के लिए अपना कुछ सार्थक योगदान किया है।

वे हेतु सोचिए जो आपको प्रेरित करते हैं, जो आपके मन को छूते हैं, जैसे पशु-पक्षी, कला, विकलांग लोग, वरिष्ठ लोग, राजनीति, बुजुर्ग लोग, शिक्षा, पर्यावरण, बेघर लोग, और भूखे लोग। अपने बच्चों के बारे में सोचिए कि वे किस ज़रूरत या किस हेतु के प्रति सबसे अधिक ध्यान देने वाले हैं। या सोचिए कि *आपकी* रूचि सबसे अधिक किसमें है। बच्चे अक्सर ऐसे ख़ास कामों के लिए खुद आगे आ जाते हैं जिनमें उनके माता-पिता अधिक उत्साह दिखाते हैं।

अपनी डायरी में एक या दो ऐसे तरीके नोट कर लीजिए जिनके लिए आप और आपके बच्चे दूसरों के लिए समय दे सकते हैं जैसे ज़रूरतमंद लोगों के लिए किसी त्यौहार पर उपहार के पैकेट बनाना या विदेशों में तैनात सैनिकों को पत्र लिखना, या पढ़ने में कठिनाई महसूस करने वाले किसी बच्चे को एक स्वयंसेवक ट्यूटर की तरह पढ़ाना। कुछ नहीं तो किसी बुजुर्ग पड़ोसी को कुछ पढ़ कर ही सुनाया जा सकता है; दरअसल, दूसरों के लिए कुछ करने के इतने सारे तरीके हैं कि उन्हें गिना ही नहीं जा सकता।

व्यावहारिक समाधान
वास्तविक जीवन में सजगता के साथ पेरेंटिंग

मेरा बेटा बहुत संवेदनशील है। क्या उसे भी स्वयंसेवक वाले काम करने चाहिएं?

प्रश्न: मेरा बच्चा दूसरों के दर्द को बड़ी ही शिद्दत से महसूस करता है। दूसरों के दर्द से वह परेशान हो उठता है। मैं चाहती हूं कि वह स्वयंसेवक के रूप में मेरे साथ काम करे लेकिन उसके बाद बहुत भावुकता में बह कर वह अजीब बातें सोचने लगता है। एक बार छुट्टियों में जब हमने बेघर लोगों को खाना खिलाने में मदद की तो वह व्याकुल हो उठा था कि *हमारा* परिवार तो कहीं बेघर नहीं हो जायेगा। एक बार उसके स्कूल में जब हमने एक ऐसी मां की जगह बेबीसिटर का काम करना शुरू किया जिसकी कीमोथैरेपी हो रही थी, तो मेरे बेटे के दिल में यह डर बैठ गया कि कहीं *उसकी* मम्मी को तो कैंसर नहीं हो जायेगा। मुझे लगता है उसे दुखियों की सहायता करना तो बहुत अच्छा लगता है लेकिन फिर वह उन्हीं के दर्द के साथ बह जाता है।

सुझाव: आह, ये प्यारे बच्चे, कितने संवेदनशील होते हैं! इनके फ़िल्टर इतने झीने होते हैं कि आवाज़ उनके लिए शोर हो जाती है, रोशनी उनके लिए चौंध हो जाती है, और उनकी भावनाएं तो प्रबल होती ही हैं।

मैंने कई बेहद संवेदनशील बच्चों के साथ काम किया है और हमेशा यह पाया है कि ऐसे बच्चे उन कामों में स्वयंसेवक के रूप में सबसे बढ़िया रहते हैं जिनमें दर्द और दुख की अनुभूति कम हुआ करती है। ज़रा सोचिए कि आपका बेटा अगर आपकी पड़ोसन की बगिया की खरपतवार निकालने का या उसके कुत्ते को टहला लाने का काम करे तो कैसा रहेगा। पास के ही किसी नर्सरी स्कूल के छोटे बच्चों के साथ खेलने के लिए वह अपनी सेवाएं दे सकता है। अगर आपका बेटा प्रकृति प्रेमी है तो वह नज़दीक के पार्क में पगडंडी को ठीक-ठाक करने का काम कर सकता है।

आप बच्चों को किसी खोल में बंद नहीं रख सकते और ना ही ऐसा करना उनके हित में होगा। धीरे-धीरे और थोड़ा-थोड़ा उन्हें कुछ ऐसी जटिल और कठिन सच्चाइयों के दर्शन कराने होंगे जो उन्हें यह दिखाए कि इस धरती पर बहुत से लोगों का जीवन किस हाल में है। लेकिन अपने बच्चों को दुख और व्यग्रता के दबाव से बचाते हुए भी हम उनकी अत्यंत संवेदनशीलता का सम्मान कर सकते हैं।

आपके लिए डा. एलेने ऐरन की किताब *द हाईली साइंटिफ़िक चाइल्ड* पढ़ना अच्छा रहेगा। डा. ऐरन का कहना है कि हर जीव जगत में – मनुष्यों में भी और पशुओं में भी – 15 से 20 प्रतिशत तो स्पैक्ट्रम के आवेग वाले छोर पर रहते हैं और 15 से 20 प्रतिशत स्पैक्ट्रम के अत्यधिक संवेदनशील वाले छोर पर रहते हैं। मानवजाति के अस्तित्व के लिए दोनों की किस्म के लोग ज़रूरी हैं। आवेगशील लोग नए-नए इलाके खोजते हुए मानवजाति के वंश को आगे बढ़ाते हैं और संवेदनशील लोग ऐसे ख़तरों से आगाह करते हैं जो, अगर वे न बताते तो अनदेखे कर दिए जाते, जैसे कि किसी पेड़ पर खरोंच के निशान बताते हैं कि भालू कहीं आस-पास हो सकता है। कुछ करने के प्रति बच्चे के योगदान के रास्तों को तलाशना छोड़ मत दीजिए बल्कि उसकी संवेदनशीलता के प्रति संवेदनशील बनी रहिए।

क्या होगा अगर हम अपने बेटे के ग्रेड का ही ध्यान रखें?

प्रश्नः आपने जो चेज़ को लिखित पत्र दिया है वह मुझे अच्छा लगा है लेकिन मैं और मेरी पत्नी तो इसी बात पर अपना ध्यान केंद्रित रखते आए हैं कि हमारे बेटे को क्या ग्रेड मिला है – स्कूल में भी और विज्ञान मेले में इनाम जीतने पर भी। क्या आपको नहीं लगता कि अपने बच्चे को अग्रणी रहने के लिए उसे प्रोत्साहित करते रहना महत्वपूर्ण है?

सुझावः बिल्कुल! हम सभी को तब बहुत अच्छा लगता है जब हम जानते हैं कि हमने अपनी तरफ़ से सर्वोत्तम किया है। समस्या यह है कि बच्चा जब दूसरों की पुष्टि, प्रशंसा और शाबाशी पर फ़ोकस रखते हुए बड़ा होता है, तब वह उस संतुष्टि से वंचित रह जाता है जो तब आती है जब वह अपने अंतरतम में यह जानता है कि उसने अपनी तरफ़ से सर्वोत्तम किया है – भले ही वह किसी की नज़र में आया हो या न आया हो।

हमारी आज की संस्कृति का फ़ोकस बाहर की तरफ़ कुछ अधिक ही रहने लगा है और अक्सर यह उपलब्धि से प्रेरित रहा करती है। यह सच है कि आज की दुनिया प्रतिस्पर्धा वाली है और यह भी कि जिन बच्चों के पास कुछ लगातार मिलने वाली दमदार डिग्रियां हैं वे अच्छे रहते हैं अपेक्षाकृत उनके जिनमें पढ़ाई के प्रति उत्साह नहीं रहा है। लेकिन अगर बच्चों को यह लगता है कि उन्हें 'ए' या टॉप-लिस्ट पर ही ध्यान देते रहना है तो वे उन उपलब्धियों की तरफ़ देखना बंद कर सकते हैं जो आसानी से नापी या प्रशंसित नहीं की जातीं हैं।

मैंने देखा है कि बच्चे जब आत्म-निर्देशित होना सीख लेते हैं – अर्थात् किसी काम को उन्होंने ठीक तरह से किया है या नहीं, ऐसा खुद को जांचने व आंकने का काम, जब वे कहीं बाहर से करवाने के बजाय खुद अपने भीतर से करने लगते हैं – तब वे अंदर से कहीं अधिक मज़बूत हो जाते हैं। ऐसे बच्चे अपनी धारणाओं में, अपनी सोच में बहुत स्पष्ट रहते हैं। वे अपने संगी-साथियों के रंग में कम रंगते हैं और जो सही है उसे करने को अधिक उद्यत रहते हैं, भले ही वह लोक-लुभावन न हो।

अपने बच्चों को कड़ी मेहनत के आनंद को महसूस करना सीखने में मदद कीजिए – हां! साथ ही उन्हें यह भी बताइए कि भले ही किसी काम में कोई इनाम, गोल्ड स्टार या ट्रॉफ़ी मिलने वाली न हो लेकिन अपनी तरफ़ से किया गया बेहतर से भी बेहतर काम अपने आप में ही एक इनाम होता है।

क्या बच्चों को स्वयंसेवक बनना सिखाया जाता है?

प्रश्नः मेरे बच्चों में स्वयंसेवक बनने या दूसरों की मदद करने में कोई रुचि दिखाई नहीं देती है। उनका स्कूल चाहता है कि वे सामुदायिक सेवा करें लेकिन मेरे बच्चे वे ही काम करते हैं जो फटाफट और बड़ी आसानी से हो सकता हो। वे ख़राब बच्चे नहीं हैं लेकिन वे बहुत आत्म-केंद्रित हैं और उनका मानना है कि चाहे एक सेमेस्टर में कुछ घंटे ही सामुदायिक सेवा कराई जाए लेकिन यह है अनुचित ही। अगर बच्चों में सेवा भाव का गुण जन्मजात न हो तो क्या उन्हें दूसरों का दर्द महसूस करना सिखाया जा सकता है?

सुझावः सामुदायिक सेवा के कार्यक्रमों के बारे में मेरी राय मिलीजुली है। कुल मिला कर, मेरा मानना है कि उनसे अच्छा कुछ नहीं है लेकिन मैं यह भी मानती हूं कि आप किसी में किसी नियम से, या जबरदस्ती से दूसरों के प्रति सद्‌भावना महसूस करना उड़ेल नहीं सकते हैं। यह तो चेतना की आंतरिक अवस्था होती है जो कि तब पैदा होती है जब लोग यह समझ जाते हैं कि हम सब एक ही नाव में सफ़र करने वाले सहयात्री हैं।

कोई ऐसी गतिविधि खोजिए जो आप एक परिवार की तरह कर सकें – कोई ऐसी गतिविधि जो उन्हें स्वाभाविक रूप से अच्छी लगे। बहुत से बच्चे पशु-पक्षियों को पसंद करते हैं या वे अपने से छोटे बच्चों के बीच खुद को एक बड़े बच्चे के रूप में देखना पसंद करते हैं। किसी ऐसे सामुदायिक बाग़ में स्वयंसेवा करें जो खाना और रहना दोनों देता हो या किसी चंदा जुटाने वाले के साथ स्वयंसेवा का काम करें। दूसरों को मदद करने में आप जितना

अधिक *कुछ भी करेंगी* – भले ही वह महीने में कुछ घंटे ही हो – आपके बच्चे इस बारे में उतनी ही शिकायत कम करेंगे।

मालिबू से सत्रह साल के एक हाईस्कूल छात्र ने मेरे एक सैशन में आना चाहा। कुछ साल से मैं कभी-कभी उसके साथ काम करती रही हूं। इसलिए, उसके लिए यह आसान था कि वह सीधे मुद्दे पर आ जाए और अपनी उलझन के बारे में सच-सच बताना शुरू कर दे। उसने बताया कि जो कुछ वह चाहता है वह कमोबेश उसके पास है और जीवन बढ़िया चल रहा है, मगर इसके बावजूद एक उदासी और खिन्नता बनी रहती है। उसने बताया कि उसे बढ़िया ग्रेड मिल रहे हैं, उसकी एक बहुत अच्छी गर्लफ्रैंड भी है, उसे खेल में स्टार मिला हुआ है, उसके खर्च करने की खुली छूट के साथ उसके पिता का क्रैडिट कार्ड उसी के पास रहता है। लेकिन वह अवसाद में है।

उसने मुझे बताया कि उसकी एक कक्षा में उसे अपने एक सप्ताह के नकद खर्च का हिसाब बताने को कहा गया। यह देख कर वह दंग रह गया कि एक सप्ताह में उसने एक हज़ार डॉलर से ज़्यादा खर्च किए थे। "तब मुझे एहसास हुआ कि बेकार चीज़ें खरीदते रहना या दोस्तों के साथ घूमना या फ़ोन से चिपके रहना – ताकि कोई मज़ेदार चीज़ मुझसे छूट न जाए – यही मेरा जीवन रह गया है। बस यही है मेरा जीवन?" मैंने उससे पूछा कि क्या उसने कुछ ऐसा किया है जिससे उसे एक मक़सद, एक मायने का एहसास हुआ हो। कुछ देर वह चुप रहा और फिर उसका जवाब था, "कुछ नहीं।"

उसके अवसाद से निपटने के लिए हमने कई उपायों पर, तौर-तरीकों पर बात की। लेकिन वह यह जानने और खोजने के लिए अधिक उत्सुक था कि वह अपने जीवन को अधिक सार्थक कैसे बनाए। इस बैठक के ख़त्म होते-होते उसका मन काफ़ी हल्का हो गया था। उसने उन तरीकों के प्रति सचमुच का उत्साह दिखाया जो उसके अपने ही बारे में सोचने व करने के प्रति कम थे और अपने पेरैंट्स की उदारता के चलते उनसे केवल लेते ही रहने के बजाय अपने पारिवारिक जीवन के साथ सक्रिय भागीदार बनने की शुरुआत करने के बारे में अधिक थे।

मुझे आशा है कि परोपकार करते रहने को आप अपने परिवार के जीवन का एक नियमित हिस्सा बनाने का कोई न कोई ऐसा रास्ता ढूंढ निकालेंगी जो कि आनंद भी दे और संतोष भी। बच्चों के लिए यह जानना बहुत मायने रखता है कि उनका भी कुछ महत्व है।

अध्याय 9

अपने बच्चों की मदद करने से तनाव कम होता है

किसी गुनगुनी दोपहर में किसी पहाड़ी की ढलान पर
अपने प्यारे कुत्ते के साथ बैठे रहना – जहां कुछ न करने का मतलब
ऊबना न होता हो, बल्कि शांति देता हो –
यह तो बिल्कुल एडेन गार्डन में बैठने जैसा है।

– मिलान कुंदेरा

हम में से कुछ लोगों के लिए बचपन एक सुस्त और धीरे-धीरे कुछ बोलते रहने की अनुभूति वाला रहा है। दिन बिताने के लिए जंगल में या मैदानों में न जाने क्या खोजते फिरना, कहीं नही जाना लेकिन फिर भी साइकिल चलाते हुए घूमते रहना और तब तक बाहर खेलते रहना जब तक कि अंधेरा न हो जाए। रेत और पत्थरों से तब हम शहर बना लिया करते थे और रेफ्रीजरेटर के बक्से से किले और जहाज बनाया करते थे। यह कोई बहुत अतीत की बात नहीं है कि जब बच्चे कुछ अलग ही अंदाज़ से अपना समय बिताया करते थे। तब हम सभी किसी जल्दबाज़ी में नहीं हुआ करते थे।

आज के बच्चे जैसे दुनिया भर का बोझ उठाए चल रहे हैं। उन पर ज़ोर डाला जाता है कि वे स्कूल में अव्वल रहें, पढ़ाई के अलावा होने वाली अन्य गतिविधियों में कमाल करके दिखाएं, जटिल संबंधों को संभालें (असल वाले भी और साइबर वाले भी) और अच्छे कॉलिज में दाखिला पाने या बढ़िया नौकरी पाने के लिए स्पर्धा करने में जुटे रहें।

2012 में यह बात सामने आई कि हार्वर्ड के 125 छात्र धोखाधड़ी कांड में लिप्त रहे थे। यूनिवर्सिटी ऑफ़ मिशिगन द्वारा आयोजित एक अध्ययन में बताया गया है कि हाई स्कूल के 10 प्रतिशत छात्रों ने और लगभग दस में से एक वरिष्ठ छात्र ने यह स्वीकार किया कि उन्होंने पढ़ाई के बोझ के लिए गैर-कानूनी तौर पर 'स्टडी ड्रग्स' का इस्तेमाल किया। और जरनल ऑफ़

एडोलसैंट हैल्थ के अनुसार अच्छे स्वास्थ्य के लिए जितनी नींद आवश्यक होती है, अधिकांश छात्र उससे लगभग दो घंटे कम नींद ले रहे हैं।

अमेरिकन साइकोलॉजिकल एसोसिएशन द्वारा ''स्ट्रैस इन अमेरिका'' शीर्षक के अंतर्गत आयोजित अध्ययन में यह पाया गया कि 30 प्रतिशत टीनेज छात्र तनाव के कारण घबराहट, अवसाद, और उदासी के शिकार हैं। लगभग 25 प्रतिशत ने बताया कि तनाव के कारण कई बार वे खाना भी ठीक से नहीं खा पाते हैं। लगभग एक तिहाई टीनेज बच्चों ने कहा कि तनाव के चलते उन्हें अक्सर रोना आ जाता है। पिछले साठ वर्षों के दौरान पंद्रह से चौबीस बरस की उम्र के लड़कों द्वारा की जाने वाली आत्महत्या की संख्या चार गुनी बढ़ चुकी है, और इसी आयु वर्ग की लड़कियों द्वारा की जाने वाली आत्महत्या की संख्या दो गुनी हो चुकी है। 1981 से 2006 के बीच दस से चौदह साल के बच्चों द्वारा की जाने वाली आत्महत्या की दर में 50 प्रतिशत की बढ़ोतरी हुई है।

> *30 प्रतिशत टीनेज छात्र तनाव के कारण घबराहट, अवसाद, और उदासी के शिकार हैं।*

द अमेरिकन एकेडमी ऑफ़ पेडिएट्रिक्स ने एक रिपोर्ट जारी की है जिसमें बताया गया है कि तनाव वाले हार्मोन्स, जैसे कोर्टिसल और एड्रेलीन, टीनेज बच्चों के शरीर पर दूरगामी गंभीर प्रभाव डाल सकते हैं। वयस्क हो जाने पर उनमें जिन रोगों की आशंका हो सकती है वे हैं हृदय संबंधी रोग, दमा, वायरल हेपीटाइटिस और प्रतिरोधक शक्ति कम हो जाना। तनाव शरीर में ऐसे रसायन छोड़ने लगता है जो कि विकसित होते मस्तिष्क में तंत्रिका-कोशिका संजाल (न्यूरोनल नेटवर्क) के विकास में बाधा डालते हैं और साथ ही विकसित होते मस्तिष्क में नए न्यूरोन्स का बनना और बढ़ना रोक देते हैं।

इन आंकड़ों के जीते-जागते उदाहरण मेरे ऑफ़िस में लगातार आते रहते हैं। आठ साल के बच्चे, जिनके माता-पिता उनको इसलिए लाते हैं क्योंकि वे खुद को ख़त्म कर देना चाहते हैं। चौदह साल के बच्चे, जो अपनी व्यग्रता और अप्रसन्नता को कम करने के लिए 'कटिंग' का इस्तेमाल करते हैं। वे बच्चे जो सो नहीं पाते हैं, खा नहीं पाते हैं, जिन्होंने खुद को समेट लिया है, जिनकी आंखों में आंसू भरे हैं, या जो अकेलेपन से डरे हुए हैं। डरे हुओं और डराने वालों – दोनों से ही मेरा वास्ता पड़ता है। वे बच्चे जो परीक्षा में नकल करते हैं और वे भी जो अपने जीवन के दर्द और दबाव को दबाने के लिए रोज़ाना खुद को मदिरा में डुबो देते हैं। यह बड़ी हृदयविदारक स्थिति है। बचपन की अवधि छोटी होती है। जीवन की इस अल्पकालिक अवधि में, हमारे नौनिहालों को तो दुनिया को जानना और देखना चाहिए, यह सीखना

चाहिए कि दूसरों के साथ कैसे निभाव किया जाए; उन्हें तो अपने गुणों को पहचानना चाहिए, चढ़ना, नाचना, संगीत सुनना ... और मस्ती करना चाहिए।

पेरैंट के रूप में हम बच्चों के इस विश्वास पर बहुत अधिक असर डालते हैं कि हमारे लिए महत्व किस चीज़ का है। अगर हम उनको यह सिखाते हैं कि बाहरी उपलब्धि ही है जिस पर कि हम ध्यान देते हैं, जिसकी हम परवाह करते हैं, तो स्वभाविक है कि वे आगे बढ़ने के लिए *शॉर्ट कट* की जुगाड़ में ही लगेंगे – परीक्षाओं में नकल करना या नींद में कटौती करना। दरअसल, उन्हें तो यह जानने की ज़रूरत है कि हम चाहते हैं कि वे जिज्ञासा, उत्सुकता, उत्तेजना और उत्साह के साथ जिएं कि हम यहां जीवन का *आनंद लेने के लिए* हैं न कि ज़िंदगी को धकेलते और ठेलते हुए चलने के लिए।

दरअसल, उन्हें तो यह जानने की ज़रूरत है कि हम चाहते हैं कि वे जिज्ञासा, उत्सुकता, उत्तेजना और उत्साह के साथ जिएं, कि हम यहां जीवन का आनंद लेने के लिए हैं, न कि ज़िंदगी को धकेलते और ठेलते हुए चलने के लिए।

असल जीवन से जुड़ना

तनाव पैदा करने में दो चीज़े अपना जबरदस्त योगदान करती हैं – अकेलापन और अलगाव। *अलोन टुगैदर* के लेखक शैरी टर्किल के साथ हुए इंटरव्यू में माइकल प्राइस लिखते हैं, ''लोग आज आपस में जितने जुड़े हुए हैं उतने मानव इतिहास में पहले कभी नहीं रहे, इसके लिए इंटरनेट पर आधारित सोशल नेटवर्किंग साइटों और उन पर लिखित संदेशों को भेजने की सुविधा को धन्यवाद है। लेकिन लोग तब अपने जीवन में एक दूसरे से बहुत दूर और अकेले-अकेले से भी हो जाते हैं जिस समय वे 'अनप्लग्ड' होते हैं। यह स्थिति केवल उस तौर-तरीके को ही नहीं बदल रही है जिससे कि हम ऑनलाइन परस्पर संव्यवहार करते हैं बल्कि यह हमारे निजी संबंधों में भी तनाव पैदा कर रही है।'' टर्किल ने प्राइस को बताया, ''टीनेज बच्चे जब मुझसे यह कहते हैं कि कोई बात वे मौखिक रूप से करने के बजाय नेट पर लिखित रूप में करना अधिक पसंद करते हैं तो वे नई टैक्नालोजी द्वारा दी जा रही नई मनोवैज्ञानिक सुविधा के एक और पहलू को प्रकट कर रहे होते हैं – यानी एक दूसरे से खुद को छिपा रखने की संभावना। उनका कहना है कि एक फ़ोन कॉल बहुत कुछ प्रकट कर देती है और यह कि वे जो कहना चाहते हैं, सीधी बातचीत उस पर लगाम नहीं लगा पाती है।''

छोटे बच्चे जब स्कूल से बाहर निकलते हैं तो वहां खड़े अपने पेरैंट्स को अपने स्मार्टफ़ोन में डूबा हुआ पाते हैं। जो लड़के टीवी पर मैच देखने के दौरान भी अपने पिता से खूब बतिया लेते थे, उन्हें अब यह इंतज़ार करना पड़ता है कि कब पिता अपनी ईमेल चैक करके निपटें और कब वह उनसे बात करे। शिशुओं का पालन-पोषण या बोटल-फ़ीडिंग उसकी मां द्वारा टैक्स्ट भेजने के साथ-साथ किया जाता है। इससे मां और बच्चे के बीच स्थापित होने वाले शुरुआती, आत्मीय और अंतरंग संबंधों वाली भावनात्मक पारस्परिकता की प्रगाढ़ता में कमी आ जाती है। अगर मां के फ़ोन या ईमेल पर कोई ऐसा संदेश आ जाता है जिससे कि वह व्याकुल हो उठती हो तो उसके वे तनावग्रस्त मनोभाव बच्चे तक संचारित हो जाते हैं और बच्चा उस तनाव को किसी बाहरी प्रभाव से आने वाला समझने के बजाय उसे खुद के और मां के बीच के संबंध में आए हुए तनाव के रूप में महसूस करने लगता है।

अपनी किताब *थ्राइव* में ऐरियाना हफ़िंग्टन ने यह कहानी दी है: "अपनी मृत्यु से पहले आख़िरी बार मेरी मां मुझ पर तब नाराज़ हो उठी थी जब उन्होंने देखा कि मैं अपने बच्चों के साथ बात करने के साथ-साथ अपनी ईमेल भी देखती जा रही थी। उन्होंने अपने ग्रीक उच्चारण में मुझसे कहा, "मल्टीटास्किंग मुझे बहुत बुरी लगती है", जिससे मुझे बड़ी शर्म आई थी। दूसरे शब्दों में, पूरी दुनिया के साथ उथलेपन में ही जुड़े रहने के कारण हम उन लोगों से गहराई तक नहीं जुड़ पाते हैं जो कि हमारे निकटतम रहते हैं – यहां तक कि खुद से भी, जब कि इसी जुड़ाव में बुद्धिमत्ता का वास होता है।"

जुड़ाव तो तनाव से बचाव करने में भी मददगार साबित होता है। बच्चे को कोई भी और चीज़ इतना बल प्रदान नहीं करती जितना कि किसी अपने प्रियजन का खरा और बिना मिलावट वाला जुड़ाव। मैंने अपनी पिछली किताब में डा. गोर्डन न्यूफ़ैल्ड द्वारा बताए गए उन छः लगावों का सविस्तार वर्णन किया है जिनमें से से बच्चे अपने जीवन के पहले छः वर्षों में गुज़रते हैं। हम अपने बच्चों के साथ अपने लगाव को इन छः तरीकों से गहरा करते रह सकते हैं यह हमारे बच्चों को उनके जीवन में तनाव के तेज़ाब से दूर रखने वाली सबसे कारगर चीज़ मुहैया कराते हैं और वे हैं स्वस्थ संबंध।

> *बच्चे को कोई भी और चीज़ इतना बल प्रदान नहीं करती जितना कि किसी अपने प्रियजन का खरा और बिना मिलावट वाला जुड़ाव।*

नवजात शिशु इस लगाव की यात्रा की शुरुआत समीपता और सान्निध्यता से करता है। वह हमारे साथ गंध, स्पर्श, और आवाज़ के माध्यम से जुड़ने

के साथ शुरुआत करता है। लगभग दो साल का होने पर डगमगाते कदमों से चलना शुरू करते ही हमारा लाडला हमारे जैसा बनना चाहने लगता है – उसकी यह अवस्था सदृश्यता वाली यानी हम जैसा दिखने की ललक की उम्र वाली होती है और इसी उम्र में वह भाषा सीखता है। अगली अवस्था 'कोई मेरा' और 'मैं किसी का' वाले भाव की होती है और यह इस रूप में देखी जा सकती है कि वह अपने भाई या बहन को अपनी मां की गोद में से हटाने के लिए उसे धक्का देने लगता है। क़ब्ज़ा जमाते हुए जैसे वह घोषणा कर रहा हो, "यह *मेरी* मां है!" जब हमारा बच्चा लगभग चार साल का होता है तब हम उसके साथ अपने जुड़ाव और लगाव को यह कहते हुए और मज़बूत करते हैं कि वह किस तरह अनोखा है। यह *महत्व* वाली अवस्था होती है। पांच तक पहुंचते-पहुंचते जुड़ाव और भी गहरा होता जाता है, यह प्रेम की अवस्था होती है जब बच्चा हमें अपनी प्रिय चीज़े देने लगता है। और अगर सब कुछ ठीक रहा तो छः साल से आगे की *सुपरिचितता* वाली अवस्था में चलते हुए हम लगाव की ठोस आधारशिला का निर्माण कर देते हैं। हम बच्चे को यह स्पष्ट कर देते हैं कि हम उसके सच सुनने की क्षमता रखते हैं, जहाज के शांत कैप्टेन की तरह उसका समर्थन और सहयोग करते हैं – भले ही वह किसी भी तूफ़ान में से गुज़र रहा हो।

> *स्वस्थ, यानी खुशगवार, प्रियजनों के साथ मज़बूत और विश्वसनीय लगाव तथा जुड़ाव रखने वाले बच्चे जीवन के तनावों का सामना करने में अधिक सक्षम रहते हैं।*

स्वस्थ, यानी खुशगवार, प्रियजनों के साथ मज़बूत और विश्वसनीय लगाव तथा जुड़ाव रखने वाले बच्चे जीवन के तनावों का सामना करने में अधिक सक्षम रहते हैं। लेखक जॉन हैरी एक अध्ययन का हवाला देते हुए बताते हैं कि किसी चीज़ की लत पड़ जाना दरअसल असंबद्ध होने का, लगाव या जुड़ाव न होने का ही परिणाम होता है, केवल रसायन का नहीं। "जब हम एक दूसरे साथ जुड़ नहीं पाते हैं तो फिर हमें जो कुछ भी मिलता है हम उसी के साथ जुड़ जाते हैं – चाहे वह जुए की मेज़ पर लगा हुआ तेज़ी से घूमता चक्र हो या फिर अपने ही शरीर में घुसाई जा रही सिरिंज की चुभन हो।" वह प्रोफ़ेसर पीटर कोहेन के कथन का उल्लेख करते हैं, "हमें 'लत' की बात करनी बंद कर देनी चाहिए, और लत के बजाय 'जुड़ जाना' कहना चाहिए। कोई हेरोइन का लतख़ोर हेरोइन से इसलिए जुड़ गया होता है क्योंकि इतना अधिक कभी किसी और चीज़ से जुड़ा ही नहीं था।" हैरी आगे कहते हैं, "लत का विलोम संयम नहीं होता, बल्कि मानव संबंध होता है।"

ऐसे बच्चे आपको मिल जायेंगे जो अपने माता-पिता के साथ घनिष्ठ संबंधों में रहे थे और आज कठिनाइयों का सामना भी डट कर कर रहे हैं; किंतु आमतौर पर कहें तो प्रेम करने वाले माता-पिता के साथ या सुख-दुख का ध्यान रखने वाले व्यक्ति के साथ लगाव होने का बहुत बड़ा लाभ यह होता है कि यह लगाव जीवन के तनावों की गंभीरता को बहुत हद तक कम करता है, शांत करता है।

परिवर्तन और अनिश्चितता को संभालना

जीवन में एक चीज़ निश्चित है और वह है अनिश्चितता। इस सच के साथ हम जितना अधिक शांतिपूर्वक रहेंगे कि कुछ चीज़े हैं जो हमारे नियंत्रण से बाहर ही रहती हैं, तो तब हम खुद को उतना ही कम असहाय महसूस करेंगे जब हमारा जीवन हमारी अपेक्षाओं के अनुकूल नहीं चल रहा होगा। जब बच्चे यह देखते हैं कि हम अचानक और अनपेक्षित रूप से सामने आई हुई स्थितियों में भी लचीले व विनम्र रह सकते हैं, तो यह बात उन्हें यह जानने-समझने में मदद करती है कि वे भी अनिश्चय की स्थिति को सहन कर सकते हैं जब तक कि पूरी बात उनके सामने न आ जाए।

जब बच्चे यह देखते हैं कि हम अचानक और अनपेक्षित रूप से सामने आई हुई स्थितियों में भी लचीले व विनम्र रह सकते हैं, तो यह बात उन्हें यह जानने-समझने में मदद करती है कि वे भी अनिश्चय की स्थिति को सहन कर सकते हैं, जब तक कि पूरी बात उनके सामने न आ जाए।

मुझे याद है कि एक बार मैं अपने बेटे के साथ, जो तब पंद्रह साल का था, नैरोबी के हवाई अड्डे पर बैठी हुई थी। आधी रात हो गई थी और हमें तभी-तभी बताया गया था कि ऑस्ट्रेलिया जाने वाली अपनी उड़ान में हम नहीं चढ़ सकते क्योंकि हमारे इलैक्ट्रोनिक वीज़ा को वह एयरलाइन मान्यता नहीं दे रही थी। रॉनी अपना धैर्य खोने लगा था; नैरोबी में हमारा कोई परिचित भी नहीं था। हम लगभग चौबीस घंटे से वहीं तंज़ानिया में अटके हुए थे और हमारी उड़ान के प्रस्थान का समय नज़दीक आता जा रहा था। चिंतित होते हुए भी, मैंने यह सोचते हुए शांत रहने की कोशिश की कि इस समय जिस भी ढंग से मैं इस स्थिति का सामना करूंगी, वह मेरे बेटे पर ज़रूर अपना यह प्रभाव डालने वाला है कि अपने जीवन में आने वाली किसी ऐसी ही स्थिति का सामना वह कैसे करेगा।

मैंने उसे सुझाया कि हमें बदतर हालात से भी दोस्ती कर लेंगे। हमने

इस बात पर चर्चा शुरू की कि अगर हमें जाने से रोक ही दिया गया तो क्या होगा – यह याद रखते हुए कि अगर बाकायदा वीज़ा आने में एक-दो दिन लग गए तो भी हम ओ.के. रहेंगे।

हमारी वाली उड़ान के प्रस्थान करने से ठीक पहले उस एयरलाइन को ऑस्ट्रलिया से फ़ैक्स आ पहुंचा और हमें जहाज पर चढ़ने दिया गया। लेकिन तब तक हम बड़े आश्वस्त हो चुके थे कि यदि अगर हम उड़ान नहीं भर सके तो हम ये एक-दो दिन कुछ ऐसे अलग ढंग से बितायेंगे कि जिस की हमने कोई योजना भी नहीं बनाई होगी और यह भी बढ़िया रहेगा।

तो, अपने बच्चों की मदद करने का मतलब यह नहीं है आप उन्हें इस बारे में केवल उपदेश देते रहें कि जब हालात ठीक न हों तब उनका सामना कैसे किया जाए। ऐसा आपको अपने रोजमर्रा के जीवन में हंसते-हंसते करके उन्हें दिखाना भी होगा।

हंसना-हंसाना

ऐसा कहा जाता है कि चार साल का सामान्य बच्चा एक दिन में तीन सौ बार हंसता है; और चालीस साल का व्यक्ति केवल चार बार हंसता है। नॉतमन कज़िंस अपनी उल्लेखनीय किताब *एनाटॉमी ऑफ़ एन इलनैस* में बताते हैं कि मार्क्स ब्रदर्स की फ़िल्में लगभग दस मिनट देखने से ही किस तरह उनका गठिया का दर्द और सूजन कम हो गई थी और फिर उन्हें कई घंटे की दर्द-मुक्त नींद आ गई थी।

हंसना तनाव वाले हारमोन्स को कम करता है, एंड्रोफिंस की बढ़ोतरी करता है, खून का बहाव दिल की तरफ़ को बढ़ा देता है, वायरस को मारने वाली कोशिकाओं को प्राकृतिक रूप से बढ़ा देता है और हमें अधिक रोग प्रतिरोधक बना देता है। यह हमारे मूड और रवैये को बेहतर करता है और लोगों के साथ हमारे संबधों को मज़बूत करता है।

हंसना और हंसी-मज़ाक करना तनाव की लगाम खींचने वाले आश्चर्यजनक तरीके हैं। ऐने लंबॉट कहते हैं, ''हंसना पवित्रता की कार्बन कॉपी है।'' संगीत भी हमारे दिलोदिमाग के सवरों को सुरीला करने वाला एक दमदार तरीका हो सकता है। दिल को झुमा देने वाला कोई गाना बजाइए और मस्त हो जाइए। सुबह उठने पर सुबह के राग वाली संगीत की कोई सीडी लगा दीजिए और रात के भोजन के समय शाम के राग वाली। इसके अलावा, मनःस्थिति में एक थोड़ा सा बदलाव भी बहुत असरदार हो सकता है।

जीवन के प्रति हमारा रवैया हमारे बच्चों के तनाव के स्तर को उठा भी सकता है और मिटा भी सकता है। यह जानना हमेशा आसान नहीं होता है कि कब कठिनाइयों में से गुजरते हुए उन्हें पार कर लेने को हम उन्हें प्रोत्साहित करें और कब उन्हें यह बताएं कि जो हो रहा है उसे होने दें और जीवन जो सबक उन्हें सिखा रहा है वे बस उस पर ध्यान दें। लेकिन जैसा कि पेरैंटिंग की हर स्थिति में होता है, हम *अपने* जीवन में आने वाले झटकों और झंझावातों से जिस तरह पार होते हैं वही बात हमारे बच्चों को यह सिखाती है कि वे उसके अपने जीवन में आने वाले झटकों व झंझावातों के साथ वे क्या करेंगे।

अडिग रहना

बच्चों को यह सिखाना कि जब सफलता हाथ न आ रही हो तब भी उन्हें कोशिश करना नहीं छोड़ देना चहिए, यह बहुत ही मूल्यवान है। यह बहुत महत्वपूर्ण है कि वे अपने अंदर एक ऐसी आंतरिक कुशलता और सूझ-बूझ विकसित कर लें जो उन्हें तब भी बाधाओं को पार करते हुए आगे बढ़ाती रहे कि जब हार को स्वीकार कर लेना अधिक आसान लग रहा हो। लेकिन किसी सपने को जुनून और जोश के साथ पूरा करने की कोशिश करना और किसी काम को तब जबरन करने की कोशिश करना जब कि उसे किए जाने का कोई मतलब ही नहीं रह गया हो – इन दोनों बातों में अंतर है। हमारे बच्चों को यह बात समझने की आवश्कता है कि जब उन्हें वह लक्ष्य प्राप्त नहीं हो पाता है जिसे कि पाने की उन्होंने आशा की थी तो वे उसे या तो किसी और तरह से पाने की कोशिश करें या अपने उस अभियान को थोड़ा विराम-विश्राम दें या उसे जाने दें। किसी परिणाम विशेष को प्राप्त न कर पाना असफल हो जाना नहीं है और न ही असफलता कोई प्राण ले लेने वाली चीज़ होती है। कभी लड़खड़ा जाना, कभी ठोकर खा जाना, कभी-कभी चूक जाना और कभी गिर भी जाना – कुछ इसी तरह तो हम वहां पहुंचते हैं जहां कि हमें पहुंचना होता है।

कभी लड़खड़ा जाना, कभी ठोकर खा जाना, कभी-कभी चूक जाना, और कभी गिर भी जाना – कुछ इसी तरह तो हम वहां पहुंचते हैं जहां कि हमें पहुंचना होता है।

अपने बच्चे को यह बात समझने दीजिए कि हालांकि हमारी कुछ प्राथमिकताएं अवश्य हैं लेकिन फिर भी जीवन जब उस तरह न चल रहा हो जैसा कि हमने सोचा था तब भी हम शांत रह सकते हैं। अगर कभी आप अपनी फ्लाइट न पकड़ पाए हों तब आपके बच्चे आपको कैसी प्रतिक्रिया

करते हुए देखते हैं? क्या आप इसका दोष किसी और के मत्थे मढ़ देने की कोशिश करते हैं? जब कभी आपको बताया जाता है कि आपकी कार को एक बड़ी मरम्मत की आवश्यकता है तब आपके बच्चे आपको किस तरह की प्रतिक्रिया करते हुए देखते हैं? तब क्या आप कोसना शुरू कर देते हैं, दुर्वचन बोलते हैं, पैर पटकते हैं?

कुछ लोगों का मानना कि हैं कि हम अपने बच्चों को ज़रूरत से ज़्यादा लाड़-प्यार करते हैं, उनके लिए सब कुछ खुद ही करते हुए उन्हें हम जीवन में आने वाले धक्कों, हिचकोलों और चोटों से अलग, अछूता व अनजान रखते हैं। कुछ साल हुए एक कॉलेज छात्र का किस्सा काफ़ी चर्चा में रहा जिसने अपने घर में आग लग जाने पर फ़ायर ब्रिगेड का नंबर लगाने के बजाय अपनी मां को फ़ोन किया था और उससे पूछा था कि वह क्या करे। निश्चित ही, ऐसे 'हेलीकॉप्टर पेरैंट' के बारे में बहुत कुछ कहा जा सकता है जो कि बड़ी ही बेचैनी व बेताबी से अपने बच्चे के ऊपर मंडराते रहते हैं कि यह पक्का कर लें कि उसकी मैथ-शीट का हर उत्तर सही है या जो अपनी बेटी की सहेली की मां को उनकी इस 'ग़लती' को ठीक कराने के लिए इसलिए फ़ोन कर देती है कि उसकी बेटी को उस सहेली की मां ने जन्म-दिन की पार्टी में नहीं बुलाया था। लेकिन लाड़-प्यार और पालन-पोषण में अंतर होता है। लाड़ हमारी खुद की व्यग्रता को, चिंता को प्रकट करता है; छोटी हो बड़ी, हम अपने बच्चे की अनुभूति के हर हिस्से की फ़िक्र करते हैं – इस उम्मीद में कि हमें उसे तंग, परेशान या दुखी नहीं देखना पड़ेगा जब कि, पालन-पोषण प्रेम का काम है – इसमें बच्चे के साथ जुड़ाव होना और प्रेमपूर्वक सुर मिलना, ताल मिलना शामिल रहता है।

बच्चा जिस तनाव का सामना आज कर रहा है वह अपवाद है, अभूतपूर्व है। ऐसे हालात पहले कभी नहीं रहे और चूंकि तनाव का स्तर बढ़ता ही जा रहा है इसलिए हमें अपने नौनिहालों को इससे निपटने के लिए उनमें कोई बहुत अच्छी युक्ति-नीति विकसित करने में मदद करनी होगी।

अपने बच्चो के तनाव पर ध्यान दीजिए

अगर आपके बच्चे में तनाव के या तनाव के भाई-बंधुओं के लक्षण दिखाई दें – जैसे व्यग्रता, चिंता, परेशानी, खोया-खोया रहना, अवसाद, उदासी, दुखी रहना – तो उन्हें अनदेखा न करें। यह सुनिश्चित करें कि आपके बच्चों को यह पता हो कि वे *जिस भी हाल* से गुज़र रहे हैं, उसे वह आपको सच-सच

> *जब हमारे बच्चों को अपने जीवन में कोई कठिनाई लग रही हो तब अगर हम उनके तनाव को दूर करना चाहते हैं और उनके मानसिक संतुलन को बरकरार रखना चाहते हैं, तो यह आवश्यक हो जाता है कि हम अपना खुद का काम पूरा रखें ताकि हम उनसे कह सकें, "बच्चे, तुम किसी भी परेशानी में हो, मैं तुम्हारे साथ हूं और उससे बाहर निकलने में मैं तुम्हारी मदद करूंगा।"*

बता सकते हैं। अपने ऑनलाइन वर्कशॉपों और प्रशिक्षण कार्यक्रमों में मैं पेरेंट्स के साथ काम करने में ख़ास समय देती हूं ताकि वे अपने बच्चों को घालमेल वाले संदेश न दिया करें: *मुझे तुम कुछ भी बता सकते हो। एक मिनट ठहरो – तुमने क्या किया है! तुम तो बड़ी मुसीबत में पड़ गए हो!*

हमारे बच्चे यह देखने के लिए हमारा इम्तिहान लेते हैं कि जब हम उनसे कहा करते हैं कि उन्हें जब भी कोई चिंता हो, तनाव हो, घबराहट या परेशानी हो तो हमारे पास आओ, तब वे छोटी-मोटी परेशानियां लेकर भी हमारे पास आ जाते हैं और देखते हैं कि क्या वास्तव में हम उनकी बात सुनने की या जो कुछ उन पर बीत रही है, उसे सुनने की क्षमता रखते हैं। तो, देखना यह है कि जब हमारे बच्चे कोई ऐसी बात हमें बतलाते हैं जो कि हमें परेशान कर देने वाली हो, क्या हम तब भी जहाज के आत्म-विश्वासी और शांत कैप्टेन बने रहते हैं या जहाज पर से छलांग लगा देते हैं?

जब हमारे बच्चों को अपने जीवन में कोई कठिनाई लग रही हो तब अगर हम उनके तनाव को दूर करना चाहते हैं और उनके मानसिक संतुलन को बरकरार रखना चाहते हैं तो यह आवश्यक हो जाता है कि हम अपना खुद का काम पूरा रखें ताकि हम उनसे कह सकें, "बच्चे, तुम किसी भी परेशानी में हो, मैं तुम्हारे साथ हूं और उससे बाहर निकलने में मैं तुम्हारी मदद करूंगा।"

सावधानी की आदत डालना

"जब मेरी बहन ने मेरा स्वेटर पहन लिया था तो मैने उसकी होमवर्क की कॉपी फाड़ दी थी। मैं इतनी *पागल हो उठी थी!*" – तारा

"मेरे दिमाग में ऐसी-ऐसी बातें उठती रहती हैं कि जो मुझे चिंता में डाल देती हैं जैसे कि मैं अपनी मौखिक रिपोर्ट ठीक से नहीं पढ़ पाऊंगा और फिर सब मुझ पर हंसेंगे। ऐसे विचारों पर मैं रो भी नहीं पाता हूं।" – डिनो

"मैंने ऑनलाइन पर एक फ़ोटो देखी जिसमें मेरे दोस्त एक ऐसी पार्टी में हैं जिसमें मुझे नहीं बुलाया गया। मैंने ऐसी ठोकर मारी कि मेरा पैर ही कट

गया। मुझे लगा कि मुझे उपेक्षित किया गया है और मैं दुखी हो गयी।'' – टीना

''जब मैं अपनी कक्षा में सबसे अधिक अंक नहीं ला पाता हूं तो मुझे बहुत बुरा महसूस होता है। जैसे ही मैं मम्मी की कार में बैठता हूं तो उन पर चिल्लाने लगता हूं और फिर रोना शुरू कर देता हूं।'' – हुसैन

अब तक यह बात साफ़ हो गई होगी कि केवल हम वयस्क लोग ही ऐसे नहीं हैं जिन्हें लगातार और गंभीर तनाव अनुभव हुआ करता है। टीनेज बच्चे भी और यहां तक कि छोटे बच्चे भी, तब अपने तनाव से यह सीख रहे होते हैं कि उससे कैसे निपटा जाए जब उनके जीवन में सब कुछ उनके मनमाफ़िक नहीं हो रहा होता है। अपने भावनात्मक अनुशासन को बेहतर करने से लेकर अपनी आवेगशीलता की रोकथाम करने तक, बच्चों को यह बताना और सिखाना कि किस तरह रफ़्तार को कम किया जाए और जो पल सामने है उससे कैसे जुड़ा जाए, उन्हें एक अधिक सुखद जीवन जीने के लिए बहुत मददगार रहेगा – आज भी और उनकी वयस्क अवस्था में भी।

मेघा एक ऐसे स्कूल में टीचर थी जिसमें हर छात्र के लिए सावधानी का, *माइंडफुलनैस* का, अभ्यास करने का कार्यक्रम लागू किया गया था। यह देखते हुए कि उसकी तीसरी कक्षा के छात्रों पर इसका कितना सकारात्मक प्रभाव पड़ा था, उसने निश्चय किया कि वह इसे सात साल के अपने बेटे पर भी लागू करेगी जिसके बारे में हाल ही में पता चला है कि उसे एडीएचडी (ध्यान का अभाव और अतिसक्रियता की बीमारी) है। ''मैंने एक घंटी खरीदी। सोने से पहले, हम अपनी आंखें बंद करते, घंटी बजाते और उसकी आवाज़ को धीमी-धीमी होते हुए ध्यान से सुनते और इस दौरान हम खुद को बादलों पर बैठे आकाश में तैरता हुआ कल्पित करते। कई बार जब वह अपने भाई पर सचमुच बिगड़ बैठता था तो उसके बाद वह ऊपर अपने कमरे में खुद को शांत करने के लिए घंटी बजाता हुए हमें सुनाई देता था!'' उसने मुझे आगे बताया कि उसकी कक्षा के छात्रों की तरह ही उसका बेटा ध्यान देने में अधिक और बेचैन होने में कम रहने लगा। ''सावधानी, के अभ्यास में कुछ मिनट ही लगते हैं, लेकिन यह बच्चों में सचमुच बहुत बदलाव ले आता है।''

यह *सावधानी* (*माइंडफुलनैस*) शब्द, हर समय के और हर तरह के लोगों का आकर्षण का केंद्र रहा है। यदि सरल शब्दों में इसकी परिभाषा करें तो, जो पल हमारे सामने है उसमें जो कुछ हो रहा है उसे जिज्ञासा के साथ, लेकिन बिना किसी आलोचना के ध्यानपूर्वक देखना – यह होती है सावधानी। इसमें शामिल रहती है सजगता, सचेतता, सतर्कता और अवधान। एक्हार्ट टॉल्ल इसे *प्रजैंस* कहते हैं, यानी जो है, जो आपके समक्ष है, उसके

जो पल हमारे सामने है उसमें जो कुछ हो रहा है उसे जिज्ञासा के साथ बिना किसी आलोचना के ध्यानपूर्वक देखना – यह होती है सावधानी। इसमें शामिल रहती है सजगता, सचेतता, सतर्कता और अवधान।

साथ बने रहना, उपस्थित रहना, विद्यमान रहना। *"माइंडफुलनैस शब्द का मतलब यह लगता है कि माइंड फुल है जब कि वास्तविकता इसके उलट होती है।"* अन्य लोगों ने इसके लिए *पूरे मन से* (*हार्टफुल*) या *उच्च सजगता* (*हाइटेंट अवेयरनैस*) जैसे शब्दों का प्रयोग किया है। इस किताब में मैं सावधानता (*माइंडफुलनैस*) शब्द का ही प्रयोग करूंगी जो कि उस शांत तथा विचारशून्य सजगता का प्रतिनिधित्व करता है जो कि हमें बाहर की उस सतह से नीचे काफ़ी गहरे में ठहरे रहने देता है जिस सतह पर उत्तेजना, आवेश, अशांति, क्षोभ या तनाव पैदा करने वाली कोई भी गतिविधि चल रही होती है। इन अभ्यासों में ज्ञानेंद्रियों का प्रयोग किया जाता है – ध्वनि, स्पर्श, श्वास – ताकि हम वर्तमान पल में लंगर डाल कर ठहर सकें न कि अतीत या भविष्य के बारे में सोचते हुए उन विचारों के साथ हम खुद को बह जाने दें।

बच्चों में, तनाव पैदा करने वाली किसी स्थिति में सावधानता उन्हें कोई भी प्रतिक्रिया करने से पहले ही थोड़ा ठहराव दे देती है और कठिनाइयों को लचीले ढंग से निपटाने का मौका भी देती है। यह बच्चों को अपने विचारों के प्रति कम प्रतिक्रियात्मक बनने की शक्ति देती है। यह उन्हें सिखाती और बताती है कि विचार तो केवल विचार होते हैं – ठीक उसी तरह जैसे कि आकाश इतना विशाल स्थान रखता है कि बादलों के आ जाने से भी वह अचिंत, अचल और अविचलित रहता है। हमें विचार रूपी हर उस बादल को नीचे घसीट कर लाने की आवश्यकता बिल्कुल नहीं है जो कि हमारी सजगता के आकाश में से होकर गुज़र रहा हो। विचार आयेंगे, कुछ पल ठहरेंगे और फिर तीन-तेरह हो जायेंगे।

सावधानी सिखाने वाले टीचर जिन तरीकों से इसे बच्चों को समझाते हैं उनमें से एक यह है कि वे कांच के एक जार में पानी भर लेते हैं और उसमें थोड़ी रेत भी डाल लेते हैं फिर उसका ढक्कन बंद करके उसे वे ज़ोर से हिलाते हैं और फिर उसके अंदर के "तूफ़ान" को देखने को कहते हैं। फिर, जार के अंदर जब धीरे-धीरे सब कुछ शांत हो जाता है तब वे देखते हैं कि रेत तली में बैठ गई है और पानी फिर से साफ़ और स्पष्ट हो गया है। यह बिल्कुल वैसा ही है जैसा कि हमारे दिमाग में होता है। जब हम कुछ देर शांत होकर बैठ जाते हैं तब हमारे मन में उठा विचारों का तूफ़ान भी शांत हो जाता है, और फिर हम अधिक स्पष्टता व सतर्कता से सोच सकते हैं, काम कर सकते हैं।

उन परिवारों में और उन स्कूलों में जहां कि सावधानी सिखाई जा रही है, वहां बच्चे अपनी खिन्नता को, अपनी हताशा को अधिक सफलतापूर्वक सुलझा लेते हैं। इसके अलावा वे बच्चे अधिक सहानुभूति करने वाले, अधिक सहयोग करने वाले और अधिक धैर्यवान भी हो जाते हैं। जो बच्चे बड़े बेचैन, बेकल, अधीर और आकुल-व्याकुल रहा करते थे, उन्हें भी खुद में चैन से रहना आ जाता है। जो बच्चे व्यग्रता और चिंता से त्रस्त रहा करते थे, वे भी यह समझ जाते हैं कि किसी वास्तविक या कल्पित आशंका के बारे में चिंता करने की उनकी प्रवृत्ति के बावजूद, वर्तमान पल में कोई ख़तरा नहीं है। इससे उन्हें अपने भावनात्मक संतुलन को पुनः स्थापित करने में मदद मिलती है जिसे कि वे अन्यथा खो सकते थे।

सावधानी हर तरह की परिस्थिति और व्यवस्था में शुरू की जा रही है। एलए लेकर्स बास्केट बॉल के पूर्व कोच फ़िल जैक्सन ने इलैविन एनबीए चेंपियनशिप जीती और जीत का श्रेय अंशतः इस बात को भी दिया कि उन्होंने सावधानी का अभ्यास कराया था। वे अपने खिलाड़ियों की मानसिक सबलता के लिए उन्हें शांत होकर बैठने के लिए कहते थे। वे ऐसे मौन दिवस भी रखते थे जिस दिन कोई बात भी नहीं की जाती थी। जब किसी खिलाड़ी को खेल के कोर्ट पर कुछ मुश्किल लगती थी तो वह बैंच पर बैठ कर सावधानी का अभ्यास करके अपनी ऊर्जा को फिर से प्राप्त कर लेता था। कांग्रेसमैन टिम र्‌यान और कुछ अन्य लोगों ने बुजुर्गों के लिए सावधानता-कार्यक्रमों का आयोजन किया था जिसका परिणाम यह हुआ कि उन लोगों के पीटीएसडी (पोस्ट ट्रॉमैटिक स्ट्रैस डिसऑर्डर) के लक्षणों में उल्लेखनीय कमी आ गई। अपराधियों के जीवन को सुधारने और रूपांतरित करने के लिए, अपराधों की रोकथाम के लिए और पुनः अपराध की ओर प्रवृत्त होने से रोकने के लिए भी जेलों में सावधानता के अभ्यास को अपनाया जा रहा है।

लिंडा के 'इनर रैज़िलियंस प्रोग्राम' (आंतरिक लचीलापन कार्यक्रम) में अब तक छः हज़ार कर्मचारी, तीन हज़ार पेरैंट्स और चालीस हज़ार छात्र हिस्सा ले चुके हैं। उन्होंने 9/11 के बाद मानसिक आघात और विस्फोट से संभलने के लिए न्यूयार्क नगर के अध्यापक-अध्यापिकाओं के लिए ध्यान, योगासन और आंतरिक-भाव-अनुभूति को शुरू किया। ''बाहरी व्यवस्था कोई भी हो वह ध्वस्त हो सकती है, लेकिन जो हमारे भीतर है वह ध्वस्त नहीं हो सकती। वह हमारे अंदर ही रहती है चाहे कुछ भी हो जाए।''

बच्चों और पेरैंट्स के लिए शुरू कराए गए सीधे-सरल सावधानी के अभ्यास की सफलता की मेरे पास बहुत सारी गाथाएं हैं। इस अभ्यास का

एक सहगामी लाभ वह रास्ता है जिस पर चल कर हर कोई थोड़ा अधिक हृदय-केंद्रित हो ही जाता है।

एक दिन मैं, एक मां और उसकी पंद्रह वर्षीया बेटी के सैशन में व्यस्त थी। वह एक कठिन सैशन था। मां घर के लिए कुछ नियम तय करने की कोशिश करती रहती थी और उसकी बेटी उन नियमों को तोड़ती रहती थी। वह बेटी द्वेष और क्रोध से तमतमा रही थी। सबसे पहले तो मैंने उन्हें अपनी सांस पर ध्यान देने को कहा और यह नोट करने के लिए कहा कि वे कहां उसे महसूस कर रही हैं – शायद अपनी नाक के नथुनों में जहां से सांस की हवा गुज़रती है या अपने गले में अंदर की तरफ़, या अपनी छाती अथवा पेट के उठने-गिरने में। इसके कुछ पल बाद, मैं ने हर उस आवाज़ पर ध्यान देने को कहा जो कि वे सुन पा रही हैं। "वह चाहे पेड़ में से गुज़रती हवा की सरसराहट हो या सड़क पर जा रही किसी कार की सर्राटे की आवाज़ हो। आप घड़ी की टिक-टिक को सुन सकती हैं या बस अपने सांस की आवाज़ को। अगर आपका ध्यान भटके तो आप उसे बड़ी सौम्यता से उन आवाज़ों के सुनने पर वापस ले आइए।"

यह अभ्यास हमने कोई तीन मिनट तक किया। जब हम समापन करने लगे तब मैंने सुझाव दिया कि वे दोनों कुछ देर के लिए अपनी अंखें बंद करके बस बैठी रहें और जब उनकी आंखें खुलना चाहें तब ही उन्हें खुलने दें।

जब हमने एक दूसरे की ओर देखा तो मुझे आभास हो गया कि चीज़ें बदल गई हैं। दोनों ने ही बहुत शांति महसूस करने और अधिक 'स्वस्थ' महसूस करने की बात कही – कमाल है, कुछ मिनटों में ही। कमरे का तापमान भावनात्मक रूप से शीतल हो गया था। जब हमने चर्चा फिर शुरू की तो अपनी–अपनी जगह उनमें खुलापन अधिक और अड़ियलपन कम नज़र आ रहा था।

मैंने यह अभ्यास छः से लेकर साठ साल तक के लोगों के साथ किया है और हमेशा यही पाया कि केवल थोड़ा रुक जाना और आवाज़ों के साथ या संवेदनों के अनुभवों के साथ तार मिला लेना, या सांस पर ध्यान देना – यह लोगों को वापस अपने पास ले आने में, 'स्वस्थ' होने में, मदद करता है जब कि यह कह दिए जाने से कि वे तनवामुक्त हो जाएं या शांत हो जाएं, ऐसा हो नहीं पाता है। अपने बच्चों के साथ प्रतिदिन यह अभ्यास करना – और बेहतर है कि इसे एक ही स्थान और एक ही समय पर करना – यह एक ऐसा संस्कार बन जाता है जो कि परिवार के हर व्यक्ति के हितलाभ में रहता है। सावधानी की अधिकतर गतिविधियां बच्चों को अच्छी

लगती हैं और करने में सरल भी होती हैं। ऐसी कुछ गतिविधियों का वर्णन मैंने अध्याय 11 में किया है।

जुड़ाव, जुड़ाव, जुड़ाव

अपनी किताब *एंड देयर वाज़ ए लाइट* में जैक्स लूजेयरन ने अपने जीवन में आई चुनौतियों का वर्णन किया है जो कि उनके बचपन में ही अचानक आई बाल-अंधता से शुरू हो कर, फ्रैंच-रेसिस्टैंस-मूवमैट से होता हुआ, बाद में नज़रबंदी शिविर में रह कर भी जीवित बच जाने तक का हाल बताता है। "मेरे माता-पिता ही मेरा संरक्षण थे, मेरा भरोसा थे, और मेरा सुरक्षा कवच थे। जब मुझे अपना बचपन याद आता है तो मुझे अभी भी अपने ऊपर, अपने पीछे, अपने चारों तरफ़ उस सुरक्षा कवच का एहसास होता है... मैं ख़तरों में से, और डरों में से, ऐसे गुज़रता चला गया जैसे रोशनी आइने में से गुज़र जाती है। वह मेरे बचपन का आनंद था, जादुई कवच था जो अगर एक बार पहनने को मिल जाए तो जीवन भर सुरक्षा प्रदान करता है।"

जो प्रेमपूर्ण बंधन हम अपने बच्चों के साथ बनाते हैं, वह सच में उनके संरक्षण की कसौटी का काम करता है — हमेशा के लिए।

अब आपकी बारी है

क्या आपके बच्चे आपको सच बता पाते हैं? अधिकतर हम लोग इस खुशफ़हमी में रहते हैं कि हमारे बच्चे जब किसी परेशानी में होंगे तो हमारे पास ही आयेंगे। लेकिन अपनी प्रतिक्रियाओं द्वारा तो जैसे हम उन्हें यही सिखा रहे होते हैं कि अपने दिल का हाल हमें सच-सच बताना तो उनके लिए ख़तरा मोल लेने जैसा है, और इस तरह अपने दिल के बोझ को हमारे सामने हल्का करना हम उनके लिए एक मुश्किल काम बना देते हैं।

अगर हमारा कोई बच्चा हमें बताता है कि वह परीक्षा में नकल करता हुआ पकड़ा गया या हमारी चौदह साल की बेटी अपने मन की यह बात उजागर करती है कि वह अपने बॉयफ्रेंड के साथ यौन संबंध बनाने की सोच रही है तो हम खुद को उस पर चीखते-चिल्लाते हुए, उसे धमकाते हुए या उपदेश देते हुए पाते हैं जो यह दर्शाता है कि दरअसल हम उस सच को सही तरह संभाल ही नहीं पा रहे हैं जिससे कि हमारा बच्चा जूझ रहा है।

ज़रा सोचिए कि आप तब कैसी प्रतिक्रिया करते या जवाब देते हैं जब आपका बच्चा आपको कोई ऐसी बात बताता है जो आप सुनना नहीं चाहते थे। क्या आप शांत रहते हैं और दिमाग़ खुला रखते हैं? क्या आपको गुस्सा आ जाता है या आप उपदेश देना शुरू कर देते हैं? अपने बच्चे को अपने दिल का बोझ – जो कुछ भी वह महसूस कर रहा हो – हल्का करने देने के बजाय आप स्थिति को 'ठीक' करने की जुगत में लग जाते हैं? क्या आप उसे सज़ा देते हैं या उसे धमकाने लगते हैं? क्या आप एक झटके से बातचीत का पटाक्षेप कर देते हैं जिससे बच्चा यही महसूस करता है कि अगली बार जब कभी वह किसी तनाव भरी दुविधा में फंसे तो उसके बारे में आपसे बात करने के बजाय अपने दोस्तों के पास जाए?

हालांकि यह आसान नहीं है फिर भी अपने बच्चे को मदद करने से बच्चे यह जान जाते हैं कि सहारे और समर्थन के लिए उनका हमारे पास आना एक दूरगामी परिणाम और लाभ ही देता है और उन्हें हर उस तूफ़ान में से निकलने में मदद करता है जो उनके जीवन में तनाव पैदा करने वाले हो सकते हैं।

अपनी डायरी में लिखिए कि किसी तनावपूर्ण स्थिति में होने पर आपके बच्चा का आपके पास आना आप उसके लिए आप कितना सुरक्षित बनाते हैं। अधिक सजग होकर और अधिक शांत व संतुलित कैप्टेन बने रह कर ही आप तब बेहतर तरीके से अपने बच्चों के साथ उपस्थित रहेंगे जब वे किसी तनावपूर्ण स्थिति में फंस गए हों।

व्यावहारिक समाधान
वास्तविक जीवन में सजगता के साथ पेरेंटिंग

अपने टीनेज बेटे की मदद मैं कैसे करूं जब कि उसने खुद को खुद में बंद कर लिया है?

प्रश्न: मेरा सोलह बरस का बेटा तभी से परिवार से कटा हुआ रहने लगा है जब से उसकी पहली गर्लफ्रैंड ने उससे नाता तोड़ लिया है। मैं जानती हूं कि वह टूट गया है और मैंने उसे यह बताने की कोशिश भी की कि हो सकता है कि यह सब किसी भले के लिए ही हुआ हो और यह भी कि उसे कोई और मिल जायेगी लेकिन उसने तो जैसे मुझको खुद से मुझे पूरी तरह बाहर कर दिया है। जब आप तनाव से गुज़र रहे बच्चों से जुड़ाव के महत्व की बात कहती हैं तो मेरा तो दिल ही घबरा जाता है क्योंकि हमारा तो तारतम्य ही टूट गया है। उसने खुद को हमसे अगर पूरी तरह काट लिया है तो हम उसकी मदद कैसे कर सकते हैं?

सुझाव: जैसा कि मैं पहले भी बता चुकी हूं हमारे बच्चों के जीवन में जो कुछ घटित हो रहा होता है उसे जब वे हमें बताते हैं और तब हम जैसी प्रतिक्रिया करते हैं उसी से हम उन्हें यह सिखा रहे होते हैं कि उनका हमें अपने मन की बात बताना सुरक्षित है या नहीं है। जब अपनी प्रतिक्रिया में हम उन्हें उपदेश झाड़ने बैठ जाते हैं या उनके नाखुश हो जाने पर जब हम अपनी उससे भी बड़ी नाखुशी उन्हें दिखाने लगते हैं तो वे अपने मन की बात को मन में ही रखना सीखने लगते हैं और इस तरह वे न केवल *अपने* तनाव को झेलने का जोखिम उठाने लगते हैं बल्कि *उनकी* समस्याओं को लेकर *हमारे* उखड़ जाने के दबाव का भी।

सिरे दोबारा जोड़ने के लिए, जुड़ाव को दोबारा बनाने के लिए, धैर्य की भी आवश्यकता होती है और समय की भी लेकिन यह किया जा सकता है। भले ही आपका सोलह साल का बेटा ऐसी अवस्था में है कि जब बच्चे अपने माता-पिता से दूरी बनाने के लिए उनसे खिंचना शुरू कर देते हैं। लेकिन इसका मतलब यह बिल्कुल नहीं है कि उसे आपकी आवश्यकता नहीं रह गई है। फिर भी, अगर आप उससे एक जरूरत के साथ मिलें — इस जरूरत के साथ कि आप उसके जीवन के बारे में जानने को बेताब हैं या उसकी खुशी के लिए खुद परेशान होने को तैयार हैं — तो वह भी सहज-स्वाभाविक रूप से वापस आने को तैयार हो जायेगा।

जुड़ने के लिए छोटे-छोटे और कम हस्तक्षेप वाले बहाने ढूंढिए। शायद आपका बेटा कोई नई डेज़र्ट तैयार करने में आपकी मदद करने का इच्छुक हो या आप उसे कोई अच्छा सा संगीत सुनाने के लिए कहें जो कि उसने हाल ही में ढूंढ निकाला हो। अगर अपने जीवन में आई किसी चुनौती, किसी परेशानी के बारे में वह आपको कुछ बताता है – वह चाहे कितनी भी छोटी हो या कोई ख़ास नुकसान पहुंचाने वाली न हो – तो उसमें रुचि लेते हुए आप उसे सुनें, उस पर सवालों की या उपदेशों की बौछार न करें।

जुड़ाव के बारे में अधिक जानने के लिए कृपया अध्याय 9 देखें या मेरी बैबसाइट पर ऑनलाइन पर दिए जाने वाले कार्यक्रमों के बारे में देखें।

जब मेरी बेटी अपनी ऑनलाइन की दुनिया में हुई किसी बात पर तनावग्रस्त हो जाती है तब मैं क्या कर सकती हूं?

प्रश्नः मेरी बेटी चौदह साल की है और उसके व उसकी ऑनलाइन की सहेलियों व दोस्तों के बीच हुई किसी बात पर वह तनावग्रस्त हो जाती है। जब मैं उसे यह समझाने की कोशिश करती हूं कि बिना बात की परेशान कर देने वाली बहसबाज़ी में न पड़ा करे, तो जवाब में वह मुझसे ही यह कह देती है कि मैं यह सब नहीं समझूंगी। कभी-कभी तो उसकी नींद भी इसलिए उचट जाती है कि आहत कर देने वाली पोस्ट या तो उस को लक्ष्य बना कर भेजी गई थी या उसकी किसी मित्र को।

सुझावः बच्चों के लिए अपनी ऑनलाइन दुनिया की सामाजिक उलझनों और जटिलताओं से पार पाना लगभग असंभव हो गया है। एक तरह से तो पेरैंट्स के लिए भी यह ऐसा क्षेत्र है जिसका कोई ख़ास अता-पता उन्हें भी नहीं है। सवाल है कि हम कोई सीमा रेखा कैसे तय करें, या उचित सीमा तक देखरेख कैसे करें ताकि हमारे बच्चे साइबर की दुनिया का आनंद भी ले सकें और उससे भ्रांत, आहत या व्यथित भी न हों?

पहले तो अपनी बेटी को यह जानने दीजिए कि आप उससे सहमत हैं – आप नहीं जान सकतीं कि जहां तक ऑनलाइन दोस्ती की बात है उसकी साख कैसे दांव पर लगी होती है, लेकिन शायद आप उसकी इतनी मदद तो करना ही चाहती हैं कि वह तब पीड़ित कम हो जब बातें ख़राब मोड़ लेने लगें। उसको ऐसे उपदेश या ऐसी सलाह देने मत बैठ जाइए जिसे कि वह चाह न रही हो। अपनी बेटी से ही यह पूछिए कि आप उसकी सर्वोत्तम सहायता किस तरह कर सकती हैं; उसे बताने दीजिए कि जब वह परेशानी

में हो तो उसे किस तरह की मदद चाहिए। अगर वह बस अपने दिल का गुबार निकालना चाहे तो भी उसे ऐसा करने दीजिए। अगर उसे लगेगा कि उसकी बात आप पूरे ध्यान से लेकिन उपदेश दिए बिना सुन लेंगी, तो बहुत संभव है कि वह आपके परामर्श को अहमियत दे।

जब आप उसका इतना विश्वास हासिल कर लें कि वह अपनी ढाल-तलवार को नीचे रख दे, तब आप बहुत सावधानी से आगे बढ़िए। उसकी जिज्ञासा को दिखाइए। "तुम कितना पागल हो उठती हो जब लोग तुम्हारी किसी पोस्ट पर तुम्हारा मखौल उड़ाते हैं। क्या तुम मुझे बता सकती हो कि तुम अपने पेज को चैक करने के लिए उस पर जाती ही क्यों हो जब कि तुम्हें मालूम है कि उस पर आई हुई टिप्पणियां तुम्हें दुख देने वाली हैं?" या "मेरी बच्ची, मुझे नहीं लगता कि इससे साक्षी को कोई फ़ायदा होगा कि तुम उसे उन बच्चों से बचाने के लिए अपनी पोस्ट में कुछ गिरी हुई बातें लिख दो जो कि उस पर अपनी टिप्पणियों से हमला कर रहे हैं। यह बेहतर होगा कि तुम अपना कंप्यूटर बंद कर दो और उसे फ़ोन करके पूछो कि वह कैसी है?"

मुझे लगता है कि जहां तक डिजिटल दुनिया में विचरने में अपने बच्चों की मदद करने का मामला है, सारे ही पेरैंट्स धूल में लट्ठ चला रहे हैं। लेकिन इसमें तो समझदारी से ही बात बनेगी। अगर आपकी बेटी किसी स्थानीय ठिकाने पर समय बिताती रही है और लगातार कुछ बदहाल सी या रोती हुई घर लौटती है तो उसे घर से बाहर पैर न रखने का फ़रमान सुना देने के बजाय समस्या की जड़ तक पहुंचिए। उसे यह विश्वास दिलाइए कि आप उसकी मित्र हैं, हितैषी हैं न कि कोई बाहरी नियंत्रणकारी व्यक्ति जो कि उसकी मौज-मस्ती पर बस अंकुश लगाने के चक्कर में है।

मैं अपने पूर्णतावादी बेटे की मदद कैसे कर सकती हूं?

प्रश्नः आप बच्चों को यह जानने में मदद कैसे करेंगी कि कब उन्हें अपनी भरपूर कोशिश करनी चाहिए और कब कोशिश करना छोड़ देना चाहिए? हालांकि मैं बहुत खुश हूं कि मेरा बारह बरस का बेटा अपनी भरपूर कोशिश करता है लेकिन कभी-कभी मैं चाहती हूं कि अपने स्कूल से मिले काम को पूर्णता से करने पर वह इतना ज़ोर भी न दें। एक-एक बारीक बात को पूरा करने की उसे ज़िद सी रहती है। मुझे और मेरी पत्नी को चिंता रहती है कि अगर छठी कक्षा के होमवर्क करने में वह इतना तनाव ले लेता है तो फिर हाई स्कूल के होमवर्क को वह कैसे निपटा पायेगा।

सुझावः शायद कुछ बच्चे पूर्णतावादी स्वभाव लेकर ही पैदा होते हैं। हम चाहे कितनी कोशिश कर लें लेकिन उन्हें यह समझाना बड़ा मुश्किल रहता है कि वे जिन चीज़ों पर बहुत ज़ोर दे रहे हैं उन्हें बस हल्के से लें। लेकिन बहुत से बच्चे किसी एक पेरैंट की या दोनों पेरैंट्स की पूर्णता वाली ज़रूरत की नकल करते लगते हैं – अपने अवचेतन मन में बसी इस धारणा को अपना स्वभाव बनाते हुए कि उत्तम को तो महान होना चाहिए और महान को उत्कृष्ट होना चाहिए।

अपने बेटे को बताइए कि आप यह समझना चाहते हैं कि क्या होता है जब उसके दिमाग़ में उठने वाली आवाज़ उसे आगे को धकेलती है, भले ही वह थक गया हो या चुक गया हो। "तुम्हारे अंदर ऐसा क्या है जो तब भी असंतुष्ट ही रहता है जब कि तुमने बहुत बढ़िया काम कर लिया हो?" जब आप यह जताते हैं कि आप उसके मन की बात जानना चाहते हैं और महसूस करना चाहते हैं कि उसके अंदर एतराज़ उठाने वाला कौन है – और यह सब जब आप बिना कोई फ़ैसला सुनाते हुए, बिना कोई आलोचना करते हुए कहते हैं तो वह आधिक खुल सकता है और अंततः, आपके द्वारा बताई जाने वाली बातों को ज़्यादा से ज़्यादा ग्रहण कर सकता है।

यह भी हो सकता है कि आपका बेटा "प्रशंसा प्रिय" हो, टीचर्स की प्रशंसा और तवज्जो पाने का दीवाना हो। अगर ऐसा है तो ध्यान दीजिए कि किसी विशेष प्रशंसा से उसे ऐसा क्या मिलता है जो कि अन्य तरीके से भी वह पा सकता हो। एक उम्दा तरीके से किए गए काम से अपनी टीचर को प्रभावित करने की इच्छा रखने में कुछ ग़लत नहीं है, लेकिन इसके चलते यदि ज़रूरत से ज़्यादा तनाव पैदा होने की नौबत आ जाए तो प्रभावित करने की तलब व तमन्ना को किसी और तरह से पूरा करना वैकल्पिक रास्ता तलाश किया जा सकता है।

अगर आपको लगता है कि आपके बेटे की पूर्णतावादिता को आपकी या आपकी पत्नी से शह मिल रही है तो आप लोग अपनी मॉडलिंग में अधिक संतुलित रहने की तरफ़ ध्यान दीजिए। जब आप खुद किसी प्रोजेक्ट पर काम कर रहे हों तब उसे यह देखने दीजिए कि जैसा भी आपने बनाया है, भले ही आप उससे बेहतर बना सकते थे लेकिन जो अच्छा है वह भी तो अच्छा ही है। एक विराम लें, कहें कि आज का काम पूरा हुआ, और जाने दें। आशा है कि उसे संदेश मिल जायेगा कि हालांकि हर काम को बढ़िया करना सराहनीय है लेकिन उसके लिए अपने तन-मन के स्वास्थ्य की बलि चढ़ा देना या कुल मिला कर नुकसान उठाना कोई समझदारी नहीं है।

अध्याय 10

हंसी और खुशी अंदर की बात है

शूकर के शावक ने ध्यान दिया कि भले ही उसका दिल आकार में छोटा है, लेकिन उसमें कृतज्ञता बहुत अधिक मात्रा में समा सकती है।

– ए.ए. मिलने

1970 के दशक में जब मैं टीनेजर थी, तब एक बार मैं घूमते हुए अपने शहर कंसास की न्यू एज बुकशॉप में चली गई। वहां एक छोटी सी नीले रंग की किताब को यूं ही उठा लिया जिसका नाम था *डिस्कोर्सेस ऑफ़ मेहर बाबा*। मुझे सचमुच इस बात का अंदाज़ नहीं था कि प्रवचन (डिस्कोर्स) होते क्या हैं, लेकिन उसका पहला ही वाक्य मेरे दिमाग पर अब तक चस्पा है: ''कहो, खुश रहने के अलावा 'मुझे कुछ नहीं चाहिए।''' तब भले ही मैं छोटी और अनुभवहीन थी लेकिन यह विचार मेरे अंतरतम तक पैठ गया था; हालांकि मैं पूरी तरह आश्वस्त नहीं थी कि इसका मतलब क्या है या इसे अपनाया कैसे जाए मगर फिर भी मैं इतना तो समझ ही गई थी कि यह एक बिल्कुल सही बात है।

अनेकों सिद्ध और प्रबुद्ध जनों ने यही बात कही है कि – खुद को इच्छाओं से मुक्त कर लेना ही सुख की कुंजी है। हमारा जीवन जैसा भी है उसमें अगर हम शांति से रहते हैं तो मानों सच्चा आनंद पाने के लिए हम खुद को स्वतंत्र कर देते हैं। मैं इस बात में अपने पूरे हृदय से विश्वास रखती हूं।

हमारा जीवन जैसा भी है उसमें अगर हम शांति से रहते हैं तो मानों सच्चा आनंद पाने के लिए हम खुद को स्वतंत्र कर देते हैं।

इसका अर्थ यह नहीं है कि हम अपने बच्चों को इस तरह से पालें कि अपने जीवन में वे अपनी चेतना की किसी ललक और

लालसा को सम्मान दिए बिना बस यूं ही बहते चले जाएं। तड़प, तलब, तमन्ना, चाहत, इच्छा — ये अक्सर हमारे गहनतम अस्तित्व और व्यक्तित्व की आवाज़ होती हैं, ये हमको उकसाती है कि हम अपनी विशेष प्रतिभा, कौशल, क्षमता और गुणों का विकास करें। एक्हार्ट टॉल्ल ने जिन्हें *होना* और *बनना* कहा है। बात इन दो अवस्थाओं में — होने और बनने में — संतुलन करने की है। अपने व्याख्यानों में, उन्होंने यह व्याख्या की है कि अगर हम *बनने* पर ज़रूरत से ज़्यादा अपना ध्यान केंद्रित कर देंगे तो हम 'वर्तमान पल' का आनंद लेने की अपनी क्षमता को खो देंगे। हम तनाव और व्यग्रता के हाथों में पड़ जायेंगे और कभी भी परिपूर्णता की, संतोष की अनुभूति नहीं कर पायेंगे। लेकिन, अगर हम हम *होने* की अवस्था में ही ठहरे रहेंगे तो फिर हम इस संसार में कुछ कर नहीं पायेंगे। एक्हॉर्ट इसे *विचार से नीचे उतरना* कहते हैं और व्याख्या करते हैं कि अगर हम सारे उद्यम-परिश्रम का परित्याग कर देंगे तो फिर तो हम सजगता के भाव को भी खो देंगे जो कि वर्तमान में जीने का ही एक आवश्यक अंग है। हमरा जीवन सुखमय रहे, सुखद रहे और सफल रहे, इसके लिए हमें होने और बनने के बीच संतुलन बनाए रखने की आवश्यकता है।

लेकिन एक ऐसी संस्कृति में रहना जिसमें कि ऐसी चीज़ों का एक अंतहीन सिलसिला चल रहा हो जो कि हमें *सचमुच* सुख और खुशी देने का वादा कर रही हों, वहां इस संतुलन को बनाए रखने की बात कहना तो आसान है लेकिन करना बड़ा मुश्किल है। और बच्चों को इस तरह पालना कि वे किसी चीज़ की ज़िद न करें — यह बड़ी भारी चुनौती है। हमारे बच्चों पर ख्याति पाने, प्रशंसा पाने, प्रतिष्ठा पाने, या मज़ा पाने के वादों की बौछार सी लगी रहती है — इस शर्त के साथ कि वे कोई ऐसी चीज़ हासिल कर लें जो कि आमतौर पर पाना कठिन होता है। "अगर उस टैस्ट में मैं 'ए' ला पाया ... कैरन अगर कृतिका से कह दे कि वह मुझे *वाक़ई* पसंद करता है ... अगर तुम लोग मेरे लिए बेहतर कैमरे वाला आई-पैड खरीद दो ..."

इससे मुझे पियू रिसर्च सैंटर द्वारा आयोजित एक सर्वे की याद आ गई जिसमें, जब यह पूछा गया कि वे क्या बनने की इच्छा रखते हैं, तो अठारह से पच्चीस वर्ष की आयु वालों में से 81 प्रतिशत का जवाब था कि उनकी सबसे बड़ी तमन्ना धनवान बनने की है। देखिए, उन विज्ञापनो के असर को बेअसर करना आसान नहीं है जो कि यह आभास कराते रहते हैं कि अमुक अमुक चीज़ के बिना आपके जीवन में कोई जान नहीं है।

लेकिन, खुशी को खरीदा नहीं जा सकता। मनोरोगचिकित्सा के रूप में मेरे काम में मेरी चिकित्सा में रहने वाले सबसे अधिक क्लाइंट्स में से कुछ

ऐसे हैं जो पत्रिकाओं के मुखपृष्ठ की शोभा बढ़ाते हैं, जिन्होंने दुनिया भर में घर-संपत्ति खरीद रखी हैं। देखने में वे परम सुखी जीवन बिता रहे हैं, मालिबु के समुद्र तट पर अपनी इतनी सुंदर पत्नी के साथ जिसे कि आप देखते ही रह जाएं और ऐसे बच्चों के साथ जैसे कि वे शायद फ़ोटो खिंचवाने के लिए ही बने हैं – वे लोग अक्सर देखे जा सकते हैं। ऐसे में, शायद ही कोई यह अंदाज़ लगा सके कि उनके दिन अवसाद और दुख भरे गुज़रते हैं या कि अपना ग़म ग़लत करने के लिए उन्हें ड्रग्स या शराब का सहारा लेना पड़ता है। बाहर से भले ही वे चमकदार लाल सेब की तरह भव्य लगें लेकिन भीतर से अपने दिल में वे रेंगता हुआ एक तुच्छ जीवन बिता रहे होते हैं।

एक दिन जब मैं *आर्किटैक्चुरल डाइजैस्ट* के पन्ने पलट रही थी जिसमें कि बहुत उच्च स्तर के बढ़िया से बढ़िया डिज़ाइन्ड घरों के चित्र थे – सपनों वाली रसोई, शोकेस जैसे लिविंग रूम, हाथ की दस्तकारी वाला फ़र्नीचर, आरामदेह बैडरूम – तब मैं उन परिवारों के बारे में सोचने लगी थी जो उनमें रहते होंगे। निश्चित रूप से कुछ लोग तो ऐसे शानदार घरों में रहते ही होंगे, इनकी तारीफ़ करते होंगे और खुश रहते होंगे। लेकिन ऐसे बहुत से लोगों को मैं जानती हूं जिन्होंने अपने सपनों के महल को साकार रूप देने में अपने बरसों का समय खपा दिया था लेकिन अब वे इस दुखद सत्य से रूबरू हो रहे हैं कि खुशी एक ऐसी चीज़ है जिसे खरीदा नहीं जा सकता; उनके दिल से दर्द अभी भी रिस रहा है। हो सकता है कि रोज़ शाम को एक साथ बैठ कर ठहाके लगाने के लिए, कोई खेल खेलने के लिए, विदेश से मंगाई गई शाहबलूत के शहतीरों से बनी विशाल गिरजाघर जैसी छत के नीचे एक बड़े से फ़ायरप्लेस के आस-पास इन परिवारजनों को मिल बैठना कभी संभव ही न होता हो। हो सकता है कि बच्चे अपने डिज़ाइनर-बैडरूमों में उदासीन से पड़े रहते हों और अपने ऑनलाइन दोस्तों को प्रभावित करने की जी जान से कोशिश करने में मगन रहते हों। वह मकान तो ईर्ष्या करने लायक हो सकता है, लेकिन जो जीवन उन दीवारों के बीच में जिया जा रहा है वह तो बिल्कुल भी नहीं।

जीवन में उत्कृष्ट और सुंदर चीज़ों का आनंद लेने में कोई बुराई नहीं है, और बहुत से धनी लोग प्रेम, आनंद और प्रयोजन से भरपूर जीवन को बड़े संतोषजनक ढंग से व्यतीत कर भी रहे हैं। जिस बात की ओर मैं ध्यान दिलाना चाहती हूं वह यह है कि सांसारिक सफलता और सुख एक साथ नहीं चला करते। जो चीज़ें जीवन में परिपूर्णता लाने में योगदान करती हैं, वे उन चीज़ों से बहुत दूर रहती हैं जो कि पैसे से खरीदी जा सकती हैं।

जो कुछ हम चाहते हैं उसके न मिल पाने के बावजूद शांत रहना

जब हमारी समझ में यह बात आ जाती है कि खुशी या सुख कोई ऐसी चीज़ नहीं हैं जो कि पैसे से खरीदी जा सकती हो, तब हम अपने बच्चों की ऐसी शिकायतों पर अधिक सहज रह पाते हैं जो वे किसी ऐसी चीज़ के न मिलने पर करते हैं जिसे वे पाना चाहते थे। ऐसे में, पर्याप्त कृतज्ञ न होने के लिए उनकी आलोचना करने के बजाय उन्हें अपनी निराशा में से पार पाने में हमें उनकी मदद करनी चाहिए, उनकी भावनाओं का सम्मान करना चाहिए और जो है उसे स्वीकार करने के लिए उनका मार्गदर्शन करना चाहिए।

मुझे वह बेहूदा दिन याद है जब मेरा बेटा आठ साल का था और वह घर पहुंचने तक रास्ते भर रोता आया था क्योंकि मैंने तीस डॉलर का पोकमोन कार्ड खरीद कर उसे नहीं दिलाया था। ओह, वह कार्ड पाने के लिए वह कितना बेताब था! उसे पाकर उसके चेहरे पर आने वाली बड़ी सी मुस्कान को देखने के लिए उस कार्ड को खरीदना कोई कठिन बात नहीं थी। लेकिन हमने एक डॉलर की सीमा तय कर रखी है, और वह कार्ड तो उससे कहीं ज़्यादा था। मैं बहुत उलझन में पड़ गई थी। उसकी बड़ी तमन्ना थी कि वह कार्ड उसे मिल जाए। इसमें हर्ज भी क्या था?

लेकिन मैं उसे जताना चाहती थी कि कभी अपनी इच्छित वस्तु को न पा सकने से उठे तूफ़ान से निपटने की उसकी योग्यता पर मेरा विश्वास है। मैंने सहृदय और समझ-बूझ वाली मां बनने की कोशिश की, ''मुझे पता है तुम उसे कितना अधिक चाहते हो, बच्चे। मुझे यह भी पता है कि वह कार्ड तुम्हें न दिलाना तुम्हें अच्छा नहीं लग रहा है।'' लेकिन किसी न किसी तरह मैं अडिग रही। भले ही ऐसा करना बहुत कठोर व कठिन था लेकिन मेरा विश्वास था कि जो वह चाह रहा है उसके न मिलने से वह यह तो सीखेगा कि उसकी खुशी, उसका सुख मम्मी के क्रैडिट कार्ड पर निर्भर नहीं है।

जैसा कि मैंने कहा है, कुछ चाहना अपने आप में कोई नकारात्मक या बुरी बात नहीं है। इच्छाएं और तमन्नाएं अक्सर हमारे अंदर आने वाली वे फुसफुसाहटें होती हैं जो बताती हैं कि हम अपने जीवन को कौन सी दिशा की ओर ले जाएं। कोई खिलाड़ी अगर अपना सर्वोत्तम खेल दिखाने की इच्छा न रखता हो तो वह थका कर चूर कर देने वाले अभ्यास में दिन रात एक क्यों करेगा? मैं हिंदी कैसे सीख पाती अगर मैं अपनी इस इच्छा को अनदेखा कर देती? लेकिन समस्या तब शुरू होती है जब किसी चीज़ के लिए जो कि हमें

एक बेहतर कल का वादा कर रही हो, हम इतने ज़्यादा बेताब हो उठते हैं कि उसके लिए हम अपने आज की बलि चढ़ा देने को भी उद्यत हो जाते हैं।

अपने बच्चों को यह सीखने में मदद कीजिए कि बंदर जैसे चंचल मन का हर दम कुछ न कुछ चाहते रहना और अंतरतम से आने वाली किसी खरी तथा वास्तविक इच्छा का उठना – इन दोनों में अंतर है। दिल की आवाज़ के साथ अपने सुर व ताल मिलाना तो एक गुण है। अपना सब कुछ इस एक ही दांव पर मत लगा दीजिए कि ''मैं तो खुद को तभी सुखी मानूंगा जब मुझे अमुक चीज़ मिल जायेगी।'' दरअसल, सफ़र ही मंज़िल है, भले ही किसी ऊंचाई पर पहुंचना हमारी महत्वाकंक्षा हो। हमारा लक्ष्य केवल तारों तक पहुंचना ही नहीं होना चाहिए बल्कि वहां तक पहुंचने के सफ़र का आनंद भी तो लेते चलना चाहिए।

हमारा लक्ष्य केवल तारों तक पहुंचना ही नहीं होना चाहिए, बल्कि वहां तक पहुंचने के सफ़र का आनंद भी तो लेते चलना चाहिए।

जब हमारे घर का वातावरण प्रेमपूर्ण, हल्का, सरल व सहज रहता है, जब हम अपने बच्चों में कोई मक़सद सामने रखने की भावना का बीज बो देते हैं और जब हम उन्हें खुद से, और दूसरों से भी, प्रेमपूर्वक जुड़े रहने में मदद करते हैं, तब हम अपने बच्चों में हम असाधारण रूप से एक अच्छा जीवन जीने के लिए आवश्यक गुण उड़ेल रहे होते हैं।

हमारे बच्चे अधिक सुखद जीवन जिएं, इसके लिए आवश्यक है कि हम उन्हें नकारात्मक आदतों और नकारात्मक तौर-तरीकों को दूर करना सिखाएं – इसके लिए या तो वे अपनी खुशी के लिए पूर्वनिश्चित बिंदु को बदलें, या सुख अनुभव करने की, खुश होने की ऐसी शर्तों को हटाएं कि जब तक अमुक चीज़ नहीं मिलेगी तब तक मैं खुश नहीं हो सकता।

खुशी के पूर्वनिश्चित बिंदु को बदलना

सकारात्मक मनोविज्ञान में अनुसंधान करने वाले मानते हैं कि खुशी का हमारा एक ''तय बिंदु'' होता है – यानी सहज-सुखी-स्वस्थ रहने का एक ऐसा आत्मपरक (सब्जैक्टिव) स्तर जो प्रायः स्थायी रहता है। लॉटरी जीतने वाले भी लाखों डॉलर जीतने के बावजूद खुशी के पूर्वनिश्चित बिंदु पर वैसे ही वापस लौट आते हैं जैसे कि वे लोग जिन्होंने कि भारी रकम हारी होती है। मेरे मित्र मार्की शिमॉफ़ कहते हैं कि यह पूर्वनिश्चित बिंदु तीन चीज़ों द्वारा निर्धारित किया जाता है: आनुवंशिक (50 प्रतिशत), आदतें (40 प्रतिशत), और परिस्थितियां (10 प्रतिशत)।

पहली नज़र में, इससे लग सकता है कि यदि आप आनुवंशिक लॉटरी में अभागे रहे हैं और आनुवंशिकता में आपको ''गिलास आधा खाली है'' वाली सोच की तरफ़ रुझान रहा है तो संभावना इसी बात की है कि दुखी जीवन जीना आपकी नियति है। लेकिन ऐसी बात नहीं है। पश्चजननवादियों (एपीजैनैटिसिस्ट्स) ने यह सिद्ध किया है कि अपनी आदतों को बदल कर हम अपने डीएनए को सचमुच बदल सकते हैं। डा. डेविड राकेल कहते हैं, ''पश्चजनन (एपीजैनैटिक्स) का अर्थ है 'जीन के चारो ओर' होना, या अगर आप चाहें तो इसे एक ऐसा सूप मान सकते हैं जिसमें कि हम अपने जीन्स को नहला सकते हैं, सराबोर कर सकते हैं, और जो हमारी पसंद-नापसंद का हो सकता है ... हमारे पास चुनने की स्वतंत्रता रहती है कि हम अपने जीन्स को हर्ष, आनंद, हंसी, खुशी, व्यायाम, और पोषक भोजन में नहलाएं, या हम उन्हें क्रोध, आक्रोश, निराशा, जंक फूड और निठल्ले बैठे रहने वाली जीवन शैली में नहलाएं।'' दूसरे शब्दों में, आनुवांशिक रूप से मिले अपने कैसे भी हालात और जीन्स के बावजूद, हम खुद में खुशी को, सुख को पैदा कर सकते हैं।

ऐसा कहा जाता है कि हम हर दिन लगभग साठ हज़ार विचार सोचते हैं। यह भी कहा जाता है कि उनमें से 80 प्रतिशत विचार नकारात्मक होते हैं। और ऐसा भी माना जाता है कि जो विचार हम आज सोच रहे होते हैं उनमें से 95 प्रतिशत विचार कमोबेश वही होते हैं जो हमने कल सोचे थे, या परसों या परसों से पहले वाले दिनों में सोचे थे। इसका मतलब यह हुआ कि अगर हम सोचने के इस आदतन तरीके को नहीं बदलेंगे तो हम प्रत्येक दिन खुद को लगभग पैंतालीस हज़ार नकारात्मक विचारों से भिगो रहे होंगे, और हमारे जीन्स के लिए यह काफ़ी नाकारात्मक सूप होगा जिसमें कि वे इधर-उधर तैर रहे होंगे!

यह हुआ कि अगर हम सोचने के इस आदतन तरीके को नहीं बदलेंगे तो हम प्रत्येक दिन खुद को लगभग पैंतालीस हज़ार नकारात्मक विचारों से भिगो रहे होंगे, और हमारे जीन्स के लिए यह काफ़ी नाकारात्मक सूप होगा जिसमें कि वे इधर-उधर तैर रहे होंगे!

जब एनआईएच के अनुसंधानकर्ताओं ने मस्तिष्क में रक्त के प्रवाह की गतिविधि के पैटर्न को मापा तो उन्होंने पाया कि नकारात्मक विचार दिमाग के उन क्षेत्रों को उत्तेजित कर देते हैं जो व्यग्रता, हताशा और अवसाद से जुड़े हुए हैं और हमारे तंत्र पर ज़हर की तरह काम करते हैं। अपने बच्चों में खुश रहने का एक स्वस्थ स्वभाव विकसित करने का सबसे अच्छा उपाय यही है कि पहले आप स्वयं ऐसे स्वभाव को अपनाएं।

जीवन जब कभी आपको कठिन हालात में से गुज़ार रहा होता है तब आपके बच्चे क्या आपको ''क्या होगा अगर...'' जैसी नकारात्मक उलझन व चिंता में फंसा हुआ देखते हैं, या फिर सीटी पर 'मैं ज़िंदगी का साथ निभाता चला गया' जैसा गीत बजाते हुए और अपनी तरफ़ से जो कुछ भी अच्छे से अच्छा किया जा सकता है, वह करता हुआ देखते हैं? स्वाभाविक है कि आप तो यही *अपेक्षा करेंगे* कि आपका कार का ट्रांसमिशन ख़राब न हो या कि आपकी आउटडोर पार्टी से पहले ही बारिश थम जाए लेकिन अपेक्षा करने और ज़रूरत होने में अंतर है। जब हमें किसी चीज़ की *ज़रूरत* होती है, अभाव होता है तब हम मज़बूती की नहीं बल्कि मजबूरी की जगह खड़े हो जाते हैं, मायूसी और निराशा भरे उस व्यवहार को बढ़ावा देते हैं जो कि किसी ख़ास नतीजे को नियंत्रित करने के कारण पैदा हुआ होता है क्योंकि तब हमें नहीं लगता कि कोई और विकल्प टिक पायेगा।

हमारे बच्चे जब हमें किसी विफलता को स्वीकार करता हुआ देखते हैं, और वह भी उसके सदमे से सिर के बल गिरे बिना ही उसे स्वीकार करते हुए देखते हैं तब वे अपने मन में एक तस्वीर बना लेते हैं कि जीवन में मुश्किल के दिनों में से गुज़रते हुए मुश्किल के साथ किस तरह खड़ा हुआ जाता है — यानी जीने की एक ऐसी विधि जिसका वे तब पुनः अवलोकन करना चाहेंगे कि जब कभी वे खुद भी किसी ऐसी ही मुश्किल का सामना करेंगे।

सुख के लिए अपने अंदर उतरना

जब कभी हम सुख के बारे में सोचते हैं तो हमारे सामने कुछ ऐसी तस्वीर उभर कर आती है जैसे कि एक नर्तकी मंच पर आकर प्रसन्नतापूर्वक नृत्य कर रही हो या एक दुल्हन अपनी अंदरूनी खुशी से दमकती हुई जयमाला पहनाने जा रही हो। ये लमहे वाक़ई बड़े ख़ास होते हैं। लेकिन ये हमेशा नहीं होते, ये हमेशा नहीं रहते, ये विरले ही होते हैं। क्योंकि ये बाहरी परिस्थितियों पर भी निर्भर रहते हैं।

सच्चा सुख, सच्ची खुशी, दरअसल बहुत शांत व गहरी चीज़ होती है। यह परिस्थितियों पर निर्भर नहीं रहा करती। यह कोई ऐसी चीज़ नहीं होती जो हमारी किसी इच्छित घटना या उपलब्धि होने पर ही अभिव्यक्त होती हो। बल्कि यह तो एक ऐसी अवस्था है जिसमें हम बस रहते हैं, जिसमें गहन आनंद से भरे पल जीवन में उतरते रहते हैं — चाहे वह जीवन साधारण हो या असाधारण।

> *सच्चा सुख, सच्ची खुशी, दरअसल बहुत*
> *शांत व गहरी चीज़ होती है।*
> *यह कोई ऐसी चीज़ नहीं होती जो*
> *हमारी किसी इच्छित घटना या उपलब्धि*
> *होने पर ही अभिव्यक्त होती हो।*
> *बल्कि, यह तो एक ऐसी अवस्था है*
> *जिसमें हम बस रहते हैं,*
> *जिसमें गहन आनंद से भरे पल जीवन में*
> *उतरते रहते हैं — चाहे वह जीवन*
> *साधारण हो या असाधारण।*

लेखिका बारबरा डी ऐंगेलिस एक निजी कहानी सुनाती हैं जिसने मुझे बहुत प्रभावित किया है। उसे मैं यहां संक्षेप में देना चाहूंगी। कई साल की तलाश के बाद उन्हें एक व्यक्ति ऐसा मिल गया जिसके बारे में उनका मानना था कि वह उनका जीवन साथी हो सकता है। उन दोनों में बहुत प्यार हो गया। इतना प्यार कि वह अपने सौभाग्य पर अचम्भा भी करने लगीं। जब वे दोनों समुद्र के किनारे हाथों में हाथ लिए टहला करते तो बारबरा का दिल खुशी से छलकने लगता था। उनका प्रेमी उनको प्रेम से ओतप्रोत पत्र भेजा करता था। बारबरा के दिन कुछ इस तरह बीतने लगे जिनमें रोमांटिक आनंद की पराकाष्ठा थी, इतनी अधिक जितनी कि उसने कभी पहले महसूस ही नहीं की थी।

कुछ महीने बाद, बारबरा ने देखा कि असल में वह आदमी तो कई महिलाओं के पीछे पड़ा हुआ था। कटे पर नमक छिड़कने जैसी बात यह थी कि वह उन सभी महिलाओं को भी वैसे ही प्रेम पत्र भेजा करता था जैसे कि उसे भेजता था। वह बिल्कुल टूट गई। जो प्यार उसे इतना गहरा और सच्चा लग रहा था, वह ऐसा दिखावा और छलावा कैसे हो सकता है? टूटे हुए दिल से, उसने बाहरी दुनिया से नाता तोड़ लिया और खुद को गहरे और अंधियारे एकांतवास में डाल लिया।

इसी उदासी और निराशा के हाल में कुछ दिन बिताने के बाद, उसे अपने अंदर कुछ हिलता, पिघलता सा लगा, जैसे कोई दिव्य ज्ञान उसमें उतर रहा हो। उसके मन में प्रश्न उठा कि यदि प्रेम का यह पूरा प्रहसन असत्य पर आधारित था तो इतने अधिक सुख की अनुभूति उसे क्यों होती रही थी? धीरे-धीरे उसे यह भान होने लगा कि उस आदमी के संग-साथ में और उसके बारे में सोचने में जो आनंद और आमोद उसे अनुभव होता रहा था, दरअसल, वह तो हमेशा से *उसके अंदर ही मौजूद था।* जब कभी वे दोनों मिला करते थे तब वह आदमी तो उसे कभी प्रेम का एक टुकड़ा भी नहीं दिया करता था। उस आदमी ने तो उसे कभी कोई ऐसी गोली नहीं दी थी जो कि उसके दिल दरवाज़े खोल दे ताकि उसमें से प्रेम प्रवाहित होने लगे। बल्कि हुआ यह था कि उस आदमी द्वारा प्रेम प्रदर्शन के लिए दिखाई जा रही भावभंगिमाओं से उसके अंदर के ही आनंद के फव्वारे फूटने लगते थे।

जो फ़व्वारे उसे अगाध प्रेम की अनुभूति दिया करते थे, उन फ़व्वारों को खोलने का काम तो वह स्वयं ही किया करती थी न कि वह आदमी। सच बात तो यह है कि उसका वह बॉयफ्रैंड तो एक निमित्त था, एक बहाना था, जिसके जरिए कि वह उस प्रेम को अनुभव कर पा रही थी जो कि उसके दिल में पहले से ही मौजूद था।

इस कहानी में जो बात मुझे पसंद आई वह है वह तरीका जो कि उस झूठ को उजागर करता है जिसे हम में से अधिकतर लोग स्थायी बना कर रखते हैं कि: हमारा सुख, हमारी खुशी, किसी व्यक्ति या वस्तु पर निर्भर रहती है। अगर कभी आप यह याद करने लगें कि आप पिछली बार कब आनंदविभोर हुए थे तो पहले आप यह याद करेंगे कि तब बाहरी तौर पर क्या हो रहा था; जैसे कि शायद आपके प्रियजन आपके पास आए हुए थे या आप प्रकृति की गोद में कहीं टहल रहे थे।

आपके सुख में, आपकी खुशी में, भले ही उन स्थितियों का अपना महत्व रहा हो लेकिन सुख की, खुशी की, असल गुनगुनाहट तो आपके भीतर से ही उठ कर आ रही थी। सच्चा सुख, सच्ची खुशी, तो आत्मभू होती है — स्वयं में से स्वयं उत्पन्न होती है। यह वह भाव है जिसका रसास्वादन हम हमेशा कर सकते हैं, चाहे बाहर के हालात कुछ भी हों। ज़रा सोचिए कि हमारे बच्चों के लिए यह कितना कमाल का उपहार होगा कि अगर हम उन्हें यह समझा पाएं कि सुख दरअसल अंदर की बात है!

वर्तमान पल जो कुछ भी हमें परोस रहा हो, उसकी कद्र करने में अगर हम कोताही न करें तो रोटी का एक टुकड़ा पाना भी हमें उतनी ही खुशी के लिए उत्प्रेरित कर सकता है जितना कि उन चीज़ों की सूची का अवलोकन करना जिसके लिए हम कृतज्ञ हैं — बच्चों को पढ़ाया जाने वाला यह एक अनिवार्य पाठ है।

हमारे अंदर एक सदा बहने वाली एक नदी है जिसमें हम कभी भी डुबकी लगा सकते हैं। सच्ची खुशी, सच्चा सुख तो जीवंत रहने वाले साधारण से चमत्कार का आनंद लेने में है।

> *वर्तमान पल जो कुछ भी हमें परोस रहा हो, उसकी कद्र करने में अगर हम कोताही न करें तो रोटी का एक टुकड़ा पाना भी हमें उतनी ही खुशी के लिए उत्प्रेरित कर सकता है जितना कि उन चीज़ों की सूची का अवलोकन करना जिसके लिए हम कृतज्ञ हैं — बच्चों को पढ़ाया जाने वाला यह एक अनिवार्य पाठ है।*

प्रशंसा और आभार को व्यक्त करें

सराहना करना कोई ऐसी चीज़ नहीं है जिसे हम अपने बच्चों को शब्दों में बता कर सिखा सकें, बल्कि यदि आभार तथा कृतज्ञता व्यक्त करने का, प्रशंसा करने का *स्वभाव* आपने खुद में डाल लिया है तो उन पर इसका प्रभाव पड़ना अवश्यमभावी है। किसी की अच्छी बातों की प्रशंसा करने से उसे अपनी ग़लतियों को छोड़ने और अपनी अच्छी आदतों की खुशी महसूस करने में मदद मिलती है।

जॉन गॉटमैन मनोविज्ञान के प्रोफ़ेसर हैं और कई किताबों के लेखक भी हैं, जिनमें से एक है *द सैवन प्रिंसिपिल्स फ़ॉर मेकिंग मैरिज वर्क।* वैवाहिक संबंधों में स्थिरता लाने के विषय में अपना अनुसंधान करते हुए उनके हाथ एक ऐसी पद्धति लगी जो कि केवल वैवाहिक संबंधों में ही कारगर नहीं है बल्कि सभी पारिवारिक संबंधों के लिए भी बड़ी उपयोगी है, और वह है: नकारात्मक या आलोचनात्मक टिप्पणी तथा प्रशंसात्मक टिप्पणी में एक और पांच का अनुपात रखना।

उनका कहना है कि किसी से जब कभी भी आप उसकी एक शिकायत करें या आलोचना करें तो उसके कुप्रभाव को सुतंलित करने के लिए उसकी पांच अच्छी या सकारात्मक बातों का उल्लेख भी करें। अपनी पत्नी के साथ 'ईमागो रिलेशनशिप थैरेपी' को शुरू करने वाले हरविले हैंड्रिक्स भी यही बात कहते हैं और दंपतियों को प्रेरित करते हैं कि वे रिश्तों को चोट पहुंचाने वाली बातें कहने की अपनी शैली को बदल कर रिश्तों को ऊपर उठाने वाली, उन्हें सुधारने वाली बातें कहने की शैली को अपनाएं। ऐसे परिवारों के साथ काम करने में मुझे बड़ी सफलता मिली है जिन्होंने इस विचार को अपने दैनिक जीवन में अपना लिया है; वहां बच्चे (और पेरैंट्स भी!) उन बातों को सुनना पसंद करते हैं जो हम उनके बारे में पसंद करते हैं या प्रशंसा करते हैं। अगर कभी खिन्न मन होने के कारण खुद को आप अपने बच्चे से कुछ इस तरह की टिप्पणी कहते हुए पाएं, "तुम हमेशा की खाना खाते समय इतनी आवाज़ क्यों करते हो?" तो आप सारे दिन इस तरह की सकारात्मक या प्रशंसात्मक टिप्पणी कहते हुए उस पर मरहम लगा सकतीं हैं, "तुम कितनी अच्छी तरह पपी के साथ खेले, मुझे बहुत अच्छा लगा।" या "जब मैं बाहर से लौट कर आई तो मैंने पाया कि तुम घर पर ही हो, तुम्हें देख घर पर पाकर मुझे बहुत खुशी हुई, और तुम्हारे पिता भी खुश होंगे!" जो आपको प्रेम करते हैं उनकी प्रशंसा करना किसी इंजिन में ग्रीज़ या तेल लगा कर उसे स्निग्ध करने जैसा

होता है, इससे घर्षण कम होता है और पारिवारिक जीवन सहज, शांत और सुचारू रूप से चलता है।

बच्चे के जीवन संबंधी बड़े प्रश्नों के उत्तर देना

अध्यात्म और *आध्यात्मिकता* – ये शब्द अपने आप में कई सारे अर्थ रखते हैं। यहां मैं उनका प्रयोग किसी धार्मिक या कट्टर अर्थ में नहीं कर रही हूं बल्कि इस अर्थ में वर्णन करने के लिए इनका प्रयोग कर रही हूं कि वे कौन सी लालसाएं हैं जिनके साथ हम जन्म लेते हैं ताकि समझ सकें कि हम जिंदा कैसे रहें, वह कौन सी शक्ति है (यदि है तो) जो यह सारा तमाशा चला रही है और हम यहां हैं क्यों? हम इंसान शायद हम में प्रोग्राम की गई यह जानने की एक तड़प के साथ आते हैं कि जीवन के रहस्य को समझा जाए। इस ब्रह्मांड को समझने और इसमें अपने स्थान को समझने के लिए हम तर्क आधारित व्याख्याओं से भी आगे और भी गहरे आधार की तलाश में रहते हैं।

आध्यात्मिकता संबंधी आपके व्यक्तिगत विचार में शायद ईश्वर में या इस ब्रह्मांड को चलाने वाली किसी परोपकारी तथा शुभचिंतक शक्ति में विश्वास करना शामिल हो। हो सकता है कि यह आपके लिए कोई ऐसी चीज़ हो जो देवदूतों या मार्गदर्शक आत्माओं से जुड़ी हो अथवा उन परंपराओं से जुड़ी हो जो कि इस धरती पर हज़ारों साल से रह रहे लोगों ने बना ली हों। संभव है कि आपके विश्वास आपके माता-पिता द्वारा या उस समाज के लोगों द्वारा परिभाषित किए गए हों जिस में आप रहते हैं। या यह भी हो सकता है कि आपने उन सभी विश्वासों को खारिज कर दिया हो, उन्हें छोड़ दिया हो और ऐसे विश्वासों को गले लगा लिया हो जो आपके दिल और दिमाग को अधिक स्पष्ट रूप से प्रभावित करने वाले रहे हों।

प्रथाएं, परंपराएं और विश्वास जो भी हों, हमें यह सोचने की आवश्यकता है कि हम उन्हें अपने बच्चों को किस तरह बताएं? क्या हम उन्हें हर रविवार को चर्च भेजा करें? क्या कुछ ऐसे रीति-रिवाज़ हैं जिन्हें हम हर दिन उन्हें सिखाया करें? क्या हम उन्हें धर्मग्रंथ के कुछ अंश कंठस्थ करा दिया करें? क्या हम ऐसा मानते हैं कि हम उन्हें विभिन्न धर्मों के बीच खुला छोड़ दें ताकि उनमें से कोई सा भी धर्म वे खुद चुन सकें। क्या हम नास्तिक या अनीश्वरवादी हैं? या हम कृत-निश्चय हैं कि अपने बच्चों में हम किसी विश्वास विशेष नहीं उड़ेलेंगे ताकि वे अपना रास्ता खुद तय कर सकें?

ये सब नितांत निजी निर्णय हैं, और माता-पिता को इनमें से चुनाव खुद ही करना है। लेकिन बच्चों के कम से कम कुछ ऐसे आधारभूत बड़े प्रश्नों के उत्तर देने की तैयारी तो हमें कर ही लेनी चाहिए जिन्हें वे जीवन के बारे में अक्सर पूछा करते हैं, जैसे जब हमारा कोई प्रिय जन मर जाता है तो क्या होता है।

फ़िल्म *कुकून* का एक दृश्य मुझे बड़ा सही व सटीक लगता है। इस में, एक नवयुवती अपने केबिन में अपने कपड़े उतार रही होती है (जिसे कि एक छेद में से एक व्यक्ति झांक कर उत्सुकता से देख रहा होता है), लेकिन वह युवती केवल कपड़े उतारने के बजाय अपनी त्वचा ही उतार देती है – पूरी तरह, सिर ले लेकर पांव तक। त्वचा के नीचे वह एक ज्येति-पुंज की तरह प्रदीप्त थी। उधर से झांकता हुआ वह व्यक्ति स्तब्ध रह जाता है। युवती अपनी ऊपरी पहचान के आवरण को हटा देती है और इसलिए वह वह बन जाती है जो कि वास्तव में वह है – प्रकाश का शुद्ध स्वरूप।

उसकी इस छवि को मैं पसंद करती हूं और दिन के दौरान अक्सर इसे अपने मन में रखती हूं। जब मैं लोगों के साथ संव्यवहार करती हूं तो मैं कल्पना करती हूं कि अपने बाहरी व्यक्तित्व के नीचे – मेरी ही तरह – वे भी दिव्यता का प्रकट रूप हैं जो कि शरीर रूप में ढल कर इस पृथ्वी पर कुछ सीखने के लिए कुछ समय के लिए भेजे गए हैं। कभी-कभी तो मैं यह भी कल्पना कर लेती हूं कि मैं जिस भी व्यक्ति से मिल रही हूं वह ईश्वर ही है, वही दिव्य परम-आत्मा एक रूप धर कर मेरे सामने खड़ी है, – और हम दोनों ही, यानी वह और मैं, यह जानते हैं कि जो भूमिका हम खेल रहे हैं वह हम नहीं हैं, लेकिन फिर भी उसे खेलते हुए हम उसका आनंद भरपूर ले रहे होते हैं।

यह विचार भले ही आपको बेकार सा लगे लेकिन कुछ बच्चों को यह बात बताने में तो यह मदद कर ही सकता है कि हमारी आत्मा एक प्रकाश-पुंज की तरह है जिसे कि हमारे शरीर रूपी पात्र में डाल दिया गया है और इसीलिए जब कोई मर जाता है तो उसके प्रति जो प्रेम और लगाव हम महसूस करते हैं वह बना रहता है। मैं पुनः कहना चाहती हूं कि मेरा विश्वास है कि हर माता-पिता अपने बच्चे के साथ जीवन और मरण के बारे में बात करने के लिए कोई न कोई तरीका निकाल ही लेंगे। कुछ के लिए यह कुछ न कहना हो सकता है। उनका नज़रिया यह हो सकता है कि शांति के साथ बस एक सहृदय जीवन व्यतीत किया जाए और इसी प्रकार खुद भी जीते हुए वे अपने बच्चों को सिखा और बता रहे होते हैं कि आध्यात्मिक पथ पर चलना क्या होता है।

लेकिन कुछ पेरैंट्स अपने आध्यात्मिक आचरण के प्रति बहुत उत्साही हो सकते हैं। वे बड़े मनोयोग से चर्च जाते हों, रोज़ाना ध्यान लगाते हों, किसी प्रेरक धार्मिक प्रवचनकर्ता के प्रवचन सुनने के लिए निरंतर जाते हों, हर सुबह अपने गुरु की समाधि पर शीश नवाने जाते हों, अपने देवदूतों या रूहानी मार्गदशकों से बातचीत करते हों या अपने विश्वास को और भी पुख़्ता करने के लिए किसी रिट्रीट में जाया करते हों। *कभी-कभी,* ऐसे उत्साही भक्तों के बच्चे अपने पेरैंट्स की आध्यात्मिक कवायद को बेतुका और बेमतलब का मानते हैं और इसलिए उसका हिस्सा बनना नहीं चाहतें। जैसे *फ़ेमिली टाइज़* का एक चरित्र माइकल जे. फ़ॉक्स अपने पेरैंट्स की उदारवादी सोच को बड़ी सख़्ती से नकार देता है और वह सूट-टाई पहनने वाला टीनेज रिपब्लिकन बन जाता है। वैसे ही हमारे बच्चे भी हमारे आध्यात्मिक विश्वासों को नकार सकते हैं – और वह भी उनका उपहास और तिरस्कार करते हुए – उनका खंडन करते हुए वे उन्हें अस्वीकार कर सकते हैं।

जिन तरीकों से आपने अपनी अंतरात्मा को समृद्ध किया है वे आपके लिए वास्तविक हैं और उन्हें किसी के द्वारा प्रमाण-पत्र दिए जाने की आवश्यकता नहीं है – आपके बच्चों के द्वारा भी नहीं।

किसी बच्चे में अपने विश्वासों को स्वीकार कराने के लिए किए जाने वाले आपके किसी प्रयास का या प्रत्येक प्रयास का, अंत यदि उसके विरोध-प्रतिरोध के साथ हो जाता हो तो यह निराशाजनक होते हुए भी एक वरदान साबित हो सकता है। जिन तरीकों से आपने अपनी अंतरात्मा को समृद्ध किया है वे आपके लिए वास्तविक हैं और उन्हें किसी के द्वारा प्रमाण-पत्र दिए जाने की आवश्यकता नहीं है – आपके बच्चों के द्वारा भी नहीं। मैंने देखा है कि अपने आध्यात्मिक गतिविधियों में भाग लेने के लिए अपने बच्चों पर दबाव डाल कर पेरैंट्स उन बच्चों में उनके प्रति विश्वास पैदा होने की रही-सही आशा पर भी कुठाराघात कर देते हैं।

हां, अपने बच्चों की नज़र में उन चीज़ों को अवश्य लाइए जिन्होंने आपकी अंतरात्मा को समृद्ध किया है। लेकिन उन गतिविधियों को उन्हें अपने आप अपनाने दीजिए – उनके द्वारा इस बात का अवलोकन करते हुए कि उन गतिविधियों के फलस्वरूप आप किस प्रकार अधिक शांत, अधिक स्नेही और अधिक उदार होते चले गए। मैं पुनः कहूंगी कि हमारे बच्चे हमारे सबसे बड़े शिक्षक हो सकते हैं। हमारे किसी भी आडंबर और पाखंड को वे जल्दी ही भांप लेते हैं और उजागर कर देते हैं। अपने विश्वासों के प्रति यदि हम अधिक आग्रही रहते हैं या उन्हें अपने रास्ते पर चलाने के लिए उन्हें बाध्य

करते हैं तो ये बातें उनमें रोध-प्रतिरोध ही पैदा करेंगी, अरुचि ही पैदा करेंगी। अपने कमरे में ध्यान लगाने के बाद यदि हम चिढ़चिढ़े मिज़ाज के साथ बाहर आते हैं तो हम ध्यान से होने वाली शांति का कितना भी दावा करते रहें, बच्चे उस ध्यान के प्रति कभी भी आदर-सम्मान का भाव अपने मन में नहीं ला पायेंगे। चर्च से लौटने के बाद अगर हम उन लोगों की बुराई करने की गपशप में लग जाते हैं जो कि हमें वहां मिले थे तो आप अंदाज़ लगा सकते हैं कि बच्चों पर इसका क्या असर होगा। वे बेचारे तो इसी को आध्यात्मिकता का असली रूप समझ बैठेंगे।

इस बात की कोई आवश्यकता नहीं है कि आप अपने आध्यात्मिकता का किसी संत की तरह दिखावा करें या एक परम-आनंद वाली मुस्कान के साथ कमरे में उड़ते जैसे चलें या नितांत निस्पृह और शांत भाव से बच्चों से अपने खिलौनों को यथास्थान रखने के लिए कहें। यह याद रखिए कि बच्चे उससे अधिक सीखते हैं जो कि वे देखते हैं न कि उससे जो कि हम कहते हैं। अगर आप चाहते हैं कि वे आपके आध्यात्मिक पथ पर चलें – या कम से कम उस पर कदम तो रखें – तो आध्यात्मिकता को उनके गले में घुट्टी की तरह उड़ेलने की कोशिश मत कीजिए। उसकी ओर उन्हें स्वयं खिंच कर आने दीजिए – जैसे कि आप आए थे – उनके अपने अंदर से उस दौरान उठने वाली प्रेरणा के साथ जब कि आप उनकी उपस्थिति में, उनके सामने, आध्यात्म को अपने जीवन के एक आचरण के रूप में पालन कर रहे हों।

उसकी ओर उन्हें स्वयं खिंच कर आने दीजिए – जैसे कि आप आए थे – उनके अपने अंदर से उस दौरान उठने वाली प्रेरणा के साथ जब कि आप उनकी उपस्थिति में, उनके सामने, अध्यात्म को अपने जीवन के एक आचरण के रूप में पालन कर रहे हों।

अब आपकी बारी है

नीचे उन गुणों की सूची दी जा रही है जिनके बारे में मैं पिछले कुछ अध्यायों में मैं चर्चा कर चुकी हूं। अब तक मैं इस विषय का काफ़ी भाग पूरा कर चुकी हूं और निस्संदेह किसी ऐसे गुण को छोड़ा नहीं है जिसे कि अपने बच्चों के लालन-पालन में आप आवश्यक महसूस करते हों। जिन गुणों को *आप* महत्वपूर्ण समझते हैं तनिक उनके बारे में आप चिंतन-मनन करें। अपनी डायरी में, उन परिवर्तनों के बारे में दो-चार पंक्तियां लिखें जिन्हें आप अपने अंदर ला सकते हैं और जिससे आपमें और आपके बच्चे में वे गुण विकसित हो सकें।

उदाहरण के लिए, यदि आप ''खुद का सम्मान करना'' चुनते हैं तो हो सकता है कि आप अपने उस सहकर्मी के साथ अधिक दृढ़ता के साथ स्पष्ट बात करने का निर्णय लें जो कि बार-बार आपसे उसका भी काम देख लेने के लिए कह जाता है ताकि वह अपने लंच पर लंबा समय ले सके। अगर आप ''ज़िम्मेदार होना'' चुनते हैं तो आप अपने बच्चों के साथ उन तरीकों के बारे में बात करने का इरादा कर सकते हैं कि कैसे आपके परिवार का हर सदस्य उन अवश्यंभावी पलों में आपसे बात कर सकेगा जब आप उनमें से किसी की भावना को ठेस पहुंचा चुके हों या उनके किसी अनुरोध को ठुकरा चुके हों। अगर आप ''एक उमंग और प्रयोजन के साथ जीना'' को चुनते हैं तो हो सकता है कि आप किसी ऐसी जगह को तलाश ही लें जहां कि आप व आपके बच्चे स्वयंसेवक के रूप में काम कर सकते हों। या हो सकता है कि आप अपने बच्चों को यह दिखाने के लिए कि यह आपके दिल की एक सोई हुई तमन्ना थी, आप किसी लेखन-कक्षा को जॉइन करने का निर्णय कर लें।

याद दिलाने के लिए, नीचे वे गुण दिए जा रहे हैं जिन पर हमने चर्चा की है:

माफ़ी मांग लेना
अपने निर्णय के लिए ज़िम्मेदार होना
ईमानदार होना
खुला दिलोदिमाग होना
अपनी बात भली-भांति दूसरों तक पहुंचाना
जुड़ाव रखना
तनाव को शांत करना
खुद में करुणा जगाना

क्रोध को काबू में रखना

शिष्टाचार व सद्व्यवहार से पेश आना

खुद में सहृदयता विकसित करना

जीवन का आनंद लेना

खुद की ही संगत में खुश रहना

प्रेमपात्र बनना व प्रेम महसूस करना

प्रतिदान करना

आमोद-प्रमोद करना

अपने से बड़ी उम्र वालों का आदर करना

आध्यात्मिकता का आदर करना

अपने वचन का पक्का रहना

अपनी अंतरात्मा की आवाज़ सुनना

उमंग और प्रयोजन के साथ जीना

अनिश्चितता के दौरान सही कदम लेना

धन्यवाद तथा आभार व्यक्त करने वाला स्वभाव पैदा करना

अपनी देखभाल करना और दया करना

नुकसान पहुंचाने वाले रिश्तों की छंटाई करना

खुशी देने वाले विषयों को फिर से सही स्थान देना

दूसरों का आदर-सम्मान करना

आत्म-सम्मान रखना

संबंधों में सीमाएं तय करना

जुड़ाव को मज़बूत करना

सच कहना

व्यावहारिक समाधान
वास्तविक जीवन में सजगता के साथ पेरेंटिंग

क्या हम अपने बच्चों को चर्च जाने वाला बनाएं?

प्रश्नः मैं और मेरे पति हर रविवार को चर्च जाया करते हैं। हमें हमेशा ही लगा है कि हमारे बच्चों को भी हमारे साथ वहां जाना चाहिए और जब वे छोटे थे तब वे हमारे साथ खुशी-खुशी वहां जाया भी करते थे। लेकिन अब मेरा पंद्रह वर्षीय बेटा इसे बेवकूफ़ी बताता है और मेरा तेरह वर्षीय बेटा अपने बड़े भाई के ही पद चिन्हों पर ही चलना चाहता है, इसलिए वह भी हमारे साथ चर्च जाने से मना कर देता है। हमें क्या करना चाहिए?

सुझावः इस प्रश्न का उत्तर देने के लिए दो विचार धाराएं मौजूद हैं। एक कहती है कि प्रार्थना, उपासना, चिंतन, मनन, पूजा करने और ईश्वर को धन्यवाद देने के लिए हर सप्ताह थोड़ा समय देने का अभ्यास डाल लेने के कई फ़ायदे हैं। लेकिन इस विचार धारा यह भी कहती है कि बच्चे रविवार को सुबह-सुबह उठ कर किसी भी ऐसी जगह जाने में रुचि नहीं रखते हैं जहां कि उन्हें "मौज-मस्ती" करना मिलने वाला नहीं हो और यह कि माता-पिता को ऐसी जगहों पर अपने परिवार को साथ ले जाने में सख़्ती बरतनी चाहिए जहां सार्थक गुणों को ग्रहण करने पर ज़ोर दिया जाता हो, भले ही बच्चे वहां जाने में शिकायत करते हों।

दूसरी विचार धारा यह कहती है कि बच्चों को किसी पूजा स्थल पर ज़बरदस्ती ले जाने से उनमें ईश्वर या आध्यात्मिकता के प्रति स्वाभाविक रुचि जगाने में ना के बराबर सफलता मिलती है। इससे भी बड़ी बात यह है कि रविवार की चर्च-प्रार्थना में उन्हें ज़बरदस्ती ले जाना दरअसल आध्यात्मिक अनुसरण के प्रति उनमें अरुचि और विरक्ति ही जगाती है क्योंकि बिना किसी वास्तविक रुचि के, आस्था की गतिविधियों में ले जाए जाने से उनके प्रति उनमें विरोध भावना पनपने लगती है।

मेरा मानना है कि माता-पिता अगर किसी आध्यात्मिक गतिविधि के प्रति अपनी श्रद्धा के लिए सच्चा उत्साह प्रदर्शित करते हैं तो उन्हें आश्वस्त रहना चाहिए कि उसमें उनके बच्चों का शारीरिक रूप से उनके साथ होना इतना महत्वपूर्ण नहीं है जितना कि उसके कारण अपने माता-पिता में उठती आनंद, शांति और समर्पण की छोटी-छोटी लहरों को महसूस करना। अंततः, यही वह बात है जो किसी बच्चे को अपनी ही आध्यात्मिक यात्रा शुरू के लिए सबसे

अधिक प्रभावित व प्रेरित करने वाली होती है। लेकिन हर माता-पिता को खुद ही इसका अंदाज़ लगाना होगा। कुछ को लगता है – और ठीक ही लगता है – कि केवल साथ होने से और वह भी बेमन से साथ होने से तो अच्छा है कि वह बिस्तर में ही रहे या टीवी देखे।

अगर आपका पंद्रह वर्षीय बेटा चर्च जाने की नियमितता को तोड़ना चाह रहा हो तो समझदारी इसी में है कि उसे ऐसा करने दीजिए। जैसा कि एक कहावत में कहा भी गया है कि आप घोड़े को पानी तक तो ले जा सकते हैं लेकिन उसे पानी पिला नहीं सकते। जिन बातों को आप एक विशेष और महत्वपूर्ण पारिवारिक अनुष्ठान मानती हैं उनमें उसे साथ चलने के लिए आप *कह* तो अवश्य सकती हैं, लेकिन उसे जबरदस्ती ले जाए जाने के बजाय अगर उसे चुनने का अवसर दिया गया तो काफ़ी संभव है कि आपके साथ हो ले। अगर आपको लगता है कि आपका छोटा बेटा आपके साथ जाने में वाक़ई खुशी महसूस करता है तो उससे बात करने की कोशिश कीजिए कि अपने भाई द्वारा बताई गई बातों से प्रेरित होने के बजाय वह अपने बारे में खुद सोचे और जो उसे खुद सही लगे वही रास्ता चुने।

क्या मैंने अपने बच्चे को बिगाड़ दिया है?

प्रश्नः अपने परिवार को एक अच्छा जीवन देने के लिए मैंने एक उन्मादी की तरह काम किया है, लेकिन पक्की बात है कि जिस बढ़िया घर में हम रह रहे हैं उसकी और उसके महंगे फ़र्नीचर की मेरे बच्चे कोई तारीफ़ नहीं करते। वे तो बस नए से नए गैज़ेट्स और बढ़िया से बढ़िया कपड़े पाने के लिए ही लालायित रहते हैं। क्या उन्हें यह सिखाने के लिए बहुत देर हो चुकी है कि जो उनके पास नहीं है उसके लिए शिकायत करने के बजाय उन्हें उसका महत्व समझना चाहिए जो कि उनके पास है? क्या मैंने उन्हें हमेशा के लिए बिगाड़ दिया है?

सुझावः जब कभी भी बच्चों के लिए *बिगड़ना* शब्द का प्रयोग किया जाता है तो मुझे वह अच्छा नहीं लगता है। दूध बिगड़ गया (ख़राब हो गया)। ठीक है। बच्चा बिगड़ गया? बिल्कुल नहीं। बच्चे तो स्वाभाविक रूप से बस वही चाहते हैं जो वे चाहते हैं यानी जो उन्हें अच्छा लगता है – और अक्सर वे यह बात बहुत ज़ोर देते हुए बता भी देते हैं! और हम ही तो हैं जो उन्हें यह सिखाते हैं कि वे जो चाहेंगे वही उन्हें मिलेगा। हमें तो उनकी इस योग्यता पर विश्वास करने की आवश्यकता है कि अपनी हर एक इच्छा की पूर्ति न हो पाने पर होने वाली निराशा को वे सहन करते हैं।

बच्चे जो कुछ खरीदना चाहते हों उसकी खरीद पर एकाएक रोक लगा देना और इसके कारण बच्चों के नाराज़ होने पर गुस्सा करना, यह तो थोड़ा अन्याय ही है। जो कुछ भी नया है, चमकदार है, यदि आपका परिवार हमेशा ही उसका प्रशंसक रहा है तो अपने बच्चों से यह आशा करना अनुचित है कि वे भी अचानक ही उसके स्थाई प्रशंसक बन जायेंगे।

अपने बच्चों के लिए पिता के प्यार का मतलब बदलिए। उन्हें वे चीज़ें दिलाना शुरू कीजिए जिन्हें पैसा नहीं खरीद सकता लेकिन जो सच्चा संतोष देने वाली होती हैं, जैसे साइकिल से कहीं दूर तक जाना, एपिक मोनोपोली खेल, शहर के उन इलाकों की अपूर्व अनुभव वाली सैर करना जहां आप अभी तक नहीं गए थे या रात को कोई पारिवारिक फ़िल्म देखना। उन्हें यह देखने दीजिए कि जीवन में *आप* उन चीज़ों को कैसा और कितना पसंद करते हैं जो देखी तो नहीं जा सकतीं लेकिन महसूस की जा सकती हैं – जैसे कोई अच्छी किताब पढ़ने का आनंद या अपनी बगिया में लगाए गए किसी पौधे पर फल या फूल आते देखने की खुशी। जिन चीज़ों को आप महत्व देते हैं जब आप उनमें बदलाव ले आयेंगे तब बहुत संभव है कि बच्चे भी अपनी इच्छाओं की फ़रमाईश करने के बजाय उसी में खुश रहना शुरू कर देंगे जो कि उनके पास है।

गेम्स को छोड़ने में आपके बच्चों को समय लग सकता है। उन पर ग़लत होने का आरोप मत लगाइए। जब वे किसी चीज़ की फ़रमाइश करें तो उसे 'किसी ख़ास दिन की इच्छा-सूची' में लिख लेने के लिए कहिए। अपनी किसी ख़ास तमन्ना को पूरा करने के लिए उन्हें काम करने और बचत करने में मदद कीजिए। अगर कभी उन्हें उनकी कोई इच्छित वस्तु न मिल पाए तो उस कारण से उपजी हताशा और खिन्नता को समझदारी के साथ स्वीकार कीजिए। (इस बारे में आप *पेरैंटिंग विदआट पॉवर स्ट्रगल* के अध्याय 5 को पढ़ें।)

क्या कोई व्यक्ति नकारात्मकता से सकारात्मकता की ओर ले जाया जा सकता है?

प्रश्नः मेरी वंशानुगतता में अवसाद और उदासी रहती आई है। क्या किसी ऐसे व्यक्ति को सकारात्मक सोच वाला और आशावान बनाया जा सकता है जो स्वभावतः नकारात्मक विचारों को ही पालता आ रहा हो?

सुझावः हमारे जीवन का यह एक चमत्कार ही है कि भले ही हम किसी ऐसे हालात में पले हों जो कि हमारे जीवन का मार्ग तय करने वाला लग रहा हो लेकिन हम उन्हें तोड़ कर और छोड़ कर अपने लिए बिल्कुल ही नई दिशा

वाला रास्ता चुन सकते हैं।

हां, लंबे समय से पाली जा रही नकारात्मक सोच को चुनौती देना आपका काम होगा। वह ढर्रा आपकी आदत बन चुका है, और आदतों को तोड़ना इतना आसान नहीं होता। इसके लिए संकल्प और सजगता की आवश्यकता होती है ताकि आप दुखद एहसासों के चिर-परिचित खांचों में कहीं फिर से न गिर जाएं या सुखद एहसासों को परे न धकेल दें क्योंकि वे आपको अजूबे और अजनबी लग रहे हों।

लेकिन अपनी वंशानुगतता की बाध्यताओं से आप खुद को मुक्त *कर सकते हैं*। आपमें एक स्वतंत्र संकल्प शक्ति है। आप यह चुन सकते हैं कि जीवन के तमाशे के बारे में आप क्या सोचें, आफ़तों को अवसरों के रूप में कैसे देखें ताकि आप अपना विकास कर सकें और उन्हें ऊपर वाले के सुंदर उपहार के रूप में देख सकें।

इसका अर्थ यह बिल्कुल नहीं है कि आप तब भी किसी के सहारे-सहयोग को अनदेखा कर दें जब कि आपको उसकी आवश्यकता हो, भले ही वह ध्यान हो, कोई उपचार पद्धति हो या जीवन शैली का कोई परिवर्तन हो — जैसे खुराक, नींद, व्यायाम, ध्यान या खेलकूद। लेकिन आप एक नया परिवर्तन लाने वाली बनें, अपनी पारिवारिक परिपाटी को तोड़ें और अपने आनंद पाने के लिए अपनी पारिवारिक लक्ष्मण रेखा से बाहर निकलें।

अध्याय 11

साधन, सुझाव और अभ्यास

आपकी यात्रा के लिए एकमात्र चीज़ जो अंततोगत्वा सचमुच अर्थ रखती है वह है, वह कदम जो आप इस समय उठा रहे हैं। केवल इसी का महत्व है।

– एक्हार्ट टॉल्ल

बच्चों के लालन-पालन के लिए सजग, आत्मविश्वासी और खयाल रखने वाला होने के लिए जितना मैंने अभी तक लिखा है उससे आप खूब परिचित हो जायेंगे। हम जानते हैं कि कृतज्ञता का व्यवहार करना बहुत महत्व रखता है और वर्तमान पल में जीना एक समझदारी का काम है। लेकिन इन बातों को व्यवहार में लाना कुछ लोगों को बड़ा कठिन लगता है। यह *जानना* तो बहुत अच्छा है कि हम अपने बच्चों के अधिक साथ रहें, प्रेज़ेंट रहें या कृतज्ञता, आभार व धन्यवाद के मनोभाव में रहें लेकिन ऐसी समझ को अपने दिन-प्रतिदिन के जीवन में शामिल भी कर लेना एक बिल्कुल अलग बात होती है।

हम में बहुत से लोग ऐसे हैं जो इस संसार को एक बेहतर जगह बनाने का संकल्प लिए हुए हैं और मानव हित के काम करने में वे अक्सर अपनी काफ़ी ऊर्जा और समय, सहर्ष लगा दिया करते हैं। लेकिन इस संसार पर सकारात्मक प्रभाव डालने का कोई न कोई अवसर तो हम सभी के सामने हमेशा रहता है। हमारा पेरैंटिंग वाला मार्ग एक ऐसा ही मार्ग है जो हमें व्यावहारिक और वास्तविक रूप से यह काम करने का अवसर देता है कि हम अपने बच्चों को ऐसे वयस्क बना कर इस संसार को सौंपें जो इसे एक बेहतर जगह बनाने में मदद करें जो कि सजग हों, परवाह करने वाले हों, और ध्यान रखने वाले हों।

इस अध्याय में, मैं ऐसी बहुत सारी बातें और ऐसे बहुत सारे कार्यकलाप बताने जा रही हूं जिन्हें आप अपने दैनिक जीवन में शामिल कर सकते हैं। इनमें से कुछ आपको बड़ी सटीक लगेंगे और कुछ शायद उतने ना लगें। लेकिन आपसे मेरा आग्रह है कि इनमें से कुछ को तो आप अपने दैनिक जीवन में अवश्य ही शामिल कीजियेगा। हालांकि मेरा इस बात पर ज़ोर रहेगा कि इन्हें आप अपने बच्चों के साथ अमल में लाएं लेकिन इन सभी को आप खुद के साथ भी अमल में ला सकते हैं।

चैतन्यता और सजगता पैदा करना

'मां, क्या आप मेरी बात सुन रही हैं?''

''पापा, मैं पहले भी आपसे दो बार कह चुका हूं कि मुझे सवारी करनी है।''

''तुमने तो कहा था कि तुम्हें बस अपनी ईमेल देखनी है एक मिनट के लिए लेकिन इतनी देर से तुम इसी में लगे हो!''

जैसा कि मैं कई बार कह चुकी हूं, हमारे बच्चे हमारे लिए सबसे बडे शिक्षक बन सकते हैं। वे हमें महान बनाने के अनगिनत अवसर देते हैं। हमें जांचने का उनका एक तरीका यह होता है कि जब हम *चैक आउट* करते हैं तब वे हमारी गलतियों की ओर इशारा करते हैं।

जैसा कि पहले भी कहा गया है, चैतन्यता का, सजगता का, अभ्यास अब ध्यान केंद्रों से बाहर निकल कर स्कूलों, जेलों और अस्पतालों में भी अपनी जगह बना चुका है। कितना अच्छा हो अगर हर बच्चे के आरंभिक जीवन से ही यह उसका हिस्सा बन जाए! ज़रा ऐसी दुनिया की कल्पना तो कीजिए जिसमें बच्चे अपनी भावनाओं के साथ प्रेज़ेंट रहते हुए बड़े हुए हों, तनावयुक्त विचारों के साये में बहुत कम से कम रह रहे हों और उनके दैनिक जीवन की पृष्ठभूमि में कृतज्ञता और धन्यवाद वाले भाव का तानपुरा गूंजता रहता हो।

ऐसी ही चैतन्यता के आचरण को अपने जीवन में डालने के लिए कुछ विचार, कुछ सुझाव यहां दिए जा रहे हैं। यह हमेशा ही अच्छा रहता है कि हम स्वयं एक मिसाल बन कर, एक उदाहरण बन कर अगुआई करें। इसलिए, अगर आपने इससे पहले चैतन्यता के या ध्यान के किसी स्वरूप को नहीं अपनाया है तो मेरा सुझाव है कि अपने बच्चों को इसे बताने से पहले कम से कम एक महीने तक आप स्वयं इसका अभ्यास अवश्य कर लें।

आधार तैयार करें

हालांकि, अपने बच्चे को आप किस तरह से चैतन्यता और ध्यान के बारे में बताते व सिखाते हैं, यह काफ़ी कुछ उसकी उम्र और मानसिक विकास की अवस्था पर निर्भर करेगा लेकिन सामान्य तौर पर आप उससे ऐसा कुछ कह सकते हैं, ''तुमने देखा होगा कि मैं कभी-कभी सुबह को (या दोपहर को या शाम को) थोड़ी देर के लिए एकदम शांत और स्थिर हो कर बैठ जाता हूं। जब मैं ऐसा करता हूं तब अपने भीतर मुझे सचमुच बहुत ही अच्छा लगता है, बड़ी शांति महसूस होती है और इससे मेरा सारा दिन बड़ा अच्छा बीतता है।

''तुम्हें भी मैं यह सिखाना चाहता हूं। क्या तुम सीखना चाहोगे?'' (इसके बजाय कि हम उनको अपना यह फ़ैसला सुना दें कि चूंकि यह एक बहुत अच्छी चीज़ है इसलिए उन्हें यह सीखनी ही होगी, उनको हम इसके लिए खुद ही आगे बढ़ कर आने के लिए तैयार हो जाने देंगे तो अच्छा रहेगा। अधिकतर बच्चे इसमें दिलचस्पी रखने वाले हो सकते हैं लेकिन उनसे यह पूछ लेना अच्छा रहेगा कि क्या वे इसे सीखना चाहते हैं।)

''चैतन्यता सचमुच बड़ी ही आसान है। अतीत या भविष्य के बारे में सोचने के बजाय इसमें केवल यह देखना होता है कि जो पल हमारे समक्ष है उसमें क्या हो रहा है। इसमें जो बात मुझे अच्छी लगती है वह यह है कि मैं खुद को अधिक शांत और अधिक प्रसन्न महसूस करता हूं। तो पहला काम तो हम यह करेंगे कि हम कोई ऐसी ख़ास जगह तैयार कर लें जहां रोज़ाना इसका अभ्यास करते हुए हम कुछ पल बिता सकें। मुझे लगता है कि यह जगह (अपने घर के किसी भाग की ओर इशारा करते हुए) ठीक रहेगी। इसे ठीक-ठाक करने में क्या तुम मेरी मदद करोगे? (उस जगह पर कुछ कुशन रखने, फूल, घरेलू पौधे और छोटे-मोटे सजावटी सामान लगा कर उसे तैयार करने में अपने बच्चों की मदद लें। यदि आपको अगरबत्ती या सुगंधित मोमबत्ती से कोई परेशानी न होती हो तो वहां उन्हें भी जलाएं। वह सुगंध अधिकतर लोगों को उस स्थान तथा वातावरण से बांध कर रखती है।) जब आप चैतन्यता का अभ्यास करने का अपना स्थान तैयार कर लें तब आप वहां उसका अभ्यास करना भी शुरू कर सकते हैं।

अभ्यास आरंभ करें

''अब हम अच्छी तरह से और आराम से बैठ जाएं। शरीर के सारे कसाव और तनाव को जाने दें। इसकी शुरुआत तुम अपने सिर के शीर्ष से करो और

कल्पना करो कि प्रकाश की एक गुनगुनी गेंद तुम्हारे चेहरे और जबड़े की सारी मांसपेशियों को तनावमुक्त करती हुई, उन्हें ढीला करती हुई नीचे की तरफ़ जा रही है — तुम्हारी गर्दन और कंधों से होती हुई। प्रत्येक मांसपेशी को ढीला होने दो ताकि तुम्हारे शरीर से कसाव या तनाव का सारा एहसास जाता रहे।'' इसी तरह बच्चे को उसके सिर से लेकर पैर के पोरों तक तनावमुक्तता का एहसास कराते चले जाएं।

बच्चों को चैतन्यता सिखाने के सबसे सरल उपायों में से एक है ध्यान-घंटी या तिब्बती गूंजने वाले कटोरे का प्रयोग करना। घंटी बजाने के या कटोरे पर एक चोट मारने के बाद अपने बच्चों से कहें कि उसकी धीरे-धीरे धीमी होती आवाज़ को वे बड़े ध्यान से सुनते रहें। आप उन्हें कह सकते हैं कि धीमी होती यह आवाज़ जब उन्हें सुनाई देनी बिल्कुल बंद हो जाए तो वे अपना हाथ उठा कर इस बात का इशारा कर सकते हैं। इस अभ्यास में, उनके ध्यान के केंद्र-बिंदु में केवल घंटी या कटोरे की आवाज़ ही रह जायेगी, कुछ और नहीं।

जिस एक अन्य गतिविधि में बच्चे आनंद लेते हैं उसे मैंने अध्याय 9 में बताया है। अपने बच्चों से कहिए कि वह हर उस आवाज़ पर ध्यान दें जो कि उन्हें सुनाई दे रही हो — घर के अंदर की भी और बाहर की भी। उन्हें बता दीजिए कि अगर वे देखें कि उनका मन इधर-उधर भटक रहा है — और भटकेगा भी — तो उसे वे हौले से उन आवाज़ों की तरफ़ वापस ले आएं जो कि उन्हें सुनाई दे रही हों जैसे निकट से गुज़रती कार की आवाज़, उनके अपने पेट में होती गुड़गुड़ की आवाज़, कहीं किसी कुत्ते के भौंकने की आवाज़, इत्यादि। जो भी आवाज़ हो, उसे वे आराम से और बिना किसी प्रयास के बस सुनने की ओर अपना ध्यान दें — ऐसा उन्हें बताएं।

सांस पर ध्यान देना

चैतन्यता की सबसे अधिक प्रचलित विधाओं में से एक है सांस पर ध्यान देना। अपने बच्चों से कहिए, ''जब तुम सांस लो तो अंदर जाती सांस पर ध्यान रखो। ध्यान दो कि हवा तुम्हारे नथुनों से अंदर जा रही है। महसूस करो कि क्या यह गरम है या ठंडी है? इसे अपने गले के में से नीचे जाता महसूस करो और फेफड़ों में जाता हुआ भी। आगे कुछ देर तक केवल अपने सांस पर ध्यान देते रहो, नाक में, गले में और साथ ही, सांस के अंदर आने और बाहर जाने के साथ-साथ पेट के बाहर-अंदर होने की तरफ़ भी और सांस के साथ होने वाली आवाज़ की तरफ़ भी। अगर तुम्हारा मन अगर इधर-उधर भटके — और शायद भटकेगा भी — तो उसे वापस सांस पर केंद्रित

कर लो।'' कुछ सांसों तक शांत रहें ताकि बच्चे इसे करना जारी रख सकें।

आप यह भी कर सकते हैं कि बच्चे को अंदर आती या बाहर जाती सांस को गिनने को कहें ताकि उसका मन आती-जाती सांस के प्रवाह के साथ किसी काम में लग जाए। अपने बच्चे से कहें, ''अपने शरीर को ढीला छोड़ दो। फिर, सांस लो और हर अंदर जाती सांस को गिनो 'एक, एक, एक, एक, एक, एक, एक'। फिर जब सांस बाहर निकालो तो भी तब तक 'एक, एक, एक, एक' गिनो जब तक कि तुम्हारे फेफड़े खाली न हो जाएं। अगली सांस के आने का इंतज़ार करो – खुद सांस लेने की जल्दबाज़ी मत करो। तब यह गिनते हुए सांस लो दो, दो, दो, दो और फिर बाहर जाती सांस पर भी तब तक दो, दो, दो, दो गिनते रहा जब तक कि तुम्हारे फेफड़े खाली न हो जाएं। तुम ऐसा भी कर सकते हो कि केवल आती या जाती सांस को ही गिनो, दोनों ही तरीके ठीक हैं। दस सांसों तक इसी तरह गिनना जारी रखो। फिर कुछ देर बाद इस बात पर ध्यान दो कि बिना गिने सांस लेने पर कैसा लगता है।''

छाती या पेट पर हाथ रखना

जब हम कोई मेहनत का काम करते हैं या किसी तनावपूर्ण अवस्था में होते हैं तब स्वाभाविक रूप से हम छाती से सांस लेते हैं, और उस समय हमारी सांस जल्दी-जल्दी भी चलती है और कम गहरी होती है। लेकिन जब हम तनावरहित अवस्था में होते हैं, आराम से होते हैं, तब हम सांस धीरे-धीरे लेते हैं और पेट से लेते हैं। इस अभ्यास में प्रेज़ेंस की, जहां हम हैं वहीं होने की अनुभूति को जगाने का एक सरल लेकिन असरदार तरीका यह है कि अपने बच्चे से कहें कि वह अपना एक हाथ तो अपनी छाती पर रखे और दूसरा हाथ अपने पेट पर। ''जब तुम सांस लो या छोड़ो तो ध्यान दो कि कौन सा हाथ ऊपर उठता है और कौन सा नीचे जाता है। जो हाथ जो कर रहा है उसमें कोई फेर-बदल करने की कोशिश मत करो; बस यह ध्यान दो कि कौन सा हाथ अधिक हरकत में है।'' जब आपका बच्चा अपनी सांस और अपने हाथ की हरकत को कुछ देर तक ध्यान से देख ले तब उससे कहें कि वह पेट से सांस लेना शुरू करे। कुछ देर बाद आप उससे पूछें कि छाती से सांस लेने के बजाय पेट से सांस लेने पर क्या उसे कोई अंतर महसूस होता है। अगर वह कहे कि पेट से सांस लेने पर वह अधिक शांत महसूस करता है तो उसे बताएं कि ऐसा वह तब भी कर सकता है कि वह खुद को उखड़ा हुआ, चिंतित या अधिक बेचैन महसूस कर रहा हो।

चैतन्यता का एक सत्र पूरा हो जाने के बाद बहुत से बच्चे बड़ी दिलचस्पी से दूसरों को बताया करते हैं कि उन्हें उसमें कैसा-कैसा लगा जैसे अपना ध्यान केंद्रित करने में उन्हें क्या कठिनाई लगी या उन्हें कैसी शांति महसूस हुई इत्यादि। वे यह भी सुनना चाहेंगे कि आपको कैसा लगा। खुल कर उनकी बात सुनें और उन्हें यह एहसास होने दें कि उसके साथ यह समय बिताने पर आपको कितना अच्छा लगा है।

भावनाओं का अवलोकन करना

चैतन्यता बच्चों को यह समझने में मदद करती है कि वह क्या महसूस कर रहे हैं। इससे उन पर उन प्रबल भावनाओं का प्रभाव कम हो पाता है जो कि, अगर उनकी रोक-थाम न की जाए तो, एक सुनामी का रूप धारण कर सकती हैं।

अपने बच्चों को अपनी आंखें बंद करके शांत भाव से बैठने या लेट जाने के लिए कहें और उनके मन में जो कुछ चल रहा है उसके साथ अपने तार मिलाने के लिए भी। ''देखो कि तुम्हें क्या महसूस हो रहा है: उत्तेजना, आक्रोश, दुख, उदासी, चिंता, संतुष्टि, उत्सुकता या कुछ और। तुम्हें एक साथ कई भाव महसूस हो सकते हैं – जैसे उत्तेजना भी *और* थोड़ी चिंता भी। किसी भी भाव को हटा कर दूसरा भाव लाने की कोशिश मत करो – बस देखो कि तुम क्या महसूस कर रहे हो।'' जब हम बच्चों को अपनी भावनाओं को बिना किसी रोध-प्रतिरोध के देखने, महसूस करने और स्वीकार करने में मदद करते हैं तो हमारे बच्चे अपनी बड़ी और प्रबल भावनाओं पर काबू पा लेने में अधिक सक्षम हो जाते हैं।

बच्चों के लिए चैतन्यता के अभ्यासों वाली अपनी किताब *स्टिल सिटिंग लाइक ए फ्रॉग* में एलिन स्नेल ने बच्चों द्वारा किए गए अपने मौसम के हाल की रिपोर्ट का उल्लेख किया है। बच्चों से पूछिए: उन्हें अपने अंदर मौसम कैसा लग रहा है: खुला हुआ, तूफ़ानी, हवादार, शांत, बरसने वाला या ऐसा जैसे कि तुम चक्रवात के केंद्र में हो? जो कुछ वे महसूस कर रहे हैं उसे पहचानने और उसके साथ तार जोड़ने से वे स्वयं के और अपनी भावनाओं के बीच एक फ़ासला बना सकते हैं। जैसा कि स्नेल ने वर्णन किया है, बच्चे कुछ इस तरह उनकी पहचान कर सकते हैं: ''मूसलाधार बारिश तो नहीं हो रही है पर मुझे लग रहा है कि बारिश तो हो ही रही है; मैं डरपोक तो नहीं हूं लेकिन कभी-कभी मैं अपने गले के आसपास डर को बड़ा महसूस करता हूं।''.

विचारों को बादलों की तरह तैरने दें

बच्चों के साथ किया जाने वाला यह एक दिलचस्प अभ्यास है, ख़ास तौर से उन बच्चों के लिए जो कि चिंता बहुत करते हैं। उन्हें बुला कर आराम से बैठने के लिए कहें, आंखें बंद करने और अपनी सांस पर उसी तरह ध्यान देने के लिए कहें जैसा कि हम पहले बता चुके हैं। ''इस तरह बैठे हुए, तुम अपने मन में से गुज़रते विचारों को देख या सुन सकते हो। उन विचारों को दूर हटाने की कोशिश मत करो — क्योंकि तुम कुछ भी करो, वे दूर नहीं होंगे — इसलिए उन्हें बस देखो। ऐसा मान लो जैसे कि तुम नीला आकाश हो — इतना विशाल कि उसमें कुछ बादलों का होना और उनका आना-जाना कोई मायने नहीं रखता क्योंकि उसमें तो अपार खाली जगह है। खुद को वैसा ही विशाल और वैसा ही खाली जगह वाला महसूस करो। अपने विचारों को छोटे-छोटे बादलों की तरह आने दो और फिर हवा में तैरते हुए उन्हें जाने भी दो। बादल रूपी उन विचारों को पकड़ने की कोशिश मत करो और न ही उनके आने या जाने के लिए अपना कोई प्रयास करो। बस उन्हें देखो। हां, तुम उनके नाम रख सकते हो — 'यह विचार भोजन के बारे में है, यह होमवर्क की चिंता के बारे में है। यह विचार इस बारे में है कि यह अभ्यास कब खत्म होगा। और यह विचार उस बारे में है जो कि कुछ मेरे दोस्तों ने मुझसे कहा था।' तनावमुक्त हो कर रहो, खुद को ढीला छोड़ दो और बस ऐसा आकाश होने की शाँति और ठहराव का आनंद लो।'' इसके कुछ समय बाद उन्हें अपनी आखें खोलने के लिए कहें। और, इस तरह यह अभ्यास पूरा हुआ।

तल्लीन होकर टहलें

बहुत से बच्चे लगभग हर काम को चैतन्य होकर करते हैं। उस चहलकदमी को याद कीजिए जो कभी आपने डगमगाती चाल चलने वाले अपने बच्चे के साथ की थी। उसके साथ दो-तीन घर दूर तक जाना ही तब काफ़ी हुआ करता था। लेकिन उतनी दूरी की चहलकदमी में भी हमारे नन्हे-मुन्ने को हर चीज़ बड़ी दिलचस्प लगती थी चाहे वह किसी झाड़ी में अंदर कहीं डाल पर बैठी किसी चिड़िया की आवाज़ हो या रास्ते के किनारे की अजीबोगरीब दरारें हों।

आसपास कहीं ऐसी ही एक चहलकदमी करने और तब से भी अधिक सजगता रखते हुए चलने के लिए अपने बड़े बच्चों को आमंत्रित कीजिए। एक-दो मिनट ख़ामोशी के साथ चहलकदमी कीजिए और आसपास होने वाली आवाज़ों को ध्यानपूर्वक सुनिए। उनको यह महसूस करने दीजिए कि उनके

शरीर से टकराती हवा उन्हें कैसी लग रही है। क्या धूप उनकी त्वचा को गरम कर रही है? क्या हवा हौले-हौले बह रही है? उन्हें धूप की रोशनी पर ध्यान देने के लिए कहिए कि वह किस तरह पेड़ों में से छन कर आ रही है या नज़दीक खड़ी कार पर कैसे चमक रही है। या उन्हें यह कल्पना करने के लिए कहिए कि जैसे आप लोग किसी दूसरे ग्रह से आए हैं और पृथ्वी पर अभी-अभी उतरे हैं, और आपके लिए यहां की हर चीज़ एकदम नयी है, अनोखी है, अजूबा है। तब कल्पना कीजिए कि आप पेंट किए हुए किसी बाड़े को कैसे देख रहे हैं या रास्ते के आजू-बाजू में उगे हुए फूलों के रंगो को देख कर अचरज करते हैं।

दोनों हथेलियों को आपस में रगड़ना

बच्चों के लिए अपनी सोच से बाहर निकल कर वर्तमान पल में हाज़िर होने का यह एक बहुत सरल तरीका है – अपनी दोनों हथेलियों को आपस में कम से कम तीस सैकंड तक तेज़ी से रगड़ना और उनमें घर्षण और गर्माहट को महसूस करना। फिर उन्हें रोक दीजिए और हथेलियों में होती झनझनाहट और गरमाहट पर ध्यान देने के लिए कहिए। बाहरी दुनिया से अपनी तवज्जो हटा कर उसे अपने शरीर की ओर वापस ले आने का यह एक त्वरित और बड़ा आसान तरीका है।

भोजन के हर कौर का स्वाद लें

स्वाद एक ऐसा सशक्त संवेदन होता है जो हमें तत्काल ही वर्तमान में, प्रेज़ैंट में ले आता है। अपने बच्चों को सुझाइए, ''कल्पना करो कि तुम किसी दूसरे देश से या किसी दूसरे ग्रह से आए हो – जहां रहने वाले ये वाला भोजन नहीं खाते हैं। उन्होंने इसे पहले कभी देखा तक नहीं है। अब इसका एक कौर लो और उसे अपने मुंह में तनिक ठहरने दो, चबाने से पहले उसे मुंह में इधर-उधर घुमाओ। उसके स्वाद पर ध्यान दो – क्या यह मीठा है या नमकीन है? उसके ठोसपन पर ध्यान दो – क्या वह कड़ा है या मुलायम? इसकी गंध कैसी है? क्या होता है जब तुम इसे चबाते हो? जब लार मुंह में आने लगती है तब क्या उसके कणों में कोई बदलाव आ जाता है? इस बात की तरफ़ ध्यान मत दो कि तुम्हें वह अच्छा लग रहा है या नहीं और न ही उसका वर्णन करने की कोशिश करो। बस उसका स्वाद लो, और उसके स्वाद व संवेदन के प्रति उत्सुकतापूर्वक सजग रहो।''

इसी का दूसरा तरीका यह है कि अपने बच्चे को एक सेव खाने के लिए

कहें और इस अनुभव के प्रत्येक पहलू पर पूरा-पूरा ध्यान देने के लिए भी कहें। "सेब के चारों तरफ़ अपनी उंगलियां घुमाओ और उसकी छुअन को महसूस करो। उसके भार को, उसकी चिकनाहट को महसूस करो। सेब को अपने दांतों से काटो और जब तुम्हारे दांत उसके छिलके को भेदते हुए अंदर जाएं तो उसकी 'कच्च' की आवाज़ को सुनो। उसके रस को अपने मुंह में भरता हुआ महसूस करो और उसके स्वाद को भी – मीठा, खट्टा, तीखा, या ताज़गी देने वाला वाला, सुखद?"

संगीत सुनें तल्लीन हो कर

सैंटर फ़ॉर माइंडफुल लिविंग के सहसंस्थापक और मनोचिकित्सक एलीशा और स्टेफ़नी गोल्डस्टीन, टीनेज बच्चों के लिए अपने CALM नामक कार्यक्रम में कमाल का काम कर रहे हैं। उनका संगीतमय ध्यान टीनेज बच्चों को अपने तन के अंदर तन्मय होने का अनुभव उनकी पसंदीदा चीज़ – यानी संगीत – के जरिए कराता है! इसकी शुरुआत वे चैतन्यता में प्रवेश करने के द्वारा करते हैं (बच्चों को अपनी सांस, शरीर, विचार और भावनाओं के साथ जोड़ते हुए) और फिर जब वे प्ले का बटन दबाते हैं तब वे बच्चों को प्रेरित करते हैं कि वे अपना प्रिय संगीत सुनते हुए अपने पूरे शरीर के अनुभवों पर ध्यान दें। यह गतिविधि हमेशा ही बच्चों की भीड़ को खुश कर देने वाली रही है।

धीमे चलना

यह एक बड़ा अच्छा लगने वाला चैतन्यता का अभ्यास है जिसमें बहुत मंद गति में पैदल चलना होता है और वह भी हर कदम के साथ होने वाले छोटे से छोटे एहसास के प्रति पूरी तरह सजग रहते हुए। अपनी नज़र नीचे रखें ताकि आपके ध्यान का केंद्र आपके भीतर बना रहे। अपनी सामान्य गति से भी बहुत धीमी चाल में चलें। यह ध्यान देते हुए चलें कि सबसे पहले एड़ी का कोना, फिर एड़ी का गोला और फिर पूरा पैर ज़मीन पर रखते हुए आप उसे कैसा महसूस करते हैं। यह भी ध्यान दें कि उस दौरान आपका दूसरा पैर क्या कर रहा होता है – वह कब उठता है, कब आप अपना भार उस पर डालते हैं। आपके टखनों, पिंडलियों, घुटनों और जांघों की कौन-कौन सी मांसपेशियां इस काम में शामिल होती हैं। जब आप चलते हैं तब कौन सी मांसपेशियों में खिंचाव आता है और कौन सी ढीली हो जाती हैं। महसूस करें कि आपके कदम हल्के हैं या भारी। अपने संतुलन को इधर से उधर बदलने को भी देखिए, महसूस कीजिए।

यह अभ्यास आप दो से तीन मिनट तक कर सकते हैं लेकिन जब आप इस चैतन्य चाल में बीस मिनट या इससे भी अधिक समय तक रहते हैं तो इसे करना बड़ा दिलचस्प लगता है। इसे मैंने जब रिट्रीट्स में किया है तो वहां हमसे कह दिया जाता है कि इस दौरान हम एक दूसरे से बात न करें और न ही नेत्र-संपर्क करें बल्कि हर कदम के अनुभव को महसूस करते हुए तन-मन से पूरी-पूरी तरह वहीं उपस्थित रहें, प्रेज़ैंट रहें।

सजग बनने के लिए प्रश्न करें

यह अभ्यास सूज़न कैसर ग्रीनलैंड की पुस्तक द *माइंडफुल चाइल्ड* में बताया गया है। इसमें बच्चों को अधिक सजग बनाने के लिए उनसे प्रश्न पूछना सुझाया गया है। उनका ध्यान बढ़ाने के लिए उनसे पूछिए, ''क्या आपका ध्यान यहीं है, इधर-उधर है, या बीच में है?'' उनमें सजगता जगाने के लिए उनसे पूछिए, ''क्या आप खुद को सुस्त महसूस कर रहे हैं या ऊर्जावान या कहीं बीच में?'' और उनकी शारीरिक सहजता के लिए आप उनसे पूछ सकते हैं, ''शांत व स्थिर बैठना क्या तुम्हें आसान लगता है, कठिन लगता है या कुछ बीच में लगता है?'' सूज़न का कहना है कि ऐसे प्रश्नों के उत्तर के लिए बच्चों को आप अंगूठे से संकेत देने को कह सकते हैं — यानी अंगूठा ऊपर की ओर या नीचे की ओर या आजू-बाजू की ओर। बच्चों के लिए यह एक बहुत अच्छा अभ्यास है जिसमें वे उस अनुभव के प्रति अधिक सजग हो जाते हैं जो वे महसूस कर रहे हैं और दोनों ही तरह से उसे बता भी सकते हैं — शब्दों से भी और संकेतों से भी।

पूरा ध्यान केवल एक चीज़ पर

बहुत से बच्चे यह मानते हैं कि वे एक ही समय पर अनेक काम कर सकते हैं, जैसे होमवर्क करते हुए संगीत सुनना, मोबाइल पर लिखित संदेशों का आदान-प्रदान करते हुए किसी से बातचीत करना — एक ही समय पर एक साथ। लेकिन तथ्य यह है कि यह *मल्टीटास्किंग* केवल जल्दी-जल्दी एक काम से दूसरे काम पर कूदना है। अध्ययन बताते हैं कि जब हम अपने ध्यान को कई कामों की तरफ़ बिखरा देते हैं तब हमारे काम की गुणवत्ता में भारी कमी आ जाती है। छात्र स्कूलवर्क करते हुए जब कुछ और भी कर रहे होते हैं तब स्कूलवर्क उनकी समझ में कम बैठ रहा होता है। ज़रूरत पड़ने पर उसे पुनः प्रस्तुत करने में वे कमज़ोर रहते हैं और अपनी पढ़ी व लिखी गई सामग्री का इस्तेमाल करने की नौबत आने पर उन्हें वह अक्सर याद नहीं रहती है।

अगर आप स्वयं *मल्टीटास्किंग* की यानी एक समय में अनेक काम करने की, आदत में पड़ गए हैं तो इसे उलटने की कोशिश कीजिए और अपने बच्चों को यह देखने दीजिए कि आप एक समय में बस एक ही काम पर अपनी पूरी तवज्जो दे रहे हैं।

और अगर कभी आप देखें कि आपका बच्चा एक ही समय में अनेक काम कर रहा है तो उसे सुझाव दें कि वह ऐसा करना बंद कर दे, कुछ गहरी सांसे ले और जिन-जिन जगहों पर उसने अपना ध्यान बिखराया हुआ है वहां से वह अपना ध्यान वापस समेट ले। फिर उससे कहें कि एक-दो मिनट के लिए वह *केवल एक ही काम* पर अपना ध्यान केंद्रित करे। "अपनी सांस की ताल के साथ या शरीर के एहसास के साथ खुद को जोड़ो और बाकी हर चीज़ से खुद को अलग कर लो। अब सोचो कि अपने निबंध के लिए जो पैरा तुमने अभी-अभी लिखा है, क्या वह सचमुच वह बात कह रहा है जो कि तुम कहना चाहते हो।" आप अपने बच्चे को यह भी सुझा सकते हैं कि इससे पूरी तरह अलग हो जाए और थोड़ा बाहर प्रकृति को निहार ले। बाहर कहीं थोड़ा दूर जा कर सांस लेना वर्तमान पल में वापस लौटने का एक अच्छा तरीका होता है।

कानों को सीधा करना

इस अभ्यास में बच्चों को बड़ा मज़ा आता है। अपने बच्चे से कहिए कि वे अपने दोनों कानों के ऊपरी सिरों पर अंदर की तरफ़ अपना अंगूठा रखें। अपनी तर्जनी उंगली बाहर की तरफ़ रखें, और कान को थोड़ा दबाते हुए नीचे उसकी लौ की तरफ़ लाएं, यानी उसके घुमाव को सीधा कर दें। इसे कुछ बार दोहराएं। दिमाग़ को जगाने का यह एक बढ़िया तरीका है। मैं तो कहूंगी कि बच्चे इसे सुबह को तब किया करें जब उनकी नींद की खुमारी उतर न रही हो, या तब जब कि स्कूल में टैस्ट होने जा रहा हो।

———————•———————

चैतन्य होने के अभ्यास को आप कभी भी कर सकते हैं। दरअसल, मैंने इतने सारे अभ्यास यहां दे दिए हैं जिनमें से कोई भी अभ्यास तब भी किया जा सकता है जब कि आप कहीं जा रहे हों। लेकिन कुछ परिवार ऐसे भी हैं जो इन अभ्यासों को हर दिन और एक निश्चित समय पर करने को बड़ा महत्व देते हैं। कुछ के लिए, स्कूल जाने से पहले ऐसे अभ्यास के कुछ पल उनके लिए पूरे दिन का एक बढ़िया सा मानसिक वातावरण तैयार कर देते

हैं। तीन मिनट का एक तुरंत अभ्यास किसी तूफ़ानी सुबह के तनाव को बहुत हद तक कम कर देता है। कुछ पेरैंट्स ने तो यह आदत बना ली है कि सोने से पहले यह अभ्यास कर लिया जाए, कि सोने से पहले अपने बच्चे को एक बिल्कुल तनावमुक्त अवस्था में ले आया जाए। या रात्रि भोज से पहले अभ्यास के अपने निश्चित स्थान पर सपरिवार मिल-बैठ कर आप इसी बहाने कुछ पल साथ-साथ बिताइए।

जिस तरह होमवर्क करने या पियानो बजाने का अभ्यास करने के लिए आप अपने बच्चों पर दबाव डाला करते हैं, वैसा दबाव चैतन्यता का अभ्यास करने के लिए उन पर कभी न डालें बल्कि इसमें शामिल होने के लिए उन्हें आमंत्रित करें। यदि वे इच्छुक न हों तो जाने दें। कुछ माता-पिता अपने बच्चों को यही कहते रहते हैं कि सुनने में उनकी कोई रुचि नहीं है? वही बात! जब मैं किसी ऐसे पेरैंट की कोचिंग कर रही होती हूं जो मुझे बताता है कि उन्होंने अपने बच्चे को यह बताने और मनाने की बहुत कोशिश की है कि उसके लिए क्या अच्छा है और क्या बुरा, तो मैं उससे पूछती हूं, "क्या आपकी बेटी ने आपकी कक्षा में आने के लिए साइन-अप किया है?" कुछ पल ख़ामोश रह कर वे हंस पड़ते हैं। हम सब जानते हैं कि जो सलाह बच्चों ने स्वयं न मांगी हो वह कितनी भी अच्छी क्यों न हो, वे उसे ग्रहण करने के लिए कभी आसानी से तैयार नहीं होते बल्कि वे उसका प्रतिरोध करते हैं। इसलिए मेहरबानी करके बच्चों का आदर कीजिए और चैतन्य होने का अभ्यास करने के लिए तो उन पर कोई दबाव ना ही डालिए। संभावना यही है कि अगर आप इन कार्यों को उनके लिए रुचिकर नहीं बनाते हैं, दिलचस्प नहीं बनाते हैं तो उनके लिए ये बेकार की कवायद ही रहेंगे। और अगर ऐसा नहीं है तो परिणामों के प्रति आसक्त न रहने के अभ्यास में आपका समय अच्छा बीतेगा।

प्रबल भावनाओं को संभालने के अभ्यास

गले लगाएं

यह बात तो साफ़ है कि बच्चे गले से लगाया जाना पसंद करते हैं लेकिन आपके परिवार में अगर प्यार करना शुरू से ही एक वर्जित चीज़ रहा है और आपने इसका मूल्य व महत्व कम आंका है तो मैं आपसे कुछ कहना चाहूंगी।

लगभग सभी बच्चे अपने माता-पिता से सट कर रहने से, लिपट कर रहने से, एक भावनात्मक पोषण पाते हैं। प्यार से देखभाल करने वाले का शारीरिक संस्पर्श उनके विकसित हो रहे लेकिन अक्सर विचलित हो रहे, स्नायु तंत्र को

सुव्यवस्थित करता है, उसे शांत करता है। लेकिन अधिक महत्वपूर्ण बात यह है कि यह शिशु को एक बात सीधे-सीधे पहुंचा देता है जिसे कि उसे जानने की आवश्यकता है कि उसे बहुत प्यार से और बहुत मज़बूती से संभाला जा रहा है, बहुमूल्य समझा जा रहा है। एक भी शब्द का आदान-प्रदान किए बिना एक लंबा और प्यार भरा आलिंगन – इसमें, जो कुछ भी कहने की ज़रूरत है, वह सब कुछ कह दिया जाता है।

यह भी सच है कि कुछ बच्चे अधिक समीपता में असहजता भी महसूस करते हैं लेकिन आपका कोई बच्चा अगर ऐसा है तो आपको इसका पता चल जायेगा। अधिकांशतः, मेरा सुझाव है कि गले लगाने में और बच्चों को अपना प्यार प्रकट करने के अन्य तरीकों में, जैसे माथे पर चुंबन करना आदि में, आप उदार रहिए। कुछ परिवारों में तो गले लगाना एक नीति की तरह किया जाता है, ख़ास तौर पर जब कोई स्थिति बिगड़ रही हो तो चीखने-चिल्लाने के बजाय वे बस अपनी बाहें फैला देते हैं।

अपने बच्चों को गले लगाएं। अगर वे ऐसा न करने दें तो कम से कम आप उन्हें इस तरह से तो देख ही सकते हैं जैसे आप अपनी नज़रों से ही उन्हें गले लगा रहे हों। आपका संदेश उन तक पहुंच जायेगा।

रोना मत रोकना

माता-पिता अपने बच्चे को रोने से रोकने के लिए कुछ ज़्यादा ही कोशिश किया करते हैं। "दुखी मत हो।" "आंसू पोछ डालो।" "यह कोई रोने की बात थोड़े ही न है।" हमारे शरीर की अन्य कमाल की प्रणालियों की तरह ही, रोने की क्रिया-प्रणाली भी बहुत महत्व रखती है। क्या आपको *सूखी आंखो वाला लक्षण* याद है? मनोवैज्ञानिकों द्वारा ये शब्द उन बच्चों के लिए कहे जाते हैं जो इस बात की परवाह नहीं करते कि हम उनके साथ क्या करने की या उनसे क्या छीन लेने की धमकी उन्हें दे रहे हैं। उनके हृदय कठोर हो चुके होते हैं और भावनात्मक रूप से ऐसे बच्चे जड़ हो चुके होते हैं।

जब हम शांत होने में और मानसिक रूप से वापस लौटने में समय लेते हैं तब मुद्दत से दबी हुई दर्द भरी भावनाएं उठ कर ऊपर सतह पर आ जाती हैं। अधिकतर हम लोग हमेशा ही भाग-दौड़ में लगे रहते हैं और इसलिए हम उन दुख-तकलीफ़ों का दर्द महसूस नहीं कर पाते हैं जो न तो सुलझी हैं और न ही जिनके बारे में हमने कोई फैसला लिया है जब कि सच यह है कि उन दुख-तकलीफ़ों को महसूस कर लेना ही उनको हटाने और बाहर निकाल देने का काम करता है। अपने बच्चों को यह सीखने में मदद करना

बहुत ही महत्वपूर्ण है कि वे अपनी भावनाओं को, अपने जज़्बातों को खुद को महसूस करने दें, कठिन से कठिन को भी।

ऐनी लल्ला ने अपने निबंध "क्या बात आपको रुलाती है?" में लिखा है,

भावनाएं भीतरी होती हैं और छिपाई जा सकती हैं लेकिन आंसू बाहरी होते हैं और इसलिए दूसरों द्वारा देखे जा सकते हैं। वे प्रकट रूप में देखे जा सकने वाले ऐसे संकेत होते हैं जो बताते हैं कि उस व्यक्ति को सहायता की आवश्यकता है। जिस तरह आपके शरीर में से खून बहना यह कहता है, "ध्यान दीजिए, इस घाव को ठीक करने के लिए कुछ कीजिए," उसी तरह, आंसू कहते हैं कि उस व्यक्ति के कोमल हृदय को चोट लगी है, उससे खून बह रहा है। "ध्यान दीजिए, उसकी सहायता कीजिए।" आंसू बहना ...आपके आंसू बहना, वह तरीका है जो आपका शरीर आपको बता रहा होता है कि आपके लिए महत्वपूर्ण क्या है। उनको रोकना आत्मवंचना है — खुद को धोखा देना है और अपने भीतर गहरे में बैठे किसी सच को बाहर आने से रोकना है ...किसी आंसू का रोका जाना किसी न किसी सच को प्रकट होने देने से रोकना है, किसी सबक को न सीखना है, एक ऐसे पल को गंवा देना है जिसमें कि जीवन छलक रहा था ...आंसू हमें अपने घर वापस लाने वाले होते हैं।

कभी-कभी जो सबसे हितकर काम हम अपने बच्चे के लिए — और अपने लिए भी — कर सकते हैं वह है चुपचाप बैठना और आंसुओं को बहने देना। लेखक, मारे गफ़नी के अनुसार, हमारे आंसू ही हमें बताते हैं कि हम किसकी और किस बात की, परवाह करते हैं। मुझे यह बात बहुत अच्छी लगती है।

जब आपके बच्चे में कोई प्रबल भावना उभर कर आए तो आनंद या दुख के इस तरल रूप को उनकी आंखों से बहने देने के लिए उन्हें बढ़ावा दें। उन भावनाओं का सम्मान करें जो आपके बच्चों को, और आपको भी, रुला दें। आंसू आपको आपके घर, आपके हृदय में वापस ले आते हैं — उन्हें ऐसा करने दीजिए।

एक पैर पर खड़े होना

'प्रेज़ैंस थ्रो मूवमैंट' वर्कशॉप एक आध्यात्मिक अभ्यास है जो कि व्यक्ति को वर्तमानता की, प्रेज़ैंस की, अवस्था में लाने के लिए शारीरिक संचलन का

प्रयोग करता है। उसी के टीचर किम इंग ने क्रोध से बाहर निकलने का एक उपाय सुझाया है। अगली बार जब कभी भी आपके और आपके बच्चे के बीच गरमागरम बहस हो रही हो या 'मैं सही हूं' सिद्ध करने की जंग चल रही हो तो बहस करते हुए आप अपने एक पैर पर खड़े होने की कोशिश करें। (बहस जितनी गरम होती जाए, आप पैर उतना ही ऊपर उठाते जाएं।) ऐसा करने से अपने गुस्से को जारी रखना आपके लिए लगभग असंभव हो जायेगा। आप अपने बच्चे को भी ऐसा ही करने वाला बना सकते हैं। हालांकि यह एक बेतुका काम लगता है, लेकिन जब आप एक पैर पर खड़े होंगे तब आपको लगेगा कि ऐसा करना बेतुका नहीं है, बल्कि आपका अहं बेतुका है। एक पैर पर खड़े होने का अभ्यास आपको याद दिलाता है कि आपका अहं एक ऐसी स्थिति के प्रति प्रतिक्रिया कर रहा है जिसे आप 'जाने भी दो' कह सकते थे। अपने संस्कारबद्ध दिमाग़ से बंधे हुए अपने ध्यान को वापस खींच लेने के लिए, अपने अहं के प्रति सचेत होने के लिए, और अधिक से अधिक आत्म-जागरूकता पैदा करने के लिए, किसी भी असामान्य मुद्रा या अंग-संचालन का प्रयोग किया जा सकता है।

एक कोना रचें न्यारा

कई बच्चों ने मुझे बताया है कि अपने किसी भाई या बहन के व्यवहार से खिन्न होकर या किसी पेरैंट द्वारा झिड़क दिए जाने पर उनका मन बस इतना चाहता है कि कुछ देर के लिए उन्हें अकेला छोड़ दिया जाए। खुद को संभालने या खुद पर ध्यान देने का यह एक स्वस्थ संकेत होता है। इस "एकांत समय" को सुलभ कराने का एक तरीका यह है कि अपने घर में ही एक ऐसा कोना बनाया जाए जहां जा कर बच्चे अपने भावनात्मक तूफ़ान को शांत कर सकें, उससे बाहर निकल सकें। (यह बात बच्चे के किसी ग़लत व्यवहार के कारण सज़ा के रूप में '... तब तक तुम यहीं बैठे रहोगे' कह दिए जाने या उसे किसी कोने में खड़ा कर दिए जाने की सज़ा से बिल्कुल उलट है।) इस कोने में एक *बीनबैग चेयर* या कोई भी आरामदेह कुर्सी लगाइए, मौसम के अनुसार कुछ ओढ़ने के लिए रखिए और इसे कुछ अच्छा सा नाम दीजिए जैसे शांति-कुंज या शांति निकेतन या हमारी शरण-स्थली। इसकी खाली जगहों में सुकून देने वाली चीज़ें सजाइए जैसे पशु-पक्षियों के छोटे खिलौने, कोई सुगंधकारी चीज, चुंबक, मनपसंद किताब या खिलौना, कोई तनाव-निवारक उपकरण, कठपुतली, इत्यादि। जब आपका बच्चा खुद को खिन्न महसूस करे तो आप उसे बता सकते हैं कि यह एक ऐसी जगह है जहां बैठ कर वह

अपने मन की गुत्थियों को खोल सकता है और कुछ देर के लिए ऐसे किसी भी व्यक्ति से हट कर बैठ सकता है जो उसका मूड ख़राब कर रहा हो। और आप भी कभी-कभी इसका उपयोग कर सकते हैं!

संकेत तय कीजिए

हालांकि बहुत से पेरैंट्स का मानना है कि बच्चे अपनी इच्छा पूरी कराने के लिए ही रोने-धोने को एक हथियार की तरह इस्तेमाल करते हैं लेकिन अधिकतर बच्चे तब बहुत दुखी होते हैं जब वे भावनात्मक चिढ़चिढ़ेपन का इस्तेमाल करते हैं लेकिन अलग-थलग पड़ जाते हैं और बाद में पछताते हैं। बच्चे जानते ही नहीं हैं कि जब प्रबल भावनाएं उन पर सवार हो जाएं तो वे क्या करें, खुद को कैसे शांत रखें।

मेरे अपने काम के दौरान, माता-पिता और बच्चों के बीच पैदा होने वाली समस्याओं को और उनके कारणों को, ध्यान में रखते हुए, *अनदेखा कर देने* के महत्व पर मैं काफ़ी बातचीत किया करती हूं। लेकिन कभी-कभी किसी बच्चे के भावनात्मक तूफ़ान को दूर करने के हमारे अच्छे से अच्छे उपाय भी धरे रह जाते हैं। इसलिए, यह अच्छा रहेगा कि कोई ऐसा संकेत तय कर लिया जाए जिससे आपका बच्चा आपको यह जता सके कि वह अपने नियंत्रण से बाहर होती भावनाओं के भंवर में फंस गया है और आपसे मदद चाह रहा है। यह विचार बच्चे को यह देखने-सोचने में मदद करेगा कि अपनी सामान्य मनःस्थिति में वापस आने के लिए उसे क्या चाहिए। यह उसमें जिम्मेदारी की वह भावना भी जगायेगा कि वह भविष्य में किए जाने वाले किसी ऐसे तमाशे से खुद को रोके ताकि लोगों को यह न लगे कि उसका दिमाग़ गरम हो गया है।

''बच्चे, क्या तुम्हें याद है कि आज सुबह तुम तब कितने परेशान हो गए थे जब तुम्हें अपने वे जूते नहीं मिल रहे थे जिन्हें तुम पहनना चाहते थे? ऐसा लग रहा था जैसे तुम पर कोई मुसीबत आ गई हो – जैसे तुम्हारे अंदर कोई चक्रवात, कोई तूफ़ान उठ रहा हो।'' यह मानते हुए कि वह सहमत ही होगा, आप कुछ इस तरह से अपनी बात जारी रख सकते हैं: ''जब कभी भी इस तरह तुम्हारा मूड इतना ख़राब हो जाए तो मैं तुम्हारी मदद करना चाहूंगा। तुम्हारे विचार से मैं ऐसा क्या करूं या क्या कहूं कि उससे तुम्हारा यह पागल होना रुक जाए? क्या तुम यह पसंद करोगे कि मैं तुम्हें गले से लगाऊं और फिर कुछ देर के लिए हम दोनों बाहर टहलने के लिए निकल जाएं? या यह बेहतर होगा कि मैं तुम्हें कुछ देर के लिए अकेला छोड़ दूं? या क्यों न हम ऐसा करें कि हम कोई एक संकेत, एक इशारा तय कर लें जिसे जता कर

तुम हमें यह बता सको कि तुम्हारा मूड तुम्हारे काबू से बाहर जा रहा है? ऐसे में मैं तुम्हारी मदद कर पाऊंगा – जैसे, तुम्हें लंबी-चौड़ी बातें या उपदेश देकर समस्या को बढ़ाने के बजाय मैं तुम्हें गले लगाऊं, बस।''

अपने संकेत के रूप में कोई बच्चा कोई एक शब्द या कुछ शब्द आपको बता सकता है, अन्य बच्चे अपने हाथ से कोई मुद्रा बना कर उसे अपना संकेत बता सकते हैं या वे कोई ख़ास तरह की आवाज़ को अपने संकेत के रूप में बता सकते हैं।

यह बात समझ लीजिए कि आपका उससे यह बात करना और संकेत तय करना तब अधिक आसान रहेगा जब स्थिति सामान्य चल रही हो न कि तब जब कि वह अपना तमाशा करना शुरू कर चुका हो। लेकिन इतना अवश्य है कि किसी संभावित विस्फ़ोटक स्थिति की हवा को तय संकेत द्वारा शुरू में ही निकाल दिए जाने से बच्चे को अपनी भावनात्मक सजगता को व्यापक रूप से विकसित करने में बड़ी मदद भी मिलेगी और दक्षता भी।

गहराई तक तनावमुक्त होने के अभ्यास

आग बुझाना

यह अभ्यास उन बच्चों के लिए तो बहुत ही सफल हो सकता है जिनका पारा जल्दी चढ़ जाता है, जिन्हें गुस्सा बहुत जाता है या जो आपे से बाहर हो जाते हैं क्योंकि यह अभ्यास उन्हें अपने उद्वेलित करते विचारों के भंवर से बाहर आने में मदद करता है। अपने बच्चे को बैठने या लेट जाने के लिए बोलें, और कहें, ''अपनी आंखें बंद करो, और कल्पना करो कि एक बहुत ही छोटा सा हवाई जहाज तुम्हारे शरीर के हर एक अंग के ऊपर से उड़ता हुआ गुज़र रहा है और तनाव को उसी तरह तलाश कर रहा है जैसे आग बुझाने वाला हवाई जहाज जंगल में लगी आग की जगहों को ढूंढता है। हो सकता है इस समय तुम्हारे पेट में खिंचाव हो या छाती पर कोई दबाव हो या तुम्हारी हथेलियों में पसीना आ रहा हो या गरदन में तनाव हो। जो कुछ भी तुम्हें महसूस हो रहा हो उस पर ध्यान दो और कल्पना करो कि उस तनाव और खिंचाव की आग पर ''शिथिलता, विश्रांति – यानी तनावमुक्ति के पानी'' की बौछार हो रही है। तुम्हारे शरीर में जहां-जहां तनाव इकट्ठा होता महसूस हो रहा था, वहां-वहां तुम यह मानसिक छिड़काव करते जाओ, तनावमुक्ति की इस अद्‌भुत अनुभूति को महसूस करते जाओ जो तुम्हारे अंदर आ रही है, और उसका आनंद लेते जाओ।''

अपने शरीर के अंगों में प्रतियोगिता करना

सुनने में यह बात जितनी अटपटी लगती है, दौड़ते दिमाग से बाहर निकलने और गहरे सुकून में जाने के लिए यह उतनी ही मज़ेदार साबित हुई है। मैं लेट जाती हूं और अपनी आंखें बंद कर लेती हूं और फिर अपने शरीर में उन अंगों की छानबीन करने के बजाय जो कि तनाव में हैं, मैं उन अंगों की तलाश करती हूं जो सबसे अधिक तनावमुक्त हैं, सुशांत हैं। दरअसल मैं अपने शरीर के लिए यह घोषणा करती हूं कि हम एक प्रतियोगिता कर रहे हैं जिसमें वह अंग जीतेगा जो सबसे अधिक तनावमुक्त होगा, सुशांत होगा! मज़ेदार बात यह है कि मैं जब सिर से पांव तक के एक-एक अंग में से गुज़रती हूं तो मैं देखती हूं कि हर अंग जीतने के लिए थोड़ा और तनावमुक्त होने का जल्दी-जल्दी प्रयास कर रहा होता है ताकि वह "जीत" सके। नितांत शांत भाव से किया जाने वाला यह अभ्यास शायद आपके बच्चों को भा जाए!

पतली नली में से सांस लेना

इस अभ्यास को करने के लिए हर एक के पास पीने वाली एक नली (स्ट्रॉ) का होना आवश्यक है। अपने बच्चे से कहिए कि पहले कुछ सांस वह सामान्य रूप से ले, फिर एक अंदर ली गई सांस को अपने मुंह में नली लगाकर उसमें से बाहर निकाले। इस दौरान अपना एक हाथ वह नली के बाहर वाले छोर के सामने रखे। इसका प्रयोजन यह है कि सांस इतनी धीमी गति से निकले कि दूसरे छोर के सामने लगा उसका हाथ भी नली से निकलती हवा में कोई तेज़ी महसूस न करे। इसके बाद की दो-तीन सांस वह सामान्य ढंग से ले और फिर पुनः मुंह में नली लगा कर सांस छोड़े। बाहरी छोर के सामने लगा उसका हाथ कोई हवा निकलती हुई महसूस नहीं करेगा। अंततः यह अभ्यास बिना नली के किया जा सकता है — सांस छोड़ते समय मुंह या नाक के सामने अपना हाथ रखते हुए और सांस को इतना धीमे से छोड़ते हुए कि सामने लगे हाथ को हवा का कोई प्रवाह महसूस ही न हो।

अपने बच्चे को शांतिकारी ब्रेसलेट प्रदान करें

एक छोटे-मोटे अनुष्ठान के अंदाज़ में अपने बच्चे की कलाई में कोई छोटा ब्रेसलेट (कड़ा या कंगन या पहुंची) पहनाइए — यह कहते हुए, "यह तुम्हें शांति देने वाला ब्रेसलेट है।" फिर उसके साथ बैठ कर कोई सा भी वह अभ्यास दोहराएं जो आपके बच्चे को शांति व सुकून महसूस कराने में सफल

सिद्ध हुआ हो। जब आप वह अभ्यास पूरा कर लें तब उसे उस ब्रेसलेट का स्पर्श करने को कहें, उससे कहें कि शांति की अपनी मनोभावनाओं को वह उस ब्रेसलेट में प्रवेश करा दे और उसे शांति से परिपूर्ण बना दे। ''अब जब कभी भी तुम अशांत, अस्थिर या बेचैन महसूस करो तो अपने इस ब्रेसलेट को स्पर्श करना और शांति की अद्भुत अनुभूतियों का अनुभव करना।''

नज़र का लंबा घुमाव

यह अभ्यास मैंने तब सीखा था जब मैं नेत्र-व्यायाम सीख रही थी लेकिन मैंने पाया कि यह न केवल कंप्यूटर पर गढ़ी रहने वाली मेरी आंखों को राहत देता है बल्कि इससे तनावमुक्ति का एक एहसास भी होता है। यह एक लगातार हिलते-डुलते रहने जैसा कुछ लगता है, जैसे कि हम अपनी मां के गर्भ में हिलते-डुलते रहते थे।

अपने बच्चे को इस तरह खड़ा होने के लिए कहें कि उसके पैरों के बीच की दूरी उसके कंधों की चौड़ाई के बराबर रहे और बोलें, ''अपनी आंखें खुली रखते हुए अपने शरीर के ऊपरी हिस्से को पहले दाईं और फिर बाईं ओर घुमाओ। इस दौरान तुम्हारे पैर फ़र्श से लगे रहें लेकिन जिधर को तुम घूमो उससे दूसरी तरफ़ की एड़ी तुम उठा सकते हो। आंखों को किसी एक जगह टिकाने के बजाय उन्हें वहां-वहां ठहरने दो, जहां वे चाहें। एक तरफ़ से दूसरी तरफ़ नज़र घुमाते हुए, तुम्हारी आंखें सैंकड़ों चीज़ों पर थमती जा सकती हैं – लेकिन किसी ख़ास चीज़ को अपना ठहराव मत बनाओ।'' हालांकि आप जितनी अधिक देर तक इस अभ्यास को करते जायेंगे, इससे मिलने वाला लाभ उतना ही बढ़ता जायेगा। फिर भी, तीन या चार मिनट तक इसे करना भी बहुत सुकून पहुंचाने वाला रहेगा।

बच्चों जैसी मुद्रा बनाना

तनावमुक्ति के लिए योगासनों में बहुत सारी मुद्राएं बताई गई हैं। उनमें से मुझे एक मुद्रा बहुत प्रिय है, जिसका नाम भी सही रखा गया है – बाल-मुद्रा। शुरुआत में घुटनों के बल बैठ जाएं, अपने नितंब अपनी एड़ियों पर टिका लें, फिर अपने धड़ को झुकाते हुए नीचे चटाई तक ले जाएं। अपने हाथों को अपने धड़ के साथ फ़र्श पर टिक जाने दें। ऐसे में आपका पेट आपकी जांघें के ऊपरी हिस्से पर रहेगा और आपका माथा चटाई पर टिका होगा। यह मुद्रा पूरे शरीर को तनावमुक्त करती है और उन अनेक मुद्राओं में से एक है जो कि तनाव को कम करने में मदद करती हैं।

पुरे परिवार के लिए अभ्यास

परस्पर प्रशंसा करना

मुझे जब कोई परामर्श सत्र पूरे परिवार को देना होता है तो उसकी शुरुआत मैं अक्सर प्रशंसा के एक चक्कर से करती हूं। इसमें, परिवार का हर सदस्य बारी-बारी से खड़ा होता है और वहां बैठे हुए सदस्यों में से क्रमवार हर सदस्य के किसी ऐसे काम की प्रशंसा करता है जो उसने गत सप्ताह में किया हो। ''डैडी, मुझे अच्छा लगा कि आप मेरे साथ बाइक-राइडिंग पर गए। (बड़े भाई से) भैया, मैं तुम्हारी तारीफ़ करता हूं कि तुमने मुझे अपने कमरे से बाहर धकेल देने के बजाय मुझे अपने कमरे में आने दिया और मेरे साथ अपने खिलौनों से खेले। (छोटी बहन से) शशि, मैं तारीफ़ करता हूं कि मेरे जूते ढूंढने में तुमने मेरी मदद की। मैं तो भूल ही गया था कि उन्हें मैंने पीछे वाले आंगन में उतारा था लेकिन तुमने याद दिला दिया। मम्मी, मैं तारीफ़ करता हूं कि आपने मेरे दलिये में बादाम उस तरह से डाले जिस तरह मुझे वे अच्छे लगते हैं।'' चूंकि हर सदस्य आतुरता से इस बात की प्रतीक्षा करता है कि बोलने वाला उसके बारे में क्या कहने को है इसलिए सबके चेहरों से एक उम्मीद झलकने लगती है, लगभग आनंदमयी आभा छलकने लगती है। वहां कहे गए सीधे-सरल वक्तव्यों से और उनके असर से दूसरो के पिघलते दिलों को देख कर मैं भावविभोर हुए बिना नहीं रह पाती हूं। कुछ परिवारों में यह अभ्यास निरंतर रूप से किया जाने लगा है। किसी के मुंह से अपनी प्रशंसा सुनकर उसके प्रति हमारे दृष्टिकोण में लगभग तत्काल बदलाव आ जाता है – भले ही वह आपको तंग करने वाला आपका बड़ा भाई ही क्यों न हो!

थोड़ा मौज-मस्ती का पुट डालें

मौज-मस्ती बहुत सारे बच्चों के जीवन से गंभीर रूप से ग़ायब होती लग रही है। नीचे कुछ ऐसे सुझाव दिए जा रहे हैं जो आपके बंधे-बंधाए दैनिक जीवन में कुछ आमोद-प्रमोद के रस घोल सकते हैं। मैं जोरदार समर्थन करूंगी कि अपने बच्चों के साथ इन्हें खेलने का एक नियम सा बना ले!

- घर में अपने बच्चों का पीछा करें।
- बुलबुले बनाएं।
- उनके साथ रोज़ाना ही थोड़ा हो-हल्ला किया करें।
- उनके साथ छुपन-छुपाई खेलें।
- उनके साथ तकिया-युद्ध करें।

- रात्रि भोज पर परिवार का हर सदस्य कोई एक नया चुटकुला लेकर आए।
- खाने से पहले धन्यवाद-गीत गाएं।
- अपने पड़ोसियों के साथ कराओके कार्यक्रम का आयोजन करें।
- पारिवारिक डिस्को पार्टी या साथ नाचने का कायक्रम करें।
- मिल कर खाना बनाएं। आप अपने बच्चों के सहायक रसोइया बनें। उन्हें मीनू तय करने दें और आप सब्ज़ियां काटें।
- कंचे खेलें (मझे तो यह खेल अभी भी पसंद है)।
- पड़ोसियों के साथ मिल कर परिवार सहित प्रतिभा-प्रदर्शन का कोई कार्यक्रम बनाएं।
- जब कभी आप अपने बच्चों से खिलौनों को समेटने के लिए कहें तो कुछ विदेशी अंदाज़ में बोलें या फुसफसा कर बोलें या फिर ऐसे आदेश दें जैसे आप कहीं के राजा-महाराजा हैं।
- अपने हर बच्चे के साथ महीने में किसी एक ऐसी जगह जाने का नियमित कार्यक्रम रखें जहां आप पहले नहीं गए हों।
- कभी रात्रि भोज में नाश्ता करें, कभी बाहर कहीं घास पर बैठ कर खाएं, या किसी पार्क में पुरानी शैली की पिकनिक मनाएं, दोस्तों के साथ खेलकूद करें।
- झूलों पर साथ-साथ झूलें।
- तरह-तरह के नए-पुराने खेल खेलें।
- सुलेख लिखने का कार्यक्रम रखें (यह एक बड़ा ही चैतन्यता वाला और रचनात्मक खेल है)।
- किसी कम गहरे ताल में जल-क्रीड़ा करें, एक दूसरे पर पानी उछालें।
- फुटपाथ पर चॉक से चित्रकारी करें।
- अपलक देखने की प्रतियोगिता करें — कोई पलक न झपके! या मुस्कुराहट रोकने की प्रतियोगिता करें — हर कोई आपको मुस्कुराने की भरपूर कोशिश करे लेकिन आप अपनी मुस्कुराहट रोके रखने का प्रयास करें।
- एक पारिवारिक ताल-वाद्य कचहरी लगाएं — तबला, ढोलक, बॉन्गो, डब्बा, बर्तन, कुछ भी चलेगा। घर में अगर किसी को नाचना आता है तो वह उस ताल पर नाच भी सकता है।
- साल में कभी एक बार अपने बच्चों के साथ 'आवारागर्दी' खेलें: घर से चलें तो स्कूल के लिए लेकिन स्कूल से आगे निकल जाएं और उस दिन को बिना किसी योजना के कहीं भी जाने का दिन बना दें। ''बोलो बच्चों, दाएं मुड़ें कि बाएं?'' मस्ती करते चलते जाएं।

राल्फ़ वाल्डो एमरसन ने कहा है, "यह जानना एक प्रतिभा ही है कि खेल कैसे खेला जाए।" अपने बच्चों के साथ खेलना संबंधों का पीएच (अध्याय 3) बदलने और संबंधों के सिरों को फिर से जोड़ने का सबसे तेज़ तरीका है।

हर दिन कम से कम तीन चीज़ो का आनंद लें

यह एक ऐसा अभ्यास है जिसे आपको बच्चों के साथ करना है। यह मानसिक गतिविधियों से (जो कि प्लग, स्क्रीन, या बैट्री से संबद्ध होती हैं) उनका ध्यान हटा कर ऐसे आनंद की ओर ले जाता है जो हमारे शरीर में ही बसा है। इसे मैंने मार्था बैक के *द जॉय डाइट* से लिया है।

परिवार के हर सदस्य को नीचे दिए गए वर्गों की पांच चीज़ें बोल कर बताने के लिए कहिए। आप में से कोई एक उसे नोट कर सकता है। तब, इनमें से कम से कम किन्हीं तीन का मज़ा लीजिए!

1. जिसका स्वाद मुझे पसंद है:
2. जिसे देखना मुझे पसंद है:
3. जिसे छूना मुझे पसंद है:
4. जिसकी गंध मुझे पसंद है:
5. जिसे सुनना मुझे पसंद है:

इस अभ्यास से जो कुछ सामने आयेगा वह आपको ऐसे काम करने के लिए प्रेरित करेगा जिन्हें आप लंबे समय से अनदेखा करते आ रहे थे। यह याद आने पर कि आपको मोगरा की सुगंध पसंद है, आपको यह भी याद आ जायेगा कि फूल वाले के यहां जाना आपको कितना अच्छा लगता था – अपना जी खुश करने का वह एक आसान तरीका था। या आपको याद आ सकता है कि चिड़ियों की चहचहाहट सुनना आपको कितना सुकून देने वाला हुआ करता था जिसे सुनने और मन में उतारने के लिए आप पार्क में किसी बेंच पर जा बैठते थे।

चैतन्य होकर चित्रकारी करना

वर्तमान पल में लौट आने का एक बहुत बढ़िया तरीका है बच्चों के साथ चित्रकारी करना। चित्रकारी करने के लिए अपने छोटे बच्चे को कोई साधारण सी चीज़ चुनने को कहिए और जो आप देखें उसे बनाने के लिए उसे बस बताते जाइए। अपने दिमाग़ के बाएं भाग यानी भाषा-आधारित और विश्लेषण

करने वाले भाग को तब शांत रहने दें जब आप जो देख रहें हों उसका चित्र बना रहे हों। उस चीज़ को विभिन्न कोणों से देखने के लिए उसके कुछ चक्कर लगाइए। आपके समक्ष ''जो है'' के प्रति चैतन्यता जगाने के लिए बच्चों के साथ किया जाने वाला यह अभ्यास बहुत बढ़िया है।

कहानी कहना

आज के ज़रूरत से ज़्यादा डिज़िटल चीज़ों से भरे इस युग में, अधिकांश बच्चे अपने मन में कोई चित्र बना लेने की, कोई कल्पना करने की, योग्यता खोते जा रहे हैं और इसीलिए किसी अच्छी किताब के पढ़ने का सुख व आनंद लेने के प्रति उनमें रुचि घटती जा रही है। कहानी सुनने-सुनाने से मनोरंजन होता है, कल्पनाशीलता बढ़ती है और बच्चों का मन शांत होता है। कहानी कहने की सदाबहार कला में बच्चों का दिल बहलाव करने के कई तरीके हैं। बच्चे के साथ सट कर लेट जाइए, अलग किस्म का कोई किरदार गढ़ लीजिए और उसके बाद जैसे-जैसे आप किसी कहानी का ताना-बाना बुनते चले जायेंगे तो देखते जाइए कि क्या होता है। अगर आप अच्छे 'कथा-वाचक' नहीं हैं तो भी चिंता न करें। आपका बच्चा तो आपका साथ और उसके लिए किए जाने प्रयास का ही आंनंद ले रहा होता है।

इसी में, दूसरा विकल्प यह है कि आप 'मोड़ लेती हुई' कहानियां बनाएं। इसके लिए, अपने बच्चों के सामने कोई वाक्य रख दीजिए और फिर हर एक से कहिए कि उसमें आगे की एक या दो लाइनें जोड़े। चूंकि आप एक चक्र में इसे आगे बढ़ायेंगे इसलिए कहानी भी आगे बढ़ती चली जायेगी। बच्चों की इसमें भागीदारी होने से यह सुनिश्चित रहेगा कि वे सजग रहेंगे और इसमें रमे भी रहेंगे। आप कहानी सुनने का विकल्प भी चुन सकते हैं। कुछ ऐसे प्रतिभासंपन्न कलाकार हैं जो बच्चों के लिए एक नाटकीय अंदाज़ में कहानी का वर्णन कर सकते हैं।

कहानी कहना (और सुनना) शांति देता है, परस्पर जोड़ता है, और बच्चों में ध्यान केंद्रित रखने की क्षमता विकसित करता है। कहानी कहें, कहानी सुनें, और इसका आनंद लें।

केवल सुनें

सुनना – इसमें कुछ कहा नहीं जाता है लेकिन मैं कुछ कहूंगी। अपने बच्चे के साथ जुड़ने के सबसे अच्छे तरीकों में से एक यह है कि आपका बच्चा जब कुछ कहना चाह रहा हो तब आप अपने सब काम रोक दें और उसकी

और केवल उसकी बात सुनें। जिन बातों में उसकी रुचि है, उनमें आप रुचि लें। सवाल पूछें। उसके प्रिय विषयों पर उससे बात करें या फिर मौसम पर। बच्चे को अपनी अंदरूनी ज़िंदगी के बारे में अधिक से अधिक जानने की जिज्ञासा के लिए और खुलेपन के लिए हम उसके पास जितना अधिक उपलब्ध रहेंगे, उतना ही हम उसके साथ अधिक जुड़ाव और घनिष्ठता के संबंध स्थापित कर पायेंगे।

अध्याय 6 में मैंने एक अभ्यास का उल्लेख किया है जिसे मैं 'तीन हां' कहती हूं। वह अभ्यास व्यापक रूप से पारस्परिक समझ और सह-अनुभूति को बढ़ाने वाला है। इस अभ्यास का एक उदाहरण मैं एक ऐसे सत्र से दे रही हूं जो मैंने मां-बेटे के साथ किया था। उसकी शुरुआत तेजस द्वारा अपनी मां को कुछ मिनट तक वे बातें कहने के साथ हुई थी जो उसकी परेशानी का सबब बनी हुई थीं। बीच में उसे रोके-टोके बिना, अपनी आंखें मटकाए बिना और अपने बचाव में कुछ कहे बिना, उसकी बात को ध्यान से सुनने के लिए मैंने उसकी मां को राज़ी कर लिया। अंत में, मां से तेजस की तीन हां लेने के लिए कहा गया ताकि बेटे को यह पता चले कि मां ने उसकी बात सुनी है और उसे सही माना है। फिर उनका संवाद शुरू हुआ।

तेजसः ''मां, जब आप सुबह-सबेरे ही ज़ोर-ज़ोर से हो-हल्ला करना शुरू कर देती हैं तो आप मेरा दिमाग़ सचमुच ख़राब कर देती हैं। जब आप मेरे कमरे आती हैं और चिंघाड़ती हैं तो मुझे बिल्कुल अच्छा नहीं लगता। जया से तो आप बहुत अच्छी तरह पेश आती हैं। यह बात तो ठीक नहीं है। सुबह को मैं थका हुआ होता हूं और मैं चाहता हूं कि आप मुझे कुछ और देर तक सोने दें। मुझे समझ नहीं आता कि मुझे 6.45 पर क्यों उठ जाना चाहिए। 7.30 से पहले तो हमें जाना नहीं होता है, और जया के मुकाबले तैयार होने में मैं तो कम ही समय लगाता हूं। मैं तो नाश्ता भी करना नहीं चाहता हूं लेकिन आप बना ही देती हैं, भले ही मुझे भूख लगी हो या न लगी हो। मैं नाश्ता-बार को कार में भी खा सकता हूं। लेकिन फिर भी आप मुझे उठा देती हैं और खाने की मेज़ पर बिठा देती हैं जब कि मैं चाहता हूं कि आप मुझे कुछ और देर सोने दिया करें। सच में, मैं थक गया हूं। बस मुझे यही कहना था।''

मांः ''धन्यवाद, तेजस। एक बात जो मैंने सुनी वह यह है कि तुम्हें यह समझ में नहीं आ रहा है कि तुम्हें जल्दी क्यों उठ जाना चाहिए। इसका मतलब यह हुआ कि तुम पैंतालीस मिनट से कम समय में ही तैयार हो सकते हो।''

तेजसः ''हां''। (मैंने एक उंगली उठाई, यह बताने के लिए कि मां को एक

हां मिल गया है।)

मां: "मैंने यह भी सुना कि सुबह को तुम्हारे कमरे में जा कर मेरा चिल्लाना तुम्हें पसंद नहीं हैं। यह तुम्हें बिल्कुल अच्छा नहीं लगता।"

तेजस: "हां, बिल्कुल।" (मैंने दो उंगलियां उठाईं।)

मां: "और मुझे लगता है कि मैंने सुना कि तुम चाहते हो कि तुम अपना नाश्ता कार में ही करो।"

तेजस: "नहीं, मैंने बस इतना कहा है कि मैं कार में पैकेट-बंद नाश्ता करना चाहता हूं, पूरा नाश्ता नहीं।"

मां: "ठीक है, तुम चाहते हो कि तुम पैकेट-बंद नाश्ता कार में कर लो ताकि तुम कुछ और देर तक बिस्तर में पड़े रहो।"

तेजस: "हां!" (मैंने तीन उंगलियां उठाईं, यह बताने के लिए कि मां ने तीन हां हासिल कर लिए हैं।)

मां: "ठीक है, मैं समझ गई, ये बातें बताने के लिए धन्यवाद।"

अब मां की बारी थी। जो कुछ तेजस ने कहा था उस पर उसे जवाब देने थे और तेजस को तीन हां हासिल करने थे।

मां: मैं जानती हूं कि तुम सुबह को थके होते हो और इसलिए बिस्तर से निकलना बहुत मुश्किल लगता है। लेकिन मेरे लिए तो यह और भी बड़ी मुश्किल है। हर सुबह को जब मैं तुम्हारे कमरे में जाती हूं तो मुझे बड़ा तनाव रहता है क्योंकि मैं तुम्हारे साथ एक और पंगा लेना नहीं चाहती। मुझे अपने काम पर 8.30 तक पहुंचना होता है और मैं अगर तुम दोनों को सही समय पर स्कूल नहीं छोड़ती हूं तो अपने काम पर पहुंचने में मुझे देरी हो जायेगी और फिर सारे दिन अपने बॉस का सूजा हुआ थोबड़ा देखना पड़ेगा – जो शायद यह भी सोच रहा हो कि मैं अपने काम को गंभीरता से नहीं ले रही हूं। मैं तो यही चाहती हूं कि हमारी सुबह की शुरुआत खुशनुमा हो, दोस्ताना हो क्योंकि मैं तुम्हें प्यार करती हूं और तुमसे लड़ाई हो जाना मेरे दिल को दुख पंहुचाता है। दोनों को ही इससे तक़लीफ़ होती है। मैं चाहती हूं कि तुम सही समय पर सो जाओ ताकि तुम सुबह को थक-थके न रहो और हम अपने दिन की शुरुआत किसी तनाव के साथ न करके एक प्यार भरे अंदाज़ में कर सकें।"

तेजसः "ठीक है, मेरे ख़याल से, एक बात जो आपने कही, वह यह है कि अगर हमें स्कूल के लिए देरी होती है तो आपको अपने काम पर परेशानी का सामना करना पड़ता है।"

मांः हां, यह बात सही है। मुझे प्रिंसिपल के पास तो नहीं भेजा जाता है, लेकिन यह बात मेरे बॉस की नज़र में आती है जो कि इसे बिल्कुल पसंद नहीं करता।" (मैंने एक उंगली उठाई।)

तेजसः ठीक है। फिर मैंने सुना कि आपने कहा कि आपको मेरे कमरे में आने से तनाव होता है क्योंकि आप नहीं चाहतीं कि मेरे साथ एक और समस्या हो।"

मांः "हां।" (मैंने दो उंगलियां उठाईं।)

तेजसः "ह्म्म ...कुछ और मुझे याद नहीं आ रहा है।"

मैंने मां को एक-दो मिनट और बोलने के लिए कहा, और तब हमने फिर से तेजस की ओर देखा।

तेजसः "अरे हां, आपने यह भी कहा था कि आपकी इच्छा है कि हमारे दिन की शुरुआत खुशनुमा हो। आपने कहा था कि आप मुझे प्यार करती हैं और जब हमारी सुबह अच्छी नहीं रहती तो यह बात आपको अच्छी नहीं लगती है।"

मांः यह सच है। तुमने मेरी बात सुनी। धन्यवाद तेजस। मैं इसकी सचमुच तारीफ़ करती हूं।" (मैंने तीन उंगलियां उठाईं, तेजस को यह बताने के लिए कि उसे तीन हां मिल गए हैं।)

तेजसः (काफ़ी झेंपते हुए) "ओके।"

इस अभ्यास में जो बात मैंने बार-बार देखी है वह यह कि केवल यह एहसास कि मुझे सुना गया और मेरी बात को सही समझा गया, लोगों को उनके प्रति अधिक सहजता और अधिक खुलापन महसूस करने देता है जिनसे वे नाराज़ चल रहे होते हैं। यह अभ्यास एक ऐसा वातावरण बनाने में सहायक रहता है जिसमें नई संभावनाएं और समझौते आगे बढ़ कर आ सकते हैं। इस बात को दूसरे शब्दों में कुछ यूं कहा जा सकता है कि इस अभ्यास से वे सामने वाले को शत्रु दल का मानने के बजाय अपनी ही टीम का महसूस करने लगते हैं। यह एक सरल किंतु सशक्त रूप से सफल रहने वाला अभ्यास है।

सुबह को स्कूल भेजने से पहले इतना अवश्य करें

किसी बच्चे को स्कूल भेजने से पहले चुटकियों में किए जाने वाले इस अभ्यास में एक मिनट भी नहीं लगता है लेकिन यह उसे पूरे दिन को एक बेहतर ढंग से बिताने की ऊर्जा दे सकता है। कोई भी ऐसा काम जो संबंधों में जुड़ाव को मज़बूत करता हो, उन बच्चों के लिए कुछ देर का बिछड़ना आसान बना देता है जिनके लिए अपने माता या पिता से अलग होना बड़ा मुश्किल होता है। इस अभ्यास में कुछ भी हो सकता है, जैसे हाथों में हाथ थाम कर तीन गहरे सांस साथ-साथ लेना या तीन सैकंड तक गले लगाना, या कोई छोटा सा ऐसा गीत साथ-साथ गाना जो दोनों ने मिल कर बनाया हो। एक रिवाज़ के तौर पर किए जाने वाले काम बच्चों को अच्छे लगते हैं। अपने बच्चे के नियमित रूप से किए जाने वाले कामों के एक हिस्से में, आप आभार की या जुड़ाव की भावना के साथ जितना अधिक शामिल होती जायेंगी, उसे निरंतर रूप से अपने आप करने में उसकी रुचि बढ़ती जायेगी।

मुस्कुराइए

हम इंसानों को परस्पर जोड़ने के सबसे आसान तरीकों में एक है मुस्कान का आदान-प्रदान। एक दूसरे के दिलों को छूने का यह एक सार्वभौमिक तरीका है। इससे भी बड़ी बात यह है कि मुस्कुराने से सचमुच स्वास्थ्य लाभ भी होता है। इससे रक्त-चाप कम होता है, मांसपेशियों का खिंचाव कम होता है, एंड्रोफ़िन का संचार होता है और तनाव को दूर करने में भी इससे मदद मिलती है। नाश्ते की ओर लपकते बच्चे को या जब आपकी पत्नी घर में प्रवेश कर रही हो तब उसे दी गई प्यार भरी मुस्कान, उसमें सकारात्मक बदलाव लाने वाली हो सकती है।

एक खुशनुमा बात। प्रसूति विशेषज्ञ डा. कैरे ऐन्ड्र्यू-जाजा जब-जब किसी बच्चे की प्रसूति कराते हैं, तब-तब वह उसके लिए "हैप्पी बर्थडे टू यू" अवश्य गाते हैं। उनके हाथों दुनिया में आने वाले अब तक कोई आठ हज़ार बच्चों का स्वागत उन्होंने इसी गीत को गाते हुए किया है। ज़रा कल्पना तो कीजिए कि हमारे बच्चे पर इस बात का कितना खुशनुमा असर पड़ेगा कि वह जब भी आपके कमरे में आए, या आपके पास आए, तो उसके हमारे पास आने का, हमारे साथ होने का, हर बार एक निःशब्द उत्सव मनाया जाए – मुस्कुराया जाए।

प्रेम-प्रशंसा की दावत दें

हर किसी की यह चाहत रहती है कि जो वह है उसकी प्रशंसा की जाए। लोग जब मेरी वैबसाइट पर आते हैं और मेरे न्यूज़लैटर प्राप्त करने की सहमति देते हैं तो उन्हें एक वीडियो भेजा जाता है जिसमें 'लव फ्लडिंग' नाम का एक अभ्यास दिखाया जाता है। इस वीडियो में, मैं पेरैंट्स से कहती हूं कि वे ऐसी दस बातों की एक सूची बनाएं जो अपने बच्चे में उन्हें अच्छी लगती हों और जिनकी वे प्रशंसा करते हों, और फिर समय निकाल कर बैठें और उस सूची को अपने बेटे या बेटी के सामने पढ़ कर सुनाएं। बहुत से पेरैंट्स ने बताया है कि चंद मिनट लेने वाले इस छोटे से अभ्यास ने उनके और उनके बच्चों के बीच के संबंधों को नाटकीय रूप से बहुत बेहतर कर दिया है।

जब हम अपने बच्चे को बताते हैं कि वह जैसा भी है, हम उससे प्यार करते हैं, तो हम उसे अपने प्रेम की दावत ही तो दे रहे होते हैं। मैं इस बात की पुरजोर सिफ़ारिश करती हूं कि जिन्हें आप प्यार करते हैं उनकी जो जो बातें आपको अच्छी लगती हैं, प्रिय लगती हैं, आनंद देती हैं, वे बातें उन्हें आप ज़रूर बताइए।

सुखी व सफल जीवन के लिए अभ्यास

तय करें कि आपका आशय क्या है

अधिकतर, किसी क्लाइंट के साथ सत्र शुरू करने के लिए अपने ऑफ़िस में जाने से पहले, मैं यह तय कर लेती हूं कि स्पष्टता, विद्यमानता (प्रेज़ैंस) और बुद्धिमत्ता से मेरा आशय क्या है। हर वर्ष मैं *पेरैंटिंग विद प्रेज़ैंस* सम्मेलन का आयोजन करती हूं। चार दिन तक विभिन्न प्रतिष्ठित लोग इसे संबोधित करते हैं जैसे डा. जेन गुडॉल, ऐरियाना हफ़िंग्टन, जोन कबट, ऐलेनिस मोरीसेट, और कांग्रेसमैन टिम रियन। इसके शुरू होने से पहले, मैं हर अतिथि वक्ता से मिल कर उसके संबोधन का आशय तय कर लेने का आग्रह करती हूं ताकि हमारा परिसंवाद ऐसे तौर-तरीकों को उजागर कर सके जो दुनिया भर के पेरैंट्स के मन-मस्तिष्क तक पहुंच सके, उनका विकास कर सके, उन्हें प्रेरित कर सके और उनकी सहायता कर सके। मैं जब अपनी कार में आ कर बैठती हूं तब मैं उसे चलाने से पहले कुछ पल के लिए अपनी आंखें बंद करती हूं और सुरक्षित यात्रा का आशय तय करती हूं।

बच्चों को आशय तय करना सिखाना आसान होता है। बस सकारात्मक शब्दों में उन्हें वह तस्वीर बनाने में मदद करें कि किसी काम को वे कैसे

करना चाहेंगे – हो सकता है कि वे स्कूल की पढ़ाई में अपने अच्छे प्रदर्शन का आनंद लेना चाहें या आने वाले किसी टैस्ट के लिए आत्मविश्वास पैदा करना चाहें। किसी भी स्थिति में एक बिल्कुल स्पष्ट आशय के साथ प्रवेश करना उसमें होने वाले हमारे अनुभवों में बड़ा भारी अंतर ला सकता है।

कृतज्ञता व्यक्त करें

इस किताब में मैंने जितनी बातों का ज़िक्र किया है, उनमें कृतज्ञता – यानी आभार मानना, आभार व्यक्त करना – सबसे अधिक महत्वपूर्ण है। इससे एक बड़ा रूपांतरण आ जाता है, हर चीज़ में एक बेहतर बदलाव आ जाता है – जो कुछ हमारे जीवन में चल रहा है उसके साथ अपने संबंधों में, जिन लोगों से हम मिलते हैं उन्हें स्वीकार करने के प्रति हमारे रवैये में और जिस पल में हम जी रहे हैं उसका आनंद लेने की हमारी क्षमता में भी। कृतज्ञता का भाव ख़राब से ख़राब हालात को भी अच्छा महसूस करने योग्य हालात में बदल देता है। कृतज्ञता पर मैं तो एक पूरी किताब ही लिख सकती हूं। कई लोगों ने तो लिखी भी है! यहां मैं इस संबंध में कुछ विचार दे रही हूं जिन्हें आप अपने जीवन में और अपने आचरण में शामिल कर सकते हैं।

जब आपके मन में किसी के द्वारा आपके लिए कुछ किए जाने पर एक प्रशंसा का भाव जगे तो उस व्यक्ति को अपना वह भाव व्यक्त अवश्य कर दें। किसी के द्वारा हमारे लिए किये गए किसी सहृदयतापूर्ण काम का आभार व्यक्त करना भूल जाना बड़ा आसान है लेकिन उनको यह बताना कि उन्होंने जो किया है वह मेरे दिल में लिखा गया है और मैं उसके लिए उनका कृतज्ञ हूं – यह भी तो बहुत आसान है। तत्काल और व्यक्तिगत रूप से एक "धन्यवाद", एक "शुक्रिया" कह देना काफ़ी है। ख़ास तौर से, इसे बोलते हुए आप कृतज्ञता के भाव को महसूस करने के लिए पल भर को रुक भी जाएं तो बहुत अच्छा। एक लिखित संदेश या ईमेल से भी आप यह जता सकती हैं कि आपने उनके किए का सम्मान किया है। बिना देरी किए एक छोटी सी फ़ोन-कॉल कर देना उनके मन को बड़ा अच्छा लगेगा। लेकिन इससे बढ़िया तो कोई और बात हो ही नहीं सकती कि आप अपने हाथ से आभार के कुछ शब्द लिखें, लिफ़ाफ़े पर उनका पता लिखें, उस पर टिकट लगायें और उसमें अपने उस धन्यवाद संदेश को रख कर डाक से उन्हें भेज दें – आपके इन आभारपूर्ण शब्दों को पढ़ कर उन्हें मिलने वाले आनंद को महसूस करते हुए। हालांकि पत्र लिखने की कला अब लुप्त होती जा रही है लेकिन मैं सोचती हूं कि इसे पुनर्जीवित किया जाना चाहिए। यदि इसमें आप सचमुच रुचि रखते

हैं तो अपने बच्चों को प्रोत्साहित कर सकते हैं कि वे धन्यवाद व्यक्त करने के लिए नोट्स लिखा करें – लेकिन इसे एक तनावमुक्त वातावरण में स्वतंत्र भाव से ही लिखा जाना चाहिए। बच्चों को धन्यवाद-नोट्स लिखने के लिए जबरदस्ती न करें। ऐसा करने से वे इससे इतने विमुख भी हो सकते हैं कि फिर कभी जीवन में किसी को धन्यवाद-नोट लिखेंगे भी नहीं!

हर गलती पर एक सिक्का

अपनी ग़लतियों की ज़िम्मेदारी लेने के महत्व के बारे में मैं पहले भी बता चुकी हूं। हालांकि, हमारे ग़लत व्यवहार का औचित्य सिद्ध करने का अवसर लोग हमें दे देते हैं लेकिन अपने बच्चों को यह बात सीखने में हमें मदद करनी चाहिए कि वे अपनी ग़लतियों के लिए ज़िम्मेदार हैं। दूसरों को दोष देना हमें अपनी ज़िम्मेदारी से दूर ले जाता है और खुद में ऐसे बदलाव लाने से भी दूर रखता है जो हमें खुशियों के नज़दीक ले जाते हैं – भले ही लोग या हालात इससे हमारे मनमाफ़िक न हो पाते हों। गुल्लक जैसा एक शिकायत-शुल्क-पात्र बनाएं। यह परिवार के हर सदस्य को 'पीड़ित' होने के भाव से ग्रस्त होने से बचाता है। यह एक सीधा-सरल विचार है: जो कोई भी किसी ग़लती के लिए किसी दूसरे की ओर उंगली उठाएगा तो उसे उस पात्र में एक सिक्का डालना पड़ेगा। (कुछ पेरैंट्स तो शिकायत करने या शिकायती स्वर में बोलने को भी ऐसे ही व्यवहार में शामिल कर लेते हैं जिसके लिए सिक्का डालना पड़ेगा!) यह तरीका ऐसी सजगता जगाने के लिए महत्वपूर्ण कारक बन सकता है कि अपने जीवन के हम खुद रचयिता है न कि हम उन बातों के रहमोकरम पर जिंदा हैं जो कि हमारे नियंत्रण में नहीं हैं।

छः मिनट की एक ड्राइव लें

किसी ऐसे स्थान के बारे में सोचें जो आपके घर से बहुत दूर न हो और वहां जाने के लिए ड्राइव करते समय हर बार इस अभ्यास को एक रिवाज़ की तरह करें। घर से निकल कर निश्चित किए गए उस स्थान, जैसे कोई दुकान, स्कूल, या पार्क, तक पहुंचने के बीच बोल-बोल कर उन चीज़ों के नाम लें जिनके आप आभारी हैं। यह बहुत आसान है। ''मैं बहुत खुश हूं कि इतने ठंडे मौसम में मेरे पास इतनी गर्म जैकेट है।'' ''अभी जो इतने स्वादिष्ट पकवान मैं खाकर आया हूं उनका मैं शुक्रगुज़ार हूं।'' ''मेरे प्यारे बच्चों, मैं तुम्हारा शुक्रगुज़ार हूं!'' अपनी ड्राइव के पूरे होते-होते आप यह देख कर आश्चर्यचकित हो जायेंगे कि आप कितना अच्छा महसूस कर रहे हैं – और कृतज्ञ भी!

30 सैकेंड की सराहना

यह एक ऐसा अभ्यास है जिसे आप थोड़ा रुक कर अभी-अभी कर सकते हैं। अपने चारों तरफ़ देखिए और अपनी नज़रों को अपने निकट के परिवेश की किसी चीज़ पर टिक जाने दीजिए — कोई भी साधारण सी चीज़, जिसे कि आप अब से पहले असंख्य बार देख चुके हों। हो सकता है कि वह आपके बराबर में रखा पानी का गिलास ही हो। जो भी हो, उसे ध्यानपूर्वक देखें। उसकी खूबियां देखने व उन्हें सराहने के लिए कुछ पल ठहरें। उस व्यक्ति का ख़याल करें जिसने कि इसके डिज़ाइन को सोचा होगा, उसने क्या सोच कर इसे कुछ इस तरह बनाया होगा कि इसे पकड़ना और इससे पानी पीना आसान रहे — कैसे उसने इसकी लंबाई-चौड़ाई को आपके हाथों के आकार के अनुसार तय किया होगा और कैसे यह तय किया होगा कि जब आप इसे अपने मुंह से लगायेंगे तब आपके होंठ कैसा महसूस करेंगे। ज़रा पानी के बारे में सोचिए — उस व्यक्ति के बारे में सोचिए जिसने पानी के दूषण को दूर करने के लिए फिल्टरिंग प्लांट को तैयार किया होगा ताकि आप स्वच्छ जल से अपनी प्यास बुझा सकें। उस साधारण से पानी के गिलास के गुणों को देखने-परखने और सराहना करने के लिए खुद को कुछ पल चैन से, बिना किसी तनाव के रहने दें जो कि आपके बराबर वाली मेज़ पर रखा हुआ आपको हमेशा ही दीखता रहा है। ऐसा आप सारे दिन कर सकते हैं, कभी भी कर सकते हैं और अनेक चीज़ों के साथ कर सकते हैं। इसमें निमग्न रहने के दौरान, कृतज्ञता और आभार की अनुभूति को आप महसूस कीजिए।

तीस सैकेंड का ही दूसरा अभ्यास इस तरह है कि ईश्वर की कृपा से जो भी सुख-साधन आपको प्राप्त हुए हैं उन्हें गिनते हुए आप अपना हाथ अपने दिल पर रखें और अपनी आत्मा और हृदय के तारों को जोड़ें। कृतज्ञता के इस भाव को अपनी छाती में एक गुनगुनी उजास की तरह फैलने दें — एक अद्भुत पल के लिए खुद को खोल देते हुए। इसे एक दैनिक अभ्यास बना लेने से आपका जीवन बदल सकता है। अगर आप चाहें तो इस कृतज्ञतापूर्ण स्वभाव को घनीभूत करने के वास्ते इस अभ्यास को हर घंटे या हर दो घंटे में करने के लिए याद दिलाने को आप अपने स्मार्ट फ़ोन में एक अलार्म भी सैट कर सकते हैं!

आभार प्रकट करने के लिए पर्चियों की झालर

यह एक आसान सा अभ्यास है जिसे आप अपने बच्चों के साथ कर सकते हैं। काग़ज़ की लगभग बीस लंबी पर्चियां काट लीजिए और हर पर्ची पर कोई एक ऐसी बात लिखिए जिसके लिए आप आभारी हैं। इन पर्चियों की एक झालर बना कर आप उसे रसोई में, या लिविंग रूम में, या दरवाज़े पर टांग सकते हैं – कृतज्ञता को याद रखने के लिए। है न मज़ेदार!

दिन का पूर्वावलोकन

सुबह जाग कर अपनी आंखें खोलने से पहले लेटे-लेटे ही उस दिन का पूर्वावलोकन करें जिसकी सुबह हो रही है, और शांत भाव से हर उस व्यक्ति के प्रति कृतज्ञता, आभार और धन्यवाद का मन पहले से ही बना लें जो कि आपको दिन के दौरान मिलने वाले हैं – बच्चे, पति या पत्नी, पड़ोसी, बॉस, सहकर्मी व अन्य लोग। उस व्यक्ति की कम से कम पांच उन अच्छाइयों के बारे में सोचिए जिन्हें आप सराहनीय मानते हैं। इस अभ्यास से आपका दिन निश्चित रूप से बेहतर और अधिक सहज बीतेगा। बच्चों के लिए भी यह अभ्यास बहुत कारगर रहेगा। इसलिए स्कूल जाने से पहले उनके साथ इसे अवश्य कीजिए।

वेल्क्रो की तरह

न्यूरोसाइकॉलोजिस्ट रिक हैंसन ने एक नया शब्द गढ़ा है *वेल्क्रो-टेफ़लोन सिंड्रोम*। उनका कहना है कि प्रकृति माता का सरोकार हमारी जीवन सुरक्षा के प्रति अधिक है न कि किसी घटना का हमारे द्वारा आनंद लिए जाने के प्रति लेकिन हमारी सोच का ताना-बाना कुछ इस तरह बुना हुआ है कि हम नकारात्मक अनुभवों को अधिक याद रखते हैं और सकारात्मक अनुभवों को कम जैसे किसी चिड़िया की मीठे स्वर में चहचहाने की आवाज़ की अपेक्षा किसी जंगली भालू की दहाड़ का हम पर कहीं अधिक असर पड़ता है!

तो, नकारात्मक अनुभव हमारे साथ वेल्क्रो (दो काग़ज़ों को भारी दबाव द्वारा कस कर जोड़ देना) की तरह हमसे चिपक जाते हैं, और हम बार-बार, बार-बार बस उन्हे ही देखते रहते हैं, अक्सर तब भी जब कि हम सोने की कोशिश कर रहे होते हैं।

सकारात्मक पलों को जितनी अधिक देर तक हम अपने चेतन मन में थामे रखेंगे, उतने ही अधिक न्यूरोन्स बनेंगे और आपस में जुड़ेंगे और इस

तरह वे हमारे दिमाग़ में खुशी का स्वागत और आवभगत करने का वातावरण बनायेंगे। इसलिए, अगर हम चाहते हैं कि हमारे सकारात्मक अनुभव हमारे साथ रहें तो हमें उन पर अपना फ़ोकस कम से कम बीस सैकंड तक बनाए रखना होगा। हैंसन कहते हैं, ''आप अपने न्यूरोन्स को जितना अधिक सकारात्मकता की ओर भेजेंगे, उतना ही अधिक वह सकारात्मक न्यूरल संरचना को मज़बूत करते जायेंगे।''

कृतज्ञता की एक डायरी बनाइए और दिन भर के अपने सकारात्मक अनुभवों को उनमें लिखते जाइए। जिस चीज़ के लिए आपने विशेष रूप से कृतज्ञता अनुभव की हो, उसका एक रेखाचित्र भी बना दीजिए। जो जो अच्छी बातें घटित हुई हों, उन्हें दूसरों को खुल कर बताइए या बोल कर खुद को सुनाइए। इन सब कामों में आपको लगभग बीस सैकंड लगेंगे लेकिन यह सुनिश्चित रखिए कि आपका फ़ोकस आपके न्यूरोन्स को सकारात्मकता की तरफ़ मोड़ रहा हो।

सकारात्मकता पर ध्यान दें

जब कभी आप कुछ सुखद अनुभव करें – जैसे मनपसंद फल का रस पीना, आपके बच्चों का आपस में खिलखिला कर हंसना, धूप का आपकी त्वचा को गरमाहट देना – तो उस सुख को महसूस करने के लिए अपने आपको उसमें डूब जाने दीजिए। सकारात्मक भावनाओं को अपने तन-मन में दावानल की तरह इतना फैल जाने दीजिए कि आनंद महसूस करने की सजगता को वह अच्छी तरह जगा दे। यह जान लीजिए कि जब तक आप इस अच्छे से अनुभव के प्रति सजग बने रहेंगे, तब तक आपके न्यूरोन्स सुख और प्रसन्नता का अधिक टिकाऊ रास्ता बनाने के लिए बढ़ते और साथ जुड़ते रहेंगे।

कहिए "हटो, हटो"

विचारों का कोई सिलसिला शुरू होने पर सबसे पहले टपक पड़ने वाले विचार को तो हम नहीं रोक सकते लेकिन उसके पीछे-पीछे चले आने वाले दूसरे विचार को तो हम *स्वीकार या अस्वीकार कर ही सकते हैं*। दूसरे शब्दों में कहें तो कोई नकारात्मक विचार तो हमारे दिमाग में कुछ इस तरह आ सकता है जैसे कि कहीं से टपक पड़ा हो यानी उसे रोका नहीं जा सकता लेकिन इसका मतलब यह नहीं है कि हम उसके साथ उसके अंधियारे और मनहूस गलियारों में भटकते ही रहें यानी उसके बाद आने वाले विचार को तो रोका ही जा सकता है। अगर कोई नकारात्मक या संकुचित विचार आपके दिमाग

में आ उतरा है जैसे "क्या वह इतना स्वार्थी हो सकता है?" या "मैं ऐसा कभी नहीं कर पाऊंगा", तो उससे कहिए, "हटो, हटो।" यानी अगर कोई विचार आपको नकारात्मकता की तरफ़ नीचे धकेल रहा हो तो ऐसा कहते हुए उसे आप दूर धकेल दीजिए।

पेरैंट्स द्वारा स्वयं किए जाने वाले अभ्यास

लंगर डाल दें

मेरा आज का दिन कैसा बीतेगा, यह बताने वाली मुख्य भविष्यवाणियों में से खुद से पूछा गया यह प्रश्न है कि क्या मैं आज अपनी अंतरात्मा से जुड़ा रहूंगा। यह बात समुद्र में तैरते जहाज के समान है – जो जहाज निरंकुश रूप से तैर रहा हो, वह अपने मार्ग से मीलों इधर-उधर हो सकता है लेकिन जो जहाज अपने लंगर से जुड़ा हो, चाहे वह तूफ़ानी समुद्र के बीच में ही क्यों न हो, वह वहीं रहेगा जहां कि उसका लंगर डाला गया था।

इस बात से बिल्कुल अनजान होने के बावजूद कि आज दिन के दौरान कौन से काम और कौन से कार्यकलाप करने के वास्ते हमारे सामने आयेंगे, हमारा दिमाग तभी से उनका दबाव महसूस करने लगता है जब सुबह हमारी आंख खुलती हैं। बच्चों को जगाना है, नाश्ता तैयार करना है, सबके लंच पैक करने हैं, ईमेल देखनी हैं, और जाने क्या क्या; सूची बहुत लंबी है। बहुत से लोग तो दिन की शुरुआत आपाधापी के साथ करते हैं – मैं जितना जल्दी काम शुरू करूंगा, उतना ही जल्दी वह निपट पायेगा और मेरे सिर से बोझ भी हट जायेगा। लेकिन, सच तो यह है कि काम की सूची में से जैसे ही हम एक काम पर टिक लगाते हैं कि तभी दूसरा काम कूद कर उसकी जगह आ खड़ा होता है। जिन चीज़ों की हमें देखभाल करनी है, उनसे जुड़े हुए हमारे काम कभी ख़त्म नहीं होंगे, हम इनके भंवर में फंसे ही रहेंगे।

जब हम अपने भीतर मौजूद कसौटी को अनदेखा करके दिन की दुनिया में छलांग लगा देते हैं तब हम खुद को छल रहे होते हैं। और जो मैंने खोज की है वह यह है: अंदर महसूस होने वाला वह सुखद एहसास हमारे भीतर का वह रहस्यमय मसाला है जो कि हर चीज़ को बेहतर बना देता है। जब मैं अपनी चेतना पर फ़ोकस करती हूं तब मैं बहुत बेहतर महसूस करती हूं और स्वयं की अनुभूति अधिक महसूस करती हूं। यह देख कर मुझे दुखद आश्चर्य होता है कि मैंने दिन यूं ही गंवा दिए और ऐसे काम करने में अधिक समय नहीं लगाया जो कि मुझे अधिक आनंद और अधिक शांति दे सकते थे।

लेकिन मैं भूल गई थी। ऐसा लगता है जैसे जीवन की विविधता को रचा ही इस तरह गया है कि उस आंतरिक अनुभूति के लिए यानी बाहरी दुनिया के छल-कपट से सोच-समझ कर दूर होते हुए उस आंतरिक तलैया के जल में तैरने के लिए, मुझे इस विविधता में से सही को *चुनने* की आवश्यकता पड़ती है। लेकिन यह आसान नहीं है। बाहरी दुनिया में जो हो रहा है, वह मेरा ध्यान अपनी ओर आकर्षित करता रहता है। मनबहलाव और मन-भटकाव के बड़े प्रबल कारक हर तरफ़ मौजूद हैं – समाचार पत्र, टेलीविज़न, ईमेल, बगीचा जिसमें पानी देने की आवश्यकता होती है, फ़ोन कॉल जिनका कि जवाब दिया जाना ज़रूरी है, वगैरह, वगैरह। यह मैं जानती हूं कि जिनके बच्चे छोटे हैं उन पेरैंट्स के लिए तो अपनी भीतर की शांत-तलैया के जल का पान करने के लिए कुछ मिनट निकालना भी एक चुनौती ही होता है।

और, चालीस साल से भी अधिक समय से ध्यान लगाते रहने के बाद, मैंने यह भी पाया है कि यह आंतरिक अनुभूति भी चाहती है कि उसे प्रेम किया जाए। यह एक अस्थाई लेकिन असाधारण प्रकार की प्रेमी होती है। जब मेरी यह मंशा बिल्कुल साफ़ होती है कि, कुछ पलों के लिए ही सही, मैं इस आंतरिक अनुभूति को अपना सर्वस्व देने जा रही हूं और जब-जब मेरा मन इधर-उधर भटकने को होता है तब-तब मैं मन को उसी की ओर वापस ले जाती हूं तो मुझे एक ऐसे अनुभव का पुरस्कार मिलता है जिसे शब्दों में बयां नहीं किया जा सकता। वह पवित्र और दिव्य होता है, सुमधुर और सुकोमल होता है। मैं वह हो जाती हूं जो मैं हूं, और मेरा हृदय आनंद के साथ गाने लगता है, नर्तन करने लगता है कि मैंने उसे वह सब पोषित करने के लिए समय दिया है जिसे कि यह सबसे अधिक चाहता है जिससे कि उसे सबसे अधिक प्रेम है और जिसकी उसे सबसे अधिक आवश्यकता है। यहां से मैं अपनी दिनचर्या की शुरुआत करती हूं – लेकिन उस अनुभूति का तानपूरा मन की पृष्ठभूमि में बहुत देर तक गूंजता रहता है – कम से कम तब तक, जब तक कि बाहरी दुनिया का शोर बहुत तेज़ नहीं हो जाता। लेकिन फिर भी, मेरे अंतरतम को वह याद रहता है जो कि मेरे भीतर अधिक वास्तविक है और इसीलिए भाग-दौड़ और हड़बड़ी से मैं बहुत अधिक प्रभावित नहीं होती हूं।

ध्यान एक अभ्यास है। यह कोई एक गोली नहीं है कि जिसे हम बस निगल लें। खुद के बारे में यह जानने में समय लगता है कि हम सचमुच क्या हैं। यह तो एक निवेश है। हर कोई अपने भीतर गहराई में उतरना नहीं चाहता है, ठीक है। हम सब को अपने दिल की बात सुननी चाहिए, उस पर चलना चाहिए।

लेकिन अपने दिल की बात सुनने के लिए हमें ख़ामोश हो कर सुनना होगा। जो कुछ आपको शांति और हर्ष की अनुभूति दे, उसके साथ अपने हृदय के तार मिलाते हुए उस पर ध्यान दीजिए। उस अनुभूति से प्रेम कीजिए। उसके लिए फूल लाइए। उसे प्रेम पत्र भेजिए। एक पत्नी, पति, पार्टनर, मां, पिता के रूप में आपकी पहचान के नीचे रहने वाली वह अनुभूति ही वास्तव में आप हैं। बिल्कुल आपके बच्चे की तरह, वह भी चाहती है कि उसे निहारा जाए और प्यार किया जाए। उसे आपके समय और तवज्जो की ज़रूरत होती है। बाहरी पहचान या भूमिका से परे, अपने उस वास्तविक स्वरूप को अपना ध्यान दें — इसका फल आपको बहुत बड़ी मात्रा में मिलता है। इसके लिए समय निकालिए। दिन भर की आपाधापी में कूदने से पहले अपने आंतरिक स्वरूप से कुछ पल जुड़ने के लिए अपने मन के लंगर को डाल दीजिए।

कुछ मत कीजिए

पंद्रह मिनट के वक्त का एक टुकड़ा लीजिए और किसी ऐसी जगह जा बैठिए जहां आप अकेले रह सकें। (मैं जानती हूं कि कहने में यह जितना आसान लग रहा है, करने में उतना आसान नहीं है, लेकिन इस मामले में मेरी बात मानिए।) वह जगह कोई वाकिंग-ट्रेल हो सकती है, आपका पिछला आंगन हो सकता है, या आपकी कार भी हो सकती है। यह सुनिश्चित कर लीजिए कि इन पंद्रह मिनटों के दौरान बीच में कोई आपको टोका-टाकी न करे। मार्था बैक इसे अपने जीवन में 'नो वेकैंसी' का बोर्ड टांग देने की उपमा देती है।

वह आगे बताती हैं कि इसका अगला चरण यह है कि आप या तो ध्यान में बैठ जाएं या कोई ऐसा बार-बार दोहराया जाने वाला काम करें जिसमें दिमाग़ न लगाना पड़े लेकिन आपका शरीर जिसमें व्यस्त हो जाए, जैसे वाकिंग, स्केटिंग, जॉगिंग या किसी मैदान में हवा से घास का लहराना ध्यान से देखिए या किसी तालाब में उठती छोटी-छोटी लहरों को इस पार से उस पार तक जाने का नज़ारा देखिए।

अगला चरण है अपने दिमाग़ को खाली रखना। "हमारा अनोखा मानव मस्तिष्क एक ऐसे सुपरकंप्यूटर की तरह है जिसकी मालिक एक पागल गिलहरी की आत्मा है, जो कि पागलों की तरह एक विचार से दूसरे विचार पर कूदती हुई, हर समय हिसाब लगाने, अपेक्षा करने, याद करने, ख़याली पुलाव पकाने, चिंता करने, कुछ न कुछ जमा करते रहने, पलटा खाने जैसे कामों में लगी रहती है।" इस चरण में आप अपने विचारों को बस देखते रहें —

उन्हें अच्छा या बुरा, सही या ग़लत न ठहराएं। अपने दिमाग में अपने विचारों को तो आप एक छोटे मगर लगातार भौंकने वाले कुत्ते के रूप में कल्पना करें और खुद को एक विशाल हाथी के रूप में कल्पित करें जो कि सड़क पर अपनी मस्त चाल से चला जा रहा है और विचार रूपी छोटे-छोटे भौंकते कुत्ते उसका कुछ बिगाड़ नही पा रहे हैं।

अंतिम चरण है एक ऐसे मानसिक अभयारण्य की रचना करना जिसमें आप तनाव या वैचारिक उथल-पुथल के समय अपने आप को ऐसी ही स्थिरता प्रदान कर सकें जैसे तूफ़ान में जहाज लंगर डाल कर खुद को स्थिर कर लेता है। अपने मन में किसी ऐसे विशेष स्थान की याद कीजिए जहां आप शांत व स्थिर महसूस करते हों, जहां संसार ठहर जाता हो, और आप गहन विश्राम, चैन और संतोष का अनुभव करते हों। 'कुछ न करने' के इन पंद्रह मिनटों के दौरान आप अपनी कल्पना के इस स्थान पर जा सकते हैं। अपने जीवन में शांति और संतुलन के भाव को पुनः पुनः स्थापित करने के लिए यह अभ्यास कमाल का है।

संपर्क करें

यह एक ऐसा अभ्यास है जिसे मैं कभी-कभी तब किया करती हूं जब मैं किसी हवाई अड्डे पर होती हूं। वैसे मैं इसे अन्यत्र भी कर लेती हूं। मैं वहां के टर्मिनल में धीरे-धीरे चलती हूं और ऐसे किसी ऐसे व्यक्ति को देखते चलती हूं जिससे संपर्क किया जा सके — नज़र से, एक मैत्रीपूर्ण मुस्कान से या बस ज़रा सिर हिला कर। मैं जब यह खेल खलती हूं तो आमतौर पर मैंने देखा है कि किसी ऐसे व्यक्ति को ढूंढ पाना मुश्किल होता है जो किसी तरह की जल्दी में न हो और किसी न किसी तरफ़ को छोटे-छोटे कदमों से लपकता हुआ न जा रहा हो — अपनी घड़ी की तरफ़ देखता हुआ या अपने बच्चों को अपने नज़दीक ही रखने में कुछ परेशान सा होता हुआ। लेकिन अक्सर मुझे कामयाबी मिल ही जाती है और कोई ऐसी दो आंखें देखने को मिल ही जाती हैं जो यह याद दिला रही होती हैं कि हम कहीं भी जा रहे हों, फिलहाल हम यहां हैं, और सब कुछ ठीक चल रहा है।

अपने गुणों को देखें, उन्हें सराहें

यह अभ्यास कठिन लग सकता है; जब कभी मैं इसे अपने क्लाइंट के साथ करती हूं तो कभी-कभी तो इसे शुरू करना उन्हें टेढ़ी खीर जैसा लगता है। लेकिन यह अभ्यास है बहुत सशक्त।

अपने उन गुणों के बारे में सोचिए जिन्हें आप देख पाते हैं और सराहते हैं: *दयालुता, सहृदयता, उदारता, धीरता, विनोदप्रियत, इत्यादि।* इस सूची में अपने उन सभी गुणों को शामिल करें जो आपको प्रिय लगते हैं। यदि आपका कठिन समय चल रहा हो तो अपने मित्र से कहें कि वह ऐसी पांच बातें बताए जो वह आपमें अच्छी समझता है। (यदि उन्हें भी यह मुश्किल लगे तो उनसे कहिए कि यह उस कक्षा में दिया गया एक काम है जिसमें आजकल आप जा रहे हैं!) अपने गुणों की सूची को रोज़ पढ़ें। इसमें जितने गुण शामिल किए जा सकते हों, करते जाएं।

जब तक हम अपने गुणों को, अपनी खूबियों को, पहचानेंगे नहीं तब तक दूसरों का प्रेम, स्नेह और सहयोग प्राप्त करना भी हमारे लिए कठिन रहेगा। औरों के लिए आप कितने अच्छे उपहार हैं, यह बात आपको जानना बहुत आवश्यक है।

अगर आप उखड़ जाए तो भी डोर न तोड़ें

कभी-कभी हम इस बात पर ही उखड़ जाते हैं कि हमारे बच्चे का बर्ताव वैसा नहीं है जैसा हम समझते हैं कि होना चाहिए। अगर आप ऐसे घर में पले-बढ़े हैं जहां यह अपेक्षा की जाती हो कि बच्चों से जो कहा जाए वे उसका तत्काल अनुपालन करें या अपने से बड़ों को वे कभी भी पलट कर जवाब न दें, तो जब आपके बच्चे आपकी बात पर फुर्ती से अमल नहीं करते हैं या बेरुखी से आपको उल्टा जवाब देते हैं तो इस बात की काफ़ी संभावना रहती है कि आप अपने अंदर भड़कने वाली प्रतिक्रिया को महसूस करेंगे।

हम तब भी उखड़ सकते हैं जब हमारा बच्चा कुछ इस तरह का बर्ताव करता है जो कि हमारे सहज स्वभाव के अनुकूल न हो। बहुत संभावना है कि ज़ोर से बोलने वाला बच्चा अपनी मृदु और सौम्य स्वभाव वाली मां के लिए परेशानी का सबब बन जाता हो। या कभी हम अपने मानसिक संतुलन पर अपनी पकड़ इसलिए भी खो सकते हैं क्योंकि हमें लगने लगता है कि हम उन लोगों की आशाओं और अपेक्षाओं के अनुकूल नहीं चल रहे हैं जिनकी हमारे बारे में राय हमारे लिए बहुत मायने रखती है – जैसे पत्नी या पति, मित्र लोग, सास, और हमारे चहेते पेरैंटिंग "विशेषज्ञ"।

जब कभी आपको लगे कि अपनी भीतरी पेरैंटिंग बुद्धि के साथ आपका तालमेल नहीं बैठ रहा है तो इस अभ्यास को करने की कोशिश करें।

पहला चरण: शांत भाव से स्थिर हो कर बैठ जाइए। जो कुछ हो रहा है

उसके साथ मन के तार जोड़िए – जैसे, आपका बेटा पास्ता और मक्खन की ज़िद कर रहा है या आपकी बेटी टीवी बंद करने से इंकार कर देती है। बस महसूस कीजिए कि आपको अंदर-अंदर कैसा लग रहा है।

दूसरा चरणः यदि विचारों की एक आक्रामक बौछार आपके बिगड़े मूड के लिए आग में घी डालने का काम करने लगे तो पूछिए, ''अपने सिर में यह मैं किसकी आवाज़ सुन रहा हूं?'' अपने पिता की या मां की? या किसी सख़्त टीचर की?

तीसरा चरणः उस आवाज़ से अपना पीछा छुड़ाने की कोशिश करने के बजाय, उसके प्रति मित्रता का भाव लाइए। यह मानिए कि वह आपके भले के लिए कह रहा है। उसका उद्देश्य क्या है? क्या वह आपको किसी से बचाना चाह रहा है या मदद करना चाह रहा है? हो सकता है कि वह आपको यह आगाह कर रहा हो कि आप अपने अधिकारों को उतना इस्तेमाल नहीं कर रहे हैं जितना कि आपको करना चाहिए। या वह आपको यह बता रहा हो कि आप ख़तरनाक रूप से आपे से बाहर हो रहे हैं।

चौथा चरणः उस आवाज़ के पीछे छिपी ज़रूरत को देखिए। शायद वह कह रही होः *मुझे लगता है तुम यही नहीं जानते कि अपने बेटे को कैसे संभाला जाए। मुझे फ़िक्र हो रही है कि अगर मैं तुम्हें डराऊं-धमकाऊं नहीं या तुम्हारी पेरैंटिंग की आलोचना न करूं तो तुम तो उसके गुस्सैल मिज़ाज पर लगाम खींचनी ही बंद कर दोगे।*

पांचवा चरणः इस अंतर्दृष्टि से आपने जो सीखा है उसे लिख लें। अपने अंदर की उस आवाज़ से कहेंः *आपका संदेश मुझे मिल गया है। मैं इसकी सराहना करता हूं, और अब मैं आपको बता दूं कि उस विषय में मैं क्या करने जा रहा हूं।*

यह अभ्यास ऐसी कोई थैरेपी लेने या ऐसी किसी पेरैंटिंग क्लास में जाने के साथ-साथ भी किया जा सकता है जिसमें आप शांत व सौम्य रहने के प्रयासों से डिगने को रोकने की किसी प्रक्रिया को पूरे मनायोग से सीख रहे हों।

गुस्से में नाचें

अपने शरीर से गुस्से को बाहर निकाल देने का एक उपाय है नाचना। थिरकने वाली अपनी किसी मनपसंद धुन को लगाइए और शुरू हो जाइए! एक या दो गाने के बाद आप यह भूल ही चुके होंगे कि किस बात ने आपको गरम और गुस्सैल बना दिया था! अक्सर, अपने दिन की शुरुआत मैं ऐसे ही किसी थिरकते काम से करती हूं या अपने लेखन कार्य पर काफ़ी देर फ़ोकस करने

के बाद मैं एक 'डांस-ब्रेक' लेती हूं ताकि मैं अपने शरीर में वापस आ सकूं और उसमें जीवन को धड़कता हुआ महसूस कर सकूं।

जो खो गया है उसे तलाशें

मौजूद रहने का, प्रेज़ैंट रहने का मतलब है जीवन – वह जैसा भी है – उसके संसर्ग में रहना, निकट संपर्क में रहना, उससे जुड़े रहना; अभी, इसी वक़्त, हर पल। इसका मतलब होता है यहीं होना, भले ही "यहीं" बिल्कुल वही न हो जो आपने सोचा था। इसका मतलब होता है दूसरे कमरे से आती अपने बच्चों की किलकारी की, उनकी खिलखिलाहट की, या अपनी किसी बात को सही ठहराने के लिए उनके बीच होती बहस की आवाज़ों के साथ मौजूद रहना। इसका मतलब होता है जब आपका बच्चा पियानो पर अभ्यास कर रहा हो और सुरों से भटक रहा हो तो उसकी मदद करने के लिए उसके साथ, उसी बैंच पर उसके पास जा बैठना।

लेकिन कभी-कभी, इससे पहले कि जो है उसके साथ हम पूरी तरह मौजूद हो सकें, हमें उसका ग़म मनाना पड़ता है जो हमने खो दिया है या हम ऐसा मानते हैं कि हम उसे खो चुके हैं।

शांत हो जाने के लिए कुछ मिनट लें। सामान्य सांस लेते हुए अपना हाथ अपने हृदय पर रखें और अपने प्रति सचमुच सहृयता की भावना में प्रवेश करें। उस प्रयास को जो कि सुबह जागने से लेकर रात को सोने के लिए बिस्तर पर लेट जाने तक करते हैं, उसे स्वीकार करें, महसूस करें। खुद से भी पार पहुंचने और जिन चीज़ों को आपने अलविदा कहना है उस सब के लिए अपनाई जाने वाली विधियों के लिए अपने हृदय को सौम्य करते जाएं।

फिर, यह प्रश्न पूछें और उसके उत्तर को स्वयं आने दें। कोई जबरदस्ती न करें: *बच्चों के होने से पहले मैं जैसा जीवन जी रही थी, उसमें से क्या खो गया है?"* शांत बैठी रहें और धैर्य से इंतज़ार करें। अगर दिलोदिमाग़ में कोई जवाब उठ कर नहीं आता है फिर तो यह बहुत अच्छी बात है। और अगर कोई जवाब आता महसूस हो रहा है या सुनाई पड़ रहा है तो भी इसका तत्काल कोई अर्थ नहीं है। अपने आपको वहां तक ले जाने दें जहां वह जवाब आपको ले जाए।

अपने भीतर, स्वयं के प्रति पूरी तरह एक स्नेहिल और सौम्यता वाले स्थान में टिके रहना महत्वपूर्ण है – उस बात के साथ जो कि सच है, चाहे वह सच का भी सच, या पूर्ण सच ना हो। शायद आपको पेरैंट बनने से पहले के उन रात्रिभोजों की कमी अब महसूस होती होगी जब आप खाना शुरू

करने से खाना ख़त्म होने तक जम कर खाया करती थीं और किसी और के लिए कुछ बनाने या परोसने के लिए आपको बीच में उठना नहीं पड़ता था। अपने जीवन साथी के साथ कुछ समय बस यूं ही रोमांटिक मूड में पड़े रहने वाले फुरसत के पलों की कमी आप अब महसूस करती होंगी। जी भर कर नहाना, खूब नहाना या जंगल में कहीं दूर तक अकेले ही टहलने निकल जाना या मन में एक चैन रहना कि आपको किसी पर (बच्चों पर) लगातार एक चौकस नज़र नहीं रखनी है कि वे कहां जा रहे हैं, क्या कर रहे हैं और कैसे कर रहे हैं – इस सब की कमी आपको अब महसूस होती होगी। या स्वयं के उस स्वरूप का खो जाना अब आपको महसूस होता होगा जैसा कि आप इस उलझन भरे जीवन का अभिन्न अंग बन जाने से पहले हुआ करती थीं – अल्हड़, मस्त, बेफ़िक्र, तनावमुक्त या कुछ न कुछ रचनात्मक काम करने पर फ़ोकस रखने वाली।

इन सवालों के जवाबों को उभरता हुआ देखिए। हो सकता है कि जो जवाब आएं उन पर आप खुद से बोल कर बातें करें या उन्हें डायरी में लिख लें। मैं फिर कहूंगी कि अगर कोई जवाब नहीं आता है तो यह तो एक बढ़िया बात होगी। किसी ऐसी चीज़ को खोजने में कोई जबरदस्ती न करें जो कि खोई ही नहीं है। लेकिन उन छिपी हुई बातों को बाहर निकलने के लिए जगह ज़रूर दें जो कि जीवन को पूरी तरह जीने की आपकी क्षमता व योग्यता को कमज़ोर कर रही हैं, उसे नुकसान पहुंचा रही हैं।

खुद से कुछ कठिन प्रश्न पूछें

कई बार ऐसा होता है कि हमें अपने बच्चे के साथ पूरी तरह मौजूद रहने में, *प्रेज़ैंट रहने में,* ताल बिठाना एक परेशानी लगती है क्योंकि जैसा कि हमने अध्याय 3 में चर्चा भी की है, बच्चों को पालने का हमारा नज़रिया असलियत के उपयुक्त नहीं रहता है, उससे मेल नहीं खाता। बल्कि जैसी हम अपेक्षा करते थे, यह उससे बिल्कुल ही भिन्न निकलता है, और इसलिए यह हमें हताश व हतोत्साहित कर देता है। कभी-कभी तो ये हमें खेद, खिन्नता और पछतावा भी दे जाता है।

लेकिन इन बातों में से किसी भी बात का अर्थ यह क़तई नहीं है कि हम अपने बच्चों से प्यार न करें और न ही यह सोचने लगें कि काश हमारे बच्चे न होते। उनका तो अर्थ बस इतना है कि इन बातों का सामना करने का जज़्बा हम खुद में रखें न कि उनसे मुंह फेर कर सोचें कि ये अपने आप हल हो जायेंगी। दरअसल, ये हमारी अपेक्षाएं ही हैं जो हमें परेशानी में

डालती हैं। अगर आपको यह पक्का लग रहा था कि पटरी से उतरता हुआ आपका दाम्पत्य जीवन बच्चा होने से पटरी पर आ जायेगा तो आप आपने पाया होगा कि पेरैंट बनने ने आपके दांपत्य जीवन के तनावों को घटाने के बजाय और बढ़ा दिया है। अगर आपने यह सोचा था कि बच्चा होने से आप अपने पेरैंट्स का दिल जीत लेंगे तो आपने पाया होगा कि अब आप उनकी आलोचना के और अधिक शिकार होने लगे हैं कि आप अपने बच्चे को सही ढंग से नहीं पाल रहे हैं। और अगर आपका यह मानना था कि बच्चा होने से आपका हार्दिक व मानसिक खालीपन दूर हो जायेगा तो आपने पाया होगा कि ऐसा हुआ नहीं और ऐसा हो भी नहीं सकता। अगर होगा तो बच्चे को इसका भारी नुकसान उठाना पड़ेगा।

जो भी हो, बच्चे, सचमुच ही, हमारे जीवन को बहुत कुछ देते हैं। कभी-कभी तो वे वैवाहिक बंधन को मज़बूत कर देते हैं, संयुक्त परिवार के ताने-बाने को और मज़बूत कर देते हैं, और हमारे दिलों में इतना प्यार भर देते हैं जितना कि हमने कभी सोचा भी नहीं था। समस्या यह है कि बच्चे ऐसा हमारे लिए *हमेशा* नहीं करते। और सबसे बड़ी बात यह है कि *यह उनका काम भी नहीं है* कि वे हमारे वैवाहिक और पारिवारिक संबधों को बेहतर बनाएं या हमारे अकेलेपन को दूर करें। जैसा कि *जेरी मेगुआर* में एक हास्यास्पद लाइन कही गई है – "तुम मुझे पूर्ण करो" – बच्चों का यह काम तो बिल्कुल नहीं है कि वे हमें पूर्ण करें। जब हम अपने बच्चों को इस प्रकार की ज़रूरत के आधार पर पालते हैं तब हम निर्भरता के प्राकृतिक क्रम में गड़बड़ी पैदा कर देते हैं। यानी, हमारे बच्चे हमारे सहारे से खड़े होने के लिए आते हैं – न कि हमारी अधूरी इच्छाओं की पूर्ति का साधन बनने के लिए।

नीचे कुछ प्रश्न दिए जा रहे हैं जो कि तब आपके सामने आ सकते हैं जब आप अपने पेरैंटिंग जीवन से कुछ अपेक्षाएं करने लगते हैं। मेरा अनुरोध है कि आप इसमें ईमानदारी बरतें लेकिन अपने प्रति सौम्य भी रहें। बच्चों को पालते हुए हम कुछ अपेक्षाएं भी पाल लेते हैं। हम सभी यह उम्मीद करते हैं कि बच्चों के आने से हमारे जीवन में बेहतरी आ जायेगी। हम सभी अपने बचपन से ही कुछ ज़ख्मों को लिए हुए आ रहे हैं और उम्मीद करते हैं कि जैसे-जैसे हम बड़े होते जायेंगे, वे ज़ख्म भरते चले जायेंगे। अगर आप पाते हैं कि आपके बच्चे आपका दिल जीत रहे हैं, आपको अधिक तवज्जो दे रहे हैं, या आपके अकेलेपन को कम कर रहे हैं, तब तो ठीक ही है लेकिन अगर कोई पीड़ाप्रद वास्तविकता आपके सामने आ रही है तो उन पुराने एहसासों से निकलने के लिए कृपया किसी विश्वसनीय विशेषज्ञ से सलाह लें।

मैंने एक बार एक इंटरव्यू सुना था जिसमें एक मां अपनी सत्ताइस वर्षीय बेटी का पीछा करती रहती थी – वह उसके काम की जगह पहुंच जाती थी, उसकी प्रिय कॉफ़ी शॉप में उसे ढूंढने पहुंच जाती थी और सारे दिन उसे घर वापस आने के लिए फ़ोन करती रहती थी। इससे उसकी बेटी आहत महूसस करती थी और अपनी जगह पाने के लिए छटपटाती भी थी।

इस मुद्दे पर जब मां से इंटरव्यू लेने वाले ने आपत्ति की तो वह बड़े भावुक अंदाज़ में घोषणा करती हुई बोली, ''मैं अपनी बेटी को बहुत प्यार करती हूं! अपने पूरे जीवन में मैं एक मां रही हूं! मैं बस यही करती हूं! यही मैं हूं!'' तब मनोवैज्ञानिक ने उसे उसकी उन रुचियों पर काम करने के लिए प्रेरित करना चाहा जो वह बच्चे होने से पहले करती थी। उसका जवाब था, ''मेरी कोई और रुचि नहीं है। मैंने इसके अलावा कभी कुछ किया ही नहीं है। मैं एक मां हूं।'' दरअसल, पेरैंट की अपनी भूमिका के साथ उसने खुद को इतना तादात्म्य कर लिया था कि खुद को पेरैंट से अलग एक व्यक्ति मानना ही उसने छोड़ दिया था। और इसी चक्कर में वह अपनी बेटी के पर कतरती रहती थी।

आत्मचिंतन के लिए नीचे कुछ प्रश्न दिए जा रहे हैं:

आप क्या आशा करते हैं कि पेरैंटिंग आपके लिए क्या करेगी? वे कौन से बदलाव हैं जिनको आपने पेरैंटिंग में आने के बाद होने की कल्पना की थी?

क्या आपमें कोई खालीपन का ऐसा एहसास था जिसे कि आप उम्मीद करते थे कि बच्चा होने के बाद वह भर जायेगा?

जिस पेरैंटिंग जीवन की आप अपेक्षा करते थे, वास्तविक पेरैंटिंग उससे कैसे भिन्न है?

क्या कभी ऐसा भी समय आया है जब आपने चाहा हो कि काश इस सब को आप रोक सकते? क्या आपको अपने बच्चे का वह छुटपन याद आता है जो कि बड़ा होने पर अब असहनीय हो गया लगता है?

मैं पुनः कहूंगी, इन प्रश्नों पर आराम से सोच-विचार कीजिए। सब ठीक हो जायेगा।

खुद को आंके जाने के डर से बाहर निकलिए

अनेक पेरैंट्स तब ख़ास तौर पर अपने बच्चे के अशिष्ट व्यवहार पर उत्तेजित हो उठते हैं जब वे घर से कहीं बाहर अपने कुटुंब के अन्य परिवारों के साथ होते हैं। तब वे, मनोवैज्ञानिक मैरी पिफ़र के शब्दों में, *इमेजिनरी ऑडियेन्स सिन्ड्रोम* का शिकार हो गए लगते हैं। हालांकि उसने इस शब्द का प्रयोग

किशोर लड़कियों का खुद के लिए अत्यधिक चौकस रहने की अवस्था के लिए किया है लेकिन पेरैंट्स भी कई बार इस मनोव्यथा से ग्रस्त हो सकते हैं – ख़ास तौर पर तब जब वे अपने किसी बच्चे को अपना चिढ़चिढ़ाहट वाला कोई तमाशा करने पर नियंत्रण करने में नाकामयाब रहते हैं या जब उनका बच्चा अपना शिष्टाचार भूल जाता है और वे इस डर में मरे जाते हैं कि लोग उनके एक-एक कदम को बड़ी बारीक नज़र से देखते हैं और उनके बारे में एक ख़राब राय बनाने में कोई रहम नहीं करते।

जब हम 'इमेजिनरी ऑडियेन्स सिन्ड्रोम' – यानी यह काल्पनिक भय कि *लोग हमें देख रहे हैं* – इसके शिकार हो जाते हैं तब हमें यह डर सताने लगता है कि हम उन लोगों में अपनी प्रतिष्ठा खो बैठेंगे जिन पर हम अपनी एक अच्छी छाप डालना चाहते हैं। तब हम वकील या डायरेक्टर की भूमिका में प्रवेश कर जाते हैं ताकि हम अपने बच्चे के व्यवहार को नियंत्रित कर सकें और अपने चारों तरफ़ के 'दर्शक' लोगों की नज़र में अच्छे बन सकें।

नीचे दिए गए प्रश्न शर्म की ऐसी भावनाओं और अपनी छवि के प्रति अत्यधिक चौकस होने के मूल कारणों को जानने में आपकी मदद कर सकते हैं।

1. किस व्यक्ति की राय से आप सबसे अधिक डरते हैं?
2. उस व्यक्ति द्वारा आपकी पेरैंटिंग को घटिया मानने से आपका क्या सरोकार है?
3. अगर वह व्यक्ति आपकी पेरैंटिंग को बढ़िया बता भी दे तो आपको उससे क्या मिल जायेगा?
4. उसके ऐसा मानने से आपको और क्या-क्या मिलने वाला है?
5. कुछ और?
6. क्या कोई ऐसा तरीका है जिससे कि आप ऊपर 3 से 5 तक के जवाबों में आपके द्वारा लिखी गई चीज़ों को उस व्यक्ति की प्रशंसा पाए बिना भी हासिल कर सकें?

यह अभ्यास कुछ कठिन सत्यों को उजागर कर सकता है जो हमें अधिक आत्मविश्वास के साथ, कमियों के साथ और ऐसी तमाम बातों के साथ जीने-रहने की आज़ादी दिलाने में महत्वपूर्ण भूमिका निभा सकते हैं।

अपने बच्चे को बिना किसी नाम के देखें

कभी-कभी हम व्यक्तित्व और अहंभाव के इतने प्रभाव में आ जाते हैं कि हम यह भूल ही जाते हैं कि नाम, लेबल और दीर्घ काल से चली आ रही अपनी धारणाओं से अलग भी हम या हमारे बच्चे वास्तव में कुछ और भी हैं। अतः इसे आजमाइए: कुछ देर के लिए अपने बच्चे का नाम भूल जाइए। भूल जाइए कि वह किस चीज़ में माहिर है या होमवर्क या घर के काम कराते समय वह आपके लिए कितना सिरदर्द बन जाता है। भूल जाइए कि आप उसकी मां या उसके पिता हैं। इस सब से पीछे हटें और यह मानें कि आपका बच्चा एक आत्मा है जो अपने शरीर रूपी पात्र में उड़ेल दिया गया है – यहां, इस धरती पर, आपके साथ घनिष्ठता के साथ यात्रा करने के लिए। ऐसा करना तब आपको अधिक आसान लग सकता है जब आपका बच्चा सोया हुआ हो, लेकिन अगर आप उसके जगे रहते भी उसे अपनी ही आत्मा के प्रिय भाई या बहन के रूप में देखते हुए कुछ समय बितायेंगे तो वह अनुभूति बड़ी सुहावना होगी। आप यह बिल्कुल न भूलें कि, *इस जीवन में, इस समय,* आप उसके पेरैंट की भूमिका भले ही निभा रहे हों लेकिन आप और आपके बच्चे आत्मिक स्तर पर बराबर हैं। इस धरती पर बालिग रूप में आप उसकी बस देखभाल करने वाले ही हैं।

कहिए, "कोई बात नहीं, कुछ नहीं हुआ"

माता-पिता अपने बच्चों को सुख-सुविधा उपलब्ध कराने में अक्सर किसी पोत के कमांडर से कम नहीं होते। तो ये बड़े दुख की बात है कि जब हमारा दिल दुखता है तब कभी-कभी अपने ही प्रति बहुत क्रूर व कठोर हो जाते हैं। "मुझे यह अच्छे से पता होना चाहिए था!" "मुझे इससे कोई परेशानी नहीं होनी चाहिए!"

जैसा कि मैंने पहले भी कई बार कहा है, पेरैंटिंग बहुत कठिन काम है। बिल्कुल। यह असंभव है, सचमुच। और इसीलिए यह भी असंभव है कि इसमें कठिन दिन न आएं। यही कारण है कि मैं नीचे लिखा अभ्यास किया करती हूं और आपसे भी इसे करने का आग्रह करती हूं।

जब कभी भी आप खुद को आकुल-व्याकुल महसूस करें, या खुद को टूटता हुआ, बिखरता हुआ महसूस करें तो अपने दिल पर कुछ ऐसी सौम्यता से हाथ रखें जैसे आप अपने छोटे बच्चे के गिर-गिरा जाने पर उसे थामते और संभालते हैं, और कहें, "कोई बात नहीं, कोई बात नहीं।" मैं चाहती हूं कि आप ये शब्द बोल कर कहें। दरअसल, पेरैंट्स को भी तो उतना ही प्रेमपूर्वक ध्यान रखे जाने और सांत्वना-सुख पाने की आवश्कता है जितनी कि बच्चों

को होती है लेकिन फिर भी हम यह स्वीकार करने में बहुत कंजूसी करते हैं कि कभी-कभी पेरैंटिंग करना कितना मुश्किल हो जाता है।

अगली बार कभी आप खुद को किसी उलझन में फंसा हुआ या किंकर्तव्यकवमूढ़ वाली अवस्था में पाएं, या अपने किए गए किसी काम पर पछतावे में हों तो कहें, "कोई बात नहीं, कोई बात नहीं, कुछ नहीं हुआ।" लेकिन यह सुनिश्चित करें कि जब आप यह कह रहे हों तब अपने दिल पर हौले से थपथपाते भी रहें।

बदलाव की तरफ़ चलें, छोटे-छोटे कदमों से

अपने सभी लेखों में, कोर्सों में, और कार्यक्रमों में मैं यही कोशिश करती हूं कि मैं पेरैंट्स को न केवल सूचनाएं दूं और उन्हें प्रेरित करूं बल्कि यह भी कि उन्हें अपने जीवन में *व्यावहारिक* बदलाव लाने में मदद भी करूं। इसी बात को अपने मन में रखते हुए, मैं आपको आमंत्रित करती हूं कि आप यह चिंतन-मंथन करें कि आपने इस किताब में जो कुछ पढ़ा है उसमें आपको क्या बात *ख़ास तौर पर* अच्छी लगी है, और अच्छी तरह समझ में आई है। किस बात ने आपका ध्यान अपनी ओर खींचा है या किस बात ने खुद आपको अपनी पेरैंटिंग शैली के बारे में सोचने की ओर प्रेरित-प्रोत्साहित किया है? इस किताब के माध्यम से खुद को स्कैन करने और यह देखने के लिए कि अपने जीवन में जोड़ने लायक क्या बात इसमें से उभर कर आई है, आपको यह अभ्यास बहुत उपयोगी लगेगा।

कोई सी ऐसी दो बातें चुन लीजिए जिन पर आप अगले तीन महीनों के दौरान काम करना चाहेंगे। शायद आप यह संकल्प लें कि आपके मूड को ख़राब करने वाली कोई भी बात हो जाए लेकिन आप किसी के प्रति भी कोई धारणा, कोई राय, कोई छवि नहीं बनायेंगे। या, हो सकता है कि आप अपने प्रति नरम रुख़ अपनाने का फ़ैसला लें – यानी खुद के नकारात्मक बातें कहने के स्वभाव को चुनौती देने में कठोर हो जाएं। यह भी हो सकता है कि आप यह तय करें कि आप जल्दबाज़ी को छोड़ कर थोड़ी मद्धम गति को अपनाएंगे और अपने बच्चों के संग-साथ में अधिक समय मौजूद रहेंगे। या फिर आप अपनी ग़लती को स्वीकार कर लेने और उसके लिए यथाशीघ्र माफ़ी मांग लेने का संकल्प लेने का निर्णय ले सकते हैं।

अपने जीवन में बदलाव लाने के लिए जो भी लक्ष्य आप चुनें, वह व्यावहारिक होना चाहिए। अगर आप निर्णय करते हैं कि अपने उस स्वर और लहज़े को बदला जाए जिसमें कि आप अपने बच्चों से बोला करते हैं *और*

जितना समय आप अपने बच्चों के साथ व्यतीत करते हैं उसे बढ़ाया जाए *और* जितना समय आप अपनी डिजिटल डिवाइस पर लगाते हैं उसे कम किया जाए *और* जब आपका मूड ख़राब हो तो आप उस स्थिति में अधिक से अधिक मौजूद रहें *और* तनाव में आप अत्यधिक शांत रहेंगे *और* ..., तो क्या होगा यह आप खुद समझ सकते हैं। एक ही बार में सब कुछ बदल देने का प्रयास अक्सर कुछ भी नहीं बदल पाता है। जो भी हो, इसमें मुझे कोई संदेह नहीं है कि जैसी भी पेरैंटिंग आप कर रहे हैं वह कोई छोटी-मोटी बात नहीं है! मैं तो बस ऐसी दो बातों पर आपका ध्यान केंद्रित करना चाहूंगी जो कि आपके जीवन में आधारभूत परिवर्तन ले आएं। या फिर एक ही काफ़ी है!

अपनी डायरी में ऐसी दो बातें सविस्तार लिखें जिन पर आप अगले तीन महीनों में काम करना चाहेंगे। ऐसे हर इरादे के नीचे, एक या दो वाक्य इस बारे में अवश्य लिखें कि आप यह बदलाव *क्यों* लाना चाहते हैं। और, इसके परिणामस्वरूप आपके जीवन में क्या सुधार या बेहतरी होगी? इसका एक नमूना मैं नीचे दे रही हूं (यह अभ्यास मेरी वैबसाइट पर भी उपलब्ध है)।

अगले तीन महीनों में जो बदलाव मैं लाना चाहता हूं वे हैं:

1. मैं इस पर काम करना क्यों चाहता हूं (इससे मेरा जीवन बेहतर कैसे हो जायेगा?):

2. बदलाव का प्रमाण (मैं कैसे जान पाऊंगा कि ये बदलाव हो रहे हैं?):

आप इसमें भटकेंगे अवश्य। जैसे चैतन्यता वाले अभ्यास में भटके हुए मन को बड़ी सौम्यता के साथ वापस सांस पर केंद्रित किया जाता है उसी तरह अगर आप अपने नए आचरण, नए व्यवहार से कभी भटक जाएं तो अपने साथ सौम्यता का ही बर्ताव करते हुए उसमें सुधार करें। हो सकता है कि आप तब खुद ही खुद की आलोचना करते पाएं जब आप प्रतिज्ञा कर चुकें हों कि आप ऑनलाइन की दुनिया में खो नहीं जायेंगे क्योंकि एक निश्चित समय के बाद उसका स्विच ऑफ़ कर देने का आपने संकल्प किया हो। धैर्य रखें। अपने प्रति सौम्य रहें।

हर दिन के आख़िर में, इन दो बदलावों के प्रति हुई अपनी प्रगति को लिखा करें, भले ही आपको बड़े ध्यान से उसे ढूंढना पड़े! बदलाव शिशु के छोटे-छोटे कदमों की तरह आता है। ऐसे दिन भी आपको देखने को मिल सकते हैं जब आप आगे बढ़ने के बजाय पिछड़ रहे हों, फिसल रहे हों, और लड़खड़ा रहे हों। इसकी संभावना मान कर चलिए। फिर भी, अपना प्रयास करने के संकल्प पर डटे रहिए और कम से कम दो या तीन बातें, छोटी-मोटी ही सही, साक्ष्य के रूप में अवश्य लिख लीजिए जो इस बात का संकेत देती

हों कि आप अपने इरादे की ओर बढ़ तो रहे हैं।

एक चरवाहे लड़के की कहानी कही जाती है जो इतना तगड़ा बनना चाहता था कि एक पूरी भेड़ को अपने कंधों पर उठा सके लेकिन उसे यह अंसभव लगता था। इसलिए वह अपने पिता से दुखी स्वर में कहा करता था कि इस काम के लिए वह कितना कमज़ोर है। उसके पिता ने उसे एक नवजात मेमना उठा कर दिया और कहा कि वह उसे उठा कर हर रोज़ चरागाह का एक चक्कर लगाया करे – बिना नागा। उस लड़के ने सोचा कि उसके पिता ने उसे यह बेकार का काम दे दिया है। वह शावक मेमना तो बहुत ही हल्का और नन्हा सा था जब कि उसकी तमन्ना तो एक पूरी भेड़ को उठा लेने की थी! लेकिन उसने अपने पिता का कहा माना और हर दिन वह उस शावक मेमने को उठा कर अपने चरागाह का एक चक्कर लगाता रहा। उसे यह पता भी नहीं चला कि वह शावक मेमना दिन-ब-दिन थोड़ा-थोड़ा बड़ा होता जा रहा था – और उसी लिहाज़ से उस लड़के की मांसपेशियां भी मज़बूत, और मज़बूत होती चली जा रही थीं। कुछ महीने इसी तरह बीत गए और, आख़िरकार, वह एक भेड़ को उठा कर चलने लायक हो गया था क्योंकि वह शावक मेमना बढ़ते-बढ़ते अब पूरी भेड़ बन चुका था।

आप अगर अत्यधिक सजगता के साथ जीने के लिए और हर दिन छोटी से छोटी सफलता को भी स्वीकार करने के लिए कृत-संकल्प हैं तो फिर आपके परिवार में परिवर्तन का आना अपरिहार्य है – पक्का है। इस कहानी के शब्दों में, तब आप पूरी भेड़ भी उठा कर चलने जैसी स्थिति में हो जायेंगे। आप शुरुआत तो कीजिए – आज से ही – एक शावक मेमने को उठा कर ही सही।

एक रबर बैंड पहनें

यह अभ्यास व्यावहारिक व टिकाऊ बदलाव लाने का एक सरल तरीका है। मैंने इसका प्रयोग बड़ों के साथ ही नहीं बल्कि बच्चों के साथ भी किया है और इससे बड़ी सफलता मिली है।

कोई सी भी एक बात ले लें जिसे कि करना आप छोड़ना चाहते हैं। यह अपने बच्चों पर चीखना-चिल्लाना हो सकता है या यह दूसरों को दोष देते रहने का आपका स्वभाव हो सकता है या कुछ और हो सकता है। ऐसी किसी बात को छोड़ने की बाक़ायदा घोषणा करते हुए अपनी कलाई पर आप एक रबर बैंड पहन लें। कभी-कभी मैंने ऐसा भी किया है कि परिवार के हर सदस्य को कोई न कोई ऐसी आदत चुनने को कहा है जिसे वह छोड़ना चाहता हो और फिर सबने साथ मिल कर अपनी-अपनी घोषणा करते हुए अपने-अपने

हाथ में रबर बैंड पहना है। ''मैं आज यह रबर बैंड इस इरादे के साथ अपनी कलाई में पहन रही हूं कि अब से मैं हर एक के प्रति सौम्य स्वर में बोला करूंगी।'' ''मैं आज यह रबर बैंड इस इरादे से अपनी कलाई में पहन रहा हूं कि मैं अब से अपनी छोटी बहन को तंग नहीं करूंगा।''

अगर आपसे कभी कोई भूल-चूक हो जाती है या कभी आप वही व्यवहार दोहरा देते हैं जिसे कि आप छोड़ना चाहते हैं तो उस रबर बैंड को दूसरी कलाई में पहन लें। इसका अभिप्राय? जब तक लक्ष्य पूरा न हो जाए उस रबर बैंड को आगामी इक्कीस दिनों तक एक ही कलाई में पहनना है।

दरअसल, किसी भी आदत को बदलने में इक्कीस दिन लगते हैं। इसलिए, आप जहां भी जाएं वहीं आपको याद दिलाने वाला अगर आपके साथ ही चल रहा हो तो अपनी उस आदत को बदलने के इरादे के प्रति आप सदा सजग रहेंगे।

और अंत में...

भारत में एक कहानी कही जाती है कि एक आदमी धन कमाने के लिए अपने गांव से निकल पड़ता है। कुछ साल बाद काफ़ी धन कमा कर वह अपने घर लौट रहा होता है तो एक चोर खुद को एक मुसाफ़िर बता कर उसके साथ हो लेता है। चूंकि वे दोनों एक साथ यात्रा कर रहे थे तो बातों-बातों में वह धनी आदमी उस दौलत के बारे में चर्चा करता रहता है जो कि उसने कमाई है और यह भी कि वह उस पैसे से क्या-क्या करने जा रहा है। वह धनी आदमी जब रात का भोजन करने जाता तो उसका वह साथी सारे कमरे में उस पैसे की तलाश किया करता था जिसे लेकर, उस व्यापारी के कहे अनुसार, वह अपने गांव लौट रहा था।

आख़िरी दिन, वह आदमी अपने गांव के निकट पहुंचने को था, तब उस चोर ने खुल कर कहा, "मैं तुम्हें सच बताना चाहता हूं कि मैं एक चोर हूं और तुम्हारी दौलत को चुराना चाहता था। हर रात को जब तुम खाना खाने के लिए जाते थे तब मैं सब जगह तलाश करता था लेकिन कभी भी और कुछ भी मेरे हाथ नहीं लगा। अब तो तुम अपने गांव तक सुरक्षित आ पहुंचे हो, अब तो मुझे बता दो कि क्या तुम्हारे पास इतनी दौलत है भी या नहीं? और अगर है तो तुमने उसे कहां छिपाया रखा है?"

उस धनी आदमी ने कहा, "जब तुम पहली बार मुझे मिले थे, मैं तभी समझ गया था कि तुम चोर हो और यह भी कि तुम मेरी वह सारी दौलत चुराने की

कोशिश अवश्य करोगे जो मैंने इतनी मेहनत से कमाई है। इसलिए मैं उस पैसे को ऐसी जगह छिपा देता था जहां तुम उसे कभी ढूंढ ही नहीं पाते थे।''

''कहां? बताओ, तुम उसे कहां छिपाते थे?''

उस आदमी ने सीधा सा उत्तर दिया, ''तुम्हारे बिस्तर के नीचे।''

सच्ची स्वतंत्रता हमें तभी मिलती है जब हमें यह भान हो जाता है कि कोई चीज़ जिसकी हम कभी इच्छा कर सकते हैं या आवश्यकता महसूस कर सकते हैं, वह तो पहले से ही हमारे पास है। लेकिन हम यह भूल जाते हैं।

अपनी किताब *कन्वर्सेशन विद गॉड* में नील डोनाल्ड वाल्श हमें कल्पना करने के लिए कहते हैं कि ईश्वर हमें भूलने की बीमारी के साथ इंसानी शरीर में यहां भेजता है। हम भूल जाते हैं कि हम कौन हैं ताकि हम घर वापस लौटने के लिए रास्ता ढूंढने का आनंद लें। ऐसा करने के लिए हमें बहुत शांत और ख़ामोश रहना होगा। हमें अपनी अंतरात्मा की, अपने भीतर की आवाज़ को सुनना होगा, जो हमें घर बुला रही है।

अधिकतर हम लोग अपने दिन भाग-दौड़ में बिता देते हैं, और यह भूल ही जाते हैं कि हमारे भीतर कोई आवाज़ भी *है* जो बड़े हौले से हमें अपने भीतर आराम करने और वर्तमान पल को, वह जैसा भी है, उसका आनंद लेने के लिए बुलाती रहती है। बच्चे हमें याद दिला देते हैं। वे हमें हमारे स्वाभाविक स्वरूप की याद दिला देते हैं – कि हम भय, सुरक्षा-सावधानी या जीवन से छुटकारा पाने जैसी परतों के नीचे दफ़न हो गए हैं। वे हमें उस खजाने की याद दिला देते हैं जो हमारे ही बिस्तर के नीचे छिपा हुआ है।

हम जिस भी चीज़ की तलाश में भटक रहे हैं, दरअसल, वह सब हमारे ही अंदर है – हमारे व्यस्त दिनों में, जाग कर बिताई रातों में, चैन की नींद में और बेसबॉल की साइडलाइन से शोर मचाने में। वह हमारे अंदर ही है – अपने हृदय और अपनी आत्मा के सच्चे विस्तार की संभावना हमारे अंदर ही है। अगर हम वर्तमान पल को गले लगा लें तो हमें वह सब कुछ मिल जायेगा जो कि हम चाहते हैं।

जो पेरैंट्स अधिक से अधिक मौजूद रहते हुए, प्रेज़ेंट रहते हुए, सुर-ताल मिलाते हुए और तन्मय रहते हुए पेरैंटिंग करने के लिए प्रतिबद्ध हैं, उन्हें ईश्वर का वरदान अवश्य मिलता है। लेकिन यह करना आसान नहीं है। दरअसल, अधिकतर लोगों के लिए तो यह उस सहज ज्ञान का ही परिणाम होता है कि हम खुद किस तरह पाले गए हैं। यह एक ऐसी यात्रा है जिसमें हम दो कदम आगे जाते हैं और एक कदम पीछे हो जाते हैं। लेकिन अपने बच्चों के साथ अधिक सजग रहने और उनमें तल्लीन रहने के लिए अगर हम थोड़ा सा भी

प्रयास करेंगे तो उससे मिलने वाले सुखद परिणामों का कोई ओर-छोर नहीं होगा! आप न केवल अपने दिल में बेहद खुशी और घर में भरपूर सुख-शांति महसूस करेंगे बल्कि इससे इस संसार में ऐसे लोगों की संख्या बढ़ जायेगी जो यह महसूस कर रहे होंगे कि उनका ध्यान रखा गया है, उनकी सराहना की गई है, उनका मूल्य-महत्व समझा गया है और उनके साथ हंसी-खुशी का समय बिताया गया है। ज़रा कल्पना कीजिए कि वह बदलाव कितना विशाल, व्यापक और महत्वपूर्ण होगा जो कि हमारी इस धरती पर तेज़ी से फैल जायेगा।

संसार को बदलने का मौक़ा हमारे पास है। एक समय में एक बच्चा, जिसके साथ हमारा भी कल्याण और रूपांतरण होता जाये। कितना अच्छा अवसर है! क्या साहसिक काम है!

वास्तव में किसी बच्चे को पालना एक आध्यात्मिक यात्रा है। इसका हर पल, हर पहलू बहुमूल्य है।

लेखिका के बारे में

फोटोः पॉल स्टैन्टन

सूज़न स्टिफ़लमैन *पेरैंटिंग विदआउट पॉवर स्ट्रगलः रेज़िंग जॉयफुल, रेज़िलियेंट किड्स स्टेईंग कूल, काम एंड कनेक्टेड* लेखिका हैं और साप्ताहिक *हफ़िंग्टन पोस्ट* की ''पेरैंट कोच'' स्तंभ की परामर्शदात्री स्तंभकार हैं। वह अधिकृत रूप से विवाह तथा परिवार संबंधी मामलों की मनोचिकित्सक हैं, प्रामाणिक शिक्षक और अंतर्राष्ट्रीय वक्ता हैं। वह एक महत्वाकांक्षी बैंजो वादिका, एक मध्यवर्ती लेकिन दृढ़निश्चयी टैप-डांसर, और आशावादी बागबान भी हैं।

ParentingPresence@gmail.com
www.SusanStiffelman.com

अधिक जानकारी के लिए संपर्क:
योगी इम्प्रेशनस् बुक प्रा. लि.
1711, सेंटर - 1, वर्ल्ड ट्रेड सेंटर,
कफ परेड, मुंबई - 400 005. भारत

हमारे वेबसाईट पर मेलिंग लिस्ट
फॉर्म भरें ई-मेल द्वारा पुस्तक,
लेखक, आदि की जानकारी पायें।
संपर्क: www.yogiimpressions.com

दूरध्वनि: (022) 61541500, 61514541
ई-मेल: yogi@yogiimpressions.com

फेसबुक पर संपर्क करें ।
www.facebook.com / yogiimpressions

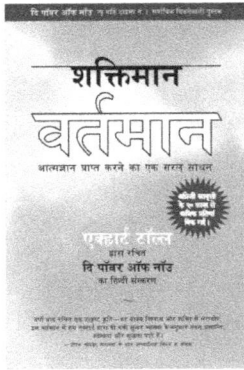

The Sacred India Tarot

Inspired by Indian Mythology and Epics

78 cards + 4 bonus cards + 350 page handbook

The Sacred India Tarot is truly an offering from India to the world. It is the first and only Tarot deck that works solely within the parameters of sacred Indian mythology – almost the world's only living mythology today.